壹
卷
YE BOOK

让 思 想 流 动 起 来

"经典与解释"论丛

刘小枫　主编

修辞与正义

柏拉图《高尔吉亚》译述

李致远　著

四川人民出版社

敬 献 给

领 我 走 向 苏 格 拉 底 的 学 习 者

目录

你要想让孩子跟众神们生活在一起，就教他哲学；要想让他跟人们生活在一起，就教他演说术。

——安提斯蒂尼（辑语125）

修辞立其诚，所以居业也。

——《乾卦·文言》

诚者，天之道也；诚之者，人之道也。

——《中庸》

第一章 引言

1　标题与主题

让我们从表面开始。

一部作品的最表面是标题。任何作品，包括无题作品，标题都是作者说出的第一句话。就戏剧而言，标题也是作者直接说出的唯一一句话。柏拉图的对话都是戏剧，作者只对作品的标题负责（参《书简七》341c）。眼下，编剧或导演柏拉图只是出面报了一个剧名，就隐入幕后。望着一道尚未拉开的帷幕，我们会问：高尔吉亚是谁？

《高尔吉亚》是以人物命题的对话。柏拉图写了三十五篇对话，①绝大部分（三十篇）以人物命题。人物有专名与通名之别。以通名或类型命题的只有三篇，即《智术师》《治邦者》和《情敌》，其余多数以专名命题。《高尔吉亚》是多数以人物专名命题的对话之一。专名有何特别之处？例如，看到《智术师》这个标题，我们大致会猜到这部作品会讲什么；但看到《高尔吉亚》这个名字，我们想不到它要讲什么。换言之，更具体的专名比通名更少显露作品的主题。但也正因如此，更具体的专名更多地指向整全。另外，以人物命题是常见的戏剧命题方式，因为大多数古希腊戏剧，尤其是悲剧都以人物命题（喜剧起名更任意，如以动物命题，参亚里士多德《论诗术》1451b11以下）。在这种意义上，柏拉图的命题方式可以说反映了他意图模仿的写作样式。无论如何，以人物命题的对话都指向人。②

除了以人物命题，柏拉图笔下只有三篇对话明显以论题命题，即《王制》《法义》和《厄庇诺米斯（法律附录/之后）》。

---

① 加上常被算作一组的十三封书简，就构成柏拉图全部三十六部作品。当然，即使搁置我们读者这一层——除非首先把自己设想为书简的特定对象，否则不宜过早把书简设想为柏拉图与我/我们的对话，况且柏拉图对话的意图更多的是开启读者的自我对话——书简在形式上也是对话，至少是对话的一半。

② 摹仿人，可以说是柏拉图对话与古希腊戏剧的共同点，但也有一些差异：比如，据亚里士多德的说法，戏剧的摹仿侧重人的行动，而柏拉图对话侧重人的言辞（当然，说话和思想也可以视为更深层的行动）；悲剧摹仿更高的人，喜剧摹仿更低的人，而柏拉图对话同时包含了悲剧和喜剧因素；戏剧的角色更多是虚构的或神话英雄，而柏拉图对话的人物则几乎都是当代的真实人物。

以论题命题似乎是前苏格拉底自然哲人专用的命题方式，这种方式依然保留在亚里士多德那里，如《物理学》或《论天》；据说，哲学的关键就在于论证"关于某某"，假如剔除了"关于某某"，哲学或科学就完了。[①]然而，柏拉图的论题式标题既没有"关于某某"，更没有"自然"或"天"，只有"政制"和"法律"。政制和法律都属于相对于自然事务的人间事务或城邦事务。总之，从柏拉图绝大多数对话的标题看，这些对话都着眼于人与城邦。这让人想起苏格拉底的第二次起航：传统上认为，苏格拉底首次把哲学从天上拉到地上，使之立足城邦，迫使哲学探究人的生活及其方式，探究善恶美丑。换言之，苏格拉底是第一个从自然事务转向政治事务的政治哲人。[②]如此看来，柏拉图对话以人名和人事命题的标题方式就反映了苏格拉底从自然哲学到政治哲学的转向。这个转向的起点就反映在柏拉图笔下唯——篇以哲人苏格拉底本人的名字及其政治行动命题的对话，即《苏格拉底的申辩》。不过，人毕竟属于宇宙的部分，人学毕竟属于天学，因此，人事研究有必要上升到自然研究或神性研究（参子曰"思知人不可以不知天"），这个政治哲学的终点就反映在柏拉图笔下唯——篇以神开头的对话，即《法义》（包括唯——篇以

---

① 阿尔法拉比：《柏拉图的哲学》，程志敏译，华东师范大学出版社2006年，第110页。

② 西塞罗：《图斯库鲁姆论辩集》v.10。参Leo Strauss：《城邦与人》（*The City and Man*, The University of Chicago Press, 1964），第13页。

君王、神人或英雄命题的对话《米诺斯》）。

表1　柏拉图作品分类表①

柏拉图作品	对话	人物	专名（27）	《游叙弗伦》《克力同》《斐多》《克拉底鲁》《泰阿泰德》《帕默尼德》《斐勒布》《斐德若》《阿尔喀比亚德前篇》《阿尔喀比亚德后篇》《西普帕库斯》《忒阿格斯》《卡尔米德》《拉克斯》《吕西斯》《欧绪德谟》《普罗塔戈拉》《高尔吉亚》《美诺》《希琵阿斯前篇》《希琵阿斯后篇》《伊翁》《默涅克塞诺斯》《克利托丰》《蒂迈欧》《克里提阿》《米诺斯》
			通名（3）	《智术师》《治邦者》《情敌》
		论题	政治（3）	《王制》《法义》《厄庇诺米斯》
			自然（0）	隐于各篇
		事件	群体（1）	《会饮》
			个体（1）	《苏格拉底的申辩》
	书简			

---

① 据柏拉图对话的标题进行分类，启发自施特劳斯《城邦与人》第一章和《论柏拉图的〈会饮〉》（邱立波译，华夏出版社2012年，第15—16页），但分法有所不同。顺便一提：施特劳斯为什么喜欢这样分析？纯属个人癖好吗？施特劳斯常言"像作者理解他自己一样去理解作者"，那么，这种抽丝剥茧的分析法很可能源于苏格拉底的定义法：不断根据表面特征划分，直到找出某个东西的独特性（参《斐德若》277b5-8，《智术师》253d等）。

依据柏拉图作品的标题，除了得出以上推测之外，最明显的结论在于，较之以论题和事件命题的作品，以人物命题的作品更具优势，因为它结合了前两者的功能。如果说论题式标题反映了作品内在的言辞，事件式标题反映了作品内在的行动，那么，人名式标题则可以同时包含言辞与行动。看到一部标以人名的作品时，我们会期待从这部作品中了解此人说了什么，又做了什么，总之，我们会想要全面认识他是什么人。

高尔吉亚是什么人？这不仅是作者柏拉图通过标题示意我们进入戏剧之前首先向自己提出的问题，而且是这篇戏剧的主角苏格拉底见到高尔吉亚之后首先向他本人提出的问题（447d，借同伴凯瑞丰之口）。然而，这个问题不像我们想象的那样容易回答（对高尔吉亚本人亦然），因为我们纵然可能从根本上认识一个人，也没有机会亲自见到高尔吉亚，遑论跟他本人一起交往（参《高尔吉亚》470d5-e5）。幸好，苏格拉底将带我们去认识这位陌生人。不过，尚未进场之前，向他人打听一番高尔吉亚的情况，似乎也不无裨益。

据说，但连这"据说"也说得不多：高尔吉亚生于伊奥尼亚在西西里的殖民地勒昂蒂尼，生卒年约为公元前483—前375/374年，生得比苏格拉底（公元前470/469—前399年）早，死得比苏格拉底晚，游历比苏格拉底多且广，物质上比苏格拉底富裕，当时的名声比苏格拉底大。但我们现在所知的唯一一件关于高尔吉亚的生平大事是，公元前427年，叙拉古人入侵勒昂蒂尼，高尔吉亚临危受命，出使雅典，在雅典公民大会上发表演说，成功说服雅典人出兵协助自己的祖国抗击叙拉古人。大概在雅典完成使命之后，高尔吉亚又游历了许多希腊城邦，在所到之处巡回演说，获得了广泛的影响和声誉。在定居雅典期间，他像大多数文化名人一样，收费办班授课，吸引了大批有志青年前来学习。那个时候，在伯利克勒斯领导下，新文化启蒙运动风起云涌，各邦智术师们云集雅典，倡导新教育，鼓吹新政制，培养新青年。这些知识分子大多是外邦人，过着周游列国的生活，仿佛世界公民；他们大概看到雅典人爱搞民主和科学，就经常待在雅典，办班教学，坐收名利。高尔吉亚这位文化名人自然也不例外，甚至有意无意间成了这场运动的领军人物之一。①

　　传说的高尔吉亚不等于柏拉图笔下的高尔吉亚，也不等于雅典青年学生们所了解的高尔吉亚。根据柏拉图的作品，我们可以确定，高尔吉亚确实是个经常周游列国的外邦人（《高尔吉亚》456b5），也确实宣称自己是个演说家，而且能够传授别人演说术（《高尔吉亚》449a，《美诺》19e）；其言辞令人生畏，可以通过吹捧或贬低而改变事物的外表，让人自愿信服那些他自己并不知道真假的东西（《会饮》198c，《斐德若》267a，259e–263c，《美诺》95c，《斐勒布》58a-b，《默涅克塞诺斯》235a-b，参西塞罗《布鲁图斯》12.47）。但值得注意的是，尽管高尔吉亚

---

① 参汪子嵩等著：《希腊哲学史》（第二卷），人民出版社1993年，第71—77页。

实际上像智术师们一样收费教学，却并未出现在柏拉图笔下那次著名的智术师大会上（《普罗塔戈拉》）。按照柏拉图笔下苏格拉底的说法，智术师的典型特征在于自称教授美德；而高尔吉亚明显没有自称能够教授美德（参《申辩》19e，《高尔吉亚》520a1，《美诺》95c，《普罗塔戈拉》318e–319a，《欧蒂德谟》273d）。在柏拉图笔下，唯有一个地方，高尔吉亚被称为"众所周知的智者"（《希琵阿斯前篇》281d9–282b5），但那里的"智者"似乎并非特殊意义上的"智术师"。更重要的是，在《高尔吉亚》中，我们非但没有听到任何人称高尔吉亚为智术师，反而听到高尔吉亚的东道主或追随者卡利克勒斯当面大骂智术师都是"毫无价值的家伙"（《高尔吉亚》520a）；另外，苏格拉底虽然承认演说家与智术师容易被人混淆，但仍然小心地将两者做了区分（《高尔吉亚》465c、520a）。至于一般所谓的高尔吉亚哲学，柏拉图笔下并未明确提及。因此，关于高尔吉亚其人，我们从柏拉图那里只能确定，或者说柏拉图至少希望我们阅读本书之前预先了解：高尔吉亚是个外邦的著名演说家或修辞家。[1]

---

[1] 参E. R. Dodds：《〈高尔吉亚〉校注》（*Plato's* Gorgias: *A Revised Text with Introduction and Commentary*, Oxford, 1959），第7—8页。高尔吉亚有一篇哲学作品《论非存在或论自然》，已经佚失，但有四条论题见于恩披里克的《反学者》和伪亚里士多德《论麦里梭、色诺芬尼和高尔吉亚》。施莱尔马赫认为，柏拉图"让高尔吉亚说他仅以一个演说家自居，或许并非没有深意"，见氏著：《论柏拉图对话》，黄瑞成译，华夏出版社2011年，第182页。

　　《高尔吉亚》的标题尽管没有明言对话的主题，但高尔吉亚既然是演说家，就至少提示我们，主题会涉及演说术。果然，柏拉图对话的古代编者就给《高尔吉亚》加了个副标题：关于演说术。这个副标题显得理所当然：因为整篇对话以追问"什么是演说术"开始（447c，449a），正如《王制》以追问"什么是正义"开始（331e），《拉克斯》以追问"什么是勇敢"开始（190e），《卡尔米德》以追问"什么是节制"开始（159a）。这类典型的苏格拉底式问题指示了对话的主题，因此，《高尔吉亚》的主题是演说术。[①]但问题是，柏拉图为什么不干脆写一部《演说术》或《演说家》？何况，柏拉图不是也写过以论题或人物类型命题的对话吗？其实，粗略通读之后，就会发现，演说术不足以充分涵盖这篇对话的内容。我们会碰到许多乍看之下毫不相关的论题：演说术的定义及其能力、知识与信念之分、自由与统治的关系、正义与不正义、真技术与假技术之分、演说与僭政的关系、真实意愿与表面意愿之别、善与快乐的关系、自然与习俗之分、羞耻与爱欲、哲学的价值、政治的目的、死后的奖惩、德行与幸福的关系……在众多论题中，演说术只是最先出现、最表面的一个论题。

---

① 参第欧根尼·拉尔修《名哲言行录》iii.57-60。这类标题最早可能见于柏拉图对话的四联剧编本，有些甚至更早；亚里士多德曾提到《默涅克塞诺斯》的副标题"关于葬礼演说"（《修辞术》1415b30）。

新柏拉图派已经承认演说术不足以涵盖以上所有论题。比如，奥林匹奥多罗斯就明确指出：《高尔吉亚》讨论的是"给我们带来政治幸福的伦理学原则"[①]。简言之，新柏拉图派认为，《高尔吉亚》主题是政治的道德基础。这也是多数现代学者的看法。[②]这种看法固然也有文本内证（参472c-d，487e–488a，500c，527e），但主要见于对话的后半部分，即苏格拉底与珀洛斯和卡利克勒斯的对话。因而，问题依然是，这个主题如何涵盖整篇对话？若演说术是表面主题，道德是内在主题，那么，两者之间是什么关系？

为了调解上述两种非此即彼的单一主题说，不少现代学者提出了双重主题说。或者采取"演说"与"幸福（道德）"两个主题交织说。这种看法虽然容易导致对话的整体性或统一性被破坏，但他们争辩说，"两个主题之间的运动不是钟摆式的摇摆，而是螺旋式的上升"，反而深化了先前的主题；"另外，两个主题之间的密切联系远远超出英语读者乃至罗马读者本能的想象"。[③]只是两个主题如何"密切联系"，并不清楚。或者暂时搁置《高尔吉亚》的统一性，采取多重主题两组说：一组以演说术

---

① 转引自Dodds：《〈高尔吉亚〉校注》，前揭，第1页。

② 例如，泰勒（A. E. Taylor）认为，"人生和应该度过它的方式，而非演说术的价值，才是真正的主题"，见氏著：《柏拉图生平及其著作》，谢随知等译，山东人民出版社1981年，第148页。

③ 参Dodds：《〈高尔吉亚〉校注》，前揭，第3页。

为代表，一组以哲学为代表；两组主题最终导向一个问题，即何为最好生活。①从而强调演说与哲学的对立，或政治与哲学两种生活方式的选择。高尔吉亚、珀洛斯和卡利克勒斯相继选择了演说或政治的生活方式，而苏格拉底自始至终坚持哲学或正义的生活方式。双方彼此责难，最终都没有说服对方。因此，《高尔吉亚》是一部分裂的对话。

以上主题式探讨固然各有其依据，也有助于从各个方面丰富我们对《高尔吉亚》的理解，但如何从诸多论题的松散联系中彰显《高尔吉亚》的整体意图，仍然是个问题。况且，对一部对话戏剧而言，任何主题式概括都面临下述危险：概括者很可能把某个或某些论题从特定语境中抽离出来，然后用某种未经反思的现代理论模式或经过重构的所谓柏拉图理论模式去解读。这必然会使解读者离文本的语境和作者的意图越来越远。有鉴于此，要确定一部作品的主题，首先要搞清作者的意图。但要搞清作者的意图绝非易事，至少首先需要完整地、甚至反复地阅读一部作品；"尤其对于柏拉图，即使只是一知半解，即等于彻底误解，因为把握不住各部分的相互关系及部分与整体的关系，则不可能获得任何关于细节的正确见解和任何透彻的理解"②。

---

① 参M. Canto法译本导言（*Platon: Gorgias*, Paris: Flammarion, 1987/ 1993），第21—22页。

② 施莱尔马赫：《论柏拉图对话》，前揭，第171页。

2　人物与场景

柏拉图对话往往包含特定的情节、性情、对白、心思和场景等元素，因而自古就被视为拟剧（μῖμος，参亚里士多德《论诗术》1450a8-9、1447b9-11），即戏剧而非论文。这种读法尽管并非柏拉图的夫子自道，至少深得柏拉图笔下苏格拉底的真传。[①] 柏拉图笔下的苏格拉底说过，完美的作品应该像个生命体，既杂多又成整体，能够同时模仿低的和高的东西（《斐德若》2464c2-5，参《会饮》223d）。因此，我们有理由假设，苏格拉底的弟子柏拉图力图实践完美的写作，模仿生命或世界的有机整体。作为模仿的整体，柏拉图对话剧里没有偶然，每个细节都有不可替代的必然位置和特定意义，且都指向整体。因此，阅读柏拉图对话剧，必须思考每一个细节，以及这些细节对整体的意义。让我们首先从戏剧人物和戏剧场景入手，旁及其他细节，尝试进入柏拉图《高尔吉亚》的戏剧世界。

首先看戏剧人物。从《高尔吉亚》中，我们可以听到五个人

---

① 参施特劳斯：《城邦与人》，前揭，第50—55页。参克莱因：《柏拉图〈美诺〉疏证》，郭振华译，华夏出版社2011年，第1—10页；《柏拉图的三部曲》，成官泯译，华东师范大学出版社2009年，第1—2页。

的发言，尽管在场者远远不止五人。我们看不到他们如何出场，只能听出他们首次发言的顺序：卡利克勒斯、苏格拉底、凯瑞丰、高尔吉亚和珀洛斯。这五人彼此都不是第一次见面，因为他们相互说话之前没有经过任何介绍，就直呼对方的名字。尽管这五人彼此熟悉，但并非都相互说过话，只有苏格拉底及其同伴凯瑞丰跟除自己以外的其他四个人都说过话，而高尔吉亚、卡利克勒斯和珀洛斯三人之间却没有对话（至多只是单方面的招呼，而没有任何回应），尽管他们彼此之间的关系比他们与苏格拉底及凯瑞丰的关系近得多：演说家之间不会交谈，若非哲人苏格拉底到来，他们不会跟其他任何人交谈？

　　从亲疏关系上看，这五人可以分成两方：苏格拉底及其同伴凯瑞丰为一方，高尔吉亚及其弟子珀洛斯和卡利克勒斯为一方。从位置移动看，苏格拉底和凯瑞丰都移动过，从"市场"赶到高尔吉亚演讲的地方；高尔吉亚和珀洛斯都原地没动。卡利克勒斯则发生一点特殊的位移：他首先离开高尔吉亚演讲的地方，在外面碰到赶来的苏格拉底一行，然后又随苏格拉底一起回到原地。卡利克勒斯的位移意味着什么？目前尚不清楚。反正，卡利克勒斯成了介于两方之间的"第三方"（参《高尔吉亚》500a1及译注，尤参《斐多》104a–105e）。作为第三方，卡利克勒斯可能对双方来说都至关重要，他走向哪一方就决定哪一方的最后胜利。①

　　（市场）苏格拉底和凯瑞丰→　←卡利克勒斯→高尔吉亚
和珀洛斯（教室）

　　重新回到两分法，苏格拉底一方与高尔吉亚一方在人数上
稍不平衡：二比三。从实际参加论辩的人数看，双方力量更加
悬殊：苏格拉底一人轮番对付高尔吉亚等三人。为什么不是三比
三、甚至四比三呢？显然，在人数上，苏格拉底一方处于劣势，
若要抵御甚至战胜对方，就需要增援。谁会来增援？当然是苏格
拉底的同伴。苏格拉底的同伴不是凯瑞丰吗？凯瑞丰为什么不能
帮助苏格拉底？目前尚不清楚。总之，苏格拉底处境孤危。但若
细心观察，就会注意，导演柏拉图还安排了第六个沉默的复数角
色，"里面那些家伙"或"里面这些人"（447c，455c），即现

---

①　卡利克勒斯出来要去哪儿？首先要确定高尔吉亚演讲的地方是哪里，或以为是
在卡利克勒斯的家里，或以为是在某个类似体育馆的室内（类似教室）。笔者取后者
（参447b疏解）。既然导演柏拉图只暗示了三个地点，那么，卡利克勒斯就只有两个
选择：要么回家，要么去市场。家庭更私密，市场更公开，二者大体分别相应于哲学
生活与政治生活。笔者推测，卡利克勒斯更可能是去市场，这符合卡利克勒斯的性格
和追求：他在教室里跟高尔吉亚学了演说术，就要到市场上从事政治。然而，苏格拉
底的到来，阻断了他走向市场或政治之路，使他重新回到教室乃至家庭，重新思索何
为最好的生活之道并私下试验。

场听众。[①]这些听众首先是冲着高尔吉亚的演讲而来，并未料到演讲之后会听到苏格拉底与高尔吉亚等人的对话。然而，随着对话的开展，高尔吉亚的这些追慕者渐渐发生变化，不仅配合苏格拉底给高尔吉亚增加诱惑或施加压力（455c-d），甚至在关键时刻不顾自己偶像的颜面，在高尔吉亚败相已露而准备撤退的时候，毅然投票决定交谈继续（458c）。他们之中不会有人最终转而支持苏格拉底吗？另外，"里面这些人"也可以指读者：我们一旦认真阅读这篇对话，不也进入里面了吗？我们会找错位置吗？会成为苏格拉底的同伴吗？即使像凯瑞丰一样成了苏格拉底的同伴，我们会理解并有助于苏格拉底吗？

　　虽然有具体的戏剧人物，《高尔吉亚》却没有明确的戏剧场景，时间和地点几乎缺失，只有两处暗示。不过，恰恰是这种缺失和暗示，透露了某些关键意涵以及柏拉图的重要意图。[②]

　　正式探讨戏剧场景的缺失或提示之前，似乎需要了解一下对话实际发生或作者假定其发生的年代。根据文本内外或明或暗提供的时间数据，可以推断对话发生的年代如下：

　　公元前429年之后不久（503c提到伯利克勒斯"新近命终"）；

---

① 这也说明，这场对话发生在多数人面前，具有某种程度的公开性，这将对对话者的说话内容和说话方式具有决定性的影响。

② 关于《高尔吉亚》戏剧场景的解析，参A. Fussi, "The Dramatic Setting of the Gorgias", http://www.bu.edu/wcp/Papers/Anci/AnciFuss.htm.

公元前427年之后（高尔吉亚第一次造访雅典，但可能后来又造访过）；

公元前422年左右（481d提到得摩斯是"年轻人"）；

公元前415年之前（519a预言阿尔喀比亚德会被审判）；

公元前413年之后不久（470d提到"昨天和前天"阿克劳斯获得统治权）；

公元前411年之后（485e等所引欧里庇得斯《安提俄珀》的最早创作时间）；

公元前405年（473e提到苏格拉底"去年"进议事会，可能指阿吉纽西将军受审事件）。

显然，若每个时间推定都稳靠，就根本无法使它们相互协调：明显的不协调是公元前429年之后不久与公元前405年；根本矛盾在于公元前415年之前和413年之后。当然，通过解释关于每个时间的说法，就可以得出不同的结论：比如，不少注家认为该对话是在公元前405年，相应地，503c的"新近"可以指二十四年前，481d的"年轻人"可以说是三十二岁，519a的预言可以是事后诸葛亮的戏剧手法，470d的"昨天和前天"可以是夸张的修辞等。但每个解释也都可以被反驳。

于是，一些学者得出结论：要么，"柏拉图不关心读者如何设定谈话的虚拟时间"，要么，"他深思熟虑地使目前的虚拟谈话脱离实际情况的历史语境和雅典的党派政治时期"。①前一个结论纯属猜测，独断而封闭，毕竟"说有容易说无难"；后一个结论虽然顾及作者意图，但牺牲作品的现实或当下，以这场谈话和卡利克勒斯其人为虚构，恐亦不妥。其实，文本提及的历史事件，从伯利克勒斯逝世（前429年）和高尔吉亚初访雅典（前427年），到阿吉纽西将军受审（前405年），恰恰贯穿整个伯罗奔尼撒战争时期（前431—404年）。并非偶然的是，这篇对话的开篇之词即"战争和战斗"。因此，柏拉图尽管没有给这场谈话确定一个具体的时间点，却设置了一个宽泛但明确的时间段。在这个意义上，《高尔吉亚》可以说是对伯罗奔尼撒战争的模仿、揭示与反思：现实的战争与观念的冲突互为因果，而基于苏格拉底的立场，后者在更大程度上是前者的原因。

　　《高尔吉亚》不仅没有确定对话的实际年代，也没有明确交代具体的戏剧时间。在柏拉图笔下，最常见的戏剧时间是白天和夜晚，比如，《王制》的谈话始于昨日傍晚（327a、328a，参427d、514b）：苏格拉底正要回城，被人威逼利诱带到珀勒马科斯家，讨论正义问题。整个谈话是在夜间进行，没有自然的阳光，却有人为的灯光——在人为的灯光下打造言辞的城邦，当然再合适不过。谈话结束于苏格拉底讲述的厄尔神话，时间似乎消失了，而非明显结束于天亮时分，尽管苏格拉底仍然回来了。

---

① Dodds：《〈高尔吉亚〉校注》，前揭，第17—29页。

《普罗塔戈拉》的故事始于今日拂晓（310a9、311a1-8、312a2-3）：希波克拉底找苏格拉底一起去卡利阿斯家里见普罗塔戈拉，苏格拉底见天色尚早，就跟希波克拉底先在院子里转悠，直到天完全亮时才赶到卡利阿斯家。整个谈话显然发生在白天，结束于下午或傍晚，总之，有自然的阳光照射进来。

相比之下，《高尔吉亚》没有光，既没有人造的灯光，更没有自然的阳光，尽管从苏格拉底之前在市场上（447a8）可以推断，随后的谈话发生在白天。①因为没有光，整个场景显得晦暗模糊：我们看不到具体的地点和界限，看不到具体的人及其动作或表情；只能听到不同的声音，通过语音辨别不同的人及其动作和表情，比如嘲笑（473e）、喧闹（458c）、呵斥（469a）、疑惑（481b）、误解和愤怒（467b、489b）等。因为没有光，里面的人不容易理解他人，更无法认清自己；因为没有光，里面的苏格拉底最后不得不搬出神话，而那一则关于冥府审判的神话只能为里面的场景增添更加浓重的阴影。可以说，《高尔吉亚》像一个

---

① 但苏格拉底一行也可能是傍晚才离开市场，这时高尔吉亚的演讲已经结束，那么随后的谈话就发生在傍晚或者晚上。若是这样，就会推翻前文关于卡利克勒斯准备去市场的假定，就只能假定卡利克勒斯准备回家。但一般而言，市场最热闹的时间是上午，所以我们仍然假定，苏格拉底一行是接近中午的时候离开市场来到高尔吉亚演说处。这个假定亦有佐证，因为同样讨论修辞术的《斐德若》也发生在正午时分（229a，259d）。之所以选择正午时分讨论修辞术，大概因为正午的阳光与理性话语的至高无上相得益彰。不过，《斐德若》的正午阳光真实而热烈，而《高尔吉亚》即使有正午的阳光，恐怕也虚假而苍白。

没有出口的洞穴，没有光明的冥府。

《高尔吉亚》虽然没有标明具体的戏剧时间，却暗示了时间的重要。一开篇，苏格拉底听到卡利克勒斯暗含批评的招呼之后，就回应："……莫非我们来晚啦？"（447a2）这是全书唯一一处关于谈话时间的暗示。但这个"晚"并不具有客观性，只是表明某人对某事的时间感觉。苏格拉底的反问表明，他并不觉得自己来晚了。卡利克勒斯接着说，苏格拉底错过了一次美妙的盛宴，即高尔吉亚的演说。卡利克勒斯显然觉得苏格拉底来晚了。卡利克勒斯是高尔吉亚的追随者，其时间感也适用于高尔吉亚。

因此，可以说，对擅长对话的苏格拉底来说，时间尚未开始——直到苏格拉底向高尔吉亚提问，对话开始，哲人的时间才开始；对擅长演说的高尔吉亚来说，时间已经过去——当苏格拉底兴致勃勃要求开始交谈时，高尔吉亚已经因为长时间演说而显得有些疲惫。[1]演说家与哲人对时间的要求各不相同：对演说者而言，时间处于完成状态，是确定的，因为演说者知道并预先控制着演说开始和结束的时刻（参《泰阿泰德》172e）；对哲人而言，时间尚未到来，是不确定的，因为哲人不知道且没有预先掌控对话开始和结束的时刻。在后面的对话中，演说者偏爱冗长的言辞，不喜欢被人打断，而哲人偏爱简短的言辞，一问一

---

[1] 关于是否"来晚"，参第二章第二节解读。

答的交谈，可以随时开始、中止或结束，永远不惮于重新开始
（449b-c、458b-c、461e、465e）；演说者关心的是活得最长，哲
人则关心怎样活得最好，而把生命长度交给神（481b、512e，参
522e）。因此，早和晚暗示：演说者与哲人对生命时间抱有截然
相反的感受方式和认知取向，这也必然导致二者截然相反的存在
方式。①

　　再回到"来晚"。苏格拉底似乎事先知道高尔吉亚的所在及
其活动，而高尔吉亚等人似乎不知苏格拉底要来，也不知苏格拉
底何时会来。苏格拉底来时，高尔吉亚刚刚结束一场演讲，声称
能回答一切，多年都没碰到新问题，正要回答里面听众提出的问
题（447d–448a）。表面看，苏格拉底的到来打断了高尔吉亚的活
动：苏格拉底不仅来晚了，而且来得"突然"（523e4及注释，参
《会饮》212a2、213c）。用戏剧术语说，突然即"突转"，而突
转最好能带来"恍悟（ἀναγνώσις）"，即"从不知到知的转变"
或破除无知（ἀν-αγνώσις），重新认识（ἀνα-γνώσις）已有的事
情或看法（参亚里士多德《论诗术》第11章）。所谓相约不如偶
遇，偶然暗含天机。至于苏格拉底的到来是否给高尔吉亚带来恍

------

① 这样比较也只是方便之谈，早晚或过去未来等划分未必完全适合苏格拉底的时间
　观，因为严格来说，他"以种种永远现成之物为具足和圆满"（493c），永远活在当
　下，而当下是超时间的，非过去非现在非未来，或者，任何时候都是恰当其时。

悟，暂且不谈。且谈柏拉图如此设计剧情的妙义。①

在《高尔吉亚》结尾，苏格拉底讲了一个终末审判的神话，涉及克洛诺斯与宙斯两个时代之间的司法改革。在克洛诺斯时代，审判在死前进行，人可以预先知道自己的死期。但这样一来，就造成许多冤假错案，有些生前干尽坏事的人也被判去幸福岛。因为人预知死期，就会在死前的审判时刻，用衣服和身体等掩饰自己的灵魂，并找许多人作伪证，欺骗审判官。于是，宙斯就做了如下改革：首先，不让人预知死期；其次，直到死后才审判，审判者"用灵魂本身突然之间观照每个死者——他已然失去所有亲属并丢下整套装饰，留在地上——的灵魂本身"（523c–524a）。

这个改革意味着，只有在不可预知的死亡"突然"降临之际，灵魂才能出离身体，摆脱各种迷人的装饰，袒露真相；审判官也才能根据灵魂的真相做出正义的判决。这个说法不是也可以解释苏格拉底的突然到来吗？高尔吉亚不是可以代表宙斯改革之前的受审者吗？他在听众尚未提问之前就自称能回答一切，无异于自称预知一切，包括自己的死期；其美丽演说无异于给自己的灵魂披上迷人的衣服，因而也无法见识新问题；而那些追随者和

---

① 在修辞学上，时机（καιρός）是个重要因素，参亚里士多德《修辞学》1419a。关于高尔吉亚的时机理论，参麦克米斯基：《高尔吉亚与新智术师修辞》，张如贵译，吉林出版集团2014年，第5、11、66页。

喝彩的听众无异于作伪证的人……显然，用克洛诺斯时代的司法程序无法正义地审判演说家高尔吉亚的灵魂。于是，作者柏拉图让哲人苏格拉底改革这种状况：他的突然到来无异于让高尔吉亚直面未知之物；他拒绝高尔吉亚的学生珀洛斯的辩护，无异于拒绝作伪证者的证词；他拒绝高尔吉亚的长篇大论式演说，无异于剥去高尔吉亚的迷人衣服，以便拷问其灵魂。苏格拉底让凯瑞丰向高尔吉亚提出的第一个问题："他是什么人？"（447d）——这个直指存在本身的问题，令苏格拉底的老伙计凯瑞丰困惑不解，是否也能让高尔吉亚感到惊异？随后的交谈或追问是否给高尔吉亚的灵魂带来震动，使其正确认识其灵魂的真相，从而带来某些转变？答案是肯定的①。因此，苏格拉底的突然到来无异于从克洛诺斯时代到宙斯时代的审判改革。这里，哲人苏格拉底成了演说家的灵魂审判者。可以说，作者柏拉图通过安排这个时刻，把现实中演说家对哲人的指控变成了冥府里哲人对演说家的灵魂审判。

《高尔吉亚》不仅没有具体的戏剧时间，也没有清晰的戏剧地点。大致可以确定，谈话发生在一个类似体育馆的房子里，正

---

① 从整个剧情看，在苏格拉底的三个对话者中，以高尔吉亚的转变最大：从最初的自信或骄傲（449a7）转为后来的服善和谦虚（463a5，d7），从渐露败阙之后的逃避（448c）到后来积极主动维持谈话继续（497b5-10，506b1）。而这种转变就发生在两三个小时的谈话之间，这不能不令人钦佩高尔吉亚的君子风范，尽管其道德基础并不稳固（参第五章第一节主要人物异同关系表）。

如《王制》的谈话发生在珀勒马科斯家里，《普罗塔戈拉》的谈话发生在卡利阿斯家里。《王制》描述了苏格拉底等人怎么进入屋内，以及屋内的人物和陈设（328b-c）；《普罗塔戈拉》不仅提到门，而且描述了敲门进屋的动作，以及院内的情况和圆形的走廊（310b、311a、314c-e）。相比之下，《高尔吉亚》既没有表明苏格拉底等人怎么进入屋内，更没有提到门，遑论屋内的情况，只是间接提到一个含混的地点："里面"（447c、455c）。当然，我们可以说，因为《王制》和《普罗塔戈拉》是叙述式的对话，而且有光；《高尔吉亚》是表演式的对话，所以不便描述，又没有光，所以无法看清。但这只能解释这里所无的，却无法充分解释这里所有的："里面"意味着什么？

　　《高尔吉亚》开篇，苏格拉底一行到来，卡利克勒斯刚好出来迎面碰上，但没像其他作品那样，问他打哪儿来，而是特别关心时机。然后，双方有个短暂的交流，卡利克勒斯向苏格拉底提到"里面那些家伙"（447c）。大概就在这个时候，苏格拉底和凯瑞丰随卡利克勒斯不知不觉进入里面，始终没人说"我们进去吧"之类提示。然后，苏格拉底进去之后，并未跟高尔吉亚打招呼，而是当着高尔吉亚的面儿，指导凯瑞丰向高尔吉亚提问。总之，我们不知苏格拉底等人怎么进到里面，显得像是一些没有身体的魂影。有鉴于此，我们似乎可以从苏格拉底后文引述的关于灵魂的罐子比喻来理解"里面"的隐喻。这个比喻是说：愚人的灵魂就像有漏洞的罐子和漏勺，因为不信和遗忘而没有能力密封，不断徒劳地用漏勺往有漏洞的罐子里运水（493b-c）。反过来，智者的灵魂应该是没有漏洞的罐子和勺子，除了罐口。

于是，房子与罐子就可以类比：真正的房子应该是个封闭的场所，有分隔内外的墙壁，像罐子有壁；有沟通内外的大门，像罐子有口。但在《高尔吉亚》中，即使有一个房子，也没有墙壁门窗，没有明确的外面，更看不出怎么从外面进入里面，总之，就像一个打破的罐子。也许因此，里面的人物常常搞不清彼此的界限，误解彼此的言辞，造成激烈的冲突，以致谈话经常中断，难以为继。这篇作品本身就像装满三场冲突的罐子，常常处于破裂的边缘。没有内外之别的《高尔吉亚》采用的是表演式的对话，而有内外之别的《王制》和《普罗塔戈拉》则相应地采用叙述式的对话，而且是苏格拉底本人叙述——苏格拉底进入里面经历一番谈话，现在已经走出来，可以从外面叙述自己的经历，其生活仍然自主，作品结尾也走向开放。相比之下，在《高尔吉亚》中，苏格拉底始终没能走出来讲述自己的故事，始终没能获得自由，始终拘禁于没有时间、没有光明、没有形体、没有出口的"里面"，联系苏格拉底讲述的灵魂审判神话，这篇作品本身不正是柏拉图虚拟的洞穴或冥府么？

柏拉图写《高尔吉亚》的时候，苏格拉底已经受审而死，下了冥府。在苏格拉底的指控者中，就有演说家和政治家。按苏格拉底的说法，他之所以没能让雅典人相信自己无罪，主要是因为他自己不懂演说术（《申辩》17b，《高尔吉亚》522e）。在克洛诺斯式的现实社会里，不懂演说术的哲人苏格拉底最终败在演说家手里；而在虚拟的宙斯式冥府世界里，作者柏拉图让苏格拉底有机会反控自己的指控者和演说家，并继续为自己的哲学生活方式辩护。哲人的灵魂与演说家的灵魂在冥府里相遇，陷入永远的争战；他们之间谁胜谁负，则有待外面的人来评判。

第二章 | 开场戏 两类人的相会

　　一场序幕将我们带入《高尔吉亚》的戏剧世界。较之《王制》或《普罗塔戈拉》，《高尔吉亚》的开场显得更短小，也更微妙。

　　苏格拉底跟同伴凯瑞丰离开市场，来到高尔吉亚演讲的场馆，迎面碰上刚刚听完演讲的卡利克勒斯。卡利克勒斯就嘲讽苏格拉底是来吵架的，苏格拉底则表示自己是来参加言辞盛宴的，然后责怪凯瑞丰强迫自己在市场上逗留太久。凯瑞丰表示将功补过：他自信可以凭交情说服高尔吉亚再演一场。卡利克勒斯听了，以为苏格拉底真是想听高尔吉亚演讲而感到惊讶。凯瑞丰肯定了卡利克勒斯的猜想。卡利克勒斯就邀请他们到自己家里，因为高尔吉亚在那儿落脚。但随后的谈话就在高尔吉亚的演讲现场进行（447a-b）。

　　苏格拉底亲自说明来意：以后再听演讲，他现在想跟高尔吉亚交谈，问他的技术有什么能力，他宣扬和教授的是什么。卡利克勒斯让苏格拉底问高尔吉亚本人，因为回答问题是演讲活动的固有环节，而且高尔吉亚宣称能回答所有问题。苏格拉底大为赞赏，就让凯瑞丰问高尔吉亚"是什么"。凯瑞丰困惑片刻，经苏格拉底举例点拨之后，就开始了典型的苏格拉底式提问（447c-d）。

凯瑞丰刚要考问高尔吉亚，高尔吉亚的学生珀洛斯突然插话，要代替高尔吉亚回答：因为他觉得高尔吉亚已经累了。经过微妙的角色转换，凯瑞丰表示同意，就以苏格拉底式的提问开始：我们称熟悉治病术的人为治病者，称熟悉写生术的人为写生者，那么，我们称高尔吉亚为什么？珀洛斯以长篇大论的赞美之辞作答，吹捧高尔吉亚拥有最美的技术（447d–448c）。凯瑞丰似乎茫然无措，于是，苏格拉底亲自出马，指责珀洛斯完全没有回答问题，更多地关心演说术而非交谈；因此，苏格拉底不愿意问珀洛斯，更愿意问高尔吉亚本人（448d–449a）。于是转入苏格拉底与高尔吉亚的正式交谈。

1　从战争到宴会（447a1–6）

让我们从头开始。

整个戏剧既不是以标题人物高尔吉亚的发言开始，也不是以戏剧主角苏格拉底的发言开始，而是以最后一位对话人卡利克

勒斯对苏格拉底的招呼开始。可以猜想，卡利克勒斯将扮演重要
角色，成为苏格拉底的关键对手。卡利克勒斯不见于柏拉图其他
作品，其他古代文献亦无记载；但也不能因此断定他就是柏拉图
虚构的角色。从ΚΑΛΛΙΚΛΗΣ（即κάλλος［美的/高尚的］+κλεῖς
［称呼/名声］）这个名字推测：他似乎出身高贵，或长相俊美，
或追求美名，至少从他稍后的回答可以确定，他品味高雅，热爱
美丽（447a5）；而美要么有益，要么快乐（474d）。①

　　卡利克勒斯的招呼显得突兀：

　　　　卡　［447a］战争并战斗，据他们说，苏格拉底噢，才应
　　该［像你们］②这样参加哦。（447a1-2）

　　什么"战争并战斗"？"这样"是怎样？目前都不明了。不
过，既是"据他们说"的玩笑话，这里的"战争并战斗"就不会
是实际的战争，只是化用谚语"赴宴要争先，战斗要争后"，是
两个暗含敌意的比喻之词。显然，卡利克勒斯与苏格拉底相互熟
悉。于是，这句暗含敌意的招呼很容易让我们猜想：莫非他们之

---

① 参463e，珀洛斯的名字与"马驹"双关。柏拉图及其笔下的苏格拉底很喜欢玩弄
名称的双关游戏，最典型的是《克拉底鲁》；关于其他例子，参维斯：《洞穴中的德
性：柏拉图〈美诺〉中的道德探究》，郭振华译，华东师范大学出版社2014年，第20
页，注2。
② 方括号内文字是原文所无，译者所补，以顺文意。全篇通例。

间曾经有过争论?

换言之,眼下这场对话之前,他们之间的"战争"兴许已经打响。并非偶然的是,整个对话以卡利克勒斯对苏格拉底的招呼突然开始,又以苏格拉底对卡利克勒斯的呼吁突然结束:"而不要跟随你所信服并号召我跟随的那个领路人,因为它实在毫无价值,卡利克勒斯噢!"(527e7)这句同样带有敌意的呼吁同样让我们怀疑:喜欢"战争并战斗"的卡利克勒斯会甘心就此沉默下去吗?

换言之,直到这场对话结尾,他们之间的"战争"可能都没有结束,卡利克勒斯还会起而反击。再从结尾回到开头:卡利克勒斯在开头暗含敌意的招呼不就是回应苏格拉底在结尾暗含敌意的呼吁吗?"战斗"和"这样"不就暗指这场对话本身的内在冲突吗?总之,这部作品开篇之辞定下了战斗的基调,首尾相应的回环结构暗示整个战斗没有取得和解:这是一篇永远无法获得完满解决的战斗的对话。

【附注】一篇明显以演说术为主题的作品为何以战争开篇?说话与战争有何关系?从苏格拉底的立场可以说,正确的思想和话语会带来友爱与和平,错误的思想和话语则造成仇恨和战争;而正确的说话方式是辩证术,错误的说话方式是演说术,相应的生活方式分别是哲学或静观的生活与政治或行动的生活。关于这个思想,中国古代典籍的类似告诫不胜枚举,所不同的只是没有截然二分两种说话方式和生活方式。试举数则如下:

《易·乾卦》文言曰"修辞立其诚"；《坤卦》六四"括囊，无咎无誉"；《颐卦》象曰"君子以慎言语，节饮食"；《困卦》"有言不信，尚口乃穷也"；《系辞上》"拟之而后言，议之而后动"，又引孔子曰："君子居其室，出其言善，则千里之外应之，况其迩者乎？居其室，出其言不善，则千里之外违之，况乎迩者乎？言出乎身，加乎民；行发尔迩，见乎远。言行，君子之枢机，枢机之发，荣辱之主也。言行，君子所以动天地也，可不慎乎？"又曰："乱之所生也，则言语以为阶。君不密则失臣，臣不密则失身，几事不密则害成。是以君子慎密而不出也。"又曰："君子安其身而后动，易其心而后语，定其交而后求。"又曰："书不尽言，言不尽意。"又曰："默而成之，不言而信，存乎德行。"

《书·大禹谟》"惟口出好兴戎"；《说命中》"惟口起羞，惟甲胄起戎"；《毕命》"辞尚体要"。

《诗·小雅·正月》"好言自口，莠言自口"；《小雅·巧言》"盗言孔甘，乱是用餤"；《大雅·板》"辞之辑矣，民之洽矣，辞之怿矣，民之莫矣"；《大雅·抑》"慎尔出话，敬尔威仪"，"无易由言，无曰苟矣"，"无言不雠，无德不报"。

《礼记·曲礼上》"安定辞"，"行修言道，礼之质也"；《大学》"言悖而出者，亦悖而入"；《中庸》子曰"言顾行，行顾言"，"言足以兴，默足以容"。

《孝经·卿大夫章》"非先王之法言不敢道，非先王之德行不敢行。是故非法不言，非道不行；口无择言，身无择行。言满天下无口过，行满天下无怨恶"。

至于孔门教学，特立言语一科，于言语之道，反复叮咛和示范。《论语》子曰"巧言令色，鲜矣仁"，曰"敏于事而慎于言"，曰"非礼勿言"，曰"君子于其言，无所苟而已矣"，曰"畏圣人之言"，曰"有德者必有言"，曰"言忠信"，曰"中人以上，可以语上"，曰"知者不失人，亦不失言"，曰"如有所誉者，其有所试矣"，曰"辞达而已矣"，曰"不知言无以知人"。孔子本人有"雅言"，有"前言戏之耳"，有"法语之言"，亦有"巽与之言"，有"似不能言者"，亦有"侃侃如也"，有"食不语，寝不言"；更有"子不语"，"子罕言"，"予欲无言"。至于孟子"不得已"，荀子"必辩"，韩非"难言"，吕氏"重言"，刘向"善说"等等，各取一端，论之详矣。

更有历代箴铭，谆谆告诫：黄帝《金人铭》"古之慎言人也。戒之哉！无多言，多言多败；无多事，多事多患，安乐必戒……勿谓不闻，神将伺人，焰焰不灭……诚能慎之，福之根也。口是何伤，祸之门也"（《孔子家语》《说苑》）。武王《机铭》"皇皇惟敬，口生㖃，口戕口"（《大戴礼记·武王践阼》）。傅玄《口铭》"神以感通，心以口宣；福生有兆，祸来有端；情莫多妄，口莫多言；蚁孔溃河，溜穴倾山；病从口入，祸从口出；存亡之机，开阖之术；口与心谋，安危之源；枢机之发，荣辱存焉"。徐彦伯作《枢密论》。姚崇有《口箴》。刘禹锡《口兵诫》"舌端之孽，惨乎楚铁……我诚于口，惟心之门。无为我兵，当为我藩。以慎为键，以忍为闸。可以多食，勿以多言"。

至于老子倡"不言之教"，以为"言者不知，知者不言"，"信言不美，美言不信；善者不辩，辩者不善"，"多言数穷，不如守中"，"言有宗，事有君"，以致"善言无瑕谪，善行无辙迹"，"不言而善应"。庄子则深味人间"言者风波，行者实丧"，以为道不可言，"言无言，终身言，未尝言；终身不言，未尝不言"，"道物之极，言默不足以载；非言非默，议有所极"，故"以天下为沉浊，不可与庄语，以卮言为曼衍，以重言为真，以寓言为广"。

佛家则有十善业道，即不杀、不盗、不淫、不妄语、不两舌、不恶口、不绮语、不贪、不嗔、不痴，前三身业，后三意业，而中间四项全是口业，不亦重乎？《法句经·言语品》云"夫士之生，斧在口中，所以斩身，由其恶言"，能不警乎？

于西方而言，从苏格拉底到维特根斯坦，语言或说话也都是哲学的中心主题。①

① 关于开篇之辞的含义，亦参沃格林：《存在的哲学》，高燕译，收于拙编《挑战戈戈戈：〈高尔吉亚〉解读文集》，华夏出版社2020年。

听到卡利克勒斯的招呼，苏格拉底惊讶地以问作答：

> 苏　哦？莫非我们，常言道，宴会之后才到且来晚啦？
> （447a3-4）

以上一问一答算是两人第一回合的交锋，无论形式上或内容上都丝丝入扣。先从形式上合而观之。

卡利克勒斯所说的"战斗"和苏格拉底所说的"来晚"二词，在整个后文均未再次出现，即没有得到对方的确认。卡利克勒斯所说的"战争"再现一次，出自苏格拉底之口（498a6）；苏格拉底所说的"宴会"同样再现一次，出自卡利克勒斯之口（447a5）。换言之，分别得到对方承认。但从它们各自再现的位置看，双方的承认稍有差异：卡利克勒斯显然不假思索地承认"宴会"；苏格拉底则很久之后才承认"战争"，而且是在讨论勇敢的语境下说出的（498a6）。

显然，战争需要勇敢，勇敢首先意味着直面痛苦；宴会似乎无须勇敢，而是常常带来快乐。卡利克勒斯以"战争"招呼，似乎炫耀自己的勇敢，暗示苏格拉底的怯懦；苏格拉底以"宴会"回应，试图用快乐之物引诱自诩勇敢的卡利克勒斯。卡利克勒斯毫不犹豫地接受了苏格拉底的诱惑，不自觉地暴露了其虚假勇敢掩藏之下耽于享乐的灵魂真相；而苏格拉底则在深思熟虑之后通过承认战争而给予勇敢以恰当的位置。①

　　卡利克勒斯所说的"战争并战斗"都是比喻词，意思重复，仅有程度差异：战斗比战争更残酷，更令人痛苦，因而更需要勇敢。苏格拉底所说的"宴会之后才到且来晚"两个词，意思尽管重复，但有形式差异："宴会之后"同样是比喻，"来晚"却是事实陈述。苏格拉底以一个比喻词回应卡利克勒斯的两个比喻词，表明苏格拉底听懂了卡利克勒斯的意思。而卡利克勒斯随后的回答仍然停留在比喻的层次，并没能留意苏格拉底更在意的事实（是不是来晚了）。

　　柏拉图笔下没有平等的对话，往往甫一交手，高下立见。开篇第一回合就暗示：苏格拉底高于卡利克勒斯。后文会显示，苏格拉底高于其他任何人。然而，卡利克勒斯一开始显得比苏格拉底更高，因为他依据的是表示部分同意的"据他们说"，苏格拉底则依据的是表示普遍同意的"常言道"。苏格拉底尽管最

---

①　不管柏拉图笔下，或亚里士多德笔下，勇敢都是最基本的德性：例如，《法义》开篇以战争与和平问题作为立法的起点，然后列出诸善的等级结构（属神之善即四大基本德行，从高到低分别是理智、节制、正义和勇敢，631c-d），随后就以勇敢为范例依次分析（632e-634a），最终目标是找到德行的整体（963a-965d）；《尼各马可伦理学》第三卷讨论道德德行，同样以勇敢为起点。关于勇敢的特殊位置，《法义》963e有个浅显但重要的解释，参施特劳斯：《柏拉图〈法义〉的论辩与情节》，程志敏、方旭译，华夏出版社2011年，第183—184页。

　　另，卡利克勒斯的"美丽"与"勇敢"有关，从后文看，勇敢使人显得美，因为会带来美名或荣誉。

高，但姿态最低；卡利克勒斯虽然很低，但显得很高。在柏拉图笔下，苏格拉底之所以最高，不仅在于他能够理解其他对话者的意思，而且在于他通常要么是对话的开启者，要么是对话的终结者；换言之，苏格拉底既能进入对话，又能超越对话，从而接近全面的真实。然而，这篇战斗的对话却以卡利克勒斯这个人的名字开始并结尾。这不仅意味着，卡利克勒斯作为低人，整个处于内在的分裂状态，而且暗示，苏格拉底作为高人，处于低人的包围之中，始终没能走出敌意生存的在世处境，从而必将使对话的主题限于较低层次。

这两句开篇之辞在形式上具有显明的对称关系：苏格拉底以"常言道"对应卡利克勒斯的"据他们说"，用两个带有形式差异的近义词对应卡利克勒斯的两个带有程度差异的近义词。这些迹象表明，关于修辞术的《高尔吉亚》本身开篇就使用了修辞术，模仿了高尔吉亚式的修辞术。①修辞术不仅作为对话的主题得到讨论，更多地作为写作方式体现于作者柏拉图的精心编织和遣词造句上。如果说正义主题作为内容贯穿全篇，那么，修辞主题则更多地作为形式贯穿全篇：表面的修辞主题与内在的正义主题在整个作品中得到完美的结合，内容与形式得到完美的统一。

---

① 对称修辞法据说就是高尔吉亚首创，参冯雷：《修昔底德的文风》，陈开华译，载《经典与解释17：修昔底德的春秋笔法》，华夏出版社2007年，第71—74页；尼采：《古修辞学素描》，屠友祥译，上海人民出版社2001年，第71页。

　　总之，这篇对话的开篇之辞奠定了整个对话的战斗基调，暗示了主要人物的灵魂特征和高低，透露了随后讨论的重要话题（美、勇敢、快乐等），体现了整部作品的修辞特征。另外，也隐约透露了双方的意图。

　　卡利克勒斯的招呼不是提问，苏格拉底的回应也算不上回答，毋宁说，他们在试探对方的意图。但各自的意图都很难把捉，因为他们都在用谚语打比喻，好像相互猜谜，旁人莫名其妙。他们化用的古希腊谚语是"赴宴要争先，战斗要争后"。卡利克勒斯用"战争和战斗"比喻苏格拉底的来意，苏格拉底则用"宴会"比喻卡利克勒斯的偶像高尔吉亚的演说。从后文看，卡利克勒斯这时刚刚听完高尔吉亚的演说，出来迎面碰上苏格拉底。他大概领教过苏格拉底辩论的厉害（参458d2-4），或感受到苏格拉底气场的冲击，就不自觉起了自我保护的畏怯念头，逆测善辩的苏格拉底是故意等到高尔吉亚演说之后、疲惫之际来发起挑战（卡利克勒斯随后的惊讶可以为证，见447b4），于是先发制人，脱口抛出暗含敌意的挖苦之辞。苏格拉底听出卡利克勒斯的弦外之音，为了避其锋芒，化解敌意，随即示弱，顺着卡利克勒斯的话头，一边恭维高尔吉亚的演说为"宴会"，一边假装无知并惋惜自己"来晚"了。

　　卡利克勒斯不辨虚实，就欣然接受苏格拉底的恭维，并随口透露关于高尔吉亚的信息：

卡 ［a5］确实，而且是一场非常高雅的宴会呢；因为高尔吉亚不久前给我们炫示了很多美丽的东西。（447a5-6）

既然卡利克勒斯变本加厉赞美高尔吉亚，苏格拉底就不能只是装作惋惜，更要表示歉意。

2　苏格拉底的意图（447a7–c7）

苏格拉底一边向高尔吉亚的追随者表示抱歉，一边顺势向自己的追随者推卸责任：

苏 不过，这些嘛，卡利克勒斯噢，都要责怪这个凯瑞丰呀；（转向凯瑞丰）① 你竟然强迫我们在市场上消磨时光！（447a7-8）

这个推卸使抱歉显得并不真诚，乍一看也不仗义，竟然不惜拿朋友作替罪羊！

据柏拉图笔下的苏格拉底自述，凯瑞丰既是苏格拉底的朋友，又是多数人的朋友，曾经同雅典多数人一起流放，一起回来（《申辩》20e–21a）。作为多数人的朋友，凯瑞丰当然喜欢逛市

---

① 圆括号内楷体字是原文所无，译者所补，以提示戏剧情景。全篇通例。

场，相反，苏格拉底这里显得不愿意跟市场上的多数人在一起，而愿意听高尔吉亚的演说。对苏格拉底来说，到市场上跟多数人交谈与到教室里听高尔吉亚演说之间，似乎是一个不可兼得的选择。但只是显得如此，因为即使不愿跟多数人在一起，也未必意味着他一定愿意听高尔吉亚演说，除非没有第三个选择。

苏格拉底自称，他到市场上去是出于凯瑞丰的"强迫"。苏格拉底为何那么容易被凯瑞丰强迫？我们可以解释说：因为苏格拉底行为上非常温顺，容易迁就朋友的要求，尽管言辞上喜欢较真。不过，这样解释显然过于笼统，因为苏格拉底并不总是听从朋友的劝告（参《克力同》54d-e）。毋宁说，这种强迫不是来自凯瑞丰个人，而是来自凯瑞丰代表的多数人，不是基于友情而是基于政治，而政治天然具有强迫性质，即使是多数人代表的标榜自由宽容的民主政治（参《王制》开篇场景）。

除了凯瑞丰和多数人的角度，从苏格拉底自己的角度看，这种强迫可能有更深的含义。据柏拉图笔下的苏格拉底自述，凯瑞丰曾向他传达了一道德尔斐神谕：没有人比苏格拉底更智慧（《申辩》20e6-21a6）。得了这个神谕之后，苏格拉底百思不得其解，最终想出一个办法：到市场上找各种各样的人交谈，以便检验神谕，生活方式从此发生根本转变（《申辩》21b1-24b2）。如此看来，苏格拉底之所以顺从凯瑞丰"在市场上消磨时光"，不仅是由于凯瑞丰的个人意志或多数人的政治权力，更是由于凯瑞丰带来的天命，某种超乎属人意志的"必然"，正如苏格拉底不听从朋友克力同的建议逃离监狱，不是由于克力同个人的好意，而是由于神意（《克力同》54e）。进而言之，哲人苏格拉底从高处下到低处，并非出于自愿；真正的哲人更愿意远离市场上的多数人，独自研究天上地下的事情（《泰阿泰德》173d-174a；参《高尔吉亚》474a5-b1）。

哲人苏格拉底在带来德尔斐神谕的凯瑞丰的强迫下走向市场，走向政治社会，意味着哲学被迫变成政治哲学，即被迫顾及政治限制的哲学：政治哲学是哲学的天命。但话又说回来，苏格拉底果真不愿意在市场上消磨时光吗？至少就凯瑞丰这个例子而言，凯瑞丰带来的神谕仅仅预言无人比苏格拉底更智慧，却没有要求苏格拉底亲自到市场上检验这个神谕。换言之，苏格拉底到市场上找人交谈，并非直接来自天命的必然，而是出自苏格拉底的自愿：哲人自觉转变为政治哲人，顾及政治的限制，向城邦礼法学习，同时参与提升政治品质，以达到共同之善与个人之善的结合。如此看来，苏格拉底这里说自己被凯瑞丰强迫在市场上消磨时光，似乎是半真半假地装样子。①

不仅强迫之说半真半假，整个责怪也意味深长。一方面，

---

①   苏格拉底提到"我们"，暗示随苏格拉底一起到市场的人不止凯瑞丰一人，但他们没跟苏格拉底一起来见高尔吉亚，换言之，他们适应市井的街谈巷议，却未必喜欢高雅的讲座演说。这从侧面反映出，苏格拉底既能相应于贩夫走卒（例如，他的学生就有补鞋匠西蒙和腊肠制匠之子埃斯基涅），又能相应于高尔吉亚这样的社会精英或国际名流。但贵族出身的柏拉图笔下几乎都是苏格拉底与后者的谈话，不见苏格拉底与鞋匠鄙夫等人的谈话，这恐怕是柏拉图的局限，也导致他过度强调哲人与民众的差别乃至对立。

它固然把卡利克勒斯对苏格拉底的责怪引向凯瑞丰，使其攻击落空。但另一方面，也把卡利克勒斯对高尔吉亚的赞美引向凯瑞丰，表面的责怪就变成暗暗的抬举：在苏格拉底眼里，陪凯瑞丰逛街比听高尔吉亚讲座更重要，尽管高尔吉亚是国际名人，但凯瑞丰是亲密朋友。抬举朋友也是抬举自己：苏格拉底恰恰是个仗义的朋友，而非趋炎附势的势利之徒。言外之意：你卡利克勒斯为何如此追捧高尔吉亚这个外邦人而轻视我们这些本邦朋友，如此贵远贱近，厚彼薄此？绵里藏针，暗暗回击了卡利克勒斯的敌意。卡利克勒斯只有暗自反省，无话可说。

经苏格拉底这一明踩暗捧，凯瑞丰不禁有点得意，赶紧出来打圆场，扮演好人：

> 凯［447b］没事儿，苏格拉底噢，因为我也可以救治。因为高尔吉亚既然是我朋友，就将给我们炫示。（447b1-2）

凯瑞丰之所以能让高尔吉亚重新演讲，是因为他是高尔吉亚的"朋友"。可以猜想，"大人物特别容易顺应他们的奉承者"①；换言之，凯瑞丰可以利用演说大师高尔吉亚的虚荣心控

---

① 伯纳德特：《道德与哲学的修辞术》，赵柔柔、李松睿译，华东师范大学出版社2016年，第10页。

制他：毕竟帮助朋友是获得并维持正义之名的快捷途径，何况当
众求助，怎好拒绝？不过，这个猜想并无根据，因为没有迹象表
明，凯瑞丰是个会奉承别人的人。这里倒是暗示，他是个容易被
奉承的人（被苏格拉底不着痕迹地奉承）；甚至被他弟弟抱怨难
相处（参本章第四节）。更令人疑惑的是，为什么作为高尔吉亚
朋友的凯瑞丰宁愿在市场上溜达而不早点来给朋友捧场，并非高
尔吉亚朋友的苏格拉底反倒更愿意来聆听高尔吉亚的演讲？

　　也许，凯瑞丰的自信和力量仅仅源于苏格拉底对他的顺从
和抬举：苏格拉底拿他当朋友而顺从他，让他产生幻想，以为高
尔吉亚也会因为友谊而顺从他。但他忘了，高尔吉亚不是苏格拉
底，你拿他当朋友，他未必拿你当朋友呀。但这个幻想传递的善
意却有助于抵消卡利克勒斯的敌意。①

　　为了补救自己的过错，凯瑞丰给苏格拉底提供了两个选择：

　　　　……若看起来［应当现在］，就现在，但假若你愿意

---

①　在整个对话中，苏格拉底几乎没被别人（包括亲密同伴凯瑞丰）称为"朋友"，
尽管苏格拉底频繁地称高尔吉亚、珀洛斯和卡利克勒斯为朋友（465d4，466c6，
471a2，473a3，479d7，487b1，487e6，47d4，499c4，507a3）。只有一次，卡利克勒
斯在谴责的语境下称苏格拉底为"亲爱的"（486a3）。在三个演说家中，高尔吉亚提
到三次"朋友"（456d），卡利克勒斯提到一次（492c），珀洛斯根本没提。朋友的
希腊语词根是"亲爱"，这里暗示，没人能亲爱苏格拉底，尽管苏格拉底愿意亲爱所
有人。但据说，苏格拉底只是假装爱者，其实他自己置身于被爱者的位置（《会饮》
222b）。

［以后］呢，就以后吧。（447b3）

若选现在，就得给出理由，若选以后，只需表达意愿。后者看似更容易，但要兼顾他人的意愿。凯瑞丰暗示苏格拉底，没必要现在再让高尔吉亚演说，因为卡利克勒斯刚刚透露，他已经"不久前炫示了很多美丽的东西"，很可能已经累了。作为朋友，凯瑞丰不仅体谅高尔吉亚，而且显得体谅苏格拉底：因为他现在不再强迫，而是给予选择的自由。但这个选择隐含了一个苏格拉底未必想要的前提，即听演说（参447c1）。

正在苏格拉底无法选择之际，卡利克勒斯对凯瑞丰透露的信息大感惊讶：

卡 什么，凯瑞丰噢？苏格拉底欲求聆听［b5］高尔吉亚［炫示］？（447b4）

惊讶的疑问暗示，卡利克勒斯原本以为，苏格拉底不想听高尔吉亚演讲。这也说明，他开头的招呼为什么暗含敌意。

没等苏格拉底表态，凯瑞丰就抢先肯定了卡利克勒斯的怀疑：

凯 正是为了这个本身，我们才到现场的呀。（447b5）

凯瑞丰不等于苏格拉底。但既然热情的凯瑞丰代表"我
们",苏格拉底即使个人的意图有所不同,也不便表示异议或主
动解释,除非有人主动询问。因为对知道的人不必解释,对不想
知道的人无法解释,解释只能留给想知道的人。

卡利克勒斯想知道苏格拉底的个人意图,却没有接着向苏
格拉底本人求证,就信以为真。首先,他一开始就对苏格拉底怀
有敌意,即使得到苏格拉底本人的真实答案,他也仍然会半信半
疑或根据自己的先入之见进行解读;何况,程度越高的人越不易
被理解(孔子看老子"犹龙",颜回看孔子"瞻之在前,忽焉在
后")。其次,更重要的是,凯瑞丰已经在苏格拉底的责怪之下
亲口表达了善意或仰慕。卡利克勒斯更愿意相信讨好自己的人。

听信了凯瑞丰的回答,卡利克勒斯打消敌意,发出热情的
邀请:

卡 那么,无论何时,只要你们愿意来家里找我,[就
来吧]:因为高尔吉亚就在我那儿落脚,并将给你们炫示。
(447b6-7)

较之凯瑞丰,卡利克勒斯的建议更具体。"无论何时"不
会是"现在",因为走到他家肯定需要一段时间。之所以在自己
家里,恐怕不仅因为高尔吉亚在他家落脚,更是为了体谅高尔吉
亚当时的劳累,也表达了自己的热情,同时暗示了谈话场合之重

要：家里是个私人场合。

直到卡利克勒斯打消敌意并发出邀请，苏格拉底才有机会亲自表明自己的真实意图：

> **苏**　讲得好啊，卡利克勒斯噢。不过，他会乐意［447c］跟我们交谈吗？［但愿他会］，因为我愿意向他本人讨教，这个男人的技术有什么能力①，以及他宣扬与教授的东西是什么；至于其他的嘛——像你所讲的炫示——就让他以后再做吧。（447c1-4）

凯瑞丰和卡利克勒斯显然都猜错了。苏格拉底要"交谈"而非"炫示"——这个区分将在后文以不同形式不断出现。"交谈（διαλέγω）"即一问一答，暗指著名的"对话（διάλογος）"和"辩证术（διαλεκτική）"，而辩证术在苏格拉底那里是哲学的代名词。至于卡利克勒斯反复强调的"炫示（ἐπίδειξις 447a6，b2，c8）"则是古典演说术的专用术语。②根据听众的不同，通常分别

---

① 能力（δύναμις）：关键术语，但含义宽泛，既可表示广义的力量，也可表示某物的特殊功能或作用（近似451a-d的"效力"，480a-b的"用途"），也可表示狭义的政治权力（如466b-470a，珀洛斯在狭义上用，侧重政治权力，苏格拉底在广义上用，侧重人之为人的特殊功能）。为了前后一致，统一译作"能力"。

② 但苏格拉底从日常或非专业的角度使用这个术语，例如：要求高尔吉亚"炫示/展示"简短的讲话风格（449c5）；愿意为高尔吉亚"炫示/展示"自己理解的演说术（464b3）；要求珀洛斯"炫示/证明"自己在撒谎（467c2）。

三类演说术：针对观察者的炫示演说，针对议事者的议事演说或政治演说，针对审判者的法庭演说。三类演说术的目的也各不相同：炫示演说旨在赞扬或谴责以炫耀自己言辞的能力，政治演说旨在就某个政治事件进行劝服或劝阻，法庭演说旨在指控或辩护（参亚里士多德《修辞术》1358a36-b30）。高尔吉亚刚才所做的演说显然属于炫示演说（现存的高尔吉亚演说词也属于这类）。其实，这篇对话本身就遵循着这个传统划分：苏格拉底轮番跟高尔吉亚、珀洛斯和卡利克勒斯探讨演说术，就是从炫示演说导向政治演说，直到法庭演说，从而全面考察整个演说术。苏格拉底不愿听炫示演说，自然是因为炫示不像交谈一样可以提问。[①]但从另一面看，柏拉图安排苏格拉底错过高尔吉亚的炫示演说，也许是为了暗示，他不愿否定炫示演说，炫示演说可能高于政治演说和法庭演说（前者更具理论性，后者更具实用性），整个对话重点讨论的是政治演说与法庭演说。不过，苏格拉底的选择表明，炫示终究属于演说，低于交谈。

一般而言，炫示要在人多的公共场合，交谈则更适合在人少的私人场所。[②]苏格拉底尽管想交谈，却选择了更公开的演说现

---

① 《普罗塔戈拉》329a-b、347b，《希琵阿斯后篇》364b，参《伊翁》531a，《游叙弗伦》6d，《欧蒂德谟》275a。

② 参《希庇阿斯后篇》363a，364b-c：希琵阿斯公开演讲时，苏格拉底尽管有疑问，但保持沉默，因为现场人多，提问会打扰演讲；等到听众散去，只剩少数懂哲学的人在场时，苏格拉底才在朋友的鼓动下提问。

场，这将决定整个谈话的方式、内容和胜负。

至此，我们终于确定：凯瑞丰尽管常随苏格拉底并一同前来，却几乎完全不懂苏格拉底的意图；卡利克勒斯猜出来意（开头的敌意和447b4的惊讶），却被凯瑞丰误导而选错了时间和地点。

鉴于苏格拉底的夸奖和讨教姿态，卡利克勒斯便放弃自己的建议，并随顺苏格拉底的意愿，并替他补充了理由：

> 卡　[c5]怎么都不如问他本人，苏格拉底噢，因为这也是他本人的炫示[内容]之一；其实，他刚才就命令里面那些家伙，任何人愿意[问]什么就问什么，并肯定自己会回答一切。（进入高尔吉亚演讲的室内）[①]（447c5-8）

现在正是高尔吉亚演说的问答环节。这再次暗示，苏格拉底来得正当其时（ἐν καιρῷ），不算来晚，尽管错过演说，却没错过提问的时机。

卡利克勒斯的鼓励再次受到苏格拉底赞赏（447c9"讲得美"）：卡利克勒斯最初的判断和这里的鼓励表明，他更能领会苏格拉底的意图和方法，因此，二人之间有望发生一场更深入的

---

① 　随后苏格拉底与凯瑞丰的短暂交流是在室内还是在室外，无法确定。译者倾向于是在室内，即当着高尔吉亚的面进行，以引起高尔吉亚注意并使之稍作准备。

对话。①

轻松的谈话和微妙的试探吸引着读者，使我们不知不觉进入"里面"。就在这时，柏拉图借卡利克勒斯之口（"里面那些家伙"），不知不觉转换了地点：从外面进入里面。卡利克勒斯预报的高尔吉亚形象让我们充满期待：怀揣两个问题的哲人苏格拉底将如何挑战自称掌握所有答案的演说家高尔吉亚？

让我们随他们进入里面瞧瞧。

3　苏格拉底的问题（447c9–448a5）

进来之后，苏格拉底却没有像我们期待的那样，也没有像卡利克勒斯鼓励的那样，亲自询问高尔吉亚本人，而是让同伴凯瑞丰代替自己提问：

> 苏　讲得美啊。凯瑞丰噢，就问他本人！（447c9）

苏格拉底为何不按常理出牌，亲自提问？主观上，既然凯瑞丰乐于代劳（447b5），就让他先探一探对方的虚实；同时也让高尔

---

① 卡利克勒斯最初判断苏格拉底是来打嘴仗的，其实也没错：尽管苏格拉底自己主观上是抱着"讨教"的态度而来（447c2），但在稍知深浅的对方看来却是故意找事，客观上造成令人不悦的挑战和冲击，而且苏格拉底越是低姿态，冲击力越大。

吉亚有所准备，适当缓冲，以免直接交手，引起尴尬——这是苏格拉底的厚道，尽管他不会这样说（参448d1苏格拉底向高尔吉亚揭发珀洛斯早有准备）。客观上，苏格拉底似乎是通过凯瑞丰向"里面那些家伙"预先展示自己的言说方式，因为他们已经熟悉高尔吉亚的炫示，尚不了解苏格拉底的交谈；至少，卡利克勒斯就不大理解苏格拉底关于"交谈"与"炫示"的区分，而是混淆二者，把问答当作炫示演说的一部分（447c5）。

然而，乐于代替作答的凯瑞丰，这次却不知道怎么代替提问了：

　　凯　［c10］我该问什么？（447c10）

苏格拉底刚刚不是已经向卡利克勒斯明确表达自己的来意，要问高尔吉亚两个问题吗（447c2）？也是当着凯瑞丰的面，他没听到吗？也许，凯瑞丰并非愚笨，而是变得谦虚谨慎，因为苏格拉底表明来意之后，他就应该醒悟，自己之前贸然代替苏格拉底作答（447b5），实在是自作聪明，错会了苏格拉底的意图。

凯瑞丰能够瞬间转换态度，相应地，苏格拉底也瞬间调整了问题：他这次让凯瑞丰问的，也不再是前面那两个问题，而是一个非常含混的新问题：

　　苏　［447d］他是什么。（447d1）

苏格拉底的这个调整妙不可言：首先，回护了凯瑞丰的贸然代答之误，遮掩了其貌似的愚笨，肯定了其态度的正确和提问的必要（既然代替别人，就不要擅作主张）；其次，显示了苏格拉底不沾不滞、随时更新的风格和能力，时位一变，问题就变，因为前两个问题是在室外当着凯瑞丰的面对卡利克勒斯讲的，这一个问题是在室内当着高尔吉亚等人的面对凯瑞丰讲的；最后，打断了之前的现场节奏，引起众人的惊讶或疑惑，凯瑞丰和卡利克勒斯将惊讶于苏格拉底的变化无常，现场听众将惊讶于问题的简单外行。

至此，苏格拉底相继提出了三个问题：高尔吉亚的技术有什么能力？高尔吉亚的技术是什么？高尔吉亚是什么？问题一个比一个更根本。若说技术的能力源自关于技术的知识，那么，关于技术的知识则基于关于自我的知识。换言之，高尔吉亚若不认识他自己，就不可能认识自己的技术，从而就不可能使自己的技术产生能力。因此，在实际的提问中，"高尔吉亚是什么"成为整个问题系列的起点。起点决定终点，正是从这个关乎我之为我的原初问题出发，苏格拉底将逐步推进问题的高度，从事实问题推向价值问题，直到近乎终极的问题：一个人应该如何生活，即广义的正义问题（492d5、500c2-6、527e4）。

苏格拉底目前这个新问题自然是为了引向前面关于"高尔吉亚的技术是什么"及其具有"什么能力"那两个旧问题。凯瑞丰要么是太过聪明而故作惊讶地配合，要么是仍然谨慎且真心疑惑，确实不懂苏格拉底问题的含义：

凯 此话怎讲？（447d2）

于是，苏格拉底就有机会手把手地教凯瑞丰，同时也向包括高尔吉亚在内的现场所有人示范自己的问答方式：

苏 就像这样：假如他碰巧是个［制造］鞋子的工匠，他多半儿就会回答你，"一个做鞋者"。怎么，你没学会［d5］此话怎讲？（447d2-5）

苏格拉底的惯常方式是举例类比。这是苏格拉底举的第一个例子，也是整部对话的第一个例子。所有例子都不是没有用意，第一个例子尤须注意。鞋子的目的是保护脚，因此，做鞋术是保护性的技术；而脚是人身上最低的部位（参490d11），因此，做鞋术是"最低的保护性技术"①。

可以推断，做鞋者是影射用演说术保护自己的演说者，尤其法庭演说者（456e、511c，参《厄庇诺米斯》976b）。另外，苏格拉底平时不爱穿鞋（《斐德若》229a，参《会饮》174a），因而显得无意保护脚，也无意用演说术保护自己的身体（参后文卡利克勒斯对苏格拉底的告诫，见486b，508d等），因为在

---

① 施特劳斯：《修辞、政治与哲学：柏拉图〈高尔吉亚〉讲疏（1963）》，李致远译，华东师范大学出版社2017年，第33页。

他看来，最重要的不是活得长久，而是活得最好（512e），即保护好自己的灵魂，"这种自我保护是最强的"（522d，参522e、526e）。当然，两种自我保护不必对立，关键是以哪个为主导；从宙斯头上出生的智慧女神雅典娜毕竟穿着铠甲，手持盾牌（参《克拉底鲁》406e–407d，《蒂迈欧》24d）。

　　苏格拉底只举了一个例子，凯瑞丰就表示学会了，他显然熟悉苏格拉底的惯常方法。随后，凯瑞丰就毫不怯场地转向高尔吉亚，两人的搭手试探如下：

　　　　凯 学会啦，我这就问。（转向高尔吉亚）告诉我，高尔吉亚噢，这个卡利克勒斯讲，你宣扬会回答任何人问你的任何东西，真实吗？

　　　　高 ［448a］真实，凯瑞丰噢；因为我不仅刚才这样宣扬，而且［现在］要讲，迄今很多年都无人问过我任何新东西。

　　　　凯 是嘛，那么，想必你回答起来很容易喽，高尔吉亚噢？

　　　　高 ［a5］你可以现场拿这个来试试嘛，凯瑞丰噢。（447d6–448a5）

　　凯瑞丰表现得婉转灵活而不失锋芒。

　　首先，他并未机械照搬苏格拉底所教的问题，而是根据卡利克勒斯预报的已知信息，以恰当的方式发问。因为卡利克勒斯只是转述高尔吉亚的宣称，但迄今我们读者并未听到高尔吉亚亲自说话。所谓"道听而涂说，德之弃也"，辩证术的最起码要求就是"问他本人"，凯瑞丰必须首先向高尔吉亚本人求证。这里有个双重转述，即凯瑞丰转述卡利克勒斯转述的高尔吉亚的宣称。暂不考虑高尔吉亚的回答，单单比较两人各自的转述，就会发现，两者虽然大体一致，但已有所变化：其一，凯瑞丰省略了卡利克勒斯所说的高尔吉亚"命令里面那些家伙"，从而消除了卡利克勒斯加诸高尔吉亚的权威色彩和他本人对普通听众的蔑视态度；其二，将卡利克勒斯分开的提问与回答结合起来，把"回答一切"变成一问一答。

其次，面对高尔吉亚的自信或高傲，凯瑞丰毫不示弱，"想必你回答起来很容易喽"，暗含反讽而不失礼貌。随后可见，这个反讽虽然没有撼动高尔吉亚，却挑动了他身边的学生珀洛斯的意气，使他按捺不住，跳出来维护师尊。

面对凯瑞丰的挑战，高尔吉亚显得淡定从容，滴水不漏：他首先笼统地肯定了凯瑞丰的转述，但接着又具体地强调，自己多年未遇"新东西"。这个强调意味深长，虽是为了修正或消除卡利克勒斯转述的夸张，但语调却并不谦虚：他并非知道所有答案（任何有点理智的人都不会这样宣称，除非是神），只是没有遇过新问题，换言之，他知道所有已知的问题（比较447c8"回答一切"）。另一方面，特别对凯瑞丰这个后辈强调"新东西"，既显示了自己开放的胸怀，又隐含了一个老江湖对新手的蔑视。当然，从现场看，高尔吉亚之所以强调"新东西"，恐怕也是有意无意在旁边听到苏格拉底让凯瑞丰问"他是什么"所造成的冲击，因为很难想象，有人会在演讲之后向演讲人提出这样莫名其妙的问题，这恐怕正是高尔吉亚多年以来遇到的新问题。

高尔吉亚成竹在胸，凯瑞丰跃跃欲试，我们期待着他们之间的正式交锋。

4　凯瑞丰与珀洛斯预赛（448a6–c9）

凯瑞丰刚要向高尔吉亚正式发问，珀洛斯突然插话，要代替高尔吉亚作答。于是，苏格拉底的同伴与高尔吉亚的学生就展开了一场预赛。

珀（突然插话）以宙斯发誓！你若实在愿意，凯瑞丰噢，就［拿］我［试］吧！因为在我看来，高尔吉亚其实已经说累了：因为他刚刚已经历经很多东西。

凯　什么，珀洛斯噢？你相信自己能比高尔吉亚回答得［a10］更美？

珀　［448b］那有什么？只要让你［觉得］足够［美］！

凯　没什么！得了，既然你愿意，就回答吧。

珀　问吧。

凯　我这就问。假如高尔吉亚碰巧［b5］在他兄弟赫罗狄科斯［熟知］的技术方面有知识，我们命名他什么，才公正？不就是那个人的那个［名称］吗？

珀　完全对。

凯　因此，若宣称他是个治病者，我们就讲得美。

珀　［b10］是。

凯　但假如他在阿格劳丰托斯之子阿里斯托丰或者他兄弟的技术方面有经验，我们称呼他什么，才正确？

珀　［448c］显然，一个写生者嘛。（448a6-c1）

凯瑞丰与珀洛斯的交谈目前仍然遵循着苏格拉底示范的方式：通过举例说明问题。凯瑞丰举了两个例子：演说者高尔吉亚及其兄弟即治病者赫罗狄科斯；写生者阿里斯托丰及其兄弟即写生者波吕戈诺托斯。关于二人的历史信息，相关注本多有说明，这里不谈。毕竟，柏拉图对话不是历史著作，而是文学作品。严格来说，柏拉图透露的信息就足以使我们领会柏拉图使用这两个例子的意图。下面仅依据字面说法，分析两个例子的异同及其用意。

首先，两个例子有个明显的共同点：兄弟。凯瑞丰为何喜欢举兄弟的例子？从心理学的角度看，他恐怕有"兄弟情结"。[①]确

[①]　施特劳斯：《修辞、政治与哲学：柏拉图〈高尔吉亚〉讲疏（1963）》，前揭，第36页。

实，凯瑞丰有个弟弟，但两兄弟以"彼此不和"而闻名：弟弟爱钱财，曾向苏格拉底抱怨凯瑞丰不仅没帮助，而且难相处；苏格拉底不教育凯瑞丰，却找弟弟谈话，要弟弟让着哥哥，迈出和解的第一步；兄弟之间只要相互友爱，就能相互帮助（色诺芬《回忆苏格拉底》2.3）。

在这里，这种不和的兄弟关系似乎投射到苏格拉底的同伴凯瑞丰与高尔吉亚的学生珀洛斯之间，暗示了哲学与演说之间的不和：并非偶然的是，哲人同样没用且难相处，演说家同样爱钱财。不过，凯瑞丰与珀洛斯的关系有一点不同于凯瑞丰与他弟弟的关系：这里不易相处的显然是珀洛斯，而主动示好的却是凯瑞丰，因为他选择比做鞋者更高级（即更有技术含量）的治病者和写生者来类比演说术，而且前面称呼高尔吉亚为"朋友"（447b2），这些迹象暗示，凯瑞丰对演说术抱有更多好感，希望哲学与演说结成和睦的兄弟关系。[1]不过，二者会不会结成友谊，关键取决于演说家，正如凯瑞丰与弟弟的和解取决于弟弟。[2]

其次，一些不太明显的差别：第一，前一个例子说出了高

---

[1]　主动示好的不仅是凯瑞丰，苏格拉底亦然，因为这是一场苏格拉底自愿主动发起的谈话，尽管是以批评演说术的形式呈现，但包含对演说术的爱惜之意和学习之诚，否则他根本不会批评演说术，也不必主动来找高尔吉亚。

[2]　色诺芬《回忆苏格拉底》讨论"兄弟之义"的篇章位于讨论"孝敬母亲"与"朋友之谊"的两章之间。兄弟之义毕竟不同于朋友之谊。整个《高尔吉亚》出现了八对兄弟，从不同方面暗示了哲学与演说之间复杂而隐秘的关系，参维茨：《哲学与修辞的兄弟之谊》，田明译，收于拙编《挑战戈戈》，前揭。

尔吉亚兄弟的名字赫罗狄科斯，后一个例子没有说出兄弟的名字波吕戈诺托斯，可能因为前者名气不大，除了见识多广的凯瑞丰和作为高尔吉亚追随者的珀洛斯等人，听众未必知道，而后者名气更大；也因为前者是外邦人，后者是雅典本地人。第二，后一个例子不仅提到兄弟，而且提到两兄弟的共同父亲，给兄弟关系补充了父子关系。第三，迄今三个例子都是身体方面的技术，都在类比演说术，苏格拉底用最低的技术（做鞋术），而凯瑞丰用较高的例子，即治病术和写生术，而治病术又比写生术更高（后者只是模仿的技术）。那么，演说术在何种意义上可以类比治病术？苏格拉底后文会讲到自己的技术观（参464c以下）：治病术的对应者是审判术，而审判术的假冒者是演说术。在这里，凯瑞丰举更高的治病者时，珀洛斯说不出名称（b7），举更低的写生者时他才终于明白（448c1）——柏拉图的奇妙笔法暗示：演说术不能类比治病术，最多只能类比写生术，既不能恢复又不能保持生命的健康，只能模仿生命的外形。

直到珀洛斯明白举例类比的方法之后，凯瑞丰才转向高尔吉亚的技术及其名称。珀洛斯却没有按照前面的程式正面回答，而是代之以长段的赞美之词：

> 凯 但现在，他［高尔吉亚］在什么技术方面有知识，因而我们称呼他什么，才称呼得正确？
> 珀 凯瑞丰噢，很多技术在世人那里都已经［c5］通过经

验从种种经验中被发现：因为经验使我们的人生依靠技术前进，无经验则［使我们的人生］依靠机运［前进］。从这些技术中，不同的人以不同的方式分得不同的［技术］，而最好的人［分得］最好的［技术］；其中也有这位高尔吉亚，他分有其中最美的技术。（448c2-9）

这段赞美用词重叠，句法工整，形式对称，明显属于高尔吉亚式文风（参《斐德若》267b-c）；但其实脱离语境，很不协调，像是背诵某段论文，陡然之间让人不知所云。①因此，苏格拉底稍后批评他"没有完全回答所问的东西"（448d5）。不过，珀洛斯的赞美之词在某种程度上仍然可以视为一种修辞性的回答：重点是说，高尔吉亚分有"最美的技术"。珀洛斯为什么不正面作答？可能因为他没有能力判断准确高尔吉亚的学问，正如凯瑞丰没有能力充分理解苏格拉底的

---

① 关于这段话的形式特征，参Dodds相关注释。关于其来源，有人认为是摘自珀洛斯自己的文章，证据有二，内证：后文苏格拉底说自己读过珀洛斯的某篇论文（462b-c），其核心观点就是"经验造就技术"（奇妙的是，苏格拉底在那里用珀洛斯这里的观点界定演说术，珀洛斯竟然不能理解或忘了自己说过的观点，以致被苏格拉底嘲笑年纪轻轻"没有记性"）。外证：亚里士多德《形而上学》开头提到珀洛斯的一个说法，跟这里几乎相同："因为经验创造技术——珀洛斯说得好——而无经验诉诸偶然"（《形而上学》I. 981a4）。但也有人认为，这并不能排除，柏拉图假装引用而实则戏仿，而亚里士多德仅仅是根据《高尔吉亚》而非珀洛斯的论文来转述。无论引用或戏仿，都是服务于戏剧需要，戏仿也不会是凭空捏造，引用也未必是原文照抄的

意图一样。①珀洛斯为什么也没有能力理解高尔吉亚？一方面
固然是珀洛斯的能力有限，另一方面也是因为高尔吉亚的学问
太渊博或深奥。

前文显示，高尔吉亚自称听过所有已知的问题，换言之，
他至少了解所有知识领域的一般原理。无独有偶，在以高尔吉
亚的另一个学生美诺命名的一篇柏拉图对话中，高尔吉亚被说
成是帖撒利人智慧的渊薮（《美诺》70b-c）和哲学家恩培多科
勒的学生（76c）。因此，高尔吉亚不仅是个实际的演说家，
更是个高深的理论家。从后文高尔吉亚的勉强承认和修正看
（449a5-6），"演说者"这个称号并不高级。据此推测，珀
洛斯想到的大概不是高尔吉亚的演说术，而是高尔吉亚的"智
慧"。相应于智慧的称号是"智术师（σοφιστής）"：这个称
号原本高级，但在苏格拉底—柏拉图时代渐渐贬值，因为自诩
智者但名不副实的知识贩卖者越来越多（参《智术师》223b、
233c和《美诺》91c、《蒂迈欧》19e、《王制》493a）。②所
以，稍有自知之明的人都不愿自居为或被称为智术师（《普罗

----

① 一般而言，程度低的看不懂程度高的，但越是程度低却越喜欢妄自判断，越是
不懂却越喜欢自称懂，一个是代替老师作答，一个是虚假赞美老师，以致助师反成欺
师，因为程度低的不可能帮助程度高的，提高自己才是帮助老师，而提高自己的前提
是看到程度更高的人，但能够看到程度更高的人的前提又是提高自己，这是一个看似
循环无端的上升之路。
② 参麦克米斯基：《高尔吉亚与新智术师修辞》，张如贵译，吉林出版集团2014
年，第2—4页。

塔戈拉》312a），高尔吉亚当然也不例外（参第一章第二节关于高尔吉亚身份之辨），因此，珀洛斯又不能因为高尔吉亚的智慧而称之为智术师。

也许，我们会像现代哲学史家们一样，想到另一个看似高级的称号：哲学家。但哲学家原本是个谦逊的名称，即相对于智慧者或智术师而言的"爱智者"（《斐德若》278d），最早源于毕达哥拉斯，并被苏格拉底发扬光大，客观上抑制了智术师的僭妄。[①]所以，珀洛斯也不会称高尔吉亚为哲学家（参526c4）。珀洛斯没有能力界定高尔吉亚的理论知识，只能代之以修辞性的赞美。这反过来也证明了苏格拉底前文的暗示，没有关于技术的一般知识，就不可能回答高尔吉亚的技术是什么；也说明了稍后高尔吉亚为什么能够轻而易举地答出来（449a5），因为他在某种程度上拥有关于技术的一般知识。[②]

回到剧情。凯瑞丰与珀洛斯的预赛展示了两人在性格、角色、目的和胜负等方面的异同，从而侧面反映了辩证术与演说术、哲学与修辞之间的异同。

首先，在性格上，两人都充满热情、直率而自信，凯瑞丰的直率在于强迫苏格拉底待在市场和替他回答（447a8、447b5），

---

① 苏格拉底所谓的爱智，即孔子所谓好学、好仁、好德。爱智者之于智慧者，正如好学者之于圣人或仁人。孔子承认有圣人和仁人，但自居于好学者；虽自居好学者，也从不轻易许人，《论语》之中称其好学的只有他本人和颜回而已。

② 参施特劳斯：《修辞、政治与哲学》，前揭，第37页。

珀洛斯的直率在于贸然出场①；凯瑞丰的自信在于敢挑战国际名人高尔吉亚，珀洛斯的自信在于敢替高尔吉亚做出"更美的"回答（448a10）。差别在于，凯瑞丰反应更灵活，而珀洛斯更僵硬，前者更适应对个人说话，后者更适应对众人说话（参后文分析）。

其次，在角色上，二人都类似于学生。一般而言，师生介于兄弟与父子之间，故有"弟子"之说。最健康的师生模式大概是，学生从父子的角度对老师，老师从兄弟的角度待学生；或进而言之，看别人都是老师，看自己只是学生；或反而言之，不敬师尊是混账，自居人师是糊涂。但凯瑞丰与苏格拉底的师生关系偏向于兄弟，而珀洛斯与高尔吉亚的师生关系偏向于父子（参凯瑞丰第二个例子给兄弟关系补充父子关系），二者关键的差别是有无固定权威，或确切地说，是以实际对错为权威，还是以身份高低为权威。

这里就可以顺便解释前文提到的一个现象（第一章第二节）：为什么苏格拉底与凯瑞丰之间有对话，而高尔吉亚、珀洛

---

① 珀洛斯是唯一在无人招呼的情况下主动出场的人（448a6-b3）。比较其他人的出场方式：苏格拉底是被卡利克勒斯一打照面就喊出来的（447a1）；高尔吉亚也是经卡利克勒斯之口说出名字，但被议论一段时间之后，被凯瑞丰喊出（447a6，447b-c，447d6），未见其人先闻其名是大人物的标志，尽管往往是见面不如闻名；凯瑞丰是被苏格拉底喊出的（447a7）。只有卡利克勒斯和珀洛斯是自己主动出场的，卡利克勒斯主动出场是机缘所致，情有可原；珀洛斯的主动出场尽管也符合机缘，但带有更多主观意愿。

斯和卡利克勒斯之间没有对话？前者是爱智者的相处模式，即和
而不同、周而不比，虽是同伴但各行其是，虽各行其是但互相校
正，虽互相校正但互不替代，相互和谐而不失独立；后者是演说
者的相处模式，即同而不和、比而不周，为了某个共同的目的或
现实利益而暂时结成同盟，树立一个共同的权威意见和人物，采
取一致对外的步调，但哪里有外在的固定权威，哪里就有谄媚、
矫诏、包围和觊觎（参随后对珀洛斯出场意图的分析）。①

　　其三，在目的和效果方面，二人都是为了帮助老师，一个替
老师提问，一个替老师回答；但珀洛斯是主动的，而凯瑞丰是被
动的；从效果看，至少现场观众认为，珀洛斯胜了，而凯瑞丰败
了。珀洛斯是在凯瑞丰正式拷问高尔吉亚的时候主动出场的，虽
然无礼，但看起来符合时机，因为他说"高尔吉亚其实已经说累
了"（448a7），需要休息，如此护师心切，甘作挡箭牌，甚至令
人感动。

---

①　若类比政制，在形式上，父子关系类似君主制，兄弟关系类似民主制。这样看
来，哲学模式就类似民主制，演说模式就像君主制。但苏格拉底后文为什么又会批
评说，演说术谄媚民众，是民主制的拥护者呢？这恐怕又另当别论，且说来话长。简
言之，无论君主制或民主制，皆有实质与形式之分，或真假之分，苏格拉底所谓的君
主是真正掌握善恶知识者，因此，演说者的君主制是形式君主而实质民主（正因不承
认看不见的善恶知识为内在权威，所以，竖立看得见的外在权威；但这个权威倾向于
垄断，因而引来争夺），爱智者的民主制是形式民主而实质君主（剥离外在标准，经
过意见的自由竞争，意见正确者为主；但这个主又倾向于分享正确意见，使每个人都
拥有正确意见，都成为主，即所谓"见群龙无首"）。

　　相比之下，凯瑞丰似乎未能帮助苏格拉底。首先，他强迫苏格拉底逗留市场，错过高尔吉亚的演讲；其次，唯一一次替苏格拉底回答，却错会苏格拉底的意图；再次，只有经过苏格拉底的主动授意和具体指教，他才被动地参战。最后，凯瑞丰不但没能阻止珀洛斯的突然进攻，反而很快败落，无力回应珀洛斯的长篇大论。这不禁让人想到，凯瑞丰带来的德尔斐神谕给苏格拉底造成的最终结果：被判死刑。显然，作为热情的追随者，凯瑞丰非但没能帮助苏格拉底，反倒害了苏格拉底。[①]

　　然而，最后仍要再问一下，凯瑞丰真的失败了，珀洛斯真的胜利了吗？判断胜负，要有标准，标准不同，胜负自别。虽说文无第一，武无第二，但不能否认文武皆有高下，只是武斗输赢易

① 当然，这不能全怪凯瑞丰，毕竟，凯瑞丰带来神谕是一码事，但苏格拉底自己到市场上检验神谕是另一码事；苏格拉底若不去市场检验，未必会有那样的结局。只是根据这里的剧情，苏格拉底到市场是被凯瑞丰"强迫"。进而言之，苏格拉底的申辩之所以失败，最明显的原因就在于，他既没有同伴帮助自己（以凯瑞丰为代表），又没有技术保护自己（以演说术为代表）。柏拉图以此暗示，哲人要想在城邦里安身，需要借以保护自己的同伴之谊和演说之术（参《书简七》325c）。

　　当然，凯瑞丰也要负部分责任，至少是好心办了坏事，根本原因在于搞错自己的性情和位置，即"模仿自己所没有的激情"，他本来适应哲学的方式，却又喜欢到市场上跟多数人厮混。这种错误源于他认识上的偏差，即认为哲学与民众可以兼得，即《申辩》21a苏格拉底所说的，既做苏格拉底的伙伴，又做多数人的伙伴。一开始想要两者兼得，结果恐怕只能是两者俱失。但这不等于说两者一定不能兼得，只是物有本末，要知所先后；在某种意义上，哲学既是最私人的，又是最公共的，认识自我的哲学之路走到头会通向所有人，只是并非所有人都能走到头而已。关于两者兼得的想法，比较第五章第二节关于卡利克勒斯兼有哲学与政治的分析及注释。

判，文斗胜负难明；即使武斗，也有外行看热闹、内行看门道之说。简言之，从外行或现场听众的角度看，珀洛斯胜了，但从内行或苏格拉底的角度看，凯瑞丰胜了。

珀洛斯的表面胜利在于，讲完那一长段排比华丽的赞美之词之后，很可能立刻赢得现场听众的一片掌声，即使有人不赞同，也不便在高尔吉亚这个权威在场的情况下当众质疑①；然后凯瑞丰就懵掉了，不知如何接话；然后大家就判定珀洛斯胜了，他自己也以为自己胜了。但多数外行和自己都不是判断是非的可靠标准。

内在地看，凯瑞丰一开始就占了上风：首先，珀洛斯一出场就有点心虚，所以要为自己找理由，表示关心老师，而非自出风头②；即使允许自找理由，他的说法也有破绽，因为是基于自己的主观判断——"在我看来，高尔吉亚其实已经说累了"（448a8）——而非客观事实，至少人家高尔吉亚自己都没说自

---

① 值得琢磨的是，听到学生不仅当众，而且当面吹捧自己，高尔吉亚作何感想？他没作声。不是本该感到惭愧并喝止吗？即使心里甘之如饴，至少从修辞的角度，也该嘴上故作谦虚状对吧？这当然可厌，高尔吉亚毕竟是个表里如一的道德君子，当然其局限也在于此。很有可能，高尔吉亚已经习以为常，但这更可怕。不管怎样，既然高尔吉亚不教训自己的学生，倒是给了苏格拉底加入谈话并教训珀洛斯的机会，使他可以批评演说术而不伤及高尔吉亚的颜面。

② 更细的心理原因可能是，被凯瑞丰对高尔吉亚说的"想必你回答起来很容易喽"（448a4）刺激到了，尽管或正因为他的老师高尔吉亚表现淡定，他才更激动。当然，珀洛斯未必察觉这种刺激或情绪波动，所以才会不问自说地给自己找理由。比较高尔吉亚的师者风范：无问不说，问一答一。

己累了（更反讽的是，越到后来，高尔吉亚越有兴致，反而是年纪轻轻的珀洛斯和卡利克勒斯撑不住了）；所以他接着补了一个事实"他刚刚已经历经很多东西"①，但并不足以支持他前一个主观判断；因为谈话累不累在于心力而非体力，若认为能支撑，反而是贬低高尔吉亚。于是，凯瑞丰立刻抓住破绽，顺势一击："你相信自己能比高尔吉亚回答得更美？"（448a9）非常尖锐的反问：我问高尔吉亚，你跳出来，仿佛高尔吉亚答不好似的，你不是把自己看得太重，而把老师看扁了吗？不是要取代老师的位置吗？对这个问题，肯定或否定都不妥：肯定，则等于当众、当面宣称自己比老师更厉害，那是无知；否定，那你跳出来干什么呢，那是无能。且看珀洛斯随后的化解："那有什么，只要让你觉得足够美"（448b1）！对凯瑞丰的反问不置可否，而是将话锋从高尔吉亚转向凯瑞丰：对付你这个小角色，不需要劳动高尔吉亚他老人家，凭我这个小角色就够了。这个化解虽然可圈可点，既维护了老师的形象，又没降低自己的分量，但已经陷于被动，反过来等于承认，自己最初找理由本身就不对，或找错了理由。

---

① 原文含混，直译"走过很多"，既可解为"讲了很多话"或"经历很多事"，也可解为"度过很长时间"。但比较之前卡利克勒斯说高尔吉亚"炫示了很多美丽的东西"（447a），之后高尔吉亚自称"炫示了很多东西"（458b），强调的都是内容的美丽或丰富，而非时间的长度。当然，若解为后者，也更能表现演说家珀洛斯不会说话或口误，毕竟，他省略了卡利克勒斯所说的"美丽的"，且用"历经"这个有点苦涩的词语替换了"炫示"。

其次，第一个回合之后，从珀洛斯随后对凯瑞丰的两个例子的回应看，珀洛斯已成强弩之末，反应变得迟钝，不仅需要两个例子才能明白凯瑞丰的意思，而且不能照例说出高尔吉亚的技术名称，只好启动自我保护性的习惯思维和话语模式，代之以长篇大论，以掩饰心虚并挽回自以为可以挽回的颜面。当然，这些心理活动，听众未必看得出来，甚至珀洛斯自己都未必察觉；但有诸内必形诸外，人之视己如见肺肝，这些破绽在明眼人面前无所遁形。譬如打擂，内行看谁打中要害，外行看谁打得花哨。

较之珀洛斯的僵硬迟钝，凯瑞丰更灵活聪明：第一，首次贸然代答之后，很快察觉自己错会苏格拉底的意图（447b5-c4），随即变得谨慎，直到苏格拉底主动要求并指教之后，才再次代替苏格拉底提问（447c9-d4）。第二，向高尔吉亚提问时并未照搬苏格拉底的指教，而是随机切入（447d6）；向珀洛斯提问时也能循循善诱，调整使用不同的例子。第三，能迅速抓住对方话语的缝隙或漏洞来反手一击（448a4"想必你回答起来很容易喽"，a10"你相信自己能比高尔吉亚回答得更美？"）。

当然，以上只是从辩证术的角度做出的分析和评判，也许对珀洛斯并不公平，因为从各自的专业角度，也许"凯瑞丰对辩证术的熟练程度，不如珀洛斯对演说术的熟练程度"①。但这依然不能证明珀洛斯比凯瑞丰更强，因为演说术可能比辩证术更容易学

---

① 参伯纳德特：《道德与哲学的修辞术》，前揭，第11页。

会，因为它有更明显的招式和套路。

综合而言，这次交锋是两败俱伤，但珀洛斯受的是内伤，凯瑞丰即使受伤，也是皮肉伤；凯瑞丰丢的只是面子，珀洛斯丢的是里子。俱败亦即俱胜，凯瑞丰的胜利背后是苏格拉底的助力，珀洛斯的胜利背后是现场听众的喝彩和权威高尔吉亚的默许。根本而言，凯瑞丰的胜利是辩证术式的，珀洛斯的胜利是演说术式的。

凯瑞丰与珀洛斯之间的这场预赛，分别向里面的人们展示了苏格拉底的言说方式，向外面的读者展示了高尔吉亚的言说方式，但很快以苏格拉底方式的表面失败而告终。既然凯瑞丰无力胜任助手之职，看来，苏格拉底必须亲自出马。

第三章 | 苏格拉底与高尔吉亚的交谈

　　苏格拉底见凯瑞丰茫然无措，就亲自出马，向高尔吉亚揭发珀洛斯没有兑现诺言即回答问题。高尔吉亚表示疑惑；为吸引高尔吉亚发问，苏格拉底不断切换判断；但高尔吉亚碍于身份和颜面，不愿继续请教；于是苏格拉底暗中转换问答身份，临时表明自己要跟高尔吉亚交谈的原因：珀洛斯无力胜任，更多地关心演说术而非交谈。这时，珀洛斯再次插话，苏格拉底就向珀洛斯，同时也向高尔吉亚，解释了这个区分的含义，确立了谈话规则；高尔吉亚明白苏格拉底的方式，二人开始正式交谈（448d–449a）。苏格拉底重提珀洛斯没有正面回答的第一个问题：高尔吉亚是什么。高尔吉亚称自己精通演说术，是个演说家，并能使别人成为演说家（449a-b）。得到这个答案之后，苏格拉底没有马上进入下一个问题，而是首先巧妙地限制了高尔吉亚的回答方式：简短地回答（449b-d）。

　　然后，谈话进入苏格拉底的第二个问题：演说术是什么。在苏格拉底引导下，高尔吉亚相继给出三个不同的定义。首先，从对象上界定：演说术是关注言辞的技术（449d-e）。但治病术、体操术等许多技术都关注言辞（449e–450b）；经过苏格拉底这个演说术式的反驳，高尔吉亚从方式上修正自己的定义：演说术是通过言辞获得效力的技术（450c-e）。苏格拉底接着以辩证术的方式反驳，计数术、运算术、星象术等许多技术都通过言辞获得效力（450e–451d）。于是，高尔吉亚再次从对象上界定：演说术是通过言辞关注最大且最好的人类事务的技术，即造就自由和统治的技术（451d）。然而，关于最好的东西是什么，众口不一，治病者、健身师和赚钱者等各自都说自己的技术造就最好的东西。经苏格拉底修正，高尔吉亚满足于第三个定义：演说术是说服的技术（451e–453a）。

　　若许多技术都产生说服，那么，演说术产生的是哪种说服？苏格拉底把所有技术分成两类：仅仅产生信念的技术与产生知识的技术。演说术是仅仅产生信念而非教导知识的技术（453b–455a）。苏格拉底感到困惑：演说术既然没有专门知识，它有什么用途，能在哪些方面给城邦提出建议？苏格拉底请听众跟自己一起质问高尔吉亚（455b-d）。

　　于是，谈话进入苏格拉底的第三个问题：演说术的能力是什么。高尔吉亚以演说术的方式向苏格拉底展示演说术的全部能力，它足以取代所有其他技术（455e–456c）；但同时，高尔吉亚声明，演说家尽管能够不义地使用演说术，但应该正义地使用（456c–457c）。正义问题的引入，使苏格拉底产生新的困惑，觉得高尔吉亚前后矛盾，但又不愿反驳，除非高尔吉亚愿意跟自己一样视被反驳为更大的善事，否则就打住（457c–458b）。高尔吉亚转而征求听众的意见：凯瑞丰表示自己和听众都同意继续交谈，卡利克勒表示自己非常乐意听下去。于是，高尔吉亚被迫继续交谈（458c-d）。

苏格拉底回到自己的困惑：无知的演说家既然可以在无知的群氓面前显得比有知者更有知，那么，演说家是否就不必知道关于好与坏、高与低、正义与不义的知识？演说教师是否就不必给学生传授这些知识（458e–460a）？高尔吉亚承认，演说家应该知道关于正义的知识。然而，既然知道正义的人不会行不义，则知道正义的演说家就永远不会行不义，即不可能不义地使用演说术，因此，高尔吉亚前后矛盾（460a–461b）。

陷入困境的高尔吉亚尚未答话，珀洛斯又突然插话，粗鲁地指责苏格拉底诡辩，企图把高尔吉亚诱入歧途（461b-c）。苏格拉底接受珀洛斯的挑战，转入第二场交谈。

1　演说术与交谈（448d1–449c7）

苏格拉底瞅准时机，加入谈话，但撇开珀洛斯，直奔高尔吉亚。这样做的直接原因是，珀洛斯只是高尔吉亚的替身，虽是主动代替但被高尔吉亚默许，所谓"怨有头，债有主"，"擒贼先擒王"。

　　从辩证术的角度看，有更深层的原因：第一，经过珀洛斯与凯瑞丰的预赛，作为内行，苏格拉底已经看透珀洛斯的套路，知其在辩证术上连凯瑞丰都不如（参前文关于二人胜负之辩），所以，后文高尔吉亚让苏格拉底跟珀洛斯谈时，乃至珀洛斯追着要求跟苏格拉底谈时，苏格拉底都仍然不愿跟他谈。第二，珀洛斯"在言辞方面已经装备得太美"，已有一套固定观念，从辩证术的角度，对方已有准备，就不宜跟他正面辩论，因为根本没用，只能进一步巩固其固定观念，而是跟旁边人谈，旁敲侧击，反而可能松动其固定思维。所谓无心之言表真心，有意之言达假意。苏格拉底式辩证术的最重要作用是解除装备、回到当下、发现真心。永远不按预备好的理路出牌，不陷入对方的话语逻辑，不被对方牵着鼻子走，所谓"你打你的，我打我的"，永远保持主动。①

　　苏格拉底直接对高尔吉亚说：

　　　　苏　[448d]（插话，转向高尔吉亚）太美啦，高尔吉亚噢，看起来珀洛斯在言辞方面已经装备得[太美]啦；不

_____

①　参伯纳德特：《道德与哲学的修辞术》，前揭，第11页："人们用事先不知道的方式来获知他们所不知道的东西"。

过，他却没做他向凯瑞丰承诺的事儿呀。（448d1-d3）

话里有话，虚实并举，抑扬同时：学生在专业上学得好，说明你作为老师教得好呀；①但话锋一转，学生没有兑现诺言，道德上有问题，你作为老师有没有责任呢？

但问题是：苏格拉底的道德指责符合事实吗？珀洛斯承诺的是回答问题，具体来说，是回答得令凯瑞丰觉得足够美（448b1）。现在，他不是让凯瑞丰无话可说了吗？在高尔吉亚和现场观众看来，珀洛斯带有演说色彩的长篇大论怎么不算是回答呢？

苏格拉底的指责确实有点武断，笼统地看，也不符合事实，甚至不符合苏格拉底的本意（后文会一点点解释），但很符合剧情需要，也符合辩证术：第一，珀洛斯的长篇大论激起喝彩，导致现场气氛涣散，一个简单武断的否定可以引起悬念，稳定气氛，凝聚注意力。第二，既然珀洛斯可以用演说术的方式，诉诸现场观众的喝彩来打击凯瑞丰，我也可以用演说术的方式，诉诸现场观众的道德感来打击你，并不跟你纠缠内容或事实。第三，从辩证术的角度，"反者道之动"，否定对方，于己是投石问

---

① 当面夸奖学生来奉承老师，这个细节也反映了苏格拉底的风格：先是察言观色，迅速学会对方的方式，然后以其人之道还治其人之身。珀洛斯刚刚拍你马屁，你不是没反应，很受用吗？那我现在接着再拍一把，看你有什么反应。

路，于彼是引蛇出洞，批评是否中的，要看对方的反应，然后根据反馈信息作出调整；所谓"痛者不通，通者不痛"，批评别人和别人批评自己皆可作如是观。总之，这个武断的否定是修辞性的，也是试探性的。

苏格拉底的武断指责令高尔吉亚感到疑惑：

高　哦？最主要为什么，苏格拉底噢？（448d4）

以上两句是苏格拉底与高尔吉亚两大高手的第一个照面，看似平淡无奇，实则暗藏玄机。若比较开头苏格拉底与卡利克勒斯的第一个照面，即可窥见一二。起初，卡利克勒斯非常强势，苏格拉底立刻示弱；现在苏格拉底强势，高尔吉亚则示弱。辩证术的基本形式即你强我弱、你弱我强，一来一往、一阴一阳。要知道，高尔吉亚是个端坐讲坛、惯于命令、自负知道所有答案、以老师自居、见多识广、年高望重的人，一个这样级别的人现在能像个小学生一样发问，不是令人钦佩吗？但若联系高尔吉亚随后的第二句回答（见后文的分析），就会发现，高尔吉亚并不是自觉地主动示弱，而只是在苏格拉底的冲击之下不由自主地发问，到第二个回合才回过神来，发现自己仿佛成了苏格拉底的学生，但又不甘心做学生，所以要逃避（448d6）。

比较苏格拉底面对卡利克勒斯的强势指责时的回应："哦？莫非我们，常言道，宴会之后才到且来晚啦？"（447a2）看起来，苏格拉底是假装不懂卡利克勒斯的潜台词（见那里的分析），而高尔吉亚是真正不懂苏格拉底的潜台词。装傻的当然比真傻的更高明。判断高低的原则之一，即高手看得懂低手，低手看不懂高手。当然，单单根据高尔吉亚的第一个回应，仍然不能判定其胜败。因为第一，他未必不懂苏格拉底的潜台词，也可能知道苏格拉底前面的武断指责只是烟幕弹，所以问一下，使苏格拉底进一步暴露真实看法，然后后发制人。第二，即使高尔吉亚真不懂苏格拉底的潜台词，仍然有机会挽回，从而立于不败之地：我一个周游列邦、见多识广的人，今日竟然看不懂你的判断，那你大概也是高手，至少有值得学习的地方，那我就趁机虚心请教。若是这样，首先，我看得出你是高手，就说明我也不低，因为唯有高手能识高手；其次，见到高手，甘心服善，就不算输，不仅没输，反而得到提高。当然，前提是对方确实是高手，否则，你判断失误，就跟他一起堕了也。

　　面对高尔吉亚的真实疑问，苏格拉底却不真诚回答，和盘托出自己的理由，而是欲擒故纵，以一个虽然不再武断，但更含混的判断来应付：

　　　　苏　［d5］在我看来，他没有完全回答所问的东西。
（448d5）

　　这个判断比第一个判断更含混、更主观，但也更接近事实：

珀洛斯不是没有兑现诺言，不是完全没回答，只是回答与问题没有一一对应，答非所问，不是回答的内容有问题，而是回答的方式不对。但我们可以反驳说：一开始凯瑞丰并未要求，珀洛斯也没有承诺一定要用什么方式回答呀。而且，即使按照辩证术的方式，答非所问本身也并无不对呀，因为有可能听懂了问题，但故意答非所问、别有用意呢？

苏格拉底不断切换自己的判断，当然是为了激起高尔吉亚的进一步疑问或反驳，但高尔吉亚不再发问，刚冒头又缩回，狡猾地或谨慎地避免跟苏格拉底正面交手，而让苏格拉底问珀洛斯本人：

> 高　那你来嘛，要是你愿意，就问他本人。（448d6）

高尔吉亚感到苏格拉底的冲击，自己既不能直接肯定珀洛斯的赞美之词，又搞不懂苏格拉底否定的根据，更放不下身段继续提问请教，所谓"既不能令，又不受命，是绝物也"。

苏格拉底这里问一答一，既是辩证术的要求，也是故意为之。按一般的人情世故，像高尔吉亚这样坐在讲台的长者都已经不耻下问了，你苏格拉底应该毫无保留地说出全部答案才是呀，他却像挤牙膏、卖关子，屏着不亮底牌，等人家再三求问（直到第三回合才亮底牌）。高傲的高尔吉亚哪里受得了："那你来嘛，要是你愿意，就问他本人"——他强调的是"你问"。他们谈论的是珀洛斯与凯瑞丰的问答，但他们之间本身就在问答，所谈的内容使他察觉自己刚才不由自主在提问，但在他眼里，只有不懂的低者才提问，所以不愿再三求问，以免显得自己不懂。然而，两刃相交，无所躲闪，逃避即败；相反，他若能继续追问，胜负尚未可知。因此，高尔吉亚失败的根源在于害怕失败，害怕失败的根源在于身份、名望、利益等负担，之所以成为负担，根源在于不认识自己和看不破负担。按理说，要么，他应该说出自己的不同看法，然后据理所驳；要么，应该承认自己不懂，继续虚心请教苏格拉底为什么那么看。也许，高尔吉亚本来认为珀洛斯已经回答了，但苏格拉底武断而坚决地否定，又使他犹豫：第一，我若说出自己的不同看法，苏格拉底反问我理由怎么办？若被苏格拉底当众推翻，岂不丢脸？所以不能贸然亮出自己的意见；第二，我真心不知道苏格拉底的判断依据，但他又卖关子，非要我低三下四像学生一样一再问他，这样一来，观众怎么看我？我的威望和颜面何在？以后大家岂不是都跟着苏格拉底跑了？我还怎么招生发财？总之，怕失败，输不起，但输不起就赢不了，怕失败就已失败。于是，高尔吉亚借着苏格拉底的语脉，转移焦点，缓解压力，赢得喘息之机，完全没有当初应对凯瑞丰时的淡定从容（448a1-5）。

"问他本人"这个短语第三次出现：第一次，卡利克勒斯让苏格拉底问高尔吉亚本人（447c5）；第二次，苏格拉底让凯瑞丰问高尔吉亚本人（447c9）；第三次，高尔吉亚让苏格拉底问珀洛斯本人（448d6）。所以，"问他本人"是双方通用的口号，也是苏格拉底辩证术的前提。话是对的，但高尔吉亚用来给自己打掩护，其实，他最应该自己实践这话，反问苏格拉底本人，毕竟苏格拉底的前后三个判断（没有兑现诺言、没有完全回答问题、更多关心演说术而非交谈）也并非无懈可击，甚至是故意卖出破绽，供他攻击。当然，现场交锋，间不容发，必须迅速做出反应，没有时间考虑周密，也正因此，辩证术才构成考验；当然，没有时间考虑并不表示以上那些想法不存在，只是因为缺乏反省观照，而成为潜在意识和习惯思维，不自觉地支配人的言行，导致应对的失误，从而暴露问题的症结。高尔吉亚能够在表面上做到全身而退，已经实属不易；当然了，换一个程度更低的人，也可能反而更容易，因为没有高尔吉亚那样的地位和声名之累，也就不会不懂装懂或害怕失败。所谓"当局者迷，旁观者清"，每个人都会有各自不同的盲点和局限，所以最重要的是"认识你自己"。任何东西，只有认识到其局限性，才能发挥其有效性。

高尔吉亚越逃，苏格拉底越追：

> 苏　不，要是你本人愿意回答［，我就不愿意问他］；相反，［问］你本人会令人快乐得多呢。（448d7-8）

苏格拉底显得不太识相，因为高尔吉亚已经几乎明确表示不愿跟他谈了，他却仍然不放手。

但仔细一看，苏格拉底非常灵活婉转：他已经明白高尔吉亚的心思或顾虑（不是不愿跟他谈，而是不愿做提问者），便顺着对方的语脉，毫无痕迹地转换了自己的身份，从开始的回答者自觉地降格为提问者，多么体贴！一面降低自己，一面抬高对方，给足了高尔吉亚颜面和台阶："问你本人会令人快乐得多"——毫不讳言自己的自私和快乐，以便衬托对方的高明和慷慨，甚至带有讨好和吹捧的意味，以舒缓对方内心的紧张。①

试探并安抚高傲的高尔吉亚之后，苏格拉底才正式亮出自己的答案，以回应他最初不自觉的疑问：珀洛斯之所以不胜任，是因为不懂辩证术。

……因为我看哪，尤其据他说过的东西，珀洛斯显然更多地关心所谓的演说术［d10］而非交谈。（448d9-10）

----

① 苏格拉底的快乐恐怕映照或刺激到高尔吉亚内心正在感受的隐秘痛苦，会让他觉得苏格拉底在搞讽刺。但其实，苏格拉底未必是故意刺激高尔吉亚的痛点，而是自觉转身或交锋之后自然而然带来愉悦，他感受到了并实话实说，也正因此，才会有现场的穿透力，却又不伤人；反过来，稍有主观作意，便会伤人伤己。同时，这话也间接敲打了珀洛斯：他贸然出场代替高尔吉亚回答，好像自己比老师更厉害，现在，苏格拉底等于告诉他，你比高尔吉亚差远了。关于哲人的天真和直率，参《泰阿泰德》174d："因为在辱骂人的场合，他自己没有什么东西可以用来辱骂别人，他从来没有准备过这种事情，根本不知道任何人的丑恶事迹；他的困惑让他显得很可笑。而在赞美和吹捧别人的场合，他却发出明显的笑声，不是做个样子，而是真的笑出来，这让他被认为是个傻子。"（见詹文杰译：《泰阿泰德》，商务印书馆2015年，第71—72页）

　　苏格拉底第一次明确区分了演说术与辩证术（参前面447c1-4关于"交谈"与"炫示"的区分）：用"演说术（ῥητορική）"描述高尔吉亚一方的事业，用"交谈（διαλέγεσθαι）"描述自己的事业。看起来，前者是个较高级的专业术语（带"技术"词尾），后者是个更普通的日常用语，前者是名词，后者是动词（强调辩证术时时调整的动态特征）。但若回到基本含义，二者的区别并不明显：前者词根是"演说者（ῥήτωρ）"和"说话（ἐρῶ）"，直译即"说话的技术"，后者意为"挑选、检验，交谈、辩论"；且卡利克勒斯前文已经透露（447c6）——高尔吉亚和珀洛斯大概也同意，问答环节是炫示演说的一部分。因此，交谈也可以是演说术的一部分。既然如此，苏格拉底区分的依据是什么？

　　没等高尔吉亚接话，旁边疑惑已久的珀洛斯再次插话，请教苏格拉底：

　　珀　［448e］（插话）到底为什么，苏格拉底噢？（448e1）。

　　珀洛斯这一次插话比上一次（448a6）更当机：首先，苏格拉底虽然表示愿做提问者，但实际上并未向高尔吉亚提问（原文也本无"问"字），而是接着下了第三个判断。这个判断虽然比前两个更清晰，但仍然会令人疑惑。但高尔吉亚即使有疑惑，也不愿屈尊下问。恰恰在高尔吉亚进退两难之际，珀洛斯插话，等于代替高尔吉亚和现场听众向苏格拉底提问请教。

比较珀洛斯的两次插话：上次是有意的，一上来就以保护老师为借口，实则是自己要出头；这次是无意的，并非是要代替老师，而是自己真心有疑问，换言之，是主观上为自己，但客观上帮老师解了围。可见，至少在谈话、思想或认识层面，人人只能自负其责，无可代替。号称帮助别人，其实很可能是自欺欺人；真正关心自己，反倒有助于别人。只要心口如一，一真一切真。但自己的真意是什么，有时自己也未必明白，所以要跟别人交谈，尤其是跟更高的人交谈，最后跟自己的精灵交谈，从而"认识你自己"。

借着珀洛斯的提问，苏格拉底就向珀洛斯（同时向高尔吉亚）解释了这个区分的基本含义：

　　苏 因为，珀洛斯噢，凯瑞丰一问到高尔吉亚在什么技术方面有知识，你就赞美他的技术，好像谁在谴责似的，但你没有回答它是什么。

　　珀 ［e5］我不是已经回答它是最美的吗？

　　苏 确实非常［美］。不过，没人问高尔吉亚的技术怎么样，而是［问］它是什么，并且必须称呼高尔吉亚什么。就像前面凯瑞丰给你举出的那些［例子］，你确实以美的方式［449a］且通过简短的［言辞］回答他了，那么现在，请你

也这样说说：那门技术是什么，并且我们应当称呼高尔吉亚什么。（448e2–449a2）

珀洛斯没有回答高尔吉亚的技术"是什么"，只是回答它"怎么样"。换言之，演说术关注的是"怎么样"，而辩证术关心的是"是什么"。从语脉看：仅仅通过"赞美"或"谴责"表明某物之美丑，就属于演说术；相反，独立于"赞美"和"谴责"以便严肃探究某物之真实存在，就属于辩证术。用现代术语说，演说术首先关注价值判断，辩证术首先关心事实判断。且不管这个区分是否像现代人认为的截然二分或对立。①关键的问题是：这不是苏格拉底单方面定下的规则吗？他凭什么认为应该用辩证术，不应该用演说术？据苏格拉底所言，辩证术是其他学问的顶石，不懂辩证术，就无法把握某物的实质，也就无法界定某物，正确说出其名义（参《王制》534e，《美诺》71b，《斐德若》269b6-8，《普罗塔戈拉》360e–361c）。既然目前的任务是界定演说术，自然就应该使用辩证术的方式。

从珀洛斯的提问看（448e1"到底为什么"，e5"我不是已

① 这个区分同样见于《美诺》开头（71b），《普罗塔戈拉》结尾（360e，361c）。苏格拉底做出这个区分之后，又补充了另一个区分："你以美丽的方式且通过简短的言辞回答他了。"即简短与冗长的区分，这个区分在后文会得到进一步讨论。这里的问题是：简短等于美丽的方式，但并不等于正确的方式，只是符合苏格拉底的个人偏好而已。

经回答它是最美的吗？"），他其实并不关心苏格拉底给出的关键信息，即演说术与交谈的区分，并不是为了求知而提问，而是最关心苏格拉底给自己的污蔑评语（没兑现诺言、没完全回答问题），急于为自己正名，或争取对方的承认，因为关系到自己的道德声誉。可见，人只能吸收自己关心的信息，而每个人关心什么，又由过去吸收的信息所决定。类似的信息不断积累叠加，就形成习惯和思维定式，作为看似稳固的基础；但依靠哪里，哪里就容易成为盲点。所以，人总是犯同样的错误，要用重犯来巩固自以为是的自我。简单地说，追求智慧与争取承认，分别是辩证术与演说术的根本动力，也是二者的根本差别之一；前者向上，后者向下，故爱智者必谦卑，演说家必自高，反之亦然。

鉴于珀洛斯的固陋和愚笨，苏格拉底再次转向高尔吉亚本人，直接提出自己的第一个问题：高尔吉亚"是什么"。它包含两个层面：高尔吉亚精通的技术是什么，他的身份是什么。

……（转向高尔吉亚）但不如，高尔吉亚噢，你本人告诉我们：应当称呼你什么，好像你在什么技术方面有知识。（449a3-4）

苏格拉底之所以转向高尔吉亚，是因为珀洛斯不懂辩证术而无能回答，但高尔吉亚就懂辩证术吗？要知道，这是公开场合，从形势上看，无论高尔吉亚懂不懂辩证术，他都不得不回答学生回答不了的问题，即使不是为了学生，而是为了自己：因为学生学得不好，多数人通常会认为，是老师教得不好或水平不行；何况，这个学生起初就是为了帮助老师才贸然出场的，你做老师的现在怎么能见死不救呢？更何况，高尔吉亚不是宣称能回答一切，并喜欢做回答者吗？

幸好，从高尔吉亚的回答看，他显然远远高于自己的学生珀洛斯，因为他无须借助举例说明，就能理解苏格拉底的意思和说话方式。更重要的是，较之珀洛斯前面的长篇大论（448c4-10），高尔吉亚的回答非常"简短"，只用了一个词。

> 高　［a5］演说术方面，苏格拉底噢。（449a5）

高尔吉亚之所以能够给出正确而简短的答案，当然是因为高尔吉亚本身水平更高。但这个水平也不是没有水分：首先，珀洛斯已经替他抵挡一阵，他在旁边已经看懂了凯瑞丰和苏格拉底的招数，至少有了准备（当然，能做到在没有看懂对方之前避免交手，也需要机智和能力，见448d6）；其次，这个答案其实是苏格拉底在前面悄悄提示出来的（"演说术"和"简短"两个关键词都是苏格拉底最先提出的，见448d10和449a1），并不是高尔吉亚自己想出来的。当然，高尔吉亚能够利用对方给出的新信息，也表明高尔吉亚是合格的对话者，因为对话的目的就是随时吸收对方的新信息，并作出相应的反馈，以更正自己和对方的思想，达到相互理解和相互提高。相比之下，珀洛斯很少关心对方说什么，因而从未说出"演说术"这个名称（参《法义》895d-e）。

于是，苏格拉底就说：

苏　因此，应当称呼你演说者喽？（449a6）

"演说者（ῥήτορα）"，即在公共场合讲话的人。依照苏格拉底前文关于做鞋者（447d3-4）、凯瑞丰关于治病者和写生者的例子（448b3-c1），这样称呼并无不妥。然而，若考虑到苏格拉底后文提出的另一个称呼"演说专家（ῥητορικός）"（455b以后频频出现，且专为苏格拉底所用），苏格拉底这个反问就别有意味。"演说者"与"演说专家"尽管是同根词，可以混用，但在苏格拉底那里似有根本区别：前者更普通，侧重实践和经验，属于一般的"工匠"（δημιουργός，447d3）；后者暗含"技术（τέχνη）"，相应于"演说术"，侧重理论和教授，属于"专家/内行"（τεχνικός，500a6），因而更专门或更高级（参《欧蒂得谟》305b）。①所以，苏格拉底暗暗贬低了高尔吉亚自我期许的身份。

精明的高尔吉亚听出了苏格拉底的弦外之音，不失风度地自

---

① 文中类似的区分或混用很多，如拳击手与拳击专家（460d，456d），治病者与治病专家（460b）等。

我抬高：

> 高 至少是个好的［演说者］，苏格拉底噢，只要你用
> ——如荷马所言——"我愿我所是"的那个［名称］称呼
> 我。（449a7-8）

他补充了"好的"，自诩高于普通演说者，并化用荷马笔下的英雄套话"我愿我所是"，以自己的身份而自豪。柏拉图笔下的化用和典故皆有深意。这个化用像卡利克勒斯所说的"非常高雅"，但结合荷马的语境会发现，尽管从作者柏拉图的角度看非常贴切，但从高尔吉亚的角度看反而弄巧成拙甚至事与愿违。

这个套话见《伊利亚特》6.211，相关的语境是：格劳科斯与狄奥墨得斯在战场上相逢，准备厮杀，狄奥墨得斯先问格劳科斯的家世，格劳科斯就从"人类的世代，如树叶的枯荣"开始，长篇大论，历叙家谱。狄奥墨得斯听后，讲出他们祖辈之间的宾主之谊，建议互相交换兵器，握手言和。于是，格劳科斯用自己的"金铠甲"交换了狄奥墨得斯的"铜甲"。这个典故影射了高尔吉亚与苏格拉底的关系：高尔吉亚类似拥有高贵家世和金甲的格劳科斯，苏格拉底就像奥德修斯的朋友、刺伤美神阿芙洛狄忒和战神阿瑞斯的英雄、重新取得阿尔戈斯王位的、拥有铜甲的狄奥墨得斯（Διομήδης，名字即"宙斯的计谋"）。前者以金甲换铜甲，暗示二人和解后的地位升降：高尔吉亚贬值、下降，苏格拉

底增值、上升。

苏格拉底同样以礼待之：

> 苏　罢了，我愿意。
> 高　［a10］那就称呼吧。（449a9-10）

苏格拉底表示"愿意"，但终究没有这样称呼，首先是因为苏格拉底没有听过高尔吉亚演说，不知好不好，但更主要的原因是目前尚未确定它"是什么"，所以不能判断它"怎么样"。可见，苏格拉底"既礼貌又诚实"①，子曰"吾之于人也，谁毁谁誉？如有所誉者，其有所试矣。斯民也，三代之所以直道而行也"。

随后，苏格拉底转到这个问题的另一面，即高尔吉亚教授什么：

> 苏　［449b］那我们不就得肯定，你也有能力使别人成为［演说者］喽？
> 高　我确实这样宣扬，不仅在这里，而且在别处。
> （449b1-3）

---

① 施特劳斯：《修辞、政治与哲学》，前揭，第41页。

　　这个过渡并非必然，因为某门技术的实践者不同于教授者，实践者不必知道其原理，但教授者必须知道。当然，一个人也可能两者兼备。高尔吉亚就是这样的人，他不仅承认自己能教授演说术，而且"不仅在这儿，而且在别处"传授。换言之，高尔吉亚能在所有地方教授所有人：一门技术若是地方性的，就不可能在其他城邦传授；周游列国的高尔吉亚是在宣称自己的技术具有普世价值。鉴于苏格拉底终生行迹几乎未出雅典（参《克力同》52b-c），高尔吉亚的回答无异于回击苏格拉底对自己的贬抑：苏格拉底的本土经验不足以论衡高尔吉亚的普世技术。在苏格拉底礼貌而诚实的请教下，高尔吉亚渐渐放松警惕，暴露高傲而虚荣的底色。

　　经过几个回合的交谈，苏格拉底承认高尔吉亚懂得"一问一答"的交谈法，并进一步要求他继续"简短地回答"，因为他已经"承诺"了。

　　　苏　那么，你是否乐意，高尔吉亚噢，像我们现在［b5］交谈一样，继续一问一答直到结束，而把那种冗长的言辞——就像珀洛斯也曾发起的那种——推到以后？不过，你承诺的，你就不要骗人，而要乐意简短地回答所问的东西。（449b4-9）

　　然而，迄今为止，高尔吉亚仅仅承诺回答所有问题（447d9-

448a1，参447c7-8），根本没有承诺"简短地回答"。当然，回答所有问题可以包括"冗长地"和"简短地"回答，但承诺前者并不直接等于承诺后者。所以，这是苏格拉底的故意引申，在设圈套，以便束缚高尔吉亚。显然，苏格拉底使用了修辞技巧。一般读者会因此指责苏格拉底不厚道，乃至心生厌烦。但从另一面看，被人欺总是因为自欺，苏格拉底之所以设圈套，也是因为看准高尔吉亚不敢拒绝，而会自动往里钻：演说大师怕在众人面前丢面子。作为灵魂的医术，辩证术总是要求找准并攻击对方的盲点或病根，直到对方自反承当，从而可能开启灵魂的向上颠转，实现自我突破和提升。所以，客观上看，这种做法其实是帮助对方，尽管对方一开始未必承认；但一般读者习惯站在同情弱者的立场来反对设圈套者。当然，破解圈套，或反过来寻找设圈套者的漏洞，也是提高自己的途径，所以，攻击对方的盲点，也是在暴露自己的盲点。根本而言，辩证术是相互帮助、相互成全的技术。[1]

　　且不管苏格拉底是否能使用修辞技巧，关键的问题是：他凭

---

[1]　辩证术也是教学方法。一般而言，教者与学者的首要目的并不一致：既然德行与德行的影像在教育上具有同等价值（参《法义》655b），教者的首要关切就不是真实，而是被教者的利益，因而允许使用修辞乃至谎言（《法义》633d-e，参《王制》389b：谎言对神无用，但作为药物对人有用，但只有医生有资格使用）；因此，教师的首要品质不是能力或知识或坦诚，而是爱心，故有说经三轨，"入慈悲室，披忍辱衣，登法空座"。但学生的首要关切则应该是真实而非利益，或确切地说，学习者只有关切真实，才能正确地受益（《法义》677c）。

什么认为应该简短地回答，正如他凭什么认为应该使用辩证术？他都没作任何解释。其实，简短的言辞只是苏格拉底个人的偏好，可以说，他把自己的偏好强加给了高尔吉亚。但这不能怪苏格拉底，因为高傲的高尔吉亚并未表示异议或拒绝，下位的提问者没有义务解释自己哪怕不合理的要求，上位的回答者应该迁就提问者的水平。既然愿意做回答者，并宣称回答一切，高尔吉亚就不得不心甘情愿接受苏格拉底的限制，否则，他无异于一开始就承认失败。

不过，出于理智，高尔吉亚仍然做了补充或纠正，为自己留下一条退路：

> 高　可是，苏格拉底噢，有些回答［b10］必然得用冗长的言辞来做呀。（449b9-10）

平心而论，这个补充非常正确，比苏格拉底的要求更合理，因为按理说，回答的长短应该视问题的需要而定，该长则长，该短则短，不该一律简短（参《斐德若》267b5，苏格拉底自己的说法）。那么，什么问题该冗长作答，什么问题该简短作答？高尔吉亚没说。不过，既然苏格拉底前面区分了"是什么"和"怎么样"两类问题并认为不能像珀洛斯那样用"冗长的言辞"回答"是什么"的问题，那么，我们就可以问，是不是同样不能用"简短的言辞"回答"怎么样"的问题（苏格拉底随后会利用这个漏洞）？若果如此，苏格拉底提出"怎么样"的问题时，高尔吉亚不就可以且应该用"冗长的言辞"回答吗？更何况，多长算"冗长"，多短算"简短"，苏格拉底并未给出具体的标准。总之，关于演说术与辩证术的区分，除了前面已经说明的基本含义（分别对应"怎么样"与"是什么"），苏格拉底这里又说明了另一层即表面含义：演说术使用冗长的言辞，辩证术使用简短的言辞。不过，从后文会看到，这两层含义都不具有无限的效力。

高尔吉亚尽管明白正确的回答方式是该长则长、该短则短，但仍然自愿接受苏格拉底的限制：

> ……不过，即使如此，［449c］我也会试着尽量用最短的［言辞］。更何况，这也是我所肯定的东西之一：就同一些东西，没人能比我说得更短。（449c1-3）

先抑后扬，屈尊俯就是优越感的表现，言下之意：你若听不懂长的，我可以给你短的，因为两者我都会，而你只会短的，短的容易呀，长的才算本事。可见，人很难察觉自己的盲点，即使察觉，也很难超越。高尔吉亚明知正确的方式，却不按正确的方式走，明知是圈套，却偏往圈套里钻，又怎么能怪设圈套的人呢？他自觉使用比较级"更短"和最高级"最短"，也说明，他其实知道，长短只是相对而言，并无固定的标准。可见，人在决定自欺的时候，也是明白的，因而也是可以选择不自欺的；自欺是犯错的根源，从这个意义上说，犯错并非都是非自愿的，因而，人需要为自己的错误负责，自作自受（参《法义》864b，963e）。使高尔吉亚陷入错误、作茧自缚的，恰恰是知识带来的虚荣和骄傲。①

苏格拉底抓住机会，进一步勒紧绳索：

> 苏　要的就是这个，高尔吉亚噢！就这事本身，即［c5］讲话简短，也给我作一场炫示［证明］吧；至于讲话冗长呢，以后［证明］。（449c4-5）

既然你承认两者都会，冗长的言辞你已经展示了，大家都看到了，我虽然没听过，也相信你会，所以你就不用再展示了，现在我需要你证明，你有简短讲话的能力。

这时，高尔吉亚即使醒悟，也无路可退，只好继续打肿脸充胖子：

> 高　罢了，我会做的；你也会肯定自己从未听过任何人讲话更短。（449c6）

---

①　参张志扬先生语："因'知识'的增长而掩盖了知识的羞愧。"子曰："如有周公之才之美，使骄且吝，其余不足观也已。"

苏格拉底巧妙地迫使高尔吉亚接受"简短的"交谈方式之后，就以高尔吉亚原先的回答为起点，开始正式的哲学探究：界定演说术是什么。

2　高尔吉亚界定演说术（449c8–453a7）

正式探究之前，苏格拉底以辩证术的方式，举了两个例子，检验高尔吉亚是否能兑现承诺：简短地回答。

> 苏　那就来吧！既然你肯定自己在演说术这门技术方面有知识，[449d] 并且能使别人成为演说者。演说术碰巧关注什么东西？比如，编织术关注衣服的劳作，不是吗？
>
> 高　是。
>
> 苏　而作乐术不就关注曲调的制作吗？
>
> 高　是。
>
> 苏　[d5] 以赫拉发誓，高尔吉亚噢，我太钦佩这些回答了，因为你竟然能够用最短的 [言辞] 回答！（449c7-d6）

高尔吉亚的回答每次只用了一个词。苏格拉底非常满意，起誓称赞高尔吉亚："以赫拉发誓"。这是苏格拉底的第一个誓言；在柏拉图笔下，苏格拉底经常使用这个誓言，尽管它一般为女人所用。①倘若联系苏格拉底这里所举的两个例子即编织术和作乐术②，就可以看出，开始哲学探究之前，苏格拉底暗暗布置了某种女性化的背景：赫拉是女神，编织术是女人的技术，作乐术虽不专属女人，却源自缪斯女神。倘若再联系整个对话的第一个誓言，即出自演说家珀洛斯之口的"凭宙斯起誓"（448a6），就可以看到，整个对话以男神宙斯与女神赫拉的对照开始。男女的对比意味着什么？根据常识，女人比男人更弱，不太能保护自己，容易被侵犯或伤害；另外，女人不像男人那样，需要外出打仗或

---

① 在《高尔吉亚》这篇战斗的对话中，起誓频率非常之高，共28次（含苏格拉底1次间接起誓，见514d6），这表明谈话双方互不信任。整个谈话最早的两个誓言是演说家珀洛斯的"凭宙斯起誓"（448a6）和哲人苏格拉底的"凭赫拉起誓"（449d5），最后的两个誓言是哲人苏格拉底的"凭友谊神起誓"（519e2）和"凭宙斯起誓"（527c7）。这暗示，演说与哲学尽管充满争斗，却可能结合，但只能在哲人那里结合。珀洛斯和高尔吉亚各自都只发过2次誓，都是"凭宙斯起誓"（448a6、473a11；456d5、463d6）。卡利克勒斯发过9次誓，其中6次"凭宙斯起誓"（483e2、489e8、498d1、503b4、511c3、511c6），3次"凭诸神起誓"（458d1、481b10、491a1）——除了苏格拉底模拟卡利克勒斯的口吻用过一次"凭诸神起誓"（514d6），其他无人使用。五个出场人物，只有凯瑞丰没有发誓；发誓最多的是苏格拉底，达15次之多，因而最不受信任。苏格拉底的誓言整体以"凭赫拉起誓"开头，以"凭宙斯起誓"收尾（449d5、527c7），兼男女相；6次"凭宙斯起誓"（460a1、470e2、513b6、514e2、516d5、527c7），等于卡利克勒斯使用该誓言的次数；2次"凭友谊［神宙斯］起誓"（500b6、519e2），等于高尔吉亚或珀洛斯"凭宙斯起誓"的次数；3次"凭狗起誓"（461b1、466c3、482b5），等于对话者的人数；1次"凭那谁谁起誓"（466e5），1次凭戏剧角色"泽托斯"起誓（489e2），1次模拟对话者发誓（514d6），皆有喜剧色彩。
② 苏格拉底目前举了三个例子：刚才跟凯瑞丰谈时用"做鞋术"这个最低的例子，现在跟高尔吉亚谈时改用更高的例子，见什么人说什么话是辩证术的基本要求。

狩猎，通常待在家里，除了编织和唱歌之外，就是坐着聊天。据卡利克勒斯告诫，苏格拉底同样没能力保护自己（参第五章第二节，尽管苏格拉底参加过战斗，且表现英勇，参《会饮》219e以下）；另外，苏格拉底同样喜欢待在自己的母邦雅典城里找人聊天，很少出城（参《王制》开头和328c5，《斐德若》230c-d）。可见，哲人苏格拉底与女人之间有着某种奇妙的相似关系：从最终意义上说，哲人不是男人，因为成为男人意味着成为城邦民，而哲人要走出洞穴或超出城邦，从而超出男人，超出一般意义的人，即"变得像神"①。就此而言，若说苏格拉底前面直接说明了辩证术（哲学）与演说术在对象和方式上的两层差别，那么，柏

---

① 后文，苏格拉底会说，演说术属于"某种勇敢（即男子气）的灵魂"（463a7）；卡利克勒斯会站在城邦的立场批评苏格拉底说，哲学搞得太久，会变得"不像男人"且"没有能力保护自己"（485d-486d）。从更平常的角度说，哲人像女人意味着哲人是阴阳合德、刚柔并济的人。故有所谓"伟大的心灵都是雌雄同体"，参《会饮》关于圆球人神话，《王制》（375c-376c、410c）关于城邦卫士的描述，亦参《法义》731b-d。"变得像神（θεῷ ὅμοιος/ ὁμοίωσις θεῷ）"堪称柏拉图—苏格拉底哲学的要义，见《泰阿泰德》（176a-c）、《法义》（716b-d）、《蒂迈欧》（47c，参89c-90d）、《斐德若》（246d、248a、249c、252c-d）、《王制》（500a-b，613a-b），以及《斐多》（78b-84b）、《斐勒布》（28c-30e）、《会饮》（211d-212a），参亚里士多德《尼各马可伦理学》1177b25-30。在柏拉图笔下，苏格拉底一生遇到四个重要的女人：母亲斐娜若特（Pharnarete，《泰阿泰德》149a）、妻子克珊提姵（Xanthippe，《斐多》60a-b）、伯利克勒斯的情妇阿斯帕西娅（Aspasia，《墨涅克塞诺斯》）和女先知第俄提玛（Diotimas，《会饮》201d-212c）。关于哲学与女人的类比，启发自施特劳斯：《修辞、政治与哲学》，前揭，第44页。

拉图则通过开篇的两个誓言暗示了二者在天性上的差别：哲学具有女性气息，演说术则充满男人气概。不过，也不要忘了，赫拉与宙斯其实是一对夫妻，柏拉图是否借此暗示哲学与演说术之间更深层的关系呢？①

　　经过举例测试，高尔吉亚获得苏格拉底的赞扬，显得更加自信。

　　　高　（扬扬得意）当然啦，我相信，苏格拉底噢，这样做完全得体。（449d7）

　　赞扬不同于吹捧，前者基于事实，后者超出事实。符合事实的赞扬固然是鼓励，但往往也会成为陷阱，因为一旦评价，尤其是当面评价，即使符合事实，也会造成限定或遮蔽。在这个意义上，肯定即否定，表扬即批评，要看被评价者会不会转念。高尔吉亚完全被苏格拉底的赞扬所限制，于是注意力完全放在回答的简短这个形式上，而忽视回答与问题之间的关联，以及内容是否

———————

① 宙斯与赫拉尽管是夫妻，却经常意见不合。在柏拉图笔下，苏格拉底常站在赫拉一边，反对宙斯（如《游叙弗伦》8b1-4，《王制》378d）。据苏格拉底的解释，赫拉似乎是哲学的化身，因为她的名字意为"爱欲者"，又跟死亡和智慧有关（《克拉底鲁》404b以下）。目前为止，谈话暗示了演说术与辩证术之间的三种关系：兄弟关系、父子关系与夫妻关系。亚里士多德《尼各马可伦理学》1160b25–1161a5有个奇妙的类比：父子关系类似君主制，夫妻关系类似贵族制，兄弟关系类似民主制。

正确。可见，人以什么自诩，就被什么限制，所谓"善游者溺，善骑者堕，各以其所好，反自为祸"。

于是，苏格拉底正式开始"也这样"探究演说术是什么。

> 苏　讲得好。来吧，关于演说术，也这样回答我：它是关注什么东西的知识？
>
> 高　[449e]关注言辞。（449d8-e1）

于是，有了演说术的第一个定义。比照目前的例子，这不失为一个合理的定义：既然编织术是关注衣服的劳作，作乐术是关注曲调的制作（449d1-4），依此类推，演说术就是关注言辞的知识。① 不过，苏格拉底接着转而从言辞的种类或属性角度，提出反驳：

> 苏　怎样的[言辞]（ποίους τούτους），高尔吉亚噢？难道是那些表明病人们怎么摄生才能变健康的[言辞]？
>
> 高　不。
>
> 苏　因此，演说术并不是关注所有的言辞。
>
> 高　当然不。

---

① 但严格依照前例，应该说，演说术是关注言辞的"劳作或制作"而非"知识"。可见，苏格拉底已经暗暗区分了后文重点讨论的行动与言辞，但高尔吉亚没有注意。

苏　不过，它仍然［e5］使人有能力讲话。

高　是。

苏　不就也［使他有能力］在［他有能力］讲话的东西方面变明智吗？

高　怎么不呢？

苏　那么，［450a］我们刚才所讲的治病术是否使人有能力在病人方面变明智并讲话？

高　必然。

苏　那么，治病术看起来也关注言辞喽？

高　是。

苏　至少是那些关于疾病的［言辞］？

高　［a5］极是。

苏　那么，体操术不也关注言辞吗——那些关于身体的好状态与坏状态的［言辞］？

高　完全对。

苏　至于其他技术，高尔吉亚噢，［450b］情况也是这样：它们每种都是关注言辞的——那些碰巧关注每种技术所属的事务的［言辞］。

高　显然是。（449e2–450b3）

"演说术并不是关注所有言辞"，治病术和体操术看起来也关注言辞，依此类推，其他技术都关注言辞。

苏格拉底的反驳是否合理？仅仅看似合理，因为按照前面所举的例子（编织术和作乐术），应该说，治病术关注患病的身体，体操术关注健康的身体。就此而言，只有演说术以言辞为对象。[1]

苏格拉底似乎故意混淆问题，诱导高尔吉亚承认自己的推论；高尔吉亚可能因为没有受过充分的辩证术训练，难以充分反思苏格拉底举例论证的类比规则。不过，从根本上说，可能是因为他一开始就钻进了苏格拉底设下的圈套：简短地回答。当然，被设圈套也是因为自己有盲点，因为高尔吉亚自诩擅长并炫耀简短风格，而不能随着问题的变化而调整回答的长短。苏格拉底已经表示，不能"冗长地"回答"是什么"的问题；既然如此，就可以推断，也不能"简短地"回答"怎么样"的问题。苏格拉底这里恰恰转换了提问方式，在问"怎样的［言辞］"（449e2），高尔吉亚却毫无察觉，仍然用"是"或"否"回答。不过，也难怪高尔吉亚没有察觉，因为苏格拉底问完这个问题之后，不容高尔吉亚回答，就立刻举了治病术的例子，导致高尔吉亚被例子的逻辑牵制，陷入被动。其实，若根据高尔吉亚后文的说法（456b，演说家可以帮助乃至取代治病者），苏格拉底问"难道

---

[1]　其实，辩证术更明显是关注言辞的技术（参《王制》511b）。但苏格拉底为何不以辩证术为例提出反驳？从后文看，目前的任务是区分演说术与其他技术，然后再区分演说术与辩证术。

是那些表明病人们怎么摄生才能变健康的［言辞］"时，高尔吉亚也完全可以回答"是"。①

　　不过，苏格拉底也并非纯粹耍弄高尔吉亚，因为倘若每种技术都能使人在这种技术关注的对象方面"明智并讲话"（450a1），那么，每种技术就都"关注那些碰巧关注每种技术所属的事务的［言辞］"（450b1-2）；换言之，既然每种技术都能"理解并谈论（φρονεῖν καὶ λέγειν）"，就都有理性（λόγος），那么，作为可以教授的知识，每种技术当然就关注这种技术的原理（λόγος）。②苏格拉底含混地区分了一种技术的实践层面与理论层面，即行动与言辞，尽管并未割裂二者；高尔吉亚随后为了修正自己的定义，会沿着苏格拉底的暗示，截然分开言辞的技术与行动的技术。无论如何，就目前而言，高尔吉亚的初次定义显然被驳倒了，因为这个定义不具有唯一性或独特性。

----

①　另外，苏格拉底前面批评珀洛斯关注"怎么样"的问题，现在他自己为何这样提问？因为苏格拉底的提问顺序不同于珀洛斯：苏格拉底是界定演说术"是什么"之后，才开始追问演说术"怎么样"；珀洛斯则是在界定"是什么"之前就回答"怎么样"。
②　苏格拉底举例论证的时候，含混地使用λόγος/ λέγειν的双重含义：广义指普通话语，狭义指合理原则。首先，使高尔吉亚承认，演说术既能使人讲话，又能使人理解自己所讲的东西，即使人能明理，前者侧重实践，后者侧重理论，尽管会说话未必能明理，但高尔吉亚前文已经承认（449b1-2），自己既能演说，也能教人演说，作为教师当然必须明理。然后，苏格拉底将"谈论并理解"应用到治病术方面，从而推出，治病术"看起来也是关注言辞的"，这里的"言辞"就经过"谈论并理解"转换为狭义的合理原则，苏格拉底用不确定词"看起来"暗示这里的转换，但高尔吉亚没有注意。最后，既然治病术是关注言辞的，那么体操术也是，其他技术也是。

为了走出困境，高尔吉亚必须放弃"简短的言辞"，转而求助于"冗长的言辞"。①

苏　那么，你究竟为什么不称呼其他关注言辞的技术为演说术，既然你仅仅因为［b5］这种［技术］关注言辞就称之为演说术？

高　因为，苏格拉底噢，其他技术的全部知识一般而言都是关于动手工作和这类行动，演说术则丝毫没有这类动手劳动，而是全部行动和效能都是通过［450c］言辞。因为这些，我认为演说术应该是关注言辞的技术，我讲得正确，如我所言。（450b4-c2）

高尔吉亚从演说术的对象转向方式或手段，稍事修正，尽管最终嘴上不肯承认这种修正：演说术是"通过言辞"现实效能的

_____

① 高尔吉亚自诩擅长简短风格，使他丧失辨别能力；可见，优点即缺点，个性即局限。其实，自从苏格拉底提出"怎样的言辞"之后，高尔吉亚就不必受"简短回答"的限制。当然，高尔吉亚也可能是出于谨慎，不明白苏格拉底的举例论证要导向什么结论。总之，高尔吉亚在交谈中显得非常拘谨。就辩证术而言，若一方完全被另一方牵着鼻子走，无法表达自己的真实观点，也是交谈的失败；因此，苏格拉底需要消除高尔吉亚的拘谨。苏格拉底随后采取了两个方法：首先，再次明显地转换问题，从而默默取消对高尔吉亚的限制，使之可以采用冗长的回答（参450b4-5）；其次，挑出对方的合理说法，从而使之沿着他自己的逻辑，说出其真实的想法（参450c6-e1）。

技术。[①] 循着苏格拉底关于言辞与行动的暗示，聪明的高尔吉亚区分了"通过"言辞的技术与"不通过"言辞的技术：后者几乎可以完全通过手工或行动，在沉默中完成；而演说术属于前者，完全通过言辞来关注言辞。

且不说高尔吉亚这个修正是否充分界定了演说术。首先，通过言辞的技术与通过行动的技术是否可以截然分开？其次，演说术是否像高尔吉亚所说，"丝毫没有这类动手劳动，而是全部行动和效能都是通过言辞"？凭常识可知，演说家发表演说的时候，除了需要言辞，也需要所谓的肢体语言，比如手势，甚至需要制造沉默。[②] 因此，演说术既通过言辞又通过行动。无论如何，高尔吉亚仍然没有摆脱前面的困境，不能排除：演说术只是众多通过言辞关注言辞的技术之一。

苏格拉底调整和转换思路，再次提出反驳。[③]

---

① 高尔吉亚这段冗长的回答有两个形式特征，很符合演说术专家的身份：第一，喜欢用"一般而言"这种笼统概括的套话（参456a9，被苏格拉底学会）。第二，喜欢用学术化、专业化的生僻术语，比如，"动手工作"和"效能"都仅仅出现一次，据说源于学术新潮发达的西西里；相反，苏格拉底随后复述时，则用日常口语取代了高尔吉亚的学术行话：在450c7用"劳作（ἐργασία）"代替"动手工作（χειρούργημα）"，在450e1用"效力（κῦρος）"代替"效能（κύρωσις）"。

② 施特劳斯：《修辞、政治与哲学》，前揭，第48页。参尼采：《古修辞学素描》，前揭，第137—138页。

③ 在正式提问之前，苏格拉底有一个自言自语，这是苏格拉底在谈话转换间隙常有的动作，既反映了哲人的时时学习和念念反省，也在客观上给对方以提醒，同时也使对话的节奏富有弹性。

苏　那么，（自言自语）我莫非就学会你愿意称它为怎样的［技术］了吗？但我很快就会知道得更清楚。

得了，请回答：对我们来说，存在种种技术，［c5］不是吗？

高　是。

苏　那么，在所有的技术中，我相信，有一些［技术］多数［部分］是劳作，而它们［有些］需要简短的言辞，有些丝毫不［需要言辞］，相反，这种技术的［效能］甚至在沉默中就可以完成，比如［c10］绘画、造像以及其他很多。在我看来，［450d］你讲的就是这类——你肯定演说术跟它们无关，不是吗？

高　完全是，你推测得很美，苏格拉底噢。

苏　但有另一些技术，它们通过言辞［d5］完成一切，而一般而言丝毫不额外需要劳动或［只需］极其简短的［劳动］，比如计数术、运算术和测地术［几何术］，甚至下棋术以及其他很多技术。其中，有些拥有的言辞与行动几乎［分量］相等，但多数［拥有的言辞］更多，甚至它们的全部行动［450e］和效力都完全是通过言辞。在我看来，你是讲演说术就是这类之一。

高　你讲得真实。（450c3-e3）

若说前一次反驳利用了演说术的手法（利用"怎样的言

辞"，"理解并谈论"等），这一次则严格遵循辩证术的要求。按照辩证术，一个人必须事先搞清自己要说或要写的每样东西是否真实存在，然后按其本身界定每样东西是什么，接着按其各自的样式划分每样东西，直到没法再划分下去，找到这样东西的独特属性（《斐德若》277b5-8，参《智术师》253d，《治邦者》258b，286a以下等）。就目前而言，要找出演说术的独特属性，就要先确定演说术所属的技术门类；要划分技术的门类，就要首先确定是否存在种种技术。于是，苏格拉底首先问的是："对我们来说，存在种种技术，不是吗？"取得同意之后，苏格拉底基于这个大前提，大体复述了高尔吉亚前面的两类划分，但做了修正和补充。第一类是主要通过行动的技术，但又分两种：有些需要少量言辞；有些丝毫不需要言辞，如绘画和造像。第二类是主要通过言辞的技术，但又分三种：有些丝毫不需要或只需极少行动，如计数术、运算术、测地术，甚至下棋术等；有些需要的言辞与行动几乎相等；有些需要少量行动。演说术被归入第二类，但没说属于哪一种。

比较高尔吉亚前文的分类与苏格拉底这里的分类，可以发现几个特征。首先，苏格拉底松动了高尔吉亚的截然二分，并在每一类下又细分更多层次，但两类的细分并不完全对称，似乎有意模糊区分的界限。其次，补充了一些具体的例子。最后，但最重要的是，两组例子之间和每组例子之内，都遵循从低到高的等级秩序，高低标准是言辞的多寡：第一组例子（绘画和造像）属于

"可见世界"的模仿技术，第二组例子（计数术、运算术、测地术，以及下棋术喻指的最高技术即辩证术①）明显属于"可知世界"的灵魂转向技术（《王制》521c–541b）。苏格拉底的复述和归类得到高尔吉亚承认，但仅仅被称为"推测"，换言之，这里的分类可能仍不充分。②

划分两类技术之后，苏格拉底准备导向演说术。

> 苏　但我相信，你仍然不愿意称其中任何一种为演说术，尽管你在语词上这么说——通过言辞获得［e5］效力的是演说术。倘若有人愿意在这些说法里找麻烦，他就可以推测："莫非你是讲，高尔吉亚噢，计数术即演说术？"但我不相信，你是讲计数术或测地术即演说术。
>
> 高　［451a］确实，你相信得正确，苏格拉底噢，而且推测得公正。（450e3–451a1）

---

① 计数术是关于数字奇偶性质的研究（参451b-c），运算术是关于数量关系的计算技术（参451c），测地术即几何；"甚至下棋术"是补充或区分，前面是数学系列，下棋术则是棋类游戏的统称，包括骰子、石子、棋子游戏。在柏拉图笔下，下棋术经常喻指交谈或辩证术（《王制》487c），因为对弈类似对话，故有"手谈"之说，棋子移动类似于交谈时不断假定和转换、试探与回应、进攻与防守、反驳与被反驳。

② 若分类仍不充分，则演说术就不能完全归于"大部分通过言辞的技术"：首先，把演说术归于这类，并非苏格拉底的意见，而是苏格拉底"推测"高尔吉亚这样认为，并得到高尔吉亚同意；其次，演说术虽然未被归入第一类即模仿的技术，但后文将表明，演说术非常类似于绘画和造像。

苏格拉底没有直接以自己的口吻反驳高尔吉亚，而是首先借某人之口提出一个反问，然后替高尔吉亚做出正确的回答。这个反问其实是苏格拉底自己要问的，但因为过于简单和违反常识，若直接提出，会有辱高尔吉亚的智商，造成冒犯，同时使自己显得仿佛"愿意找麻烦"，不利于谈话进行。这样借人之口提出反驳，既避免造成直接冲突，又使高尔吉亚有心理准备。

类似许多细节表明，苏格拉底对名高望重的高尔吉亚心怀敬意、婉转礼貌。这也说明，苏格拉底并非总是言辞犀利如牛虻（《申辩》30e），论证坚固如钢铁（509a），也并非如后文卡利克勒斯批评的，因为研究哲学而变得"在种种人情世故方面完全没有经验"（484d7），而是世事洞明、人情练达。只不过，苏格拉底不单单是为了人情而世故，以致乡愿而贼德。

做好铺垫缓冲之后，苏格拉底才用虚拟语气，引入一场"对话中的对话"：

> 苏　来吧，现在，请你也像我提问的那样完成回答。既然演说术碰巧是那些多数使用言辞的技术之一，但碰巧还有［a5］其他这类，就请你试着说说，关于什么在言辞中获得效力的是演说术？
>
> 就像这样，关于我刚才讲到的随便哪个技术，倘若有人问我："苏格拉底噢，［451b］计数术是什么技术？"我就可以告诉他，像你刚刚那样："属于那些通过言辞获得效力

的［技术］之一。"若他接着再问我："它们关注什么？"我就可以说："它们关注偶数与奇数，无论每个［数］碰巧有多么大。"

但倘若他再问："但运算术呢，你称之为什么技术？"我就可以［b5］说："它也是属于那些用言辞实现全部效力的［技术］。"若他接着再问："它关注什么？"我就可以像那些民众大会上的［451c］议案起草者一样，说："在其他方面，运算术正如计数术，因为关注相同的东西，即偶数与奇数；但在这个方面又有差别，即运算术考察奇数和偶数相对于它们自身和相对于彼此有多大数量。"

倘若有人盘问星象术，［c5］我就讲："它也用言辞实现全部效力。""但星象术的那些言辞，"若他说，"是关注什么，苏格拉底噢？"我就可以说："关注众星、太阳和月亮的运动，及其相对于彼此有多大速度。"（451a2-c9）

在这场虚拟的对话中，苏格拉底假想一个无名的角色来问自己，然后自己来回答。他们探讨了"多数使用言辞的技术"，因为演说术被归入此类。虚拟人以计数术、运算和星象术为例发问，苏格拉底则分别界定了它们各自的类属及其言辞关注的对象。

星象术第一次出现，取代了前面的测地术和下棋术；换言之，星象术介于测地术与辩证术之间，仅次于辩证术（《王制》

527d–531e，等级次序是计数术—运算术—测地术—星象术—辩证术，参《法义》817e）。辩证术既没有明确出现，也没有以"下棋术"这个隐喻形式出现。不过，鉴于这里是虚拟的对话，似乎可以认为，苏格拉底亲自演示了辩证术，因为辩证术的表面特征就在于提问与回答（参《王制》534d8-9）。若说前一次虚拟的反驳是为了尊重高尔吉亚，这一次虚拟的对话则是为了教导高尔吉亚，给他示范辩证术。真正的辩证教育在于显示而非口说，不是直接谈论而是旁敲侧击。①

听了苏格拉底的示范，高尔吉亚第一次承认"你讲得正确"（451c10，比较450c"我讲得正确"），表明他已经理解辩证术的方式。既然如此，苏格拉底就请高尔吉亚"也"以正确的方式回答：

　　高　［c10］你讲得很正确，苏格拉底噢。

　　苏　［451d］那就来吧，你也［正确地讲讲］，高尔吉亚噢。因为演说术确实碰巧是属于那些用言辞行使并达到全部效力的［技术］，不是吗？

　　高　是这样。

——————

① 在柏拉图对话中，对话者谈论的内容与各自当下显示的东西往往交相辉映，并相互解释，相互影响；很多时候，看似离题或转换话题都是起因于触及当下显现的东西。参《王制》394d："谈话像风一样，它吹到哪里，我们就必须走到哪里。"犹孔子所谓"巽与之言"，据易象，巽为风；亦犹庄子所谓"卮言日出"。

　　苏　［d5］那就请讲，它们关注什么？什么是演说术使用的那些言辞本身所关注的那种存在物？（451c10-d6）

看似又回到演说术的对象，其实有所变化，不再是演说术本身的对象，而是"演说术使用的言辞"的对象。简言之，苏格拉底目前的提问程序是：演说术的对象→演说术的手段→演说术的手段的对象，从而一步步缩小范围。

经苏格拉底示范，高尔吉亚第二次界定演说术：

　　高　那些最大的……苏格拉底噢，和最好的人类事务。（451d7）

完整地说，演说术是通过言辞关注最大和最好的人类事务的技术。比照迄今为止出现的例子①，这个定义似乎足以使演说术区别于其他技术，因为：做鞋术的对象当然不是最大且最好的人类事务；计数术、运算术、测地术和星象术等等甚至不以人类事务为对象；治病术和体操术倒是关注人类的身体健康或美丽，但

---

①　例子扮演了重要的论证角色：两人辩论，一方只有驳倒另一方所举的例子，才算驳倒了其一般主张。在高尔吉亚后来反驳苏格拉底的过程中，这一点会显得尤其明显（详见后文）。目前出现的例子有：做鞋术；治病者（术）、写生者（术）；演说术、交谈（辩证术）；编织术、作乐术、体操术；绘画（不同于写生术）和造像；计数术、运算术、测地术（几何）、下棋术，星象术。

健康或美丽是"最大且最好的"吗？最大是否等于最好？根据希腊主流意见，如修昔底德笔下迪奥多图斯所言，"最大的"人类事务就是"摆脱他人统治和统治他人"即政治权力（《战争志》3.4.56）。后文将显示，这正是高尔吉亚的意思，尽管他目前尚未表达清楚。然而，即使接受主流意见，承认政治权力"最大"，但它算是"最好"吗？

高尔吉亚先说"最大"，然后补充"最好"，表明他不太重视"最好"。因此，苏格拉底随后反驳时仅仅抓住"最好"，放过"最大"。换言之，苏格拉底看似默许，政治事务"最大"。但从后文苏格拉底与卡利克勒斯的争论看，政治与哲学孰大孰小是个问题，尽管卡利克勒斯称哲学"渺小"而政治"伟大"（485e1，486c5-d1，497b6，497c1-4；参472c6-8）。

无论如何，高尔吉亚的定义仍然过于笼统，不能令苏格拉底满意。

　　苏 不过，高尔吉亚噢，你讲的这个也有争议哦，［451e］甚至根本尚不清楚。因为我相信，你曾经听过世人在酒会上唱起这首小曲儿，在其中，他们边数边唱"保持健康是最好，其次则是长得美，第三嘛"，就像这首小曲［e5］的作者［诗人］所言，"不靠欺诈而致富"。（451d8-e5）

苏格拉底引入"世人唱起的"一首酒歌。①苏格拉底意在表明，根据希腊主流意见，同样可以把健康、美丽或财富视为"最好的"人类事务。不过，即使承认健康、漂亮和财富比政治权力"更好"，但能说它们"更大"吗？苏格拉底有意漏掉高尔吉亚更关心的"最大"，而强调"最好"。

高尔吉亚竟然没有明白苏格拉底援引酒歌的用意。于是，苏格拉底以祈愿语气再次引入一场"对话中的对话"。

　　高　我确实听过；但你为什么讲这个？
　　苏　［452a］因为，假设［制造］这位小曲作者所赞扬的

────────

①　这首酒歌亦见于《欧蒂德谟》279a，《斐勒布》48d，《法义》631c、661a。作者大概是西蒙尼德斯，或以为是厄庇卡穆斯。据Dodds注释，全诗四行如下："对一个必死的男人而言，保持健康最好，其次是天生长得美丽，第三不靠欺诈而致富，第四是跟朋友们一起度青春。"大体反映了希腊人的主流意见（参《欧蒂德谟》279a-b，《美诺》87e，《希琵阿斯前篇》291d-e），贵族阶层常将美丽放在健康之前，但普通人则将健康放在首位（亚里士多德《修辞术》1394b11）。《法义》再次提及，但排序和内容有别，明确称之为小善或属人之善（相对于属神之善）："领头的是健康，美丽第二，第三是为了奔跑和其他所有身体运动的气力，第四是并不盲目而是目光敏锐的财富，只要它能同时伴随理智"（631c，参661a-b）。问题：一，苏格拉底这里为何没提排在第四位的"跟朋友们一起度青春"？一般认为这种善不涉及技术，但笔者猜测，这种善可能暗指高尔吉亚所说的政治事务。二，苏格拉底提到第二种善时为何漏掉"天生"？后天的美丽才可贵？三，两次提到"世人唱起"，一次提到"作者［诗人］所言"（452a1再次提到），显然暗示，唱者与作者有别，世人与诗人有别，前者以后者为权威。高尔吉亚回答"听过"，没提作者，忽视作者的权威，而以唱者即世人为权威。

那些东西的工匠们此刻可以站到你旁边，即治病者、健身师和赚钱者，而治病者首先可以说："苏格拉底噢，高尔吉亚在蒙骗你呢，因为关注［a5］世人最大之善的，不是他的技术，而是我的。"那么，倘若我可以问他："但你是什么，竟然这么讲？"他也许就可以说："治病者。""你在讲什么？莫非你的技术的工作［成果］是最大的善？""健康怎么不是呢？①"他也许可以断言，"苏格拉底噢，对世人来说，有什么比［452b］健康更大的善呢？"

但倘若在他之后，健身师又可以说："我本人也会感到惊讶，苏格拉底噢，倘若高尔吉亚能够通过他的技术向你展示比我通过我的［技术向你展示的］更大的善！"而我又可以对这个人说："但你是什么呢，［b5］小子②噢，而你的工作［成果］是什么？""健身师，"他就可以断言，"而我的工作就是使世人在身体方面变得既美丽又有力。"

但在健身师之后，赚钱者就可以说——我相信，他完全鄙视所有人：［452c］"想想看吧，苏格拉底噢，在你看来，是否有什么显得是比财富更大的善，无论在高尔吉亚那里，还是在其他任何人那里？"那么，我们就可以对他说：

① 据B本。参D本："怎么不呢？那可是健康呀！"
② 小子（ἄνθρωπος），即广义的人，包括奴隶和自由人；相对于诸神，则指凡人，相对于男人或大丈夫，则指常人或普通人。单独用来指称某人，常带有贬义，故译为"小子"。其他地方根据具体情况变化译法，不作统一，亦不一一注明。

"什么？莫非你就是［制造］这个东西的工匠？"他就可以肯定："是。""是什么？""赚钱者。""那又怎样？你判定，对世人而言［c5］最大的善就是财富？"我们将说。"怎么不呢？"他将说。"但是，喏，至少这位高尔吉亚就争辩说：他那儿的技术而非你的，才是［造成］一种更大的善的原因，"我们就可以断言。那么显然，之后他就可以问："这种善又是［452d］什么？让高尔吉亚回答！"

那就来吧，既然你承认，高尔吉亚噢，你已经既被这些人、又被我本人问到了，就请回答：这个东西是什么——你断言，它是对世人而言最大的善，而你是［制造］它的工匠？（451e6–452d4）

不同的语气暗示不同的意图：若说前一场虚拟的对话是为了教导高尔吉亚，那么，这一场祈愿的对话就不仅仅是为了教导，而是希望有人教训高尔吉亚。但出于礼貌，苏格拉底不会直接批评高尔吉亚在"蒙骗"自己，而是让自己虚拟的角色批评他。总之，苏格拉底通过这种修辞策略，为高尔吉亚招来了反对者或竞争对手，因为他们都宣称自己的技术会带来"最大的善"；因此，高尔吉亚不仅需要重新考虑自己的定义，而且为生计着想，也不得不为自己的技术辩护。

三个匿名的竞争对手（治病者、健身师和赚钱者），分别依次对应酒歌提到的健康、美丽和财富。苏格拉底的提问同样遵循前面的顺序：是什么人？技术关注什么？

尽管遵循同样的提问顺序，但三人的回答颇有差别。治病者最先发言，向苏格拉底揭露高尔吉亚在搞"蒙骗"，换言之，治病者显得反对欺骗，但反对欺骗本身可能就是治病者的欺骗；最后发言的赚钱者仅仅关心"财富"，悄悄漏掉诗人所说的"不靠欺诈"，所谓"为富不仁，为仁不富"，唯利是图者怎么可能自觉接受道德限制呢？所以，治病者和赚钱者都在口头上反对欺骗，但在实践上都不免欺骗；但人们会谴责赚钱者的欺骗而谅解治病者的欺骗，原因在于前者是为了自己的利益，后者是为了病人的利益。但即使为了病人的利益而欺骗，治病者也不会因此宣称欺骗正当，因为一方面，这样宣称会导致欺骗失效，另一方面，所有自利的欺骗都无不打着利他的旗号。

相比之下，中间的健身师最谦逊，仅仅宣称自己的技术产生"更大的善"，而非像治病者和赚钱者一样自称产生"最大的善"；换言之，健身师仅仅跟高尔吉亚竞争，并不跟其他工匠竞争。但最谦逊的健身师也最被蔑视（参452b5"小子噢"）。

相比之下，赚钱者最狂妄，因为苏格拉底特别增加了一句评论——"我相信他完全鄙视所有人"：不仅挑战高尔吉亚，甚至跟"其他任何人"竞争；换言之，他宣称财富具有最高的普世价值。凡此种种表明，赚钱者一方面隐晦地暗示了高尔吉亚在搞欺骗，一方面明显地讽刺了高尔吉亚着实贪财，演说术无异于仅凭口舌捞取钱财的赚钱术。无论如何，赚钱者对演说家高尔吉亚威胁最大，甚至威胁到包括哲人苏格拉底在内的"其他任何人"。①

　　鉴于这种情况，苏格拉底微妙地转换立场，仿佛成了高尔吉亚的盟友：从前两个例子的"我"转换成"我们"（452c4"我们就可以对他说"，c6"我们将说"，c8"我们就可以断言"）。这样，苏格拉底就从借虚拟人之口攻击高尔吉亚，转为亲自站到高尔吉亚一边。但在关键时刻，苏格拉底又迅速脱身，留下高尔吉亚独自一人面对赚钱者的质问（452d1"这种善又是什么？让高尔吉亚回答！"）；最后又悄悄站到高尔吉亚的竞争者们一方（452d2"你已经被这些人、又被我本人问到了"）。可见，苏格拉底能在各方之间自由切换，其步骤是：首先，拉来一帮竞争者，作为中立的第三方跟他们交谈；其次，在竞争激烈的时候，帮助高尔吉亚抵挡一阵；最后，危急关头，迅速叛变倒戈，令高尔吉亚措手不及。毕竟，出其不意方见真情。

　　到这个份儿上，聪明的高尔吉亚不会还不明白苏格拉底的良苦用心：既然三个竞争对手都宣称自己的技术能产生最好的东西，并明确断定什么东西最好，高尔吉亚要想维护自己的技术和生计，就必须证明自己的技术能产生更好的东西。

_____

①　赚钱者说："想想看吧，苏格拉底，在你看来，有什么显得是比财富更大的善呢？"特别针对苏格拉底，因为苏格拉底最贫穷；但他不能理解的是，苏格拉底对财富的欲求最低。所以，赚钱者其实对苏格拉底构不成威胁和压力。但值得注意的是，在爱好财富的高尔吉亚面前，苏格拉底并未显示自己的不忮不求，看淡财富，反而显得与之同好，正所谓"君子不以其所能者病人，不以人之所不能者愧人"。

在苏格拉底的威逼利诱之下，高尔吉亚不得不说出自己的真实意见：

> 高 [d5] 这个东西嘛，苏格拉底噢，才真正是最大的善，而且它既是世人解放自身的原因，同时又是每个人在自己的城邦里统治他人的 [原因]。（452d5-7）

话虽含混，但至少可以确定，最大的属人之善不是健康、美丽和财富。但"这个东西"到底是什么？"而且"前后，话分两半：前半句，只是形式化的肯定判断，并无内容，强调的是"真正"，似乎暗示，在演说家看来，主流意见或意识形态就是不证自明的"真理"。①

后半句，简单地说，这个东西是自由和统治的"原因"，换言之，任何东西只要实现自由和统治，就是最大的善。因此，后半句只是表明了"最大的善"的前提，仍然没有确定"最大的善"是什么。从后文看，高尔吉亚认为，"最大的善"其实就是演说术：演说术既能使演说家自身自由，又能使演说家统治他人。因此，在高尔吉亚看来，演说术就等于治邦术，即依靠广义

---

① 所谓"意识形态"，张志扬先生总结马克思《德意志意识形态》的说法：一，"把特殊的东西说成是普遍的东西"，由此获得"真理性"（或"伪科学性"）；二，"再把普遍的东西说成是统治的东西"，由此获得"权力性"。

的话语或狭义的意识形态来统治他人。高尔吉亚的说法仍然有些保留，演说家的统治仅限于"在自己的城邦里"，不能统治外邦人。仅凭言辞固然不能统治外邦人，但可以仅凭言辞统治本邦人吗？总之，这个限定表明，演说术的能力有限，不像高尔吉亚前面暗示的，拥有全部权能。反过来，倘若演说术的能力无限，演说家仅凭言辞就能统治外邦人，作为外邦人和演说家的高尔吉亚不就可能威胁雅典人的自由吗？在以热爱自由著称的雅典人面前这样宣称，不是自找麻烦吗？可见，高尔吉亚非常注意自己的身份和措辞，以及讲话对象，很会保护自己。

【附注】关于演说术等于治邦术这个意见，苏格拉底后文会回应，自称"今人之中唯独我着手真正的治邦技术并实践政治"（521d）。换言之，在苏格拉底那里，哲学等于政治术。因此，高尔吉亚这里的含混说法既可用于演说术，也可用于哲学：在苏格拉底看来，哲学才真正是最大的善，因为它既能使哲人自主自由，又能使哲人统治他人。从一般意义上看，哲学偏重于自身自由，演说术偏重于统治他人。当然，高尔吉亚与苏格拉底对自由和统治的理解也许各不相同。

关键在于怎样理解"自由"。色诺芬的《回忆苏格拉底》（2.1）提到自由的概念：所谓自由的生活就是中间道路，既不通过统治，也不通过奴役，而是通过自由。显然，这里所谓的自由超越于统治他人与被人统治之外，超政治的或哲学的自由。高尔吉亚显然是从政治角度理解自由："解放自己"与"统治他人"并列，既有区分，又有联系，或者互补。就区别看，两者类似于伯林所谓的"消极自由（liberty from）"与"积极自由（liberty to）"之分："消极自由"即免于某某的自由，相当于"解放自己"，不被人统治；"积极自由"即去做某某的自由，相当于"统治他人"。高尔吉亚这里的自由是指不被他人统治的消极自由。那么，自由与统治，或消极自由与积极自由之间有怎样的联系？伯林自己就说，"成为某人自己的主人的自由，与不受别人阻止地做出选择的自由，初看之下，似乎是两个在逻辑上相距并不太远的概念，只是同一个事物的消极与积极两个方面而已"①。消极自由与积极自由是一个连续过程的两个步骤或环节："免于某某"是自由的第一步，但仅仅免于尚未实现自由，因为这时候什么都没做，什么都不做，自由就等于空集；因此，第二步是必需的，即"做了某事"才算实现并完成自由。消极自由是积极自由的实现条件，积极自由是消极自由的目的和结果。伯林尽管明白二者的密切联系，却仍然坚持严格区分二者，并反对积极自由，是因为他相信，积极自由"常常成为残酷暴政的华丽伪装"（同前）。

高尔吉亚出于谨慎而故意含糊其词，但苏格拉底穷追不舍，高尔吉亚才终于说出实质性的具体答案：

---

① 伯林：《自由论》，胡传胜译，译林出版社2003年，第200页。

苏　那么，你讲的这个东西到底是什么呢？

高　［452e］我［讲的］就是，能够用言辞说服法庭上的法官们、议事会里的议员们、［公民］大会上的会员们，以及其他所有集会上［的人］，无论发生什么政治集会。其实，凭这种［e5］能力，你将既能使治病者作奴隶，又能使健身师作奴隶；至于那个赚钱者嘛，他反倒显得是为别人而非为自己赚钱，反而是为了你——只要你有能力讲话并说服大众。（452d8-e8）

最好的东西就是"说服"能力，尤其"在政治集会上"说服多数人。高尔吉亚所说的三种政治集会大体上相应于三类演说术：法庭演说、议政演说和炫示演说。高尔吉亚的列举是否全面？除了政治集会，非政治的集会是否需要演说术？

另外，高尔吉亚逐个挫败了苏格拉底前面招来的三个竞争者：演说家不仅能"奴役"治病者和健身师，而且可以使最狂妄的赚钱者为演说家赚钱。赚钱者的威胁最大，遭到的报复也最惨。但这是怎么做到的？演说家能够奴役治病者和健身师，容易理解，因为演说家据说能够统治他人。但掌握政治权力就能使商人为自己赚钱吗？高尔吉亚最后强调"只要你有能力讲话并说服多数人"，精明的演说家显然不是利用权力强取商人的财富（但到珀洛斯那样愚蠢的演说者那里也会变成强取），而是通过说服公民大会立法征税或没收商人资产。但立法就能保证演说家战胜商人吗？若司法腐败呢？商人不是可以贿赂法官吗？但在民主的雅典，司法裁决权掌握在陪审团手里，即使可以收买法官，也不容易收买作为"多数人"的陪审团。在高尔吉亚强调的"多数人"面前，金钱的收买力敌不过言辞的蛊惑力。另一方面，在民主时代，演说家与赚钱者也相互需要，演说家需要帮赚钱者打官司或教授演说术来获取报酬，赚钱者需要演说家帮助打官司来保护自己的财产。演说家、政治家和赚钱者，用现代的话说，分别代表文化、政治、经济三种主要社会力量，用柏拉图的话说，分别代表理智、血气、欲望三种灵魂要素，三者之间常常相互结盟又相互竞争。

根据辩证术的规则，驳倒前面的例子就能得出一般的结论。苏格拉底差不多感到满意，从高尔吉亚的阐述提炼出一个更简洁的定义：

> 苏 在我看来，高尔吉亚噢，你现在极其接近阐明，
> [453a] 你以为演说术是何种技术；倘若我领会了点儿什么，你就是讲：演说术是 [制造] 说服的工匠，而它的整个行业和首脑都归结于此。或者，你有什么要讲：演说术有能力 [a5] 为听众在灵魂里制造比说服更多的东西吗？
>
> 高 丝毫没有 [别的]，苏格拉底噢，相反，在我看来，你界定得足够了，因为这就是它的首脑。（452e9–453a7）

这是关于演说术的第三个定义：演说术是"在听众的灵魂

里"仅仅制造说服的工匠。柏拉图笔下没有完全的重复，每次复述和总结皆有损益。苏格拉底的重述稍微改动了高尔吉亚的原话，删去了"多数人"，并用"在听众的灵魂里"取代了"在政治集会上"即在城邦里。高尔吉亚似乎没有察觉苏格拉底的改动，即予以肯定。

苏格拉底在另一个地方说："整体而言，演说术是某种通过言辞引导灵魂的技术，不仅在法庭和所有其他民众集上，而且在私人［集会］上，它既关注小事也关注大事；也没有什么比在无论严肃之事或卑微之事方面变得正确更被尊重。"（《斐德若》261a-b）在苏格拉底看来，演说术不仅限于政治集会，也可用于私人范围，不仅针对多数人，也可针对少数人乃至一个人，不仅在城邦里，更在灵魂里。私人范围的演说术可以称之为哲学的演说术。那么，就可能有两种演说术：高尔吉亚所谓的政治演说术，苏格拉底设想的哲学演说术。可以设想，作为演说家和哲学家，高尔吉亚本人的兴趣也不会仅限于政治，也有超出政治的兴趣，但他单单挑出政治的演说术，可能主要是为了招生宣传。

苏格拉底的总结提醒我们回顾一下。目前为止，在苏格拉底的引导下，高尔吉亚已经三次界定演说术。首先，演说术是关注言辞的技术。但苏格拉底有意误导或以演说术的方式证明，许多技术都关注言辞；因为已经承诺简短地回答问题，高尔吉亚就不得不接受苏格拉底的反驳。因此，首次定义不充分。高尔吉亚从对象转向方式，稍事修正：演说术是通过言辞关注言辞的技术。

但苏格拉底以辩证术的方式证明，除了演说术，许多技术都通过言辞。高尔吉亚仍然回到对象上，第二次界定：演说术是关注最大且最好的人类事务的技术，即制造自由和统治的技术。这个定义显然基于主流意见。于是，苏格拉底同样引入主流意见，再次以演说术的方式表明，许多工匠都可以宣称自己的技术造成最好的东西。最终，经苏格拉底修正，得出第三个定义：演说术仅仅能制造说服的工匠。这个定义是否充分？是唯独演说术制造说服，还是其他技术也同样能制造说服？演说术能制造哪种说服？无论如何，高尔吉亚仍然没有充分界定演说术的对象与方式，苏格拉底需要引导高尔吉亚重新界定演说术。

3　信服术与教导术（453a8–455a7）

重新界定之前，苏格拉底稍作停顿，含混地谈起自己：

> 苏　那就听着，高尔吉亚噢。因为我嘛，你要很好地知道，我像这样［453b］说服我自己：倘若有其他什么人因为愿意知道讨论所关注的那个东西本身而跟别人交谈，［我就说服］我自己也做这些人之一；但我认为，你也应该［说服自己做这样的人］。（453a8-b3）

最初界定之前，苏格拉底提出的第一个问题是，高尔吉亚是什么人（447d1）；现在，重新界定之前，苏格拉底也向高尔吉亚表明自己是什么人。更重要的是，最初界定演说术之前，苏格拉底曾明确区分"演说术"与"交谈"（448d8）；现在，他再次暗示"说服"与"交谈"的区分。

这些迹象表明，苏格拉底与高尔吉亚的讨论在这里发生重大转折，或重新开始。换言之，关于演说术的界定在这里分为前后两个部分。在前半部分（449c8-453a8），正式开始界定演说术之后，"交谈"这个普通字眼就不再出现，直到这里首次再现，换言之，在前半部分，"辩证术"看起来缺席了（顶多通过"下棋术"得到暗示）。不过，这只是在言的层面，从行的层面看，苏格拉底本人就代表了辩证术的在场；其实从一开始，高尔吉亚将演说术界定为"关注言辞的知识"时，就已经暗示了辩证术，因为辩证术显然也关注言辞（参《王制》493b，511b，最高的言辞技术就是辩证术）。因此，可以说，前半部分是在辩证术的指导下界定演说术。

在后半部分（453a8-461b1），"交谈"一词出现七次之多，而且两次出自演说家高尔吉亚之口（453b1，457c5，458b2，458c1，458d3，458e1，461a3）。因此，若说前半部分的主要任务是在辩证术的指导下区分演说术与治病术等其他技术（甚至包括仅次于辩证术的星象术），那么，后半部分的主要任务就是区分演说术与辩证术。若说前半部分仅仅表明了演说术与辩证术之别的基本含义和表面含义（"怎么样"与"是什么"，冗长的言辞与简短的言辞；或许也包括男女之分、兄弟之别），那么，后半部分将表明这种区分的内在含义或本质含义。

苏格拉底的自我描述非常含混。关键时刻，苏格拉底总会说一些乍一听似乎明白、仔细想想又不太明白的、充满旁敲侧击和耐人寻味的言外之意的长句子。在形式上，这里的原文是所谓的"破格文体"，即两个句子杂糅：一个句子的意思未完，突然切换为另一个表达，要么是因为思想的跳跃或艰难（类似日常谈话），要么是故意含混，一种引起疑惑或沉思的修辞策略。

综合两个句子的意思，即：我说服我自己也做个在跟别人交谈的时候愿意知道讨论所关注的那个东西本身的人。简言之，我说服自己做个愿意知道的人。苏格拉底暗示，倘若演说术是说服的技术，他本人同样具有说服能力，同样精通演说术（比较高尔吉亚的自我描述"演说者并能使别人成为演说者"）。但苏格拉底的演说术不同于高尔吉亚的演说术，差别有三：第一，说服的对象，前者是"我自己"，后者是"政治集会"上的多数人；第二，说服的地方，前者是"在灵魂里"，后者是在"在城邦里"；第三，说服的结果，前者是认知的意愿，后者是对他人的奴役。①

---

① 二人的自我描述，还有个细微的差别：高尔吉亚标榜自己的优越性（449a7）；苏格拉底则把自己放入复数的"这些人"之中，并未突显自己。但奇妙的是，"这些人"的存在只是假设，并非事实："倘若有……"

　　前两条见于前文，这里的重点是第三条："愿意知道"。什么是"愿意知道"？第一，实际不知道，即不知道自己愿意知道的东西；第二，知道自己不知道，所以才愿意知道，即知道自己不知道自己愿意知道的东西。简言之，"愿意知道"就等于"知道自己不知道"。就目前而言，"讨论所关注的那个东西本身"即高尔吉亚所谓的演说术；苏格拉底知道自己不知道高尔吉亚所谓的演说术是什么。但高尔吉亚知道吗？苏格拉底前后两次吁请高尔吉亚"要很好地知道"（453a9，453b6），意味着什么？要么，高尔吉亚应该已经知道；要么，若不知道，就应该说服自己愿意知道。若该知道而不知道，就是不称职；若不知道，就应该坦白承认自己不知道，然后虚心向知道者请教。总之，这里暗示，高尔吉亚可能不知道自己所谓的演说术是什么，不仅不知道，而且不知道自己不知道，而自以为自己知道。

　　不过，苏格拉底并不愿主观臆断高尔吉亚不知道，他相信高尔吉亚"也应该"跟自己一样，说服自己愿意知道，即承认自己不知道。自己的无知只能靠自己照见，别人无法祛除，因为自己知不知，只有自己最清楚。然而，一个自信掌握答案的人怎么会愿意承认自己无知呢？除非他能怀疑自己的答案和信念。

　　听了苏格拉底的含混之辞，高尔吉亚顺口就回答：

　　高　那又怎样，苏格拉底噢？（453b4）

虽然是个问句，但并非真正的疑问，只是笼统地承认苏格拉底的自我描述和推测，然后就想知道结论，并不关心前提。而真正的学问恰恰在于理解、回归乃至修正前提（《王制》533c-d）。一般人越是碰到不懂的地方，越是喜欢快速滑过，以便越过问题，得到答案，毕竟怀疑和困惑令人不快，乃至惶恐（参522a1，522b7）；反过来，"永远不惮于待在问题之中"大概是好学或爱智的首要标志吧。

高尔吉亚虽然口头承认自己也是这样的人，但并未表现出真正的自我怀疑和反思精神。于是，苏格拉底也并未给出结论和答案，而是继续使用含混之辞谈论自己：

> 苏　［b5］我现在就会告诉［你］。我嘛，你所讲的那种源于演说术的说服到底是什么，以及是关于什么事务的说服，尽管我尚未清楚地知道——你要很好地知道——但我不免怀疑我相信你所讲的就是什么［说服］以及关于什么［的说服］。（453b5-8）

一方面，提醒高尔吉亚"要很好地知道"，即说服自己愿意知道；另一方面，仍然承认自己不知道。尽管承认自己不知道，"但我不免怀疑我相信你所讲的就是……"：苏格拉底不说自己怀疑高尔吉亚所讲的，而是怀疑自己所信的，即怀疑自己的信念。

目前，苏格拉底用两个说法来描述自己：一个是"我说服自己愿意知道"（暗示高尔吉亚是否愿意知道）；一个是"我怀疑我相信的东西"（暗示高尔吉亚是否怀疑自己的信念）。两个说法表达的是同一个意思："愿意知道"就等于"怀疑自己的信念"，怀疑是知道的先导，而信念是思想的放假。这也暗示了说服的困难：一个人很难通过说服改变另一个人的无知，因为无知源于信念，除非说服可以产生怀疑，然而，说服这个词语本身就意味着使人相信。①

苏格拉底的两个说法都暗示，高尔吉亚可能不知道所讲的东西，即演说术的说服是什么。但苏格拉底是否知道？"我不免怀疑我相信你所讲的就是……"这个说法其实隐含着某种坚定的确信：苏格拉底相信自己早就知道演说术的说服是什么。但既然相信自己知道，苏格拉底为什么不自己讲出来，直接告诉高尔吉亚？首先是因为他不知道，高尔吉亚是否愿意知道，是否怀疑既有的信念。所谓"礼闻来学，不闻往教"，"不问而告谓之傲"，自居师位的高尔吉亚迄今从未放下身段，虚心请教，所以直到珀洛斯替他向苏格拉底提问的时候，苏格拉底才讲出自己关于演说术的观点（461b以下）；所谓"不愤不启，不悱不发"，自称掌握所有答案的高尔吉亚迄今从未坦率

---

① 关于这里的故意含混，参伯纳德特的细致解读，《道德与哲学的修辞术》，前揭，第17—19页。

表达真正的疑问，直到第二场谈话时，才勉强承认没有听懂苏格拉底的意思（463a5，d6）。其次是因为苏格拉底即使知道答案，也不敢保证自己的意见就真实正确，仍然需要通过论证检验（参472b6，486d5）。

> ……然而，我仍将毫不减弱地问你，你所讲的那种源于演说术的说服到底 [453c] 是什么，以及它是关于什么的 [说服]。到底为了什么缘故，我自己怀疑时将问你而不自己讲呢？不是为了你，而是为了论证，以便它像这样以能使所讲的任何东西可以最大限度地向我们彻底显明的方式前进。（453b9-c3）

苏格拉底尽管相信自己知道，仍然坚持追问高尔吉亚，不是为了羞辱高尔吉亚个人，[①] "而是为了论证"，以便讨论的东西 "最大限度地向我们彻底显明"（参454c1-5）。彻底显明即祛除遮蔽，无蔽即真理（ἀ-λήθεια）的本义。追问个人不是为了

---

① 不能认为苏格拉底是所谓 "以能问于不能"：以彼为 "能" 而以己为 "不能"，是赞叹对方，也肯定了自己；以己为 "能" 而以彼为 "不能"，明知故问或故作下问，是羞辱对方，若对方不以为辱，则证明彼是能者，也就羞辱了自己。一般认为，苏格拉底犯了后一条大忌，所谓 "反讽" 即掩藏自己的智慧和德行。但这恐怕仍是局外之见。就苏格拉底本人而言，上德不德，主观上并无以己为能的意思，尽管客观上导致别人以他为能。

个人，而是为了真理，但真理又不离于每个人。关于演说术的真理，会在演说家高尔吉亚身上并通过高尔吉亚显现出来，尽管高尔吉亚个人可能并不知道。个人是真理的载体，但真理独立于个人的意志和意图，而对所有人有益。

苏格拉底在《卡尔米德》有个类似的说法，克里提阿指责苏格拉底试图反驳而撇开讨论对象，苏格拉底解释说："你居然认为，即使在最大程度上我在反驳你，也是为了其他什么东西而反驳，而不是为了那个使我自己能调查我在讲什么的东西——因为我害怕我什么时候不知不觉地相信自己知道什么，尽管我并不知道。而现在，我肯定，我就在做这个，考察论证最主要是为了我自己，兴许也是为了其他同道们；或者，你不相信，每一个存在者以其固有的方式变得彻底显明，这对几乎所有人都是一件共同的好事？"（《卡尔米德》166c-d）当然，苏格拉底这里并未直接使用"真理"一词，而是用"论证/说法/言辞（λόγος）"；从人的言辞通向真理，是苏格拉底第二次起航的要义，也是苏格拉底不同于前苏格拉底真理观的关键：参《斐多》99d-e苏格拉底的第二次起航，即"逃入种种说法/言辞之中"，通过这些说法探究"存在物的真实"，从而获得庇护，以免因为厌倦道理而使灵魂致盲（亦参《王制》507d–509b）。参《新约·约翰福音》"太初有道（λόγος），道朝向神，道就是神……道成了肉身，寄居在我们之中；我们见了它的荣光，如父独生者的荣光，充满恩宠与真理"。孔子亦曰："道不远人，人之为道而远人，不可以为道。"所以，夫妇之愚可以与知而圣人有所不知。故亚里士多德的"吾爱吾师，吾更爱真理"有割裂之嫌，"仁者爱人"，真在其中矣。

苏格拉底做过自我描述并表示自己的无知和怀疑之后，重新盘问演说术的定义。

> ……请想想看，在你看来，［c5］我这么盘问你是否公正：就像这样，若我碰巧问你，在写生者中，泽乌克西斯是什么；若你告诉我，那个摹写动物的人；那么，我不就可以公正地问你，那个摹写哪类动物的人，且在哪儿？①
>
> 高　完全［公正］。
>
> 苏　［453d］不就是因为这个吗：还有其他写生者摹写其他很多动物？
>
> 高　是。
>
> 苏　但若除了泽乌克西斯之外没有其他人曾经摹写，你刚才就回答［d5］得美？
>
> 高　怎么不呢？（453c4-d6）

苏格拉底再次举例论证，表明高尔吉亚的定义不充分。写生者是凯瑞丰起初用过的例子（参448b10），但苏格拉底把波吕戈

---

① 据B本。D本删除"且在哪儿"。

诺托斯改为泽乌克西斯，可能是因为泽乌克西斯不是雅典人，而是南意大利人，即高尔吉亚的同乡，且以画风绮丽而逼真著称。更重要的是，据说，波吕戈诺托斯善于刻画性格，而泽乌克西斯喜欢创新，尤其是人马像系列，画作以"没有性格"著称（亚里士多德《论诗术》1450a35-36）——暗示高尔吉亚没有精确界定演说术的特性。①

也有可能，苏格拉底要以此表明，写生者也能制造说服：作为模仿的技术，写生术模仿真实生物的影像，写生者的任务就是说服观众相信，画布上的影像就是生物的真实形象，以假象冒充真实。在这个意义上，演说术类似于写生术（参《王制》596e以下，《斐德若》275d4-9）。若果如此，苏格拉底接着就应该说，并非唯独演说术制造说服，包括写生术在内的其他技术也制造说服。

苏　那就来吧，关于演说术，也告诉［我］：在你看来，是唯独演说术，还是其他技术也造成说服？

其实，我是讲这类情况：任何人教授任何事务，他是［d10］在说服［人相信］他所教授的东西呢，还是没有？

高　当然不是［没有］啦，苏格拉底噢，而是完全最大限

① 关于泽乌克西斯这个例子的用意，参伯纳德特：《道德与哲学的修辞术》，前揭，第23页。

度地说服。（453d7-11）

苏格拉底并未按照我们的预想推进，而是暗暗转换了讨论的程序，放弃了写生术的例子。他大概预料，高尔吉亚不会承认写生术也能说服，至少根据高尔吉亚已经承认的东西，推不出这个结论；更重要的是，这个推论会回到前面似乎已经完成的任务：区分演说术与其他技术，而非区分演说术与辩证术。这个转换意味着什么？苏格拉底在示范一个失误和改正的过程？

苏格拉底半途放弃写生术的例子，从演说术的应用转向教授，因为高尔吉亚曾经宣称自己会教授演说术（448a1）。技术的应用不同于教授，因为有些技术，只要熟悉，根据习惯就可以应用，如做鞋术；但要教授技术，教授者就必须知道其原理。苏格拉底从"任何人教授任何事务"这个大前提出发，让人预料，他随后会重新划分所有技术。

高尔吉亚的回答表明，教授者"最大程度地说服"，似乎教导与说服没有区别。于是，苏格拉底重提"刚才讲过的同一些技术"：计数术（参451b；据《王制》，计数术是灵魂转向的起点）。

苏　［453e］且让我们重新讲讲刚才［讲过的］同一些技术：计数术和能计数的常人不就教授我们关于数字的无论什么情况吗？

高　完全是。

苏　那它不也在说服吗?

高　是。

苏　因此,计数术［e5］也是［制造］说服的工匠喽?

高　显然。

苏　所以,假若有人问我们,属于哪类说服以及关于什么,我们大概将回答他:属于教导术,关于偶数［454a］与奇数,无论有多么大。而且我们将能够证明,我们刚才所讲的其他所有技术都是［制造］说服的工匠,并［指明它们］属于哪类［说服］以及关于什么,不是么?

高　是。

苏　因此,并非唯独演说术是［制造］说服的［a5］工匠。

高　你讲得真实。(453e1–454a5)

每次重复总会引出新意,苏格拉底这次特意区分了"计数术和能计数的常人",意在区分计数术的教授与应用:计数教师在教授与应用计数术的时候,同样关注"数字的无论什么情况"。换言之,就计数术而言,无论教授与应用,教导与说服结合在一起,教导就等于说服。因此,计数术的说服属于"教导术式的说服"。

既然有教导术式的说服,就有其他种类的说服。苏格拉底就可以"公正地再问":演说术既然是说服的技术,那么,它属于哪类说服技术,其说服关注什么?确切地说,演说家在教授与应用的时候是就同一些对象采用同一种说服吗?

> 苏 那么,既然并非唯独它,而是其他［技术］也成就这项劳动,我们就可以像关于写生者［的例子］一样,公正地之后接着再问那个讲话者:"演说术是一种属于哪类说服以及关于什么的说服的技术?"在你看来,［454b］这样接着再问不公正吗?
>
> 高 确实,在我［看来公正］。
>
> 苏 那就回答吧,高尔吉亚噢,既然在你看来也这样。(454a6-b4)

高尔吉亚有点犹豫,似乎尚未想好,但在苏格拉底的催促下,只得仓促作答:

> 高 ［b5］属于那种……那么,我就讲,苏格拉底噢,那种在法庭上和其他群氓面前的说服,就像我刚刚也讲的,以及关于种种正义和不正义之事的［说服］。(454b5-7)

高尔吉亚首次引出"正义"主题,尽管苏格拉底前面已经不断使用近义词"公正"(453c5、453c7、454a8、454b1);后文会看到，高尔吉亚正是将在这个问题上栽跟头。较之前文（452e），这个定义似乎仅限于法庭演说术，那么，高尔吉亚在这里为什么特别强调正义和法庭演说术？也许跟问答的情势变化有关。法庭演说术包含原告与被告之间的问答和辩论。从这个角度看，提问者可以提出任何问题，只需诉诸自己的意愿，而回答者却有义务为自己的主张提供理据，需要诉诸"正义"。从苏格拉底自我描述并重新界定演说术之后，苏格拉底一直"毫不减弱地问"（453b7）、"盘问"（453c5、454b10）、"再问"（454a7、454b1）、"重问"（454c1），面对苏格拉底一连串的追问，高尔吉亚已经渐渐疲于应对，自然而然会想到用于防守的法庭演说术。①

高尔吉亚更具体地界定了演说术要说服的对象，但仍然没有指明这种说服的方式或类型。高尔吉亚为什么无法界定演说术的方式？也许他并非不知道，只是不便在大庭广众之下揭露出来。因为他没有摆脱"多数人"的意见（不断强调多数人和群氓），因而无法面对自己的真实意愿。

于是，苏格拉底再次暂停，重申辩证术的基本原则，要求高尔吉亚"根据自己的预设以你愿意的任何方式完成你自己所讲的东西"（这也暗示，苏格拉底随后整个推论都是基于高尔吉亚的预设）。

---

① 从后文看，辩证术同样关注正义与不义之事，在对象方面，辩证术与演说术之间没有差别。毋宁说，二者的差别在于关注相同对象的不同方式。

苏 我也确实曾经怀疑，你讲的就是这种说服以及关于这些东西的［说服］，高尔吉亚噢。不过，你可不要感到惊讶，假若［b10］不久之后我盘问你某个类似的东西，尽管它看起来很明显，［454c］但我要接着重问，因为就像我讲的，为了让论证得以循序完成，我才问，不是为了你，而是为了让我们不要习惯于预先臆测并提前截取彼此的说法，而要让你能根据自己的预设以你愿意的任何方式完成你自己的［c5］东西。

高 确实，在我看来，你做得也正确，苏格拉底噢。

（454b8-c6）

高尔吉亚的界定，证实了苏格拉底前面的"怀疑"。换言之，苏格拉底现在经历了从"怀疑"到"学会"的认识转变，用知识取代了怀疑。于是，苏格拉底就暂时撇开正在讨论的演说术定义，看似跑题，转向"已经学会"与"已经信服"、即知识与信念之分。

这个跑题再次显示了苏格拉底对话的当下性和应机性，离题或话题转换的契机往往在对话者的当下意识。苏格拉底说完自己的认识转变之后，提醒高尔吉亚："你可不要感到惊讶，假若不久之后我盘问你某个类似的东西，尽管它看起来很明显。"恐怕高尔吉亚早已感到惊讶和困惑；提醒不要惊讶即是暗示应该惊讶，惊讶即发现"看似明显"实则不明显，从而转变认识。

　　为了避免误解，苏格拉底重申自己的原则：不是为了你个人，而是为了论证，"让我们不要习惯于预先臆测并提前截取彼此的说法"，即消除各自的主观成见；"让你能根据自己的预设以你愿意的任何方式完成你自己的东西"，此即苏格拉底的助产术（参《泰阿泰德》150a–151d、161b）。高尔吉亚随后表示，苏格拉底的方式"正确"：正确是正义的本义，在正义出现的语境下，苏格拉底展示了一个正义的行为，这种正义的目的"不是为了你，而是为了完成论证"，但附带的效果则校正了高尔吉亚的认识。

　　苏　那就来吧，让我们也考察这个。你会称某个东西为"已经学会"吗？

　　高　我会称。

　　苏　但这个呢：〔你会称某个东西为〕"已经信服"吗？

　　高　〔454d〕我会。

　　苏　那么，在你看来，"已经学会"与"已经信服"，学识与信念，是相同呢，还是有什么不同？

　　高　至少我相信，苏格拉底噢，〔二者〕不同。

（454c7-d3）

　　高尔吉亚表示，他"相信"学识与信念不同。苏格拉底强调高尔吉亚"相信得美"，并说他"会由此认识"二者不同。随后苏格拉底展开一个简单的逻辑推理：

> 苏　你相信得太美啦；但你会由此认识［二者不同］。因
> 为要是有人问你：［d5］"有没有某种，高尔吉亚噢，虚假
> 而真实的信念？"我相信，你会肯定有。
>
> 高　是。
>
> 苏　但这个呢：有虚假而真实的知识吗？
>
> 高　丝毫没有。
>
> 苏　因为［学识与信念］显然再次并不相同。
>
> 高　你讲得真实。
>
> 苏　［454e］不过，那些已经学会的和那些已经信服的，
> 其实都是已经被说服的。
>
> 高　是这样。（454d4-e2）

　　既然有"虚假而真实的信念"，却没有"虚假而真实的知
识"，因此，学识与信念"再次"不同。这个"再次"暗示，经
过苏格拉底这一番教导，高尔吉亚从刚才"相信"学识与信念不
同变成"学会"二者不同，用学识取代了信念。

　　这里有个矛盾：若学识不同于信念，则"已经学会"的高
尔吉亚现在就不会同时拥有"信念"；也不能说苏格拉底教导
高尔吉亚的时候说服他"相信"，因为在苏格拉底教导二者不同
之前，高尔吉亚就已经"相信"二者不同。据此推论，就同样不

能说，计数教师在教导的时候使用了说服（参453e1-7），也不能说"那些已经学会的和那些已经信服的，其实都是已经被说服的"。总之，"学识与信念不同"与"已经学会的和已经信服的都是已经被说服的"两个说法不能兼容。反过来说，高尔吉亚"愿意设定的"前提颇成问题，因此，苏格拉底据此推出的结论亦成问题。但苏格拉底并未挑明这个矛盾，高尔吉亚也没注意。如果"已经学会的和已经信服的都是已经被说服的"这个说法成立，就自然会推出"带有信念的知识"。这就意味着，作为说服的技术，演说术可能同时产生"信念"与"知识"，从而极大地增强演说术的能力（参452e1-7）。

不过，苏格拉底随后悄悄回避了这个潜在的结论。他重新征询高尔吉亚的意愿，重新区分信念与知识：

苏　那么，你愿意让我们设定两套说服的样式吗：一套提供脱离认知的信念，一套［提供］知识①？

高　完全［e5］［愿意］。

————————

① 这里不断变化近义词，大体分两组：知识一组依次有"学会（μανθάνω）""学识（μάθησις）""认识（γιγνώσκω）""知识（ἐπιστήμη）""认知（οἶδα）"；信念一组依次有"信服（πιστεύω）""信念（πίστις）""相信（οἴομαι）""说服（πείθω）"。另外，"样式（εἶδος）"是个著名的关键词，普通含义是外形或类型，但被柏拉图赋予特殊含义，一般译为"样式"或"理念"。在这篇对话中，该词出现三次（454e，473e，503e），前两次是普通用法，第三次是特殊用法。

苏 那么，演说术在法庭上和其他群氓面前关于正义和不正义之事造成哪套说服？是从中产生脱离认知的信服的那套，还是从中［产生］认知的那套？

高 显然嘛，苏格拉底噢，大概从中［产生］信服的那套吧。（454e3-8）

苏格拉底漏掉了知识与信念混合的情况，即"带有知识的信念"或"带有信念的知识"，仅仅划分了"脱离认知的信念"与"知识"两个样式。不过，他提到"知识"这个样式时漏掉"脱离信念的"这个限定语，似乎仍然暗示，存在"带有信念的知识"。另外，苏格拉底随后说演说者"仅仅是令人信服者"时也暗示，有一种人不仅仅令人信服，而且同时教导知识，即产生"带有知识的信念或带有信念的知识"。

既然高尔吉亚没有异议，苏格拉底就将说服分为"信服式的"（信服术）与"教导式的"（教导术），演说术的说服仅仅属于信服术而非教导术，演说者仅仅是令人信服者而不是教导者。

苏 因此，演说术看起来是关于正义和不正义［455a］［制造］信服式的而非教导式的说服的工匠。

高 是。

苏 因此，演说者不是法庭和其他群氓的关于正义与不正义之事的教导者，而仅仅［a5］是令人信服者；因为他大概没有能力在短时间内向如此数量的群氓教授如此重大的事务。

高 当然不能。（454e9–455a6）

这里仍然不免有些含混[①]：既然说服等于令人信服，而信服术又不同于教导术，教导术又如何是一套"说服样式"，说服怎么会产生知识，或教导术怎么会产生信念（见下表）？

表1　说服样式表

说服	带有知识的知识/知道自己知道	单纯的知识（教导式的）（计数术）
？	带有信念的知识/知道自己不知道	知识与信念的混合（无知之知？）
？	带有知识的信念/不知道自己知道	知识与信念的混合（无知之知？）
说服	缺乏知识的信念/不知道自己不知道	单纯的信念（信服式的）（演说术）

---

① 伯纳德特认为，这种含混或矛盾主要源于高尔吉亚"依照自己的意愿设定的"前提（"学会不同于相信"，但"那些已经学会的和已经相信的都是已经被说服的"）。基于高尔吉亚这种虚假的相信，苏格拉底在错误的前提与错误的结论之间插入了正确的证明，让高尔吉亚接受如下观点：知道正义的人都是正义之人，因为已经学会正义，就意味着已经信服正义（454e1）；信服正义意味着施行正义，否则，信服就没有意义。若知识属于说服，高尔吉亚宣称自己教授学生正义之事的同时，就不得不承认自己会说服学生做正义之人。因此，"知识即德行"这个所谓的苏格拉底命题，其实是高尔吉亚自己的假定。参氏著：《道德与哲学的修辞术》，前揭，第25—26页。

无论如何，高尔吉亚不仅明确承认信服术不同于教导术，且有意无意间承认，信服术低于教导术，因为演说家"没有能力在短时间内向如此数量的群氓教授如此重大的事务"（455a6，参《申辩》37a-b，《法义》766e，《泰阿泰德》201b）。

直到这里，从高尔吉亚的前提，苏格拉底终于既从形式上、又从对象上得出演说术的定义：演说术是在正义与不义之事方面仅仅凭信服术进行说服的技术。那么，演说家是否能发挥自我期许的能力？高尔吉亚将面临巨大考验。

4 演说术的能力（455a7–457c2）

以辩证术的方式含混地确定演说术的方式和对象并讨论了其方式之后，苏格拉底就转向其对象。既然高尔吉亚宣称，演说术的关注对象是"正义与不义之事"①，即城邦事务，苏格拉底就举了一些城邦事务的例子：

> 苏 那就来吧，也让我们看看，关于演说术，我们那时到底［455b］在讲什么；因为我自己尚没有能力彻底想通我在讲什么。

———————

① 苏格拉底有时用复数形容词"正义与不义之事"（454e6，455a4），有时用单数名词"正义与不义"（455a1）。

一旦城邦里有选举治病者、造船者或其他某个工匠群体的集会，那时候，演说专家不会提出建议，还有别的吗？因为显然，[b5]在每次选举上，都必须选出最有技术的[专家]。

一旦[有]关于城墙建造、港口或船坞装备的[集会]，[那时候，演说专家]也不会[提出建议]，而是总工程师们[提出建议]①；

再者，一旦有关于选举将军、某次有关抗击敌人或攻占[455c]土地的部署[而进行的]商议，那时候，[演说专家]也不会，而是军事专家们会提出建议②，演说专家们则不会；诸如此类，嘿，高尔吉亚噢，你怎么讲？因为既然你肯定自己是个演说者，并使别人成为演说专家，[我们]就有幸向你讨教你的技术的[c5]情况啦。（455a7-c5）

笼统地说，苏格拉底依次举了三个例子：治病者、工程师和军事家，因为造船者附属于第一个例子，也可以纳入工程师之

---

① "总工程师（ἀρχιτέκτων）"希腊文是"首领（ἀρχι-）"与"木匠（τέκτων）"两词合成，仅此一见，接近但有别于512b-d的"机械制造者（μηχανοποιός）"和514a-b的"建筑专家（οἰκοδομικός）"。

② "军事专家（στρατηγικός）"即擅于将军术的人。

内。①中间的例子是工程师，因而最特殊：可能因为治病者和军事家的技术更多是基于经验性的知识，而工程师的技术基于某种样式（εἶδος，参503e），且特别相关于治邦术（参514a5-c5）。军事家也是首次出现，其工作是"选举将军、部署抗击敌人或攻占土地"，换言之，军事家是培养将军学习防守和攻击技术的教师，类似于教授拳击的体育教练，更类似于教授辩护和指控技术的法庭演说术教师。苏格拉底这三个例子将决定高尔吉亚随后的辩护：既然演说家也关注政治事务，高尔吉亚就必须证明他在哪些政治事务上有专门技术，因而有资格提出建议。

　　三个例子有个共同点：选举专家。有点奇怪不是吗？因为选举的逻辑与专家的逻辑并不一致，民主与科学甚至恰恰相反。民主的潜台词是：城邦事务不是某些专家的专利，而是每个公民共同参与的事业；谁说城邦离不开某些专家或技术，就等于宣称，民众不具有相关技术，所以没有资格统治。不过，这几个例子都是雅典民主制的事实。这个客观现实会不会影响高尔吉亚，会不会让他感到压力或威胁？高尔吉亚沉默不语。

　　苏格拉底甚至提醒高尔吉亚："嘿，高尔吉亚噢，你怎么讲？"其实，鉴于前文（454a-b）已经限于法庭演说术，高尔吉

----

①　伯纳德特认为，苏格拉底这里提到治病者和军事家的例子，是影射伯利克勒斯军事行动导致的雅典鼠疫（修昔底德《战争志》2.47-64），参氏著：《道德和哲学的修辞术》，前揭，第27页。

亚完全可以回答："人们打官司的时候，会征询演说家！"这也是雅典民主制的事实：不是每个人都会写状子，所以需要法庭演说撰稿人，即律师。但在当时，法律禁止律师收费，这个职业并不光彩，也不容易赚钱，没有太大吸引力。所以，写辩词或做律师大概不是高尔吉亚个人的理想，也不是宣传的重点。作为演说术教师，高尔吉亚主要或直接关心的，不是演说术在城邦事务方面有什么用途，而是自己能不能在雅典招到学生（其炫示演说的目的就是做广告）。当然，两者密切相关：因为若没有用，就很少有人愿花钱学；反之，若要多招生，就得夸大演说术的用途和能力。

　　既然高尔吉亚直接关心的是招生，苏格拉底就投其所好，诉诸现场听众：

　　　　……而现在，请你承认，我本人也急切［学习］你的东西哩；因为，喏，里面这些人，也许就有一个人碰巧愿意成为你的学生——（现场有人举手）呃，我感觉，好像有一些人，甚至几乎很多人呢——他们也许感到耻于盘问你。

　　　　那么，［455d］既然被我盘问，请你承认，你也被这些人盘问："我们将有什么，高尔吉亚噢，倘若我们跟你厮混？我们将来能够在哪些方面给城邦提出建议？是仅仅关于正义与不正义，还是也关于苏格拉底刚才所讲的那些东西？"［d5］那么，请你试着回答他们吧。（455c5-d5）

　　从"一个人"到"一些人"再到"几乎很多人"，人数不断增多，诱惑不断增大，因为学生多，收费就多。苏格拉底显得像个媒人：一面给这些潜在的学生推销高尔吉亚的技术，一面替他们盘问高尔吉亚演说术的用途："我们将有什么，倘若我们跟你厮混？"显然，这样的问题太露骨了，潜在的学生会"耻于"提出；但作为教师的高尔吉亚要能理解，因为你本来就是要贩卖演说术，有义务给个说法或承诺，否则，可耻的就不是学生，而是你自己，你就会被视为一个骗子。当然，高尔吉亚也可以不承诺任何用途，所谓"姜太公钓鱼，愿者上钩"；但那就不是演说术，而是辩证术或哲学了。

　　在苏格拉底的威逼利诱下，高尔吉亚要想获得财富并保全名誉，就必须回答。显然，苏格拉底有效地运用了"演说术的说服"。在苏格拉底示范了这种说服的能力之后（455d7"你引导得美"），谈话就从演说术说服的对象，转向这种说服的能力，即苏格拉底原本要问的最后一个问题（参第二种第三节）。

　　为了"揭示演说术的全部能力"，高尔吉亚首先必须驳倒苏格拉底前面列举的三个反例（治病者、工程师和军事家）。

　　高　得了，我将试着为你，苏格拉底噢，清楚地揭示演说术的全部能力；因为你本人引导得美啊。因为你大概知道，那些船坞［455e］和城墙——［你们］雅典的——以及港口装备，都出自忒米司托克勒斯的建议；另一些则出自伯利克勒斯的，而不是出自工匠们的［建议］。①

　　苏　关于忒米司托克勒斯，高尔吉亚噢，是有这些说法；［e5］至于伯利克勒斯嘛，他关于中部城墙给我们提出建议的时候，我还亲自听过。（455d6-e5）

　　高尔吉亚举了忒米司托克勒斯和伯利克勒斯两个例子，但两个例子都只是针对苏格拉底前面所说的"工程师"。两个例子的说法有所不同：对前者，高尔吉亚举了证据；对后者，他没举任何证据（反而是苏格拉底随后给他补充了证据），只是笼统地断言伯利克勒斯取代了工匠们，以此证明，演说家可以处理全部政治事务，取代所有其他专家。不过，这两个例子都是雅典本地的最新事例，因而显得很有说服力。

　　不过，作为外邦人，高尔吉亚未必熟悉雅典的情况，因而所言也未必完全可信。于是，作为雅典人，苏格拉底亲自为高尔吉亚的说法作证：他不仅听说忒米司托克勒斯的事迹，而且亲自听过伯利克勒斯的具体演说。不过，细听苏格拉底的回应，则有言外之意："有这些说法"与"亲耳听过"的对照表明，道听途说不足为证。并非偶然的是，高尔吉亚随后就会改用一个亲身经历

――――――――――

① 包括雅典本身城防和比雷埃夫斯港防务，都源于忒米司托克勒斯的倡议（修昔底德《战争志》1.90.3，93.3）。"另一些"被归于伯利克勒斯，大概是指长城，建于公元前461年至前456年，参修昔底德《战争志》I.107.1。至于后文提到的"中部城墙"，建造时间不确定，大概在公元前444/2年，苏格拉底时年25岁。

的例子。即使是"亲耳听过",看似确凿,但仅仅是"关于中部城墙",暗示演说家仅仅部分地取代了工程师,根本没有取代治病者和军事家,遑论其他工匠。①

高尔吉亚似乎没有听出苏格拉底的微妙削弱和限制,真以为苏格拉底是替自己作证,于是放松警惕,再次夸大自己的主张:

> 高　[456a]而且一旦有一场关于你刚才所讲的那些人的选举,苏格拉底噢,你就会看到,演说者们才是关于这些东西的建议提出者和见解获胜者。
>
> 苏　正是这些令我感到惊讶,高尔吉亚噢,并因此,我很久以前就问,演说术[a5]的能力到底是什么。因为我这样观察的时候,它至少向我直接显现为某种巨大的神力。②
> （456a1-6）

---

①　高尔吉亚作为外邦人,所说固然未必可信;但苏格拉底作为雅典人,所说就一定可信吗?其实,伯利克勒斯建了至少三个城墙,包括南部、北部和中部,也建过船坞和港口。但苏格拉底为什么单挑中部城墙?当然,也许苏格拉底确实仅仅"亲自听过"这一次提建议。中部城墙是连接雅典城与比雷埃夫斯港(《王制》故事发生的地方)之间的城墙。另,苏格拉底前面提到工程师(喻指政治家),列举顺序是"城墙、港口、船坞",高尔吉亚这里改为"船坞、城墙、港口":中间的例子从"港口"换为"城墙"。

②　"神力（δαιμόνιον）"即著名的"精灵",仅次于诸神的神圣存在和力量,亦见于489d1、513a5、517b3。

苏格拉底虽然"感到惊讶"，但并不直接反驳，因为对有戒备心的人，反驳只会巩固其成见。为了诱使高尔吉亚展示演说术的"全部能力"，苏格拉底不仅放弃用自己掌握的事实反驳，反倒顺着高尔吉亚的结论说话，甚至显得是奉承或谄媚。听了苏格拉底的诱惑或恭维，高尔吉亚不知不觉放松警惕，随后开始长篇大论地讲起演说术的能力。于是，观众或读者看到现场一副神奇的画面：一边是高尔吉亚口头宣讲着演说术的能力，一边是苏格拉底实际运用着演说术的能力，苏格拉底做着高尔吉亚所说的东西。苏格拉底不仅在口头上，而且在实践上为高尔吉亚的说法作证。

高尔吉亚首先宣称，演说术具有"全部能力"，可以取代所有技术，使之做自己的奴隶，为自己服务。然后，为了证明自己的主张，又举了"一条大大的证据"：

> 高　确实啊，只要你看见全部 [，它就会显现为某种巨大的神力]，苏格拉底噢，因为一般而言它集合所有能力并置于自身的掌控之下。[456b] 我将给你举一条大大的证据：
>
> 因为我本人迄今多次陪同我那兄弟和其他治病者，去某个不乐意喝药，或不允许治病者的切割或灼烧的病人那里①，

---

① 古希腊医术的两种基本手段，如希波克拉底格言所说（7.87）："药不可治者，铁可治；铁不可治者，火可治"。用火消毒、切口、放血和切除，都不用麻醉剂。

治病者没有［b5］能力说服的时候，我就仅凭演说术而非其他技术说服了。（456a7-b5）

这是一个他亲身经历的真实例子：作为演说家（也可能假装成治病者），高尔吉亚经常陪同自己兄弟赫罗狄科斯（参448b5）和其他治病者去病人那里，治病者不能说服病人接受药物或手术治疗的时候，高尔吉亚就仅凭演说术成功地说服病人。问题：第一，医生为什么有必要使用说服？首先，医疗条件所限，治疗过程会造成痛苦，医生需要说服病人忍受痛苦接受治疗；其次，当时缺乏医生资格认证体系，要赢得病人的信任，医生需要通过说服来证明自己的医术水平；最后，对身份和智识水平较高的病人，医生需要清楚地解释具体病因和治疗根据（参《法义》720d、857c-d）。第二，医生为什么不能成功说服病人？合格的医生能够解决病人对疾病和治疗的无知，但不能解除病人对痛苦的恐惧，而演说术在这方面也许有所帮助。

这是个真实的例子，但真实未必完全有效。高尔吉亚本来是要证明演说术能够取代所有其他技术；但这个例子仅仅证明，演说术可以帮助治病术，共同为病人服务，帮助克服病人的恐惧心理，并不能取代治病术。简言之，演说家与治病者这里是兄弟关系。显然，这个证据不够"大"，不够有力。

于是，高尔吉亚接着举了第二个不同的例子，一个假想的例子：

　　……而且我肯定，一名擅于演说术的男人和一个治病者进入一座城邦——无论你愿意到哪儿——倘若必须凭言辞在议事会或其他任何集会上竞争，[决定]他俩谁必须被选为治病者，那个治病者[456c]就根本不会显露出来①，而是那个能说会道的会被选上，只要他愿意。（456b6-c2）

在这个例子中，演说家与治病者显然成了竞争关系，演说家能够说服多数人选举自己为治病者，击败或取代治病者。这个例子看起来非常有力。

因此，既然已用忒米斯托克勒斯和伯利克勒斯为例证明演说家可以取代工程师，现在又用两个例子证明演说家可以取代治病者，高尔吉亚就没再举例证明演说家可以取代前文所举的第三个例子"军事家"，而是依此类推，笼统断定：

　　……甚至，倘若他要跟其他无论什么工匠竞赛，演说专家都比其他无论什么[工匠]更能说服[大众]选举他自己；因为没有什么东西，演说专家不能[c5]比其他无论什么工匠更有说服力，在大众面前。确实，这种能力就是这么大，这门技术就有这样的[能力]。（456c3-6）

---

① 赛跑术语，指落在后面，参色诺芬：《回忆苏格拉底》1.2.52。

斩钉截铁的语气表明，高尔吉亚自信已经证明，演说家在政治事务方面具有"全部能力"。

但需要再思一下，高尔吉亚的例证有没有问题。第一个例子是事实，更有说服力，但只能证明，演说家能帮助而非取代治病者。第二个例子可以证明，演说家能取代治病者，但只是基于假设（456b6"我肯定"），并不符合事实：即使在民主制下，只要稍微有点理智的人，都不会选举演说家作为治病者，毕竟关系到自己的身家性命；即使多数人犯糊涂，选举演说家作为治病者，但演说家的这种竞争行为本身是不是正义？高尔吉亚似乎注意到这个问题，所以做了个小小的、但重要的限定，"只要他愿意"（456c2），他就能当选：非不能也，是不为也。换言之，他本来就不应该跟治病者竞选（更不用说跟"军事家"竞选），这是个正义问题。能力与正义永远相关：能力越大，责任也越大，危险也越大。因此，向潜在的学生夸大了演说术的能力之后，高尔吉亚似乎突然意识到，自己可能面临危险：若演说术能够战胜所有其他技术，那么，演说术能不能战胜它自身？确切地说，若演说家有能力反对所有人，潜在的学生学会演说术之后，就有能力指控自己的老师。另外，作为外邦的演说家，高尔吉亚凭"演说术的全部能力"可能威胁到雅典人的自由，为自己招来危险。

面对来自潜在学生和雅典城邦的双重危险，高尔吉亚立刻从竞争转向自保，转向正义的道德考量，限制演说术的使用。事实上，演说术，尤其法庭演说术，本身就包括指控和辩护两个方面，类似于前文所举的"军事家"和随后所举的"拳击术"。表面是出于正义的道德考量，背后是出于自保的利益考量，二者根本上是一致的，正义是利益的结果，也是对利益的保护。后文，卡利克勒斯批评苏格拉底，不学演说术就没有能力保护自己和朋友；苏格拉底说，最强的自我保护是避免对人或神说出或做出不义之事（522d），换言之，正义是最好的自我保护。

……当然啦，苏格拉底噢，必须像［使用］其他所有竞赛［技能］一样使用演说术。因为也［456d］必须不要为了这个缘故，就使用其他竞赛［技能］反对所有世人，即学会了拳击、全能格斗和武装战斗，就好像变得比朋友们和敌人们更强；必须不要为了这个缘故，就打击或［d5］刺击甚至杀死朋友们。千万不要啊，凭宙斯起誓，假若某人经常出入摔跤学校，身体方面有好状态，并成为拳击专家①，然后就打击自己的父亲和母亲，或者其他某个家人或朋友；

也必须不要为了这个缘故，［456e］就憎恨健身师们和教授武装战斗的人，并［将其］逐出各城邦。因为这些人传授［这些］，原是为了［学习者］正义地使用它们，反对敌人们和行不义者们，以防卫而非发起［不义之事］；

———————————

① "拳击专家（πυκτικός）"，即擅长拳击术的人，稍别于"拳击手（πύκτης）"（如460d）。

［457a］但那些背叛者却没有正确地使用自己的力气和技术。所以，那些教授者并不低劣，其技术也不因为这个缘故而低劣或该受责怪，相反，我相信，是那些没有正确地使用的人［低劣且该受责怪］。（456c7–457a3）

高尔吉亚以拳击术等格斗技能为例说明（似回应苏格拉底前面提到的军事家）：学会拳击术的人，即使有能力，也不应该反对所有人，尤其不应该"打击或刺击甚至杀死朋友们""打击自己的父亲和母亲，或者其他某个家人或朋友"；也不应该"憎恨并驱逐健身师和教授武装战斗的人"，而是应该"正义地使用"，即"反对敌人和行不义者"并保护朋友（参《王制》332a-b）。

随后，高尔吉亚将关于拳击术的说法应用于演说术：

……同样的说法也适用于演说术。［a5］因为演说者确实有能力就所有东西讲话并反对所有人，以致他在大众面前——简言之，［457b］关于他愿意的无论什么东西——都更有说服力。不过，必须更加不要因为这个缘故而跟治病者们抢名声，尽管他有能力这么做，也不要［因为这个缘故］跟其他工匠们［抢名声］，而是也要正义地使用演说术，就像［使用］［b5］竞赛［技能］一样。

但我相信，倘若有人成了演说专家，然后用这种能力和技术行不义，必须不要憎恨教授者还［将其］逐出各城邦。因为那个［教授者］原是为了［457c］正义的用途而传授①，而这个［使用者］②却反着使用。那么，公正的［做法］是憎恨、驱逐并杀死那个没有正确地使用的人而非教授者。（457a4-c3）

　　高尔吉亚提出了两个要点，共同的前提是演说术具有全部能力，既可以正义地使用，也可以不义地使用，但是（1）演说家应该正义地使用演说术。高尔吉亚这里所谓的正义显然在于"扶友损敌"，即希腊主流的正义观③；他试图用流俗的正义原则限制演说术的使用。且不论这种正义观本身有没有问题（参《王制》334c–335b），只需问一问：这个限制是否有效？学会演说术的人，会顾及正义的限制吗？在阿里斯托芬笔下，斯瑞西阿德斯正是为了赖账，才让儿子去跟苏格拉底学习演说术；但儿子学会演说术之后，不仅证明自己有殴打父母的自然权利，甚至要除掉自己的老师苏格拉底（阿里斯托芬《云》1321–1446）。这个例子表明，道德口号显然不足以保证学会演说术的人正义地使用演说术，毋宁说，他们学习演说术可能恰恰是为了摆脱法律责任，即

----

① 据D本。参B本："正义者的使用。"
② 高尔吉亚始终避免直接指责"学习者"，而是代之以"使用者"。
③ 参布伦戴尔：《扶友损敌》，包利民等译，三联书店2009年。

"逃债"。

于是，高尔吉亚接着从演说术的学习者转向教授者：（2）即使学生不义地使用演说术，也不应该怪罪无辜的教授者，而是应该惩罚不义的使用者。这是高尔吉亚的第二个要点，也是他反复强调的一点，因为关系到他作为教师的自身利益。教师一点责任都没有吗？即使理论上无辜，但实际上不会被株连吗？行不义的学生应该受到惩罚，固然没错，但实际上是否可以成功地惩罚行不义的演说家？既然演说家只要愿意，就能"在大众面前""关于所有东西"都更有说服力，行不义的演说家不就有能力说服法庭相信他没有行不义，从而逃脱正义的惩罚吗？因此，如果演说术具有全部能力，就不可能成功地惩罚不义地使用演说术的人，即使这个人对自己的老师行不义。作为演说术教师，高尔吉亚为了保全自己的性命，不惜指控所有的演说家。但这种道德义愤的姿态，使他的主张显得更加荒谬而苍白。

【附注】关于老师是否要为学生的不义负责，这个问题与苏格拉底的受审有关。苏格拉底的罪名是"不信城邦神或引进新神"和"败坏青年"，两个罪名相关，前一个罪名是因后一个罪名而来。前者更重，但更容易说清；后者更轻，但更不易辩解。所以，《申辩》轻易地反驳了前者，对后者花了更长篇幅。指控苏格拉底败坏青年，就意味着，教师要为学生的不义行为负责。当然，苏格拉底自有辩解：他从未承诺使跟他谈话的每个人变好，从未做任何人的老师，从未提供任何教义，从未为自己的谈话索取金钱，只是一些年轻人愿意追随他，从而激怒了其他人，尤其是动摇了父辈们的权威，以致他们出于嫉妒而迁怒于苏格拉底。苏格拉底败坏青年的典型例证，就是阿尔喀比亚德和克里提阿斯。但阿尔喀比亚德有个别有意味的说法，可能揭示了苏格拉底获罪的深层原因："我平生还从来不曾在哪个人面前感到过羞愧，唯有在这人面前——真的，唯有在他面前，我感到羞愧。我自己非常清楚，我没法违背他，他劝我做的事情都是我该做的；可是一旦离开他，我还是不免拜倒在众人的奉承脚下。所以，我老是躲着他，见了他就逃得远远儿的，只要见到他，我就会因为自己答应过他的事情而无地自容。说真的，我经常甚至乐意看到他已不在人世；可要是真的这样，我晓得我肯定会难以忍受。我简直不知道对这个家伙该怎么办才好！"（《会饮》216b-c）[①]一般而言，好人追求好人，但不逃避坏人；坏人追求坏人，并逃避好人（《法义》728b-c）。神样的存在本身，对好人固然有一种神奇的吸引力（参《伊翁》533d-e），但不够好的凡人会有一种逃神或逃避自我的趋向，因而又会感到一种威压，参鲁迅《一件小事》"我这时突然感到一种异样的感觉，觉得他满身灰尘的后影，霎时高大了，而且愈走愈大，须仰视才见。而且他对于我，渐渐地又几乎变成一种威压，甚而至于要榨出皮袍下面藏着的小来。"教育需要伟大的人格，但伟大人格给人威压，常人既受不

---

① 见刘小枫译：《柏拉图的〈会饮〉》，华夏出版社2003年。

了伟人的光芒，又怕照见自己的渺小，故而逃避、嫉妒乃至怨害，继而可能后悔，可能觉悟；因而，越是彰显伟大人格，越容易被自己的周遭和时代要求承担更多的指责和批评，所谓"受国之垢、受国不祥"，乃至"背负普天下人的罪"。故有苏格拉底的反讽或装糊涂，孔子的庸言庸行，老子的和光同尘，庄子的不可庄语。

总之，高尔吉亚的长篇讲辞分成前后矛盾的两个部分。在前半部分，为了赞美演说术的全部能力，他以治病者为例证明，演说术不仅能够帮助治病术，而且能够取代治病术，甚至取代所有其他技术。在后半部分，为了保护自己的性命和名誉，他以拳击术为例宣称，应该正义地使用演说术，否则就必须惩罚不义的演说家。但是，若不义的演说家可能被惩罚，就否定了演说术的全部能力；若演说术是全能的，不义的演说家就不可能被惩罚，既然不可能被惩罚，演说家就可能行不义；反过来，只有演说术毫无能力，演说家才不可能行不义。高尔吉亚的前后矛盾表明，演说术不可能兼具能力与正义。[1]

---

[1]　这就是能力与责任或权力与正义的矛盾，即所谓的阿克顿定律："权力导致腐败，绝对的权力导致绝对腐败"（阿克顿：《自由与权力》，侯健、范亚峰译，商务印书馆2001年，第342页）。孟德斯鸠也说过，"一切有权力的人都容易滥用权力，这是万古不易的一条经验。有权力的人们使用权力一直到遇到界限的地方才休止"。孟德斯鸠提供的解决之道，是权力制衡，"从事物的性质来说，要防止滥用权力，就必须以权力约束权力"（参《论法的精神》第11章第4节，第184页）。苏格拉底提供的解决之道是著名的哲人王，但哲人王又是无解之解，因为纯属机运。

既然高尔吉亚坚持演说家必须正义地使用演说术，那么，演说家是否必须知道什么是正义？从高尔吉亚的长篇讲辞看，他所谓的正义就是损害敌人并帮助朋友，但什么是真正的朋友？什么又是真正的帮助呢？参《中庸》"在下位不获乎上，民不可得而治矣。获乎上有道：不信乎朋友，不获乎上矣。信乎朋友有道：不顺乎亲，不信乎朋友矣。顺乎亲有道：反诸身不诚，不顺乎亲矣。诚身有道：不明乎善，不诚乎身矣"。一切的根本在于"明乎善"。

5　演说术的正义（457c3–461b2）

经苏格拉底威逼利诱，高尔吉亚忘乎所以，讲出一番长篇大论，也不管有没有自相矛盾。一个自视甚高的长辈说出自己的全部观点之后，很可能已经意兴阑珊，不想再说，也不想再听。但鉴于现场很多听众可能兴致正浓，他又不好单方面宣布散会。苏格拉底虽然不满意高尔吉亚的说法，也不好在高尔吉亚意兴阑珊的时候探讨实质性的内容（不合节奏），更不能直接表达自己的质疑和反驳（不合礼貌）。于是，苏格拉底同样来了一番长篇大论，但并未直接回应高尔吉亚的观点，而是再次回到谈话方式，以便挽留或拖住高尔吉亚。

　　苏　我相信，高尔吉亚噢，你也［跟我一样］已经有很多讨论［c5］经验，并已经从中仔细看出这类东西：即他们没有能力轻松地为彼此界定他们着手交谈的那些东西，从而相互学习和教授，［457d］就这样拆散聚会；反过来，倘若他们争辩某个东西，而一方说另一方讲得不正确或不清楚，他们就怨恨，并相信他们每一方都是出于嫉妒而讲话，爱胜利而非探究在讨论中［d5］被摆出的东西；甚至有些人最终以最丑的方式摆脱［讨论］，［相互］辱骂，一旦说出并听到那些关于他们自己的诸如此类甚至让那些在场者都为了他们自己而感到厌烦的东西，因为他们［在场者］原以为值得成为［457e］这类常人的听讲者。（457c3-e1）

首先，苏格拉底提醒高尔吉亚避免三种讨论情况：第一，没有能力定义和相互学习，就"拆散聚会"；第二，虽然继续交谈，一旦争辩，就要么"怨恨"，要么"嫉妒"，流于意气之争；第三，最要不得，"以最丑的方式相互辱骂"。

丑话说在前面之后，苏格拉底才提出异议：

……我讲这些到底为了什么缘故呢？因为在我看来，你现在所讲的似乎既不完全遵循，又不［完全］符合你关于演说术最初所讲的那些东西。于是，我害怕一直反驳你，免得你会推测，我讲话是出于［e5］爱胜利，不是针对事儿，使之变得彻底清楚，而是针对你个人。

［458a］我嘛，那么，倘若你也属于像我也属于的这类凡人，我就会快乐地追问你；但要不然，我就会放弃。（457e2–458a2）

稍一触及高尔吉亚的自相矛盾，就点到即止，欲说还休，并不挑明，"我害怕一直反驳你，免得你会推测我讲话是出于爱胜利，不是针对事儿，而是针对你个人"——表面是关心自己，实际是照顾对方，洞察先机，借我之口说出你心里的丑话，以疏解你的情绪，同时保留你的面子：苏格拉底没有否认自己的反驳会给高尔吉亚招来不好的名声，会使高尔吉亚感到痛苦乃至耻辱，但苏格拉底相信，高尔吉亚宽宏大量，不会出现前面三种情况。

牢牢束缚高尔吉亚之后，苏格拉底又征询高尔吉亚的意愿：除非高尔吉亚愿意抛开虚假的名声，愿意成为苏格拉底的同类人，苏格拉底才会正式反驳，否则就放弃。苏格拉底的征询虽然有点假惺惺，但合情合理；毕竟，要成为苏格拉底的同类人并不容易，需要一种内在的转变和突破，而这需要机缘，需要时间，最关键的是需要开启自身内在的意愿和动力。

苏格拉底重申自己是什么人（参453b-c，454c；亦参506c，《欧蒂德谟》304cd）：

……但我是属于哪类人呢？属于这类：若我讲的有什么不真实，我就快乐地被反驳，但若某人讲的有什么不真实，我也快乐地反驳，［a5］被反驳并不比反驳更少快乐；
（458a3-5）

　　苏格拉底以反驳与被反驳为快乐，以真实意见为目标。这个
说法暗示，辩证术也能像演说术一样带来快乐，差别在于：演说
术取悦听众，辩证术则取悦自己，也可能附带地取悦交谈者。至
于哪种更可取，取决于一个人愿意做高尔吉亚的听众，还是做苏
格拉底的朋友。

　　反驳的快乐容易理解：驳倒别人，获得胜利，尤其在公共场
合，胜利会带来美名，美名当然令人快乐；相反，无人看见的独
自胜利，快乐程度会大打折扣（参第二章第四节分析凯瑞丰对珀
洛斯的胜利，恐怕只有苏格拉底看得懂）。但苏格拉底会出于胜
利和美名的快乐而反驳别人吗？①若反驳带来美名，被反驳就带来
丑名，丑名当然令人痛苦；而且一般而言，越是乐于反驳的人，
越是不乐于被反驳。但苏格拉底为什么不仅乐于反驳，甚至更乐
于被反驳呢？他随后解释：

　　……因为我视之［被反驳］为更大的善，鉴于更大的善是
　　使自己解脱最大的恶，而非使别人摆脱；（458a6-7）

---

① 据《申辩》23c-33c，青年们追随苏格拉底，就是因为听他反驳别人而来的快乐，
但他自己则是因为神谕。

苏格拉底的快乐源于善，而非出自胜利的美名，因为苏格拉底认为，反驳和被反驳都是一种善：反驳是改善别人，被反驳是改善自己，而被反驳是比反驳更大的善，换言之，改善自己比改善别人更重要（参《申辩》36c）。①改善别人之所以是一种善，因为它使自己拥有一个好的朋友，而朋友是另一个自己，因而改善朋友仍然归结为改善自己。参色诺芬《回忆苏格拉底》1.6.13-14："凡是通过教授他所能拥有的任何好东西来跟他所能认出的天性良好的人交朋友的人，我们就承认，他所做的是适合既美且好的邦民。那么，我本人也这样，安提丰噢，就像其他某个人为一匹好马、一条［好］狗或一只［好］鸟而感到快乐一样，我也为一些好的朋友而感到快乐，甚至更多地［感到快乐］；如果我有什么好东西，我就教授，并介绍给我以为他们将由之在德行上有所助益的其他人；那些古代智慧之士通过写在书上而流传下来的宝藏，我跟朋友们共同打开并探索；如果我们瞧见任何好东西，我们就摘录出来；如果我们彼此能成为朋友，我们就视为一大收获。"

---

① 但这里需要注意一个细节："被反驳并不比反驳更少快乐"暗示，被反驳的快乐多于或等于反驳的快乐。若被反驳和反驳的快乐都源于善，而被反驳是比反驳更大的善，那么，被反驳的快乐就只能多于反驳的快乐。但苏格拉底这里为何暗示，被反驳的快乐也可能等于反驳的快乐？要么被反驳的快乐减少了，要么反驳的快乐增多了；而这个变量就是丑名或美名造成的。换言之，苏格拉底并未完全否定美名的快乐，或美名也是一种善。但重要的是，"君子去仁，恶乎成名"？

　　这会让人觉得，苏格拉底将自我利益置于他人利益之上。按照目前所知的正义，即损害敌人和帮助朋友，这样显得自私甚至不义。但这恰恰是一种更高的正义，虽然超出雅典的主流意见，却为我们的古代先贤所熟悉：所谓"古之学者为己，今之学者为人"，"为仁由己"，"一是皆以修身为本"等（参470c6-7，《王制》433a，正义即践行己事而不多事）。当然，究竟而言，人是天地之灵，万物之度，又是政治的动物，社会关系的总和，所以自他不二，立己立人、成己成物、自觉觉他宜相辅而行。但毕竟，改善自己是根本，因为完全操之在我；改善他人则有一个前提，即征得他人的同意，或他人有自我改善的自觉意愿，所谓"信而后谏，未信，则以为谤己也"。换言之，只有高尔吉亚愿意成为苏格拉底的同类人，即快乐地被反驳，苏格拉底才快乐地反驳，否则，他就不是正义的反驳者。①

　　苏格拉底为什么认为反驳与被反驳是一种善？苏格拉底最后提示：

　　　　……因为我相信，对世人来说，丝毫没有什么恶，像一种关于［458b］我们的讨论现在碰巧所及的那些东西的虚假

---

① 参施特劳斯：《论僭政》，何地译，华夏出版社2006年，第120—121页："智慧者的专门功能是理解，他成为一个施惠者只是偶然。"伯纳德特：《道德与哲学的修辞术》，前揭，第31页："若一个人反驳别人，正义就伴随快乐而来；若一个人被反驳，快乐就伴随善而来。"

意见那么大。（458a8-b1）

　　简言之，对人而言最大的恶是虚假意见。被反驳是"使自己解脱最大的恶"，也就是使自己摆脱虚假的说法或意见（说法是显的意见，意见是隐的说法），相应地，反驳就是使别人摆脱虚假意见。既然对人而言最大的恶是虚假意见，反过来，最大的善就是真实意见。获得真实意见的途径就是反驳与被反驳，即通过交谈相互审察和勘验（参《智术师》230b-e）。这符合苏格拉底的一贯主张："也许有人会说：'你就不能沉默并保持安静吗，苏格拉底噢，你就不能离开我们生活吗？'一切之中最困难的就是说服你们某些人相信这一点。因为，如果我说，这是不服从神，因而不能保持安静，你们不会被我说服，会以为我在反讽。如果我又说，这碰巧也是对人而言最大的善，即每一天谈论（τοὺς λόγους ποιεῖσθαι）德性和你们听我在交谈和审察（διαλεγομένου καὶ ἐξετάζοντος）自己与他人时所关注的其他东西，而未经审察的生活不值得人过，若我这样说，你们就更不会被我说服了。"（《申辩》37e–38a）

　　"未经审察的生活不值得人过"这一句千古名言，似乎遮蔽了另外两层深意：一方面，正确地思维和说话本身是服从神，反之亦通；另一方面，对人而言最大的善是每天谈论德行。谈论即是践行（τοὺς λόγους ποιεῖσθαι）。其实，谈论和践行皆不难，欲仁仁至，操存舍亡，所难唯在"每一天谈论"而不间断，故古圣先贤有"终食无违"之教，"三月不违"之叹，"纯亦不已"之妙。其实，真实的意见介于知识与无知之间，并非最高，只是"对人而言"最大的善，因为真正的知识或智慧属于神，非凡人所能企及；属人智慧的极限似乎就是苏格拉底的无知之知，属人的智慧与属神的智慧之间似乎存在一条不可逾越的鸿沟（《申辩》20e、23a-b，《会饮》202a–204e，《美诺》96e–99a，《王制》506c，《蒂迈欧》51d-e）。不过，从逻辑上讲，最大的善之所以最大，是因为它最接近善本身或善的理念，而善的理念正是知识和真理的原因（《王制》508e）；若非亲证真知，也无法正确判断种种意见的真假（《泰阿泰德》200d），若非亲见善的理念，也无法正确认识其他诸善的等级。

【附注】据柏拉图的苏格拉底说（《克拉底鲁》412b），σοφία［智慧］表示"触及快速运动（φορᾶς ἐφάπτεσθαι）"。苏格拉底的解释深含寓意，但既非唯一，亦不严格，比如，ἀλήθεια［真实］被他解释为"神游（θεία ἄλη）"（《克拉底鲁》421b），但常规的解释应该是"不遗忘（α-λήθω）"，后来又被解为"无蔽"。从希腊词构成看（参《克拉底鲁》412b），智慧（σοφία/ σοφός/ σοφίζω/ σοφόω）似可解为保持光明（σώζω+φῶς），即庄子所谓"葆光"，《大学》所谓"明明德"。参《书简七》341c-e："我关于这些事的著作既不存在，也从来不会产生：因为它根本不像其他学问一样可以言说，而是从关于这事本身的长期共同存在和共同生活，突然，仿佛从跳动的火焰中划出（ἐξάπτω）的一道光，在灵魂里产生，从此一直自己滋养自己。虽然，我深深地知道：若它们被写出来或被说出来，会被我以最好的方式说出来；甚者，若它们已经被写得坏，不会令我感到痛苦最少。但假若它们在我看来应该被充分地写给和说给很多人，我们今生做过的事功有什么比这个更美丽呢：即书写对世人有大利益的东西，并引导所有人的自然朝向光明？不过，我猜想，关于这些的所谓尝试对世人并不是一件好事，除非对某些少数人——他们有能力通过一些微小的标记自己发现——至于其他人，它会使一些人毫不合调地充满不正确的轻视，使另一些人［充满］高傲而轻浮的希望，好像自己已经学会了某些庄严之事。"

《会饮》211c–212c："一旦有人通过正确的爱欲，男孩儿从这些［生灭之物］上升，开始向下瞥见那个［天然之］美，他几乎就能触及终点的某个东西。因为这就是正确地走向或被别人引向爱欲之事：即从这些［生灭的］美丽之物开始，永远为了那个［天然之］美而上升，像使用向上阶梯一样，从一个到两个，并从两个到所有美丽的身体，并从种种美丽的身体到种种美丽的业习，并从种种业习到种种美丽的学问，并从种种学问最终到那个学问——它就是除了关于那个美本身之外无关其他的学问，而他最终就会认识本身就美丽的东西。生命的这个地方，亲爱的苏格拉底哦……假若真有其他什么［值得生活的］地方，它就是一个凡人值得生活［的地方］，因为他［在这里］静观美本身。……到底会怎样……我们相信，若某人能遇到这事，即看见纯粹、洁净、非混杂的美本身，不是沾满凡人的皮肉和肤色以及其他很多必死的废物，而是有能力向下看见单一样式的神圣之美本身？难道你相信……一个在那儿亲见并用必要之物静观那个［美本身］并跟它同在的凡人的生命会变得低劣？或者你没有想到……唯独在这儿他才会遇到这事，即在他用可以瞧见美［本身］的东西瞧见之时不是孕生德行的影像，因为他不是触及一个影像，而是［孕生］真实的［德行］，因为他触及（ἐφάπτω）真相；而在他孕生并养育真实的德性之时，他就开始变得为神所爱，而且假若真有其他什么不死的凡人，他就最会［不死］。"

《蒂迈欧》90a-d："至于我们灵魂的最权威样式，应当这样思维：神已经把它赐给每个人，作为精灵——我们断言，它尽管居住在我们的身体顶端，却将我们从地面拉向天上的同类，仿佛我们并非属地而是属天的植物。我们讲得正确极了；因为正是从灵魂的最初起源所植的地方［天上］，这个神圣［部分］向上悬挂着我们的头和根，才使整个身体正直。既如此，凡是沉溺于欲望或好胜并过度操劳于此的人，他的所有意见都必然变得必死，而且他在多大程度上最有可能变得完全必死，他就［必然］不会在此程度上稍有不足，因为他一直增长这样的［必死］性质；但凡是尽心于好学和真实理解并最大限度地锻炼自己这些［品质］的人，大概完全必然理解一些不死和神圣之物，只要他触及（ἐφάπτω）真相，而且一个属人的天性在多大程度上可以分有不死，他就［必然］不会在此程度上缺少一分，因为他永远照顾他拥有的神圣［部分］并一直好好修饰跟他本人住在一起的精灵，他［必然］是个特别幸福的人。但每个人对每个［部分］的照顾方法只有一个：将其属己的营养和运动还给每个［部分］。跟我们内部神圣［部分］同类的运动是大全［宇宙］的思维和运转；每个人都应当跟随它们一起，通过学习大全的和谐和运转来校正我们头脑内部诞生之日就已经败坏的轨道，按照其原初天性使能思维者与所思维者相似，而相似之后，就会最终达到目标，过上被诸神置于世人面前的最好生活，无论当下，还是以后的时间。"

《王制》479c-d，508a–509a，以及540c关于哲人成长的最后阶段："到了五十岁，那些以所有方式在所有方面——即在行动上又在知识上——都安全通过并做到最好的人，从此就必须被引向终点，并必须被迫向上举起灵魂的光芒，专注于那个为万物提供光的东西本身；而一旦亲见善本身，把那个［善本身］作为样板使用，他们每个人［就必须被迫］在剩余的生命中轮流为城邦、个人和他们自己安排秩序；他们多数［时间］都消磨在哲学上，但一旦轮到自己，他们每个人就为了城邦之故而在政治事务上吃苦并统治，不是作为某种美丽之事而是作为必然［被迫］之事来从事；并总是这样教育其他人做这类人，留下来接替他们做城邦的卫士，然后他们就离开，到幸福岛居住；城邦用公费为他们举行纪念和祭祀，若［阿波罗女祭司］皮提娅赞成，就［把他们］作为精灵，但若不［赞成］，就作为幸福而神圣的人。"

　　本篇对话目前提到的诸善逐级上升：最初，苏格拉底提到酒歌所说的"健康、美丽、财富"，分别被治病者、健身师和赚钱者视为最大的善（451e–452d）；面对竞争，高尔吉亚则宣称最大的善是演说术的说服，简言之即言辞，接近苏格拉底的意见；现在，苏格拉底则暗示最大的善是"真实意见"（458b）。[1]

　　目前，高尔吉亚的最终意见是：演说术是全能的，但应该正义地使用。前文已经分析，这是个虚假的意见，因为自相矛盾。那么，高尔吉亚愿意听取真实的意见吗？愿意成为苏格拉底的同类人，"快乐地被反驳"吗？苏格拉底束缚高尔吉亚之后，再次礼貌地请高尔吉亚自己选择：

　　　　……所以，倘若你也肯定自己是这类人，就让我们交谈吧；但倘若你也觉得应当放弃，就让我们从此放弃，告别并拆散这场讨论。

----

[1]　后文会在不同的语境下提出不同的诸善：在珀洛斯部分，苏格拉底向珀洛斯区分行为与目的时列举了"智慧、健康、财富"（467e），判断幸福的标准是"教育和正义"（470e），列举灵魂诸恶时暗示相应的善"正义、知识、勇敢"（477c）；在卡利克勒斯部分，卡利克勒斯最终承认"更好者是更明智且更勇敢者"（491b），以致承认"节制"以及"正义""虔敬"等（507a-c）。

高　不过，我确实肯定，苏格拉底噢，我本人也是你带领
［b5］的那类人。尽管如此，也许，也应当顾虑这些在场者
的［意愿］。因为很久以前，甚至你们到来之前，我就已经
为他们在场者炫示了很多东西，而现在我们若再［458c］交
谈，也许就会往前拉长啊。所以，也应当考察这些人的［意
愿］，免得我们妨碍他们之中某些愿意做其他什么事的人。
（喧闹声）（458b2-c3）

高尔吉亚勉强肯定自己是同类人，但他之所以接受反驳，恐
怕不是因为像苏格拉底一样相信被反驳是好事，而是碍于颜面或
名声：即使他内心不愿被反驳，也不能公开表达这个意愿，因为
这样，他就陷入苏格拉底前面批评的三种情况，会被现场听众视
为"无能""怨恨"或"辱骂"。这个情节也暗示，一个人可能
出于错误的动机或虚假的意见而选择正确的做法。这大概就是演
说术的有益用途，尽管作用非常有限。

作为演说家，高尔吉亚不像苏格拉底一样关心自己，而是
显得更关心别人，更愿取悦多数人，而非取悦他自己："也许
应当顾虑这些在场者的［意愿］吧。"但他是真心尊重听众的意
愿吗？恐怕仅仅是个托词，目的是向听众借力，寻求支持，因为
没等现场听众发表意见，高尔吉亚就抢先以陈述事实的方式，暗
示自己的真实意愿："因为很久以前，我就已经为他们在场者炫
示了很多东西，而现在我们若再交谈，也许就会往前拉长啊。"

然后，再以替听众着想的方式，试图说服或影响他们的判断和选择："所以，也应当考察这些人的意愿，免得我们妨碍他们之中某些愿意做其他什么事的人。"表面关心听众的利益，实际是要掩护自己体面地下台，维护自己的虚假名声。

【附注】并非偶然的是，高尔吉亚自始至终没有说过任何一个跟快乐有关的字眼。高尔吉亚理解的善以牺牲快乐为代价，善与乐分离；而苏格拉底理解的善会带来快乐，善与乐统一。"好之者不如乐之者"，高尔吉亚充其量是好善，苏格拉底则是乐善，相应地，前者最多达到"以善服人"，后者则能"以善养人"。高尔吉亚本身是个学高望重的君子，自矜自重，但其德行的基础并不稳固，很容易腐蚀变质。更危险的是他标举高尚的道德教条来教人，以演说术等同治邦术，会造成两个后果：要么，学生真心相信并高尚行事，成为君子；要么，学生表面赞同而实际相反，只是利用道德作为幌子，因而是伪君子，甚至真小人。

并非偶然的是，据色诺芬（《远征记》2.6.16-27），高尔吉亚恰恰有这样两个学生：一个是美诺，"显然是欲求暴富，但又欲求统治，以便拿到更多，又欲求荣誉，为的是获得更多。他愿意跟拥有最大能力的人交朋友，为的是行不义而不受惩罚。为了实现自己的欲求，他相信，最捷径的办法是发假誓、说谎话和搞欺诈，而单纯和真实则无异于愚蠢……"，很像是珀洛斯与卡利克勒斯的混合体，是个典型的坏人，不必论矣（参第五章第一节

"四个主要人物异同关系表")。

　　另一个是普罗克西努斯，"从少年起就欲求成为一个足以干成大事的男子汉"，尽管也欲求"大名声、大权力和多财富"，但显然"不会愿意通过不义获得它们任何一个"，而是"必须跟随正义和高尚来得到它们"，一开始就以君子自我期许，也按照君子的标准行事，但因而有其局限，"他尽管有能力统治既美且好的人，却不足以激起士兵对他的敬畏或恐惧"，"显然害怕士兵仇恨他甚于士兵害怕违抗他"，认为"要做个实际且看似善于统治的人，只需要赞扬做得高尚的人而不赞扬行不义的人就够了"。结果，凡君子都喜欢他，凡小人都谋害他，三十岁就丧命了。相比之下，作为苏格拉底的学生，色诺芬同样是君子，却避免了普洛克努斯的缺陷，接替后者率领希腊雇佣军成功返回希腊。

　　现在，听众会被高尔吉亚的演说术诱导了么？现场发出喧闹的掌声或喝彩，显然是个民主的会场（458c3，参《申辩》17a、20e、21a、27b、30c）。大众虽然能够发声，但无法形成有效意见，因而需要代表。

　　于是，凯瑞丰插话，代表现场听众发表意见：

　　　　凯　多喧闹啊，高尔吉亚和苏格拉底噢，你们自己听听这些男人的［喧闹］吧：他们愿意听听你们［c5］要讲什

么。至于我本人嘛，但愿我也不至于变得这么没闲暇，以致
离开如此讲述的如此讨论，而让做其他什么事变得更重要！
（458c4-7）

为什么是凯瑞丰？因为他既是苏格拉底的同伴，更是多数
人的朋友，喜欢在市场上消磨时光，自然关心多数人的动静。从
开场的表现看，凯瑞丰虽然未必胜任高深的问题或严肃的论证，
未必能专心聆听和思索苏格拉底与高尔吉亚所谈的问题，但他反
应灵活，更容易被环境影响，因而也更容易注意到听众的反应，
或者说，正因为对严肃问题没有耐性，所以对多数人的动静反应
很快。

现场听众为什么愿意继续听？"喧闹"表明，意见未必一
致，但绝大多数肯定是赞同继续。但即使赞同继续的，也未必
出于相同的理由。一部分人可能是被谈话吸引，愿意知道谈话的
结果，程度比较高，见识到苏格拉底的辩证能力，但肯定是少数
人。大多数也许只是像看拳击赛一样看热闹。要知道，他们原本
是为听高尔吉亚的炫示演说而来，是为了学演说术，是高尔吉亚
的潜在学生，现在竟然不准高尔吉亚体面地下台，却愿意眼睁睁
看着高尔吉亚被苏格拉底摧残！这样的人，学会演说术之后，怎
么会不反对自己的老师呢？受激情支配、以成败论英雄、忘恩负
义等等，本来就是民众的习性，所以，多数人这么反应很正常。

奇怪的是，作为高尔吉亚的朋友和东道主，卡利克勒斯竟然

也这么要求，甚至比苏格拉底的同伴凯瑞丰更热切地要求继续交谈，不顾高尔吉亚的意愿：

> 卡　［458d］凭诸神发誓，凯瑞丰噢，那当然，我本人也［这样］；我迄今出席过很多讨论，我不知道自己以前是否有哪一回像现在这样感到快乐，以致哪怕你们乐意交谈整整一天，也将令我感到喜悦。（458d1-4）

　　尽管都要求继续交谈，凯瑞丰与卡利克勒斯的态度仍有很大差别。凯瑞丰之所以愿意继续听，首先，是要跟多数人保持一致，所以，他先等他们表达意见，然后才顺带附议，不愧是多数人的朋友。其次，才是他自己给出的理由："但愿我也不至于变得这么没闲暇，以致离开如此讲述的如此讨论，而让做其他什么事变得更重要！"。这个说法并不积极，甚至勉强：只是因为现在闲着没事，才不放过这些讨论；若有其他事，他极有可能会离开。这说明，凯瑞丰经常没有闲暇，是个大忙人，喜欢到市场去——他自以为那是"更重要"的正事，但苏格拉底责怪他是"消磨时光"（447a8），不务正业。^① 在凯瑞丰看来，搞事情比闲扯淡更重要，市场比教室更重要，行动比言辞更重要。总之，凯瑞丰个人态度不积极，也不关心谈话的实质内容。

---

① 反过来，卡利克勒斯也责怪苏格拉底搞哲学是"消磨时光"（484c7）。

相比之下，倾听并沉默已久的卡利克勒斯态度非常严肃——"凭诸神起誓"①，仅仅对凯瑞丰说话（似不满凯瑞丰的消极态度），也仅仅表达自己的感受和意愿："我迄今出席过很多讨论，我不知道自己以前有哪一回像现在这样感到快乐。所以，哪怕你们乐意交谈整整一天，也将令我感到喜悦。"一副不听到底誓不罢休的架势。更重要的是，卡利克勒斯的意愿仅仅出于自己的"快乐"和"喜悦"，既不关心多数人的意见，也不关心高尔吉亚的面子（恐怕只有沉默的珀洛斯关心，但势单力薄，只能干着急）；而给他带来快乐的，是严肃的"讨论"和"交谈"本身。因此，如果说苏格拉底的同伴凯瑞丰更像高尔吉亚，更关心取悦多数人，高尔吉亚的朋友卡利克勒斯则反倒更像苏格拉底，更关心取悦自己（被苏格拉底随后点名，以示赞赏）。

听众民主表决，似乎一致同意：苏格拉底与高尔吉亚应该继续交谈（参456c）。但投票表决不可能决定苏格拉底的个人意愿，也不应该决定高尔吉亚的个人意愿（参474a、476a苏格拉底对投票表决的态度）：

　　　　苏〔d5〕当然，卡利克勒斯噢，至少我这一方毫无障

---

①　整个对话第一次出现"凭诸神起誓"，也是只有卡利克勒斯专用的誓言，恰恰出现在苏格拉底与高尔吉亚发生分歧，现场听众喧闹的时刻。

碍，只要高尔吉亚乐意。（458d5）

　　首先，苏格拉底仅仅表达自己的意愿，不反对众人的意见，也不赞同众人的意见，即使恰好与众人的意见一致，也可能基于不同的根据；同样，孔子"或从众，或违众"，因为众人的意见不是决定性的标准，"众好必察，众恶必察"，他有独立的判断标准。其次，苏格拉底表达了对话的原则：交谈是否继续，完全取决于交谈双方，而非其他任何人，包括听众投票等。换言之，即使听众不愿听，只要高尔吉亚愿意谈，苏格拉底也愿意奉陪；反之，即使听众愿意听，但高尔吉亚不愿谈，苏格拉底也不勉强。总之，苏格拉底不在乎听众的意见，只在乎高尔吉亚的意愿，并愿意跟高尔吉亚保持一致，将决定权完全让给高尔吉亚。但谁决定谁负责，这种主观上的支持却在客观上将听众的舆论压力完全转移给了高尔吉亚。高尔吉亚敢于听从自己的意愿而违背民意吗？孔子曰"匹夫不可夺志"，孟子曰"虽千万人吾往矣"，谈何容易！真刀真枪试过才算数。

　　高　事已至此，苏格拉底噢，我再不乐意，就变得太丑了，因为我自己已经宣扬，任何人都可以问他愿意的任何东西。［458e］罢了，倘若在这些人看来［应当］，就请你交谈并问你愿意的任何东西吧。（458d6-e2）

高尔吉亚果然是个银样镴枪头，不过，用他自己的说法，他愿意做个"好的演说家"（参449a7）："事已至此，我再不乐意，就变得太丑了，因为我自己已经宣扬，任何人都可以问他愿意问的任何东西。"为自己找了个托词或台阶，实际上已经因为内心违背民意而感到羞耻（变丑），却通过口头上勇于信守诺言为自己挽回一点面子，但"必诺之言不足信也"，"言必信，行必果，硁硁然小人哉"。高尔吉亚的行为显然违背他当时内心的真实意愿，因为他说的是"请你交谈并问"——他已经不愿"交谈"，但又无可奈何。因此，高尔吉亚之所以继续谈话，仅仅是为了自己的名声，既不是像苏格拉底那样为了改善自己和他人，也不是像凯瑞丰那样为了消磨闲暇时光，更不是像卡利克勒斯那样为了单纯的快乐或痛苦。

在希腊文中，名声与意见是同一个词（δόξα），名声是意见的外在形式。意见有真实与虚假之分，有自己与他人之分，有少数人与多数人之分，有贤人与愚人之分；基于不同的意见，会有不同的名声。高尔吉亚重视众人意见和信守诺言，认为这样就能获得并保持好名声，有一定的道理，在短期内也有一定的效果，但长远来看，无异于缘木求鱼：因为众人的意见未必真实，守诺更需徙义，只有拥有真实意见的人（虽然未必是，但往往是少数人）才能赋予真实的名声，也只有自己获得真实的意见才能被拥有真实意见的人赋予真实的名声——看起来是个封闭的死循环。然而，妙的是，获得真实意见的人恰恰不会汲汲于名声，或为名声所束缚，仅仅视之为智慧或德行的副产品，很多时候反而会成为爱智之路的障碍，因而倾向于自隐无名（参《王制》540d）。然而，更妙的是，恰恰是这样的人拥有真实的能量，一旦有机缘被碰到，就透出穿越时空的光芒。因此，苏格拉底一心追求真实的意见反而流芳百世；高尔吉亚竭力维持名声，却被众人的意见束缚，以致错失认识真实意见的机会。虽然压力来自众人的意见和名声，根源却在于自己的认识错误，所以，一切束缚和压力实为作茧自缚，自作自受（参《斐多》83a）。①

迫于压力，高尔吉亚勉为其难地继续，但已经意兴阑珊。于是，苏格拉底重新回到演说术问题，回顾并检查已有的意见。随后的长段论证似乎只是简单的重复，显得琐碎而多余（458e3–

① 需要补充一点：在这个具体语境下，高尔吉亚确实是为了维持名声；但若说高尔吉亚整个事业的出发点就是为了名声，恐怕有失公允。高尔吉亚是个道德君子，虽不讳言追求功名富贵，但毕竟主张取之有道（随后提倡正义地使用演说术）。但其道德基础并不稳靠，经不起追究和考验，是基于流俗意见，毋宁说，他首先追随流俗意见，然后很快被社会肯定，回馈以名声和财富，而这种回馈又使他更加坚信流俗意见，即使内心意愿与流俗意见冲突的时候，他仍然会竭力说服、委屈乃至牺牲自己，甘愿被道德绑架。然而，一旦不再相信道德或流俗意见，他就会沦为珀洛斯这样的伪君子，打着道德的旗号干不道德的事情，以图名利双收。一旦社会败坏到都像珀洛斯一样普遍伪善的时候，就会出现卡利克勒斯这样疾世愤俗、继而公然蔑视道德、崇尚权力意志的聪明僭主。关于演说家的虚假，参《泰阿泰德》172e–173b。关于三人之间的关系，详参第五章第一节"四个主要人物异同关系表"。

关于知识人为什么特别好名和虚荣，参施特劳斯、科耶夫：《论僭政》，彭磊译，华夏出版社2016年，第193页，注1。

459c2）。但实际上，重复是柏拉图对话的特点之一，在这里也是剧情节奏的需要，毕竟高尔吉亚已经意兴阑珊且心力不济，需要休息，又不好下台，显然不宜继续向前推进。在一般意义上，重复也是一种教育方法：见人做错或说错，不可直接批评或当场干涉，只需事后给他回放或复盘，他自然会明白；而且自己的错误只有自己明白过来，才是真明白。

不过，苏格拉底并未表现教育或批评高尔吉亚的意思，而是首先假定高尔吉亚"讲得正确"，抱着学习者的态度，向高尔吉亚表达自己的"惊讶"或"推测"，以求校正。

苏　那就听听，高尔吉亚噢，你所讲的哪些令我感到惊讶；因为确实，也许你讲得正确，而我推测得不正确。[e5]你肯定自己能够使任何人变成演说专家，只要他愿意跟你学习？

高　是。

苏　莫非以致［使他变得］关于所有东西在群氓面前都有说服力，不靠教导但凭［459a］说服？

高　完全如此。

苏　你刚才讲过，关于健康，演说者也会比治病者更有说服力。

高　我确实讲过，至少在群氓面前。

苏　这个"在群氓面前"莫非就是这个，呃——呃，在非知道者们面前？① 因为至少［a5］在知道者们面前，他大概不会比治病者更有说服力。

高　你讲得真实。

苏　倘若他会比治病者更有说服力，他不就变得比知道者更有说服力了？

高　完全［459b］对。

苏　尽管他并不是治病者，不是吗？

高　是。

苏　但非治病者大概在治病者有知识的那些方面没知识。

高　显然如此。

苏　因此，一旦演说者比治病者［b5］更有说服力，不知者在不知者们面前就会比知道者更有说服力。结果就这样，或有别的么？

高　至少在这里，结果就这样。

苏　那么，演说者和演说术之于其他所有技术，情况不也同样如此吗？它根本没必要知道那些事务本身情况怎样，而

---

① "群氓（ὄχλος）"带有较强的贬义，相对于"守法的民众（δῆμος）"，表示混乱的人群或乌合之众，文中最早出自高尔吉亚之口（454b、454e、455a、458e、459a、502a、502c）。"民众（δῆμος）"一词较中性，带有更多的政治色彩，集中出现在卡利克勒斯部分。最常用的近义词是含义更宽泛的"多数人（oἱ πολλοί）"，如459e、471e–472c、474a-b、475d、483b、487b、488d–489a、492a-b、502c、522d、526d、527c等。类似的词语，还有"大众（πλῆθος，452e、456c、457a）""群体（ἀθρόος，仅490b和501d两处见）"，皆少见。

是［只需］［459c］找到某种说服技巧，以致在不知者们面前显得比知道者们更知道。（458e3–459c2）

苏格拉底以高尔吉亚举过的治病者为例，基于高尔吉亚承认的东西进行迂回推论：前提一，演说家在群氓面前比治病者更有说服力；前提二，群氓是非知道者①；前提三，治病者是知道者，但演说家不是治病者；因此，演说家在群氓面前比治病者更有说服力，就等于不知者在不知者面前比知道者更有说服力。结论：演说家是不知者，只是通过"某种说服技巧"在不知者面前"显得比知道者们更知道"。换言之，演说家是骗子。尽管苏格拉底出于礼貌，没有说出这个结论，但已经呼之欲出。

面对这项严重的指控，高尔吉亚的反应令人惊讶，他非但不视之为羞辱，竟然反问：

> 高　那不就产生了很多便利吗，苏格拉底噢：即一个没学过其他技术而仅仅［学过］这门［技术］的人［就变得非常容易］丝毫不比［c5］那些工匠更低？（459c3-5）

---

① 这个观点并非苏格拉底自己的，而是苏格拉底从高尔吉亚那里推出并取得同意的：因为演说者在知道者面前不会比治病者更有说服力，却在群氓面前更有说服力，因此，群氓不是知道者。

这个双重否定反问句带有奇妙的反讽色彩：本来要说"演说家更容易变得比其他工匠更高"，但实际听起来好像"演说家根本就很低"，顶多跟工匠们持平。这恐怕是柏拉图的笔法，而非高尔吉亚的本意。

高尔吉亚的本意无异于说：演说家可以轻而易举地成为高级骗子！[①]但这不是行不义吗？这不是不打自招吗？即使真心坚持这样的观点，也不应该在大庭广众之下承认，不是吗？一贯谨慎而精明的外邦演说家怎么变得这么轻率？他忘了自己前面讲过的种种危险了吗——被憎恨、被驱逐并被杀死（参457a-c）？

高尔吉亚之所以轻率，原因可能有二：其一是自信，因为他前文宣称，演说家可以奴役治病者、工程师和军事家等等专家，具有全部能力（参452e）。可以说，"对演说术的绝对优越性和权能的相信，是这种轻率的基础"[②]。其二是疏忽，因为从剧情看，高尔吉亚目前已经精神不济，很可能一时漏嘴，说出自己的真实观点。但两个原因可以同时成立，因为盲目自信，所以疏忽

---

① 参《欧蒂得谟》289e–290a苏格拉底说："因为它是咒语技术/巫术的一部分，而比那种技术稍微差一点儿。那种咒语［技术］是对一些毒蛇、毒蜘蛛、蝎子以及其他野兽和疾病的迷惑，而这种［演说术］碰巧是对一些审判者、公民大会以及其他群众的迷惑和规劝。"对演说术的这种描述一般被视为批评，尽管原文并非完全否定。这种批评尤其被现代启蒙哲人所继承并变本加厉，如洛克《人类理解论》（关文运译，商务印书馆1998年）第三卷第十章条34："一切修辞技巧……都只能暗示错误的观念，都只能打动人的感情，都只能迷惑人的判断，因此，它们完全是一套欺骗。"

② 施特劳斯：《修辞、政治与哲学》，前揭，第74页。

大意，不经意之间暴露真实观点。它也反过来证明，他前面关于演说术具有全部能力的说法仅仅是夸大其词的欺人之谈，他自己都未必信以为真，或与其说是自信，不如说是自欺。

　　既然高尔吉亚不打自招，供出真实而低劣的观点，苏格拉底就不再继续追究这个问题，而是转向演说术的对象，即正义问题。一方面，"演说者是否比其他人更低或不更低"是个评价问题，价值问题。"我们立刻会考察，只要它跟我们的讨论有什么关系"，苏格拉底并非回避评价，而是要充分讨论其性质和对象之后，再作合理的评价。另一方面，正义问题是高尔吉亚没有轻率视之的问题。最基本的正义就是法律，置身雅典的外邦人高尔吉亚不至于轻率到无视雅典法律的地步。更何况，"正义"一词正是高尔吉亚最先提出来的，作为演说术的主题之一（参454b5-6），并限制演说术的滥用（参457b-c）。

　　苏　至于演说者通过这种情况是否变得比其他人更低或不更低，我们马上就会考察，只要它跟我们的讨论有什么关系。

　　但现在，让我们更先考虑这个：是否在［459d］正义与不正义、丑与美、好与坏方面，演说专家碰巧像在健康和其他技术关注的其他东西方面有同样的情况，即尽管不知道什么是好、什么是坏、什么是美、［d5］什么是丑、什么是正义、什么是不正义这些东西本身，却在这些方面设计出一套

说服，以致他尽管不知道，却在不知者们面前看似知道，甚至［459e］比知道者更［知道］？（459c6-e1）

苏格拉底从治病术的对象（健康）转到演说术的对象：正义与不义、美与丑、好与坏。苏格拉底这里的说法有几个细节值得注意：其一，较之前文（454b6、454e6、455a4），这里增加了美丑和好坏，但后文仍然仅限于正义与不义。三个方面可以分别相应于法庭演说术、议事演说术和炫示演说术。其二，两次表述有所不同，前一次是"在正义与不义、丑与美、好与坏方面"，后一次是"什么是好、什么是坏、什么是美、什么是丑、什么是正义、什么是不义"。"什么是"是典型的苏格拉底问题，暗示这些问题也是哲学关注的对象。（a）好和正义都位于两端，只是位置颠倒，一般而言，善的问题高于正义问题，因而，前一次表述是自下而上，后一次表述是自上而下。（b）中间都是美丑，但美丑的先后顺序颠倒，大概是出于对称的修辞需要，但也强调美丑是中心问题或关键环节。试比较康德三大批判的关系，以审美的判断力沟通纯粹理性与实践理性。同样，美丑问题在苏格拉底那里也是沟通上下的问题。就这里而言，在演说术那里，美丑相应的情感是羞耻，在哲学那里，美丑相应的情感是爱欲，羞耻指向名声/意见，是向下追求承认，爱欲指向真实，是向上追求承认（参第五章第一节"四个主要人物异同关系表"）。

苏格拉底回到高尔吉亚承认的一个说法：假若演说家能够在

健康方面显得比治病者更知道，那么，演说家是不是同样不知道正义等等，却能设计一套说服，以致在不知者们面前显得比知道者更知道？鉴于高尔吉亚已经宣称自己知道正义，苏格拉底就将这个问题进一步从高尔吉亚本人转移到高尔吉亚的学生身上，层层递进：

> ……或者，［他］必然已经知道，而打算学习演说术的人到你那里之前也必须预先熟知这些东西？但即使不［知道］，你这位演说术教师也根本不会给来者教授这些东西——毕竟不是你的工作嘛——［e5］却仍然会使他尽管不知道这些东西却在多数人面前看似知道，甚至尽管实际不［好］却看似好？或者，你将完全不能给他教授演说术，除非他预先知道关于这些东西的真理？或者，这些有怎样的情况，高尔吉亚噢？［460a］哦，凭宙斯起誓，就像你刚刚说的，揭示演说术的［能力］嘛，① 请说说这种能力到底是什么。（459e2–460a2）

第一，学习演说术的人在成为高尔吉亚的学生之前，是否"也必须预先熟知"正义？毫无疑问应该，因为他们不像高尔吉亚那样周游列国，而要时刻面对自己的城邦及其礼法。第二，假若他们不

① 见455d6。

知道，高尔吉亚是不是根本不教正义，但仍然教演说术，使这些不知正义的人在多数人面前"看似知道"，使实际不好的人"看似好"？这个问题本身已经暗示：一个不知道正义的人不可能成为真正的正义之人，只能"看似"正义。知道正义是成为正义之人的先决条件（知识即德行）。既然不知正义的人不可能成为正义之人，若高尔吉亚教他们演说术，他们就一定会用演说术"这种能力"行不义，那么，作为教授者的高尔吉亚能辞其咎吗？（参457b高尔吉亚对演说术的限制）苏格拉底的目的是迫使高尔吉亚承认自己会教授正义，否则，他要么被视为骗子，要么被视为教唆犯。第三个问题是关键："或者，你将完全不能给他教授演说术，除非他预先知道关于这些东西的真理？"若真如此，演说术的能力就受到限制。以上种种问题都直击演说术教师高尔吉亚的要害。①

但高尔吉亚似乎没有意识到威胁，而是轻描淡写地回答：

> 高　不过我相信，苏格拉底噢，即使他碰巧不知道，也会从我这里学习这些东西。（460a3-4）

笼统地看，高尔吉亚似乎觉得，教授关于正义的"真理"是一件轻而易举的事情，低估了正义问题的复杂性。但仔细看，高尔吉亚的回答仍然比较谨慎，因为他并未明确承认自己教授正

---

① 参伯纳德特：《道德与哲学的修辞术》，前揭，第34—35页。

义。这个谨慎的说法符合高尔吉亚的学生美诺的说法："高尔吉亚从未宣称自己可以教授美德（正义），其实，他还嘲笑别人这样宣称。"（《美诺》95c）可以设想，倘若高尔吉亚承认自己教授正义，随后的讨论就会导向"什么是正义"的问题；但并没有，甚至整个对话都没有界定什么是正义。

> 苏 ［a5］且打住！因为你讲得太美啦。假若你确实能使某个人变成演说专家，他就必然知道正义与不正义之事，要么以前就［知道］，要么以后从你那里学习？
> 高 ［460b］完全对。（460a5-b1）

无论如何，高尔吉亚至少承认，学习演说术的人"必然知道正义与不义之事"，无论预先知道或事后学习。只要承认这一点就够了，这将成为随后论证和反驳的起点；至于是否教授正义，高尔吉亚含糊过去，苏格拉底也不追究，因为教授正义的前提仍然是知道正义。

苏格拉底随后就从知识的角度展开论证：

> 苏 那这个呢：已经学会木工术的人就是木工专家①，不

---

① "木工专家（τεκτονικός）"比普通的"木匠（τέκτων）"更专业或更高级。后文"作乐专家（μουσικός）""治病专家/治病者（ἰατρικός/ ἰατρός）"仿此说。

是吗？

高　是。

苏　那么，[已经学会]作乐术的人不也就是作乐专家吗？

高　是。

苏　而[已经学会]治病术的人就是治病专家？而其他东西根据同样的道理同样如此，已经学会哪种东西的人[b5]就是那种知识所造就的那种人？

高　完全对。

苏　那么，根据这个道理，已经学会正义的人不也就是正义者吗？

高　大概完全[正义]。

苏　但正义者大概做正义之事。

高　是。（460b1-9）

苏格拉底以学习木工术、作乐术和治病术为例表明：学会哪种知识，就成为哪种人。[①]同理，已经学会正义的人就是正义者，而正义者做正义之事。这是苏格拉底随后整个反驳的关键，简言之，即"知识即德行"这个著名命题。但这个命题并非不证自

_____

① 木工术第一次出现，木工专家关心木头的曲直，作乐专家关心曲调的动听，治病专家关心身体的健康，三个例子似乎相应正义不义、美丑、好坏三个方面。

明，甚至似是而非。首先，根据常识，假定正义即法律，即城邦
法律命令或禁止之事，那么，人人都知道正义（《普罗塔戈拉》
323c，参色诺芬《回忆苏格拉底》4.6），但事实上，并非人人
都按正义行事，知道正义不等于践行正义，知识未必导向德行，
甚至有人知法犯法，明知故犯；最极端的表述就是《新约·罗马
书》（7:15、7:18-19）。反过来，能做到知行合一，"有不善未
尝不知，知之未尝复行"，已经不是普通人了。其次，根据逻
辑，若知识即德行，知道正义之事就是正义之人，那么，知道不
义之事岂不就是不义之人？经常跟不义之事打交道的警察和法官
岂不都是不义之人？显然荒谬。最后，苏格拉底从未宣称拥有任
何知识，若知识即德行，苏格拉底岂不是个没有德行之人？所
以，有很多理由反对知识即德行这个命题（比较亚里士多德《尼
各马可伦理学》1145b25与1147b10）。当然，在苏格拉底那里，
这个命题自有其深刻含义，知识和德行两个词语也都有另外的内
涵，姑且不论。

　　问题是，高尔吉亚怎么理解这个命题，他又为什么同意？第
一，可能是因为他已经承认，演说术的说服包含信念与知识，因
而演说家既能使人知道正义，又能使人相信正义，而相信正义当
然意味着成为正义之人，否则相信没有意义（参本章第三节相关
分析）。第二，更可能是因为他前面断言演说术具有全部能力，
因而认为，知识即德行仅仅意味着：知识具有全部能力，只要正

确地认识就能正确地行动，知识就是力量。[①]因此，这个命题与高尔吉亚的断言有共同点：都承认言辞或理性具有全部能力；差别只在于，一个是辩证术的或源于求知的言辞，一个是演说术的或源于信念的言辞。所以，这个命题既可以出自苏格拉底之口，也可以出自高尔吉亚之口，尽管他们各自的理解不同，但并不妨碍在形式上一致。毕竟，演说术与辩证术若是兄弟，就有个共同的父亲，即言辞。[②]

随后，苏格拉底就把这个取得同意的命题用到演说家身上。

苏　[460c]那么，演说专家不就必然是正义者，而正义者[不就必然]愿意做正义之事吗？

高　至少显得是。

〈苏　因此，无论何时，正义者都绝不会愿意行不义。

高　必然。

苏　但根据论证，演说专家[c5]必然是正义者。

高　是。〉[③]

_____

① 高尔吉亚赞同的时候并非没有犹豫，而是用了不定副词"大概"（460b7），随即被苏格拉底拈出。

② 参施特劳斯：《修辞、政治与哲学》，前揭，第78页。关于知识即美德这个命题的辨析，参《美德可教吗》，华夏出版社2008年。

③ 460c3-5几行长期被怀疑或删除，校勘五法八门，详参Dodds校注。校勘与义理相关，也往往是义理不明的地方，校勘问题最多。

苏　因此，无论何时，演说专家都绝不会愿意行不义。

高　至少显得不。（460c1-8）

这段推理包含两个相互交织的推论：其一，既然演说家已经学会正义，学会正义的人就是正义者，因此，演说家必然是正义者，即不行不义；其二，正义者必然愿意做正义之事，绝不会愿意行不义，因此，演说家绝不会愿意行不义。第一个推论基于既有的前提，仅仅是把"知识即德行"这个命题用到演说家身上，演说家成为正义者仅仅凭借知识。第二个推论引入了一个新的前提，即正义者"愿意"做正义之事而绝不会"愿意"行不义，因此，演说家绝不会"愿意"行不义。两个结论的关键差别在于，"不行不义"与"不愿意行不义"。"不愿意"意味着：有时候实际上行不义，只是并非出于自愿，比如出于疏忽、无知或被迫等。但这样的人是不义者吗？"一个做了不义之事的人不一定就是不义之人"（亚里士多德《尼各马可伦理学》1134a17-18；参柏拉图《法义》864a1-8，《普罗塔戈拉》145b2c）。

【附注】在目前的语境下，意愿问题没有得到明确讨论，对苏格拉底的整个反驳也没有多大影响，但作为隐秘论题，不容忽视，且在后文会有所反映。第一，从司法实践看，一个人是否正义，不能只看客观行为，也要看主观意愿或动机，所以，法律往往根据主观意图来增减惩罚的程度：比如，故意伤害罪与过失伤害罪之别，有所谓"宥过无大，刑故无小"（《尚书·大禹谟》）。但问题马上来了：谁能判断犯人的主观意图？当然，现代司法实践有很多认定方法，且不论。即使有人能判断，怎么让人信服？否则，即使判断正确，怎么施行？第二，从"知识即德行"这个命题看，这里等于引入了"意愿"这个新因素，似乎提醒我们：德行以知识为先决条件，但也需要意愿的配合或驱动。在意志或血气起关键作用的卡利克勒斯部分，苏格拉底会提到（509e-510a）：为了不行不义，除了预备"意愿"，也必须预备"某种能力和技术"。换言之，只有知识仍然不够，也需要意愿。结尾的审判神话更是以意愿为前提。

　　另，苏格拉底后来放弃了"正义者愿意做正义之事"这个积极判断，而采用"正义者绝不会愿意行不义"这个消极判断。因为积极判断会有危险：假若正义即法律，知道法律的人愿意施行法律，但法律若是坏的，怎么办？恶法非法，换言之，更有超越正义或法律的东西，作为判断具体法律好坏的标准。一般而言，判断不义之事更容易，判断正义之事更难，且消极判断比积极判断更少危险；即使是苏格拉底这样大智慧人，精灵的提醒也总是消极的，而非积极的。

苏格拉底再次回顾高尔吉亚的说法：

苏　那么，你记得吗，你不久以前讲过①：必须不要
[460d]指控健身师们或［将其］逐出各城邦，即使拳击手
使用拳击术并行不义②；同样，倘若演说者这样不正义地使用
演说术，也［必须］不要指控教授者，也不要［将其］赶出
城邦，[d5]而是［必须指控］行不义且没有正确地使用演
说术的人？这些有没有说过？

高　说过。

苏　但现在，[460e]同样这个人即演说专家至少显得任
何时候都不会行不义，不是吗？

高　显得是。

苏　而在最初的那些讨论中，高尔吉亚噢，至少也讲过：
演说术关注言辞，不是关于偶数和奇数的言辞，而是那些关
于正义[e5]和不正义的［言辞］。不是吗？

高　是。

苏　我嘛，那么，在你讲这些的时候，我那会儿就这样
推测：无论何时，演说术都绝不会是不正义的事务，它永远
制作关于正义的言辞。然后呢，不久以后，你又讲，演说者
[461a]也可能不正义地使用演说术，于是，我那会儿就感

---

① 见456d-e。
② 据D本。参B本，"倘若拳击手使用拳击术，甚至不正义地使用并行不义"。

到惊讶，并以为这跟［你］讲过的那些不同声①，就说了那些讲法：倘若你能像我一样视被反驳为一种收获，就值得继续交谈，但要不然，就放弃而别。但后来，［a5］经过我们的仔细考察，你自己当然也看到，这个［推测］又重新得到同意，即演说专家没有能力不正义地使用演说术并乐意行不义。那么，这些到底情况怎样，凭狗［461b］起誓，高尔吉亚噢，需要一次不少的聚会才能充分查明啊。（460c9–461b2）

"不久前"，高尔吉亚承认，演说家既可以正义地又可以不义地使用演说术，即使不义地使用，也不要指控教授者，而要指控学习者（参456d-e）；"但现在"，高尔吉亚又承认，演说家"任何时候都不会行不义"，因为演说家知道正义，而知道正义的人必然是正义者，即不行不义，或至少不愿意行不义。显然，高尔吉亚再次自相矛盾。

目前为止，高尔吉亚面临两个矛盾：演说家既有全部能力，又面临被学生指控的危险，因而没有全部能力；演说家既可能行不义，又因为知道正义而不可能行不义。前一个是演说术的能力，后一个是演说术的正义。两个矛盾综合起来，就是能力与正义的矛盾：若演说术有全能，就可以安全地行不义，反之，就不

---

① 参457e–458d。

能安全地行不义。进一步的结论就是：除非演说术毫无能力，否则，它就必然行不义。

面对这种矛盾和指控，高尔吉亚该怎么办？苏格拉底的建议是正义与能力的统一："演说家没有能力不正义地使用演说术并乐意不行不义。"但要做到不行不义，只有意愿不够，也需要能力，而真正的能力源于真知（参509e-510a）。只有在真知的前提下，正义与能力才能实现统一。但这种真知不是一般的知识，而是"最大的学习"，需要"走另一条更加漫长的道路"（《王制》503e-505a），因而"需要一次不短的聚会才能充分查明"。正是在这个地方，苏格拉底第一次"凭狗起誓"（参466c和482b）。这让人想到关于哲人—狗的著名类比（《王制》376a-c），因为狗的判断标准是知识，爱学习、爱智慧。

功成名就而日暮途穷的老高尔吉亚愿意否定自我，知非即舍，尽弃旧学，从头开始，走上另一条更加漫长的爱智之路吗？

第四章 | 苏格拉底与珀洛斯的交谈

　　珀洛斯再次插话，粗鲁地指责苏格拉底诡辩，企图把高尔吉亚诱入歧途（461b-c）。苏格拉底愿意接受珀洛斯的批评，但条件是珀洛斯放弃长篇大论，采用问答方式（461c-462a）。珀洛斯自觉做提问者，要求苏格拉底回答"什么是演说术"：苏格拉底从之前的提问者变成回答者。苏格拉底回答：演说术不是技术，而是制造喜悦和快乐的经验，并不美丽（462b-e）。但鉴于高尔吉亚在场，苏格拉底并未讲出全部真话；直到高尔吉亚批准，苏格拉底才初步说出自己的观点：演说术属于谄媚的四个部分之一（462e-463b）。但珀洛斯不会提问，直到高尔吉亚亲自提问，苏格拉底才直接向高尔吉亚详细阐明自己的观点：谄媚的四个部分是针对身体的化妆术和烹调术、针对灵魂的智术和演说术；相应地，有四种真正的技术，即针对身体的体操术和治病术、针对灵魂的立法术与审判术或正义；谄媚的目的是快乐，没有理性，而技术的目的是善，并有理性；二者之间两两相应，呈几何对称关系（463c-466a）。

珀洛斯表示惊讶：演说家在城邦里不是有最大能力吗，怎么会是谄媚者？苏格拉底回答：若有能力对有能力者是好事，那么，演说家就能力最小（466a-b）。珀洛斯提出，演说家像僭主一样有最大能力；苏格拉底详细分析，演说家和僭主只是做了自以为好但其实坏的事，并没做自己愿意的事，因为他们愿意做好的事，因此，他们能力最小（466b-468e）。珀洛斯辩论不过，就转向苏格拉底本人：你难道不羡慕僭主的特权吗？苏格拉底表示，他既不羡慕行不义，也不羡慕受不义；必不得已而选，则宁愿受不义，而不愿行不义，因为行不义比受不义更坏（468e-470c）。珀洛斯反对：多数行不义者都很幸福，作恶多端的阿克劳斯就是明证（470c-471d）。苏格拉底表示，珀洛斯的反驳是基于演说术，而非辩证论证，证人再多也不能证明正确（471d-472d）。

苏格拉底重申自己的两个观点：行不义不可能幸福；未受惩罚的不义者比接受惩罚的不义者更不幸。珀洛斯以恐吓和嘲笑的方式反驳，并再次诉诸普遍同意（472d-473e）。为了证明自己的主张，苏格拉底以自己为例，坚持另一种普遍同意（473e-474b）。于是，谈话进入关于美丑和快乐的细碎分析：珀洛斯承认，行不义比受不义更丑，而丑在于痛苦或有害，但行不义并非更痛苦，因此，行不义比受不义更有害，因而更坏。珀洛斯自相矛盾（474c-476a）。然后，苏格拉底同样利用美的定义证明：最大的不幸是行不义而未受惩罚，只有正义的惩罚能使不义者摆脱不幸（476a-479e）。

最后，苏格拉底从正义问题回到演说术的能力或作用：演说术无法为自己和亲友的不义辩护，相反，只能用来揭露不义、驱除罪恶；对正义者而言，演说术毫无用途（480a-481b）。听了苏格拉底的结论，一直旁听的卡利克勒斯感到震惊，不禁问凯瑞丰：苏格拉底是不是在开玩笑？凯瑞丰认为苏格拉底非常严肃，让卡利克勒斯问苏格拉底本人（481b2）。于是，整个谈话进入第二部分，即第三场交谈。

1　苏格拉底界定演说术（461b3–465e1）

苏格拉底揭示高尔吉亚的自相矛盾之后，吁请高尔吉亚走上追求真知之路。真知的前提是好学，好学的表现是勤问。但高尔吉亚迄今从未向任何人提问，因为首先，他自信掌握一切答案；其次，他年高望重，尽管年龄和名声不代表智慧，但一般都认为，智随齿增、名不虚立。但现在，在他掌握的答案已经被苏格拉底当众质疑并自相矛盾的情况下，他仍然自以为是，没有疑惑吗？仍然不愿虚心请教吗？

恰在此时，高尔吉亚的忠实门徒珀洛斯第三次插话，客观上给了高尔吉亚提供了喘息和恢复的时间。①

> 珀　（插话）什么，苏格拉底噢？那么，关于演说术，
> 你本人甚至持有像你现在所讲的这种意见？或者你相信——
> 因为高尔吉亚［b5］感到耻于不继续同意你，即擅于演说术
> 的男人并非不知道正义之事、美事和好事，而倘若不知道这
> 些东西的人到了他那里，他本人就会教授；然后，也许就出
> 于这个同意，结果就在讨论中推出某种［461c］矛盾——就
> 是你热衷的那种，尽管是你本人引导［他走向］这类问题的
> ——因为你相信，谁会坚决否认他自己并非不熟知正义之事
> 并将教授他人呢？不过，引导讨论［进入］这类东西，实在
> 是非常粗野。（462b3-c4）

珀洛斯满怀疑惑和激动，有点语无伦次，提出一连串问题，
半是求问，半是护师，半是反击。不过，珀洛斯显然未能充分理
解苏格拉底与高尔吉亚的交谈。首先，他竟然认为苏格拉底"持
有像你现在所讲的这种意见"，但其实，苏格拉底只是从高尔吉
亚持有的意见引出矛盾，并未表达自己的观点。这也说明珀洛斯

---

① 　关于珀洛斯的第一次插话，见第二章第四节的分析；关于第二次插话，见第三章
第一节的相关分析，尤其关于448e的注释。这次插话的时机、主观意图和客观效果类
似于第二次。

其实想知道苏格拉底的观点，但被护师之情所牵缠。

其次，珀洛斯尽管看出高尔吉亚失败了，却不明白高尔吉亚失败的真正原因。据前文分析，根本原因是演说术的能力与正义的矛盾，要摆脱矛盾，必须舍弃其一。当然，珀洛斯也抓住了部分原因：他认为高尔吉亚不应该出于"羞耻"而承认演说家知道正义。承认演说家知道正义且知道正义即施行正义，确实是导致高尔吉亚矛盾的前提之一；但说高尔吉亚仅仅是出于羞耻而保留正义，则失之偏颇，因为据前文分析，更多是出于自保。珀洛斯的判断暗示，他准备为了演说术的能力而舍弃正义和羞耻，以为正义只是权力的遮羞布。这意味着，珀洛斯将出于相同的原因犯下同样的错误。①

最后，尽管不明白高尔吉亚失败的原因，珀洛斯仍然轻率地为高尔吉亚的错误立场辩护，指责苏格拉底存心羞辱高尔吉亚，"非常粗野"，不知羞耻。珀洛斯一面说高尔吉亚不应该感到羞耻，一面又暗示苏格拉底应该感到羞耻。这显示了珀洛斯的双面特征或双重标准。判断别人即暴露自己。珀洛斯的人身攻击表明，不知羞耻的恰恰是他自己；相比之下，有羞耻感的高尔吉亚

---

① 从形式上看，珀洛斯的整段话其实是对苏格拉底的两个推测：一个是"关于演说术，你本人甚至持有像你现在所讲的这种意见"？一个是"或者你相信……你相信，谁会坚决否认自己并非不熟知正义之事并将教授他人呢"？在第二个推测中，插入对高尔吉亚的辩护和对苏格拉底的指责。第二个推测反映了珀洛斯的潜在观点：珀洛斯会否认自己知道并教授正义。

从未指责苏格拉底粗野。粗野的珀洛斯随即被苏格拉底唤作"最美的珀洛斯"（461c5），显然是莫大的讽刺；相比之下，苏格拉底从未讽刺高雅的高尔吉亚。这也反映了苏格拉底的方式：随物因应、不丢不顶、能正能邪、以人治人。

不过，即使面对珀洛斯这个晚辈的粗野指责，苏格拉底也愿意做善意的理解：

　　苏　[c5]最美的珀洛斯噢，不过，正是因此，我们特意获得同伴们和儿子们，以便一旦我们这些已经变得更年老的家伙跌倒了，你们这些在场的更年轻的人就可以重新扶正我们的生活，既在行为上，又在言辞上。（461c5-8）

年老与年轻的对比首次出现，从而重新划分了阵营：珀洛斯是高尔吉亚的学生，都从事演说术，但珀洛斯代表年轻一代，更重视行动，二人由同而异；苏格拉底与高尔吉亚虽有辩证术与演说术之分歧，但同属老年人，都推崇言辞，二人由异而同。①

苏格拉底代表老年人向年轻人坦承年龄未必代表智慧，不仅虚心接受批评，甚至发出求助的邀请。珀洛斯确实不负老辈

---

① 第一场交谈开始之前，通过凯瑞丰与珀洛斯的预赛，柏拉图依据说话方式划分了两个阵营。现在第二场交谈开始之前，苏格拉底依据年龄重新划分阵营。后文在第三场交谈开始之前，苏格拉底又会依据性情第三次划分阵营。所以，更详细的分析，参见第五章第一节"四个主要人物异同关系表"。

人的期望，不愧是高尔吉亚的忠诚同伴和儿子，因为高尔吉亚刚刚"在言辞上跌倒"，他就出来扶正。"扶正"暗含某种正义：珀洛斯是基于某种正义感，才出来保护老师，并谴责苏格拉底。刚刚否认演说家知道正义的珀洛斯，现在被称为"正义者"（461d2）。① 但这是何种正义呢？

> ……而现在，倘若我和［461d］高尔吉亚在言辞的什么地方跌倒了，就请你当场重新扶正——你是正义者嘛——而至于那些已经同意的东西，只要在你看来什么地方同意得不美，我也乐意为你收回你愿意［让我收回］的任何东西②，只要你肯为我仅仅防止一个东西。
>
> 珀 ［d5］你讲的这个东西是什么？
>
> 苏 冗长的言辞呀，珀洛斯噢，只要你限制你最初就已经着手使用的那套［冗长言辞］。
>
> 珀 什么？我就没有特权愿意多少就讲多少吗？
> （461c9-d8）

苏格拉底欢迎珀洛斯在言辞上"扶正"自己，但有个条件：

---

① 同样否认自己知道正义的苏格拉底也被人视为正义者，苏格拉底与珀洛斯之间最相反，又最相似。参见第五章第一节"四个主要人物异同关系表"。
② "收回"源于跳棋游戏，通常指"悔棋"，参《普罗塔戈拉》354e，《卡尔米德》164d，《斐多》87a。

珀洛斯不能像起初那样长篇大论。这个要求并非不正义：根据雅典法律，即使被判有罪，也可以提出替代性的惩罚方案（参《申辩》36b-d、37c）。一个人只要愿意改正错误，我们就应该准许他选择改正错误的时间和方式等等。

但珀洛斯似乎缺乏基本的正义常识，希望拥有无限的纠正或惩罚特权，随心所欲、毫无休止地批评或惩罚犯错的人。于是，苏格拉底教他一个基本的正义原则：

> 苏　[461e] 你确实会遭受可怕之事，最好的人噢，倘若你来到雅典，这个在希腊有最多讲话特权的地方，①然后在这里，唯独你在这方面不走运。不过，请你换位想想：既然你讲得冗长且不乐意回答 [e5] 问题，我岂不也会遭受可怕之事，倘若我没有特权 [462a] 走开且不听你 [讲]？不过，倘若你有点儿担忧已经说过的论证，并愿意重新扶正它——就像我刚才讲的，收回在你看来 [应当收回的] 任何东西，轮到 [你] 提问与被提问，像我本人与高尔吉亚一样——那么，就请你反驳 [a5] 与被反驳吧。（461e1-462a5）

最基本的正义，即"守法和平等"（《尼各马可伦理学》

---

① 雅典以"喜悦讲话的城邦"闻名（《法义》i.641e），"言论自由"被视为民主制的基本原则，参德莫斯蒂尼《反腓力辞》iii.3。

1129a30）。苏格拉底用平等限制了自由，因为若不加限制地坚持各自的自由，谈话的共同体就会瓦解；为了避免这种情况，苏格拉底自己退了一步（愿意收回说过的东西），同时要求珀洛斯在自由讲话方面让一步。

像第一场对话开始之前一样，在第二场对话开始之前，苏格拉底再次对照演说术与辩证术两种说话方式，并用辩证术的一问一答取代了演说术的长篇大论。从正义即平等的角度看，演说术是自由或专制的说话方式，而辩证术是平等或正义的说话方式。听了第一场谈话和苏格拉底现在的再次提醒，珀洛斯学会辩证术的问答了吗？

确定辩证术的问答方式之后，苏格拉底同样以珀洛斯的自我宣称重新开始：

> 苏 ……因为你大概也肯定，你熟悉高尔吉亚［熟悉］的那些东西，不是吗？
>
> 珀 我确实［肯定］。
>
> 苏 那么，莫非你也命令任何人问你本人他每次愿意的任何东西，好像你已经熟悉［如何］回答？
>
> 珀 ［a10］完全如此。
>
> 苏 ［462b］那现在，就请你做两者之中你愿意的那个：提问或回答。
>
> 珀 得了，我会做这些。（462a5-b2）

珀洛斯自称像高尔吉亚一样，能够"回答"任何人提出的任何问题（参447c6，448a1）。但苏格拉底随后并没有像对高尔吉亚一样对他提问，而是请他选择"提问或回答"。虽然两人的自我宣称一样，但苏格拉底对待两人的方式却两样。这意味着一种更高的正义，因为两人虽然自我宣称一样，但实际程度相差太大，真正的正义要求根据其实际能力和配得的方式对待他，即"给每个人归还适合的东西"（参《王制》332c、《法义》757b）。如果说苏格拉底刚才限制珀洛斯自由讲话的做法符合"算术或数量平等"的正义，现在以不同方式对待不同程度的人的做法则符合"几何或比例平等"的正义（参亚里士多德《尼各马可伦理学》1131a10-b20）。

珀洛斯尽管自称会回答，但苏格拉底从他与凯瑞丰的预赛早已看出，他"显然更多地关心所谓的演说术而非交谈"，不会回答（参448d-e）。一般而言，提问比回答更容易，因而提问者比回答者更低。[①]以珀洛斯实际的程度，他更适合做提问者。当然，彼一时也此一时也，不能带着成见看人，因为旁听了前面的谈话，珀洛斯现在也可能有所调整和提高。最重要的是，珀洛斯现

---

① 但究竟而言，问题比答案更重要。问题对了，答案也就不远了，甚至答案就在问题之中。一般的事实问题可能会有标准答案，但价值问题不太有标准答案，即使有一些公认的答案，也未必适合每个人的具体时空条件。所以，真实的问题总是具体而切己，必须每个人自己解决，别人无法解答；也不是不可以给答案，但好的答案是给既有的问题加密，坏的答案就是使人忘记问题，自以为解决了问题。

在插话时本来就带着问题：听了苏格拉底与高尔吉亚的谈话，他已经满怀"困惑"；即使苏格拉底抬举他，让他作回答者，他也会自动地变回提问者；换言之，作为"正义者"，珀洛斯也会从帮助高尔吉亚和纠正苏格拉底变成"做自己的事"，而"做自己的事"才是更高或真正的正义（参《王制》433b-d）。当然，珀洛斯这时恐怕并不自觉：当他自觉地要做自以为的正义者时，他做得并不正义；当他不自觉地做自己的事时，他反倒做得正义。

　　另一方面，即使预料到珀洛斯会不自觉地做提问者，苏格拉底仍然请他自己选择，既是对他的尊重，也是对他的提醒，而且，也只有基于尊重的提醒才可能有效；当然，苏格拉底在主观上未必想要达到什么效果，他只是自觉地按照正义行事，即"归还适合的东西"给珀洛斯而已（参《王制》332c）。

　　结果毫无悬念，珀洛斯自然而然很配合地做了提问者，尽管他并不自觉，尽管他自称能够回答。于是，角色转换不着痕迹，水到渠成：苏格拉底现在从提问者上升为回答者，代替了高尔吉亚在第一场对话的角色，重新界定演说术。

　　珀洛斯的问题显得合情合理：

　　……也请你回答我，苏格拉底噢：既然在你看来高尔吉亚关于演说术有困惑，[b5]那你自己说它是什么？（462b3-5）

珀洛斯尽管带着愤怒，但还算真诚，想知道苏格拉底的观点

（参461b3-4）。从形式上，珀洛斯的提问水平也有所提高：先问
"是什么"，而不再急于作出价值评判（参448e）。尽管如此，
仍不完全符合辩证术的要求：提问者首先要基于双方共同承认的
基础，或基于对方既有的观点，然后提出问题；若不同意，再收
回，退到一个更低的基础（参苏格拉底在450c4-5、454c3-5等的提
问）。但现在，珀洛斯不仅没有理解高尔吉亚失败的原因，也没
有注意苏格拉底的既有观点，遑论自己与苏格拉底的观点异同：
在一开始赞美高尔吉亚的时候，珀洛斯已经假定，演说术是"最
美的技术"（参448c）；但从苏格拉底与高尔吉亚的交谈看，演
说术是不是技术，仍然未定，因为它只产生信念而不教导知识
（参455a）。

于是，苏格拉底引导珀洛斯正确地提问：

苏（扮演回答者）莫非你是问，我说它是什么技术？
珀 我确实［是问这个］。
苏 至少在我看来，绝非［技术］，珀洛斯噢，至少对你
要说出真话。（462b6-9）

对苏格拉底的真话，珀洛斯竟然毫不惊讶，尽管他称高尔
吉亚的演说术是"最美的技术"。这只能说明，珀洛斯只是在
"经验"的意义上使用"技术"一词（参448c5），未必包含苏
格拉底理解的知识。根据苏格拉底与高尔吉亚同意的等式"知识

即德行"，没有知识就没有力量。显然，珀洛斯并不认同这个等
式。这符合珀洛斯的性格，也是年轻人的普遍特征：尽管同为演
说家，但较之重视"言辞"的高尔吉亚，珀洛斯更重视"活动或
经验"，更缺乏理性。并非偶然的是，珀洛斯只有两回使用名词
"言辞"：一回是在461c，两次都指苏格拉底与高尔吉亚的"讨
论"；另一回在471a，两次都指苏格拉底的"说法"。①

于是，为了达成交流，苏格拉底从高尔吉亚的程度下降到珀
洛斯的程度，用珀洛斯自己的观点作答，称演说术为"活动"或
"经验"。

珀 ［b10］不过，在你看来，演说术是什么？

苏 你所谓造就技术的那种活动，据我最近［462c］读到
的那篇论文。②

珀 你讲的这种［活动］是什么？

苏 我［讲的］是某种经验。

珀 因此，在你看来，演说术是一种经验？（462b10-c4）

珀洛斯的反问表明，他似乎有点意外或不解：要么，他忘了
自己说过这个观点（苏格拉底后文466a6会说他"没记性"）；要

---

① 关于珀洛斯其人的特征，参第五章第一节"四个主要人物异同关系表"。

② 参448c。

么，即使记得，但并未真正理解自己的观点，经苏格拉底一提，有了新的理解（否则他不会既说演说术是技术，又说它是活动或经验）；要么，他不相信苏格拉底也赞同自己的观点（他正是因为误解苏格拉底才插话）。

苏格拉底随后再次肯定这个观点：

> 苏　[c5]至少在我［看来是］，除非你讲别的什么。
> （462c5）

仿佛苏格拉自己倒忘了是照抄珀洛斯那篇论文的观点。珀洛斯听了，确信苏格拉底赞同自己的观点，当然非常喜悦和快乐。苏格拉底适时地进一步界定：

> 珀　关于什么的经验？
> 苏　关于制造某种喜悦和快乐的［经验］。（462c6-7）

定义要求唯一性。这个定义显然过于笼统，因为制造快乐的经验有很多，比如烹调等。但快乐让人没有耐性，珀洛斯不再继续追问，就急切要求自己想要的评价和结论（参448c10）。

> 珀　那么，在你看来演说术不就是一种美的东西吗，既然它能够取悦世人？

苏　[c10] 什么，珀洛斯噢？！你迄今已经向我讨教我说 [462d] 它是什么了吗，以致在这之后就问在我看来它是否并不美？

珀　因为我不是已经讨教了吗，你说它是某种经验？（462c8-d4）

珀洛斯旧病复发，半途而废，又违反了"先事实后评价"的辩证术规则（参448e2-8）。经过测试，珀洛斯仍然没有完全学会辩证术。

于是，苏格拉底就以烹调为例，亲自调教珀洛斯怎么用辩证术的方式提问：

苏　[d5] 那么，既然你崇尚"取悦"，你愿意在某个渺小的 [问题] 上取悦我吗？

珀　我确实 [愿意]。

苏　现在就问我吧：烹调在我看来是什么技术。①

珀　我这就问，烹调是什么技术？

〈苏　绝非 [技术]，[d10] 珀洛斯噢。不过，[它是] 什么？你说！

_____

① "烹调（ὀψοποιία）"（另见于465e1），即463b以下的"烹调术（ὀψοποιικός）"，常交替使用，后者使用频率更高。

　　珀　我这就说［，它是什么？］。

　　苏　某种经验。关于什么的［经验］？你说！

　　珀　我这就说［，关于什么的经验？］

　　苏　关于制造喜悦和［462e］快乐的［经验］，珀洛斯
噢。〉①（462d5-e1）

　　这一段问答基本重复，或删去，或断句不同。笔者认为，
这里是故意重复，表明苏格拉底怎么教珀洛斯学会辩证地提问。
从风格上看，苏格拉底在限制珀洛斯的"冗长言辞"之后，却弄
了一段"冗长的"简短对话，结合了演说术的方式与辩证术的方
式，具有反讽的喜剧效果。完全不必出于简洁而删除，因为在柏
拉图那里，无论简洁或冗长，写得美或写得烂，只要用对，都是
艺术。

　　"烹调"第一次出现，恰恰是在从老年人高尔吉亚向年轻
人珀洛斯过渡的语境下，在快乐的语境下；烹调的词根即"调
料"，也正是从健康城邦走向奢侈城邦的最初诱因（《王制》
332d，327c以下）。在后文苏格拉底的技术—谄媚体系中，烹调
术的对应者正是演说术（参465c4）。

---

①　〈　〉内断句据Dodds本。参B本断句："苏：绝非［技术］，珀洛斯噢。珀：不
过，［它是］什么，你说！苏：我这就说，某种经验。珀：什么［经验］，你说！
苏：我这就说，关于制造喜悦和快乐的［经验］，珀洛斯噢。"

珀　因此，烹调与演说术是相同的东西？！

苏　毫不［相同］，但都属于相同追求的一部分。

珀　［e5］你讲的这项［追求是］什么？（462e2-5）

既然烹调与演说术都是"关于制造某种喜悦和快乐的经验"，属于同一项追求的一部分。那么，这项追求是什么？

经过苏格拉底调教，珀洛斯终于问对了，但苏格拉底却有了顾虑。

苏　说出真话恐怕就更粗野喽；我畏缩不敢讲，实在是因为高尔吉亚的缘故，免得他会相信我在挖苦他本人的追求。但我嘛，高尔吉亚追求的演说术是否就是［463a］这个，我并不知道——因为从刚才的讨论看，他以为［演说术］到底是什么，根本尚未向我们变得显明。（462e6-463a3）

说出真话之前，苏格拉底照顾到旁听的高尔吉亚，担心"他会相信我在挖苦他本人的追求"。这意味着，苏格拉底的观点不同于高尔吉亚，可能会贬低演说术的价值。但即使这样，高尔吉亚也不必难堪：因为苏格拉底"并不知道"自己理解的演说术是否就是高尔吉亚从事的演说术（倘若冒犯，也是我误会而非故意，同时分开演说术与高尔吉亚个人）。苏格拉底显得非常礼貌，虽然批评演说术，却又顾及高尔吉亚的颜面。这种礼貌并非虚情假意，而是基于道理和事实：毕竟可能有另一种演说术（参《斐德若》），毕竟高尔吉亚的演说观尚未显明。没有显明的原因在于：高尔吉亚耻于说出自己的真实观点（如珀洛斯后文所言），苏格拉底又羞于像珀洛斯挑战他自己一样冒犯高尔吉亚，耻于使感到羞耻。[①]

为了向高尔吉亚表明自己的演说观，苏格拉底宁愿跟力不胜任的珀洛斯交谈，说出"更粗野"的"真话"。[②]换言之，苏格拉底与珀洛斯的交谈，其实是他与高尔吉亚交谈的继续，他们二人仍在进行沉默的交谈，珀洛斯只是他们继续交谈的工具。之所以拿珀洛斯当工具，是因为高尔吉亚耻于像学生一样求问苏格拉底，苏格拉底也就羞于像老师一样教导高尔吉亚。

经过层层铺垫，苏格拉底才说出自己的评价：演说术并不

---

① 关于羞耻感的论证作用，参麦金：《〈高尔吉亚〉中的羞耻与真理》，田明译，收于拙编《挑战戈尔戈》，前揭。

② 比较这里的"说出真话恐怕就更粗野喽"与前文"珀洛斯噢，至少对你要说出真话"（462b9）。苏格拉底本人并不坚持讲真话，也不提倡讲真话，当然也不提倡讲假话，而是看人说话，在不同的情况下对不同的人说不同的话，或真或假，无可无不可（比较《王制》"美丽的谎言"与《申辩》口口声声的真话）。究竟而言，真假的关键不在于说者，而在于听者：对有耳能听的，假话也是真话，人之视己，如见肺肝然，故不可能说谎（参《欧蒂得谟》286c）。但苏格拉底的看人说话，甚至变化不同说法（参483a卡利克勒斯对苏格拉底的指责，以及499c苏格拉底的反指责），并不代表没有原则，没有"一以贯之"的东西（参482b-c，509a，527d）；恰恰相反，正因为"一以贯之"，"得其环中"，才能做到对不同的人说不同的话，犹如一面镜子，如实观照，使每个对话者有机会反观自己；也因此，真懂的人自然不违如愚，因为自身和谐，所以当下相应，反之，反对苏格拉底其实也就是反对自己（参482b）。

美丽。

> 苏 ……但我所称的演说术是某种并不属于那些美事的活动的一部分。
>
> 高 ［a5］什么［活动］，苏格拉底噢？请说吧，你绝不会令我感到羞耻。（463a4-5）

高尔吉亚适时插话，优雅地以礼还礼，打消苏格拉底的顾虑，鼓励他直言不讳。苏格拉底就顺势直接转向高尔吉亚，初步说出自己的演说观：

> 苏 在我看来，那么，高尔吉亚噢，它尽管是某种没有技术的追求，却属于那种擅于瞄准的、勇敢的和天生惯于结交世人的聪明的灵魂；但我呢，［463b］我称它的首脑为谄媚。在我看来，这项追求还有很多其他部分，而烹调术也是［其中］之一；它尽管看起来是技术，但照我的说法，它不是技术，而是经验和成规。我也［b5］称演说术为它的一部分，以及化装术和智术，这四个部分针对四种事务。（463a6-b6）

演说术属于谄媚，"属于那种擅于瞄准的、勇敢的和天生惯于结交世人的聪明的灵魂"。这意味着，谄媚仍然带有某些好的自然倾向："勇敢"且天生"聪明"（参491b，卡利克勒斯的典范即"不仅明智而且勇敢"）。[①] 但谄媚不是技术（即知识），而是"经验和常规"，包含烹调术、演说术、化装术和智术四个部分。[②]

但简要说出大概之后，苏格拉底忽然打住，又重新转向珀洛斯，重申辩证术"先事实后评价"的基本步骤，并让珀洛斯这样提问"讨教"（463b7，463c7）。

> ……那么，倘若珀洛斯愿意讨教，就让他讨教吧；因为［463c］他迄今尚未讨教我说演说术是谄媚的哪个部分，而未察觉我迄今尚未回答，就接着再问我以为它是否并不美。但我呢，除非我最先回答它是什么，我不会更先回答他［c5］我以为演说术是美还是丑。（463b7-c5）

---

① "聪明（δεινός）"本身可好可坏，目的高尚则值得称赞，目的卑贱则流于狡猾，故称明智者聪明，称狡猾者卑贱（参亚里士多德《尼各马可伦理学》1144a20-35）。

② 比较高尔吉亚最后的定义：演说术是制造说服的工匠（453a）。苏格拉底用"谄媚"代替了"说服"，二者之间有何异同？同：都不是技术，仅仅产生信念而非教导知识。异：手段上，说服更多使用言辞，而谄媚更多凭借快乐；对象上，说服是自居为高者对低者，谄媚是自居为低者对高者；形式和效果上，说服更多的是使你相信我所相信的东西，而谄媚更多的是让你相信你所相信的东西，因而，说服有自我，谄媚无自我，显得更无私，故谄媚在形式上更像辩证术，二者的关系犹孔子所谓佞与仁或言与德的关系（"仁而不佞"，"巧言乱德"，"有德者必有言，有言者不必有德"）。

这个短短的停顿和转向耐人寻味，需要联系前后的来龙去脉，才能明白其用意。

先看来龙去脉，分为四步：首先（1），苏格拉底原本已经跟力不胜任的珀洛斯确立了问答关系，并亲自教他学会提问之后，尝试阐述自己的演说观（462b1-e5）；然后（2），珀洛斯问到关键问题的时候，苏格拉底突然打住，把话头转向高尔吉亚，担心令他难堪，高尔吉亚表示不会羞耻，苏格拉底才向他继续阐述自己的演说观（462e6-463b7）；现在（3），苏格拉底刚讲个开头，又突然打住，再次转向珀洛斯，跟他问答一番（463b8-d5）；最后（4），再次证明珀洛斯能力不行，高尔吉亚发誓亲自提问，苏格拉底与高尔吉亚形成问答关系，苏格拉底才向高尔吉亚一股脑说出自己的演说观（463d6-464b2）。

再看每一步的动机：（1）的动机是珀洛斯的正义感，要扶正老师和苏格拉底，但结果证明珀洛斯辩证问答的能力不行；（2）的动机是高尔吉亚的羞耻感；（4）的动机是珀洛斯能力不行。但（3）的动机是什么？是为了证明珀洛斯提问能力不行，以便有（4）吗？但（1）不是已经证明了吗，何需再三证明？是为了照顾高尔吉亚的羞耻或颜面，避免直接对他讲话吗？但他最后（4）不是又抛开珀洛斯，仍然直接对高尔吉亚讲了吗？那么，（3）的意图究竟何在？

从表面上看，其他三步的动机都源于对方，即珀洛斯或高尔吉亚，似乎没有属于苏格拉底这个谈话主导者本人的动机。因此，笔者认为：（3）仍然是承接高尔吉亚的羞耻感而来，但包含了苏格拉底帮助高尔吉亚消除羞耻感的隐秘动机。在苏格拉底初步阐述之前，高尔吉亚鼓励说："请说吧，你绝不会令我感到羞耻"（463a5）。恰恰是这种客气的表白，暴露了他确实害怕羞耻，证实了刚才珀洛斯的说法（参461b5；羞耻/不羞耻都是用来描述别人，除了高尔吉亚这一处，几乎没人用来描述自己；用来描述自己，就暗示已经感到自身的矛盾和紧张）；但也恰恰是这种暴露，使他有可能超越羞耻，破除自欺的虚荣和负担，直面令人不快乃至痛苦的真实；但既然向苏格拉底这样表白，说明他自己没有充分能力超越羞耻造成的紧张，需要向苏格拉底借一分力。苏格拉底自然有求必应，方法是以霹雳手段显慈悲心肠。"你不会令我感到羞耻"——既然你相信我，我就让你不再感到羞耻，帮你解除羞耻造成的内在紧张。于是，苏格拉底刚开个头，但一转念，就顺手操起旁边无辜的珀洛斯，一通毫不客气、甚至粗野的训斥、否定乃至羞辱（463c8-d5）。可谓是"打丫鬟骂小姐"，确实起到了敲山震虎、隔山打牛之效：高傲虚荣的高尔吉亚随后终于浮气落地、紧张消除，第一次自动地、真诚地公开承认自己的无知（463d7）。看似简单、但多么伟大的转变！当然，这个霹雳手段和瞬间转变是以之前很长时间的交流和酝酿为前提的。苏格拉底也顺势第一次毫不客气地肯定了高尔吉亚的自我否定，然后顺手抛弃作为工具的无辜的珀洛斯（463e1-2）。最后，直到高尔吉亚亲自"讨教"（比较463c1、463e3），苏格拉底才像个老师一样，循循善诱，一点点解释（463e3–464b2）。

明白了来龙去脉和动机，再循原文，细参其妙：

苏格拉底重申"先事实后评价"的辩证问答程序，让珀洛斯"讨教"和提问：

> ……（转向珀洛斯）因为那不公正，珀洛斯噢！不过，如果你愿意讨教，就请你问我说演说术是谄媚的哪个部分。
>
> 珀　我这就问，也请你回答，哪个部分？（463c6-8）

珀洛斯完全顺从，依照苏格拉底所教的问题提问。但苏格拉底却毫不买账，不好好回答，反而话里带刺地反问：

> 苏　［463d］咳，［我］若回答了，你就能学会吗？（463d1）

这不是故意刺激乃至羞辱珀洛斯吗？！然后才不屑地抛出一张牌：

> ……因为根据我的说法，演说术是治邦术的一个部分的影子。（463d2）

治邦术第一次出现。但遭到羞辱的珀洛斯昏了头，根本不关心苏格拉底的信息和根据：

　　珀　那又怎样？你讲它是美还是丑？（463d3）

　　再次旧病复发，要求承认和评价。不过，公正地讲，这样提问也不是完全不符合先事实后评价的规则，因为苏格拉底已经给了一个粗略的定义。当然，若更冷静细心，应该接着问什么是治邦术之类问题。看来，苏格拉底前面羞辱得没错；不愿学，怎么能学会呢？

　　苏格拉底却毫不客气，直接否定珀洛斯推崇的演说术：

　　苏　丑，至少我［这么讲］，因为我称那些坏的为丑的。（463d4）

还不够狠，再补一刀：

　　……既然［d5］必须回答你，仿佛你迄今已经知道我所讲的东西［是什么］。（463d5）

直接否定珀洛斯这个人的智商！苍天！但也是实情。
就在这个当口儿，高尔吉亚主动插话，承认自己不懂：

　　高（插话）凭宙斯起誓，苏格拉底噢，不过，我本人确实没有领会你在讲什么。

　　为了表示真诚，高尔吉亚发誓。他总共才发两次誓，名高望重的人当然不会轻易发誓。这也是高尔吉亚第一次主动插话，后来又有两次主动插话，阻止谈话破裂（497b4挽留卡利克勒斯，506a8挽留苏格拉底），可见其渐渐恢复求知和学习热情，实在难能可贵。

　　苏格拉底抓住高尔吉亚自我否定的时机，再给一把力：

　　苏　［463e］大有可能，高尔吉亚噢。（463e1）

　　助其解脱自负的负担；但随即又帮他找个台阶和替罪羊：

　　……因为我根本尚未讲清楚，但珀洛斯这个"泼骡子"既年轻又急躁。[①]（463e2）

　　你高尔吉亚无知，并不怪你，怪我没讲清楚，更怪珀洛斯的年龄和性格——不再指责珀洛斯不会问答交谈，也就撇开了老师

---

① 谐音双关语，"珀洛斯"字面义是马驹，故勉强译为"泼骡子"，参亚里士多德《修辞学》1400b20。

高尔吉亚的教学责任。

高尔吉亚随即会心：

> 高　得了，你就随他去吧。（463e3）

顺杆而下，也摆脱对学生的依赖；然后恢复力量，放下身段，不耻下问：

> ……而是告诉我，你怎么讲演说术是政治术的一个部分的影子？

这是高尔吉亚第一次像学生一样主动提出真正的问题，标志着高尔吉亚的伟大转变。教育不是灌输，而是启动灵魂的向上颠转（《理想国》518c-d）。

苏格拉底这一招指桑骂槐、隔山打牛如行云流水，不着痕迹。珀洛斯不仅无辜，甚至懵懂，因而并未受伤；即使要说受伤，也因为已经多次受伤而变得经受得起。高尔吉亚被打掉客气，但未伤及尊严，或确切地说，正因保护了其尊严，才能打掉其客气。从形式上看，苏格拉底的这个手段颇似他所描述的谄媚：擅于瞄准、勇敢、机灵。但因为目的不同，评价也就两样了。

帮助高尔吉亚放下老师和回答者的架子和负担之后，苏格拉底作为回答者与高尔吉亚展开一段问答：

苏　[e5]得了，我将试着指明，演说术在我看来显得是什么东西；但若碰巧不是那个东西，这个珀洛斯就[464a]将反驳。

你大概称某个东西为身体和[某个东西为]灵魂吧？

高　怎么不呢？

苏　那么，你不是也相信，它们各自都有某种良好状态吗？

高　我确实。

苏　但这个呢：[也有某种]看似良好而实际不好的状态吗？比如，我是讲这类情况：很多人看似具有良好的[a5]身体状态，任何人都不能轻易感觉到他们并不具有良好状态，除了一名治病者和某个擅于体操术的人。①

高　你讲得真实。

苏　这种东西，我要讲，身体里和灵魂里都有，它使身体和灵魂变得看似具有良好状态，[464b]尽管[它们]根本没有更[好状态]。

高　是这些。（463e5-464b2）

――――――――――

①　"擅长体操术的人/体操专家（γυμναστικός）"与前文"健身师（παιδοτρίβης）"不是同一个职业，但经常混同：二者目的都是调养和锻炼身体，经常跟治病者并提；但前者针对成人，侧重竞赛，后者针对孩子，侧重健美。在这篇对话中，作为技术，用的是"体操术"，但相应的职业，用的是"健身师"而非"体操专家"（仅此一处），从未用过"健身术/健身专家（παιδοτριβικός）"。

这一段问答，在情节上，起到缓和紧张、平复情绪的作用，也是检测高尔吉亚是否浮气落地——尽管如此，苏格拉底仍然保持礼貌和尊重，请求"珀洛斯"反驳（463e6，参465d4）。在内容上，它起到铺垫作用，为后文的阐述提供两个前提区分：身体与灵魂之分；良好状态与看似良好而实际不好的状态之分，即真实健康与虚假健康之分。

高尔吉亚不断点头称是，心悦诚服，苏格拉底才向高尔吉亚"更清楚地炫示"自己的演说观（464b3–466a3）。较之第一次阐述（463a6-b6），苏格拉底这一次采用了迄今最长的言辞，长篇大论的炫示风格。

> 苏 那就来吧，倘若我有能力，我会为你更清楚地炫示我所讲的东西：
>
> 既然有两种事务，我就讲相应的两种技术：针对灵魂的那种，我称为治邦术，但针对身体的那种，[b5]我却不能为你这样起个单一的名称。但我要讲，对身体的这种照料虽是一个，却有两个部分，一个是体操术，另一个是治病术；但至于治邦术，[我要讲，]一个是代替体操术的立法术，另一个是治病术的对应者即正义。①[464c]它们各自两两，

_____

① 鉴于立法术，这里的"正义（δικαιοσύνη）"可以理解为"审判术"，参后文520b，即用"审判术（δικαστικός，仅一见）"代替"正义"。

即治病术之于体操术和正义之于立法术，因为关注相同的东西而彼此共享；尽管如此，它们彼此仍有点儿差别。

那么，既然有这四个，且永远朝向最好的东西，在它们［c5］照料身体和灵魂的时候，谄媚术感觉到了——不是认识哟，我要讲，而是瞄准——就把自身划分为四个，偷偷溜入每个部分下面，冒充［464d］它所溜入的那个，而毫不在意最好的东西，而是用当下最快乐的东西去捕捉并蒙骗不理智［的人］，以致看似有最多价值。

于是，烹调术偷偷溜进了治病术下面，并冒充［d5］知道对身体最好的食物，这样一来，倘若一名烹调者和一名治病者必须在孩子们或像孩子们一样不理智的男人们面前竞争，［决定］他俩谁懂得有益和［464e］低劣的食物，是治病者还是烹调者，那么，治病者就会因饥饿而死掉……

（转向珀洛斯）于是，我称之为谄媚，并断言［465a］这类东西实在丑，珀洛斯噢——因为对你，我才这样讲——因为它瞄准脱离最好之物的快乐之物。而且我断言，它不是技术而是经验，因为它根本不能给出任何道理以说明它为之提供东西的那个东西〈或〉它所提供的那些东西在本性上是怎样的东西，① 以致［a5］不能说出每个东西的原因；而我

---

① 据D本。参B本："因为它根本不能给出任何关于它借以应用它所应用的那些东西的道理，以说明它们在本性上是怎样的东西。"

不称任何没道理 [言辞] 的事务为技术。

　　关于这些，你若争辩，我乐意给出道理。（珀洛斯沉默）（464b3–465a7）

　　既然身体与灵魂不同，就需要两类不同的技术分别予以照料：照料灵魂的技术被统称为"治邦术"，而照料身体的技术没有总名。照看身体的技术包含体操术和治病术，相应地，照料灵魂的治邦术包含立法术与正义（审判术）。体操术对应立法术，治病术对应正义。这四门技术都永远朝向最好的东西。但谄媚察觉之后，就相应地分成四个，冒充四门真正的技术，但毫不关心最好的东西，仅仅朝向最快乐的东西；但谄媚并不宣称自己仅仅关心快乐，而是蒙骗，因而是假冒的技术。为了具体说明快乐与善这两个不同的目标，苏格拉底举了烹调术冒充治病术的例子：烹调术冒充知道对身体最好的食物，治病者在孩子们和孩子一样不理智的大人面前就会饿死。随后，苏格拉底重申谄媚与技术的差别：前者目的在于快乐，后者在于善；前者不能给出道理、说明原因，因而没有理性，后者具有理性。

　　苏格拉底的区分及其标准是否充分？首先，照料灵魂的技术为什么统称治邦术？更确切地说，照料灵魂的技术应该是教育。[1] 教育旨在使人变成好人，治邦术旨在使人变成好邦民。但好人是否

---

① 参Dodds相关注释；施特劳斯：《修辞、政治与哲学》，前揭，第113页。

等于好邦民？好邦民在何种情况下等于好人？好邦民的德性取决于相关的政制，民主制的好邦民未必是君主制的好邦民，但好人在任何政制下都是好邦民（亚里士多德《尼各马可伦理学》1094b8、1130b25，《政治学》1292b15、1276b30-31）。因此，只有在最佳政制下，即哲人王统治下，好邦民才等于好人，治邦术才等于教育。

其次，为什么照料身体的技术没有总名？照料身体的技术与照料灵魂的技术之间是什么关系？为什么没有照料一个人的整体的技术？总之，身体与灵魂分裂了。高尔吉亚没有问、苏格拉底也没有说，是否有整个人的良好状态，因而是否有照料整个人或整体的专门技术。尽管他稍后会说，应该灵魂统治身体，但也没说，是否灵魂的技术统治身体的技术，是否有一种统治这四种技术的专门技术。①

————————

① 比较《卡尔米德》156c以下，苏格拉底告诉患有头痛的卡尔米德，"好医生会说，期望独自照料头部自身而不［照料］整个身体，是非常愚蠢的。基于这个道理，他们对整个身体进行调理，试图随着整体一起照料并治疗部分"。在卡尔米德接受这个道理之后，苏格拉底进而转述了色雷斯国王御医转述的国王的说法："正如不应当试图治疗眼睛而不治头部，或［治疗］头部而不治身体，同样也不［应当试图治疗］身体而不治灵魂；而这也正是很多疾病逃过希腊医生的原因，因为他们不关心他们必须关心的整体，而没有整体的美好状态，也不可能有部分的良好状态。因为身体和整个人的所有好坏都发动于灵魂，并从那里流出……因此，要想头部和身体其他部分有良好状态，就必须首先且主要照料灵魂。照料灵魂要靠某些咒语，这些咒语就是这些美丽的言辞；而通过这类言辞，就在灵魂中产生节制；而节制一产生并在场，为头部和身体其他部分提供健康就容易了。"最后，苏格拉底再三强调施用药物和咒语的禁令："别让任何人说服你用这个药物照料他的头部，除非他首先交出灵魂被你用咒语照料，因为这正是现今凡人的错误，因为有些医生试图割裂节制与健康。"

第三，苏格拉底举例烹调术的例子之后，特别吁请珀洛斯注意（465a1）；讲完谄媚与技术的区别之后，又提醒珀洛斯"争辩"（465a7）。但珀洛斯都没吭声，苏格拉底就只好继续讲下去。也许，珀洛斯不愿细想苏格拉底的例子和区分标准，因为他显然只关心演说术。

但作为读者，我们有时间且应该仔细想想。（1）初次说明谄媚时，它只是"用最快乐的东西去捕捉并蒙骗不理智"，并不以快乐为目的，或把快乐等于善，换言之，快乐只是谄媚达到目的的手段，谄媚不等于享乐主义；再次描述时，才说"它瞄准脱离最好之物的快乐之物"。两次说法显然有别。（2）关于烹调术的例子，治病者与烹调者的竞争被等同于健康与快乐的竞争，但若不是在"孩子们或像孩子一样不理智的男人们"面前，而是在理智的大人面前竞争，治病者会饿死吗？治病者必然拒绝以快乐为治疗手段吗？烹调者必然"冒充知道对身体更好的食物"，并自称给人治病吗？烹调者可能仅仅提供美味的食物（参《王制》332c、《治国者》289a）。总之，快乐与善是否必然像苏格拉底这里强调的那样对立（比较458a苏格拉底自言以善为乐）？快乐与非理性是否必然联系在一起？有没有既关心快乐又关心善的技术？如果快乐是善的一部分呢（参《斐勒布》60a-d，亚里士多德《尼各马可伦理学》1152b1-20）？快乐与善的复杂关系是第二场交谈，乃至整个对话的关键。苏格拉底这里采取了极端的立场。

确定烹调术假冒治病术之后，苏格拉底又讲到化妆术假冒体操术：

　　　苏 ……［465b］于是，治病术下面，像我讲的，就躺着作
　　为谄媚的烹调术；而体操术下面，按同样的方式，［躺着］化妆
　　术，它既使坏又欺诈、既不高贵又不自由，既用种种形状和种种
　　颜色、又用光滑和种种外衣［b5］去欺诈，以致使那些披上异己
　　之美的人忽视通过体操术而得的本己之［美］。（465b1-6）

　　化妆术显然是冒牌技术，只会让人表面显得保持健康。相比
之下，烹调术并非显然是冒牌技术，因为烹调者未必自称给人治
病。反过来化妆术也未必像烹调术一样明显为了快乐；也可能出
于羞耻或礼貌。总之，苏格拉底描述了谄媚的三个特征：首先，
谄媚是经验，即非理性的东西；其次，谄媚只关心快乐，不关心
善；最后，谄媚冒充技术。不过，这三个相互独立的特征并不完
全适用于谄媚的每个部分，毋宁说，只有第二个特征适用于演说
术（甚至这一点也可疑）。这正是苏格拉底的立论之点。
　　讲完身体方面的谄媚之后，苏格拉底"像几何学家们那样"
类比灵魂方面的谄媚和技术。

　　　……那么，为了不至于长篇大论，我乐意像几何学家们那
　　样告诉你——因为迄今［465c］你也许仍跟得上——即化妆术
　　之于体操术，正如〈烹调术之于治病术，但更确切地说：化妆

术之于体操术，正如〉智术之于立法术，同样，烹调术之于治病术，正如演说术之于［c5］正义。①（465b7-c5）

苏格拉底担心珀洛斯是否"跟得上"。因为珀洛斯只关心演说术，不关心其他无论真假技术，所以苏格拉底提醒他，若不能像几何学家那样，搞清各种技术与谄媚之间的比例关系和位置，也不能明白演说术的本质。

直到这里，苏格拉底才充分描述四种技术与四种谄媚及其异同对应关系，如下：

表1　四种技术与四种谄媚的关系平面表②

	人（无总名）	
	身体（无总名）	灵魂（治邦术）
保持健康	体操术（化妆术）	立法术（智术）
恢复健康	治病术（烹调术）	正义（演说术）

① 据D本。B本删去"即化妆术之于体操术，正如烹调术之于治病术，但更确切地说"，余同。D本保留口语随时更正的特征，没有为了简洁而删除重复，何况前一句实则并非重复，而是跟下一句构成一横一纵的立体类比。

② 前文提到，苏格拉底分裂了身体与灵魂，忽视了照料整个人的整体技术。这固然部分是因为对话者的局限，但从另一面说，也透露出一些真实的信息：没有一个独立的整体，整体就在部分之中，是各个部分的有机配合。因此，四种技术的有机配合就可以造成整个人的良好状态。对不同程度的人，四种技术可以有不同的加减，程度越高需要的技术越少，最高等级的人只需立法术。

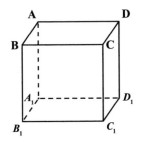

图1 四种技术与四种谄媚的关系正六面体图①

体操术使身体保持健康，治病术使身体恢复健康，故，体操术与治病术区分开来。同理，立法术使灵魂保持健康，正义使灵魂恢复健康，故，健康的灵魂不等于正义的灵魂。化妆术假冒体操术，而"化妆术之于体操术，正如智术之于立法术"，故，智术是假冒技术。烹调术未必假冒治病术，"烹调术之于治病术，正如演说术之于审判术"，故，演说术未必是假冒技术。立法术与智术的关系不难理解：若立法术旨在保持灵魂的德性，立法术的堕落就是智术，因为智术冒充教人德性，实则败坏灵魂（参《王制》491e–493b）。正义与演说术的关系呢？若人犯罪，正义（审判术）通过惩罚恢复灵魂的正义，演说术（主要是法庭演说术）则可以说服人们相信罪犯没有犯罪，使之显得恢复正义，从而冒充正义。

整个几何关系的落脚点是演说术，但这里出了问题：

① A、B、C、D代表四种技术，A_1、B_1、C_1、D_1代表四种相应的谄媚。

……然而，就像我讲的，尽管它们这样自然地分开了，但因为实在接近，智术师们与演说者们就混在一起，在相同的地方并关注相同的东西，以致他们不懂如何使用自己，其他世人也［不懂如何使用］他们。（465c6-8）

为什么会造成智术师与演说者的混淆？让我们尝试根据几何关系分析。

（1）根据体操术与治病术、进而立法术与正义的关系理解。作为技术，治病术需要更多知识，故，体操术低于治病术；类比得出，立法术应该低于审判术；进而类比得出，智术应该低于演说术。第一步类比和最后一步都看不出什么问题，问题在第二步类比，即立法术低于审判术。根据经验，这个判断部分符合实情：审判需要专家，立法只需非专家组成的公民大会投票表决，尤其在民主制下；专家显然比民众更有知识。然而，作为灵魂方面的技术，立法术和审判术又各有自身特点，不能完全依靠类比确立。因为严格意义上的立法术必然制定善法而非恶法，制定善法的前提是完善的灵魂，需要拥有关于灵魂、城邦和宇宙秩序的知识，在这个意义上，立法术等于最高的灵魂学或宇宙论；而审判术似乎只需掌握既定的法条并查明案情（《法义》857c–858d；参亚里士多德《尼各马可伦理学》1181a15-20）。因此，据其自身而言，立法术高于审判术（参520b3-4）。总之，若类比体操术与治病术，则立法术低于审判术；若据自身而言，立法术高于审判术。两者都部分属实，前者符合民主制的现实，后者符合其本身的真实。因此，立法术与审判术之间等级关系比较含混，这种含混某种程度上就影响了智术与演说术的关系：根据倒影原则，若立法术高于审判术，则智术低于演说术；若立法术低于审判术，则智术高于演说术。然而，两者高低关系含混，未必造成两者不易区分，至少，立法术与审判术不难区分：因为立法成功，就无须审判术，若灵魂完善，正义就消失（参《王制》432-433）。因此，这个类比有问题：类比必须是同类，智术和演说术都是谄媚，而立法术与审判术都是技术，并非同类，故类比失败。

因此，（2）应该同类类比，即用化妆术与烹调术的关系来类比智术与演说术的关系。两组都是谄媚，故无法从知识层面衡量高低。但化妆术与烹调术虽然"在相同的地方并关注相同的东西"，却不难区分；同理，智术师与演说家也应该容易区分才是呀？但他们为何"混在一起"？

最终，（3）只能从二者自身找原因：据柏拉图其他作品，智术师和演说家都被称为"魔术师"，可以变化形象（《智术师》235；《治邦者》291c；《斐德若》267a-b）。这也许是最终、但并不完美的解释。

进一步问，几何类比为什么无法做出完美的解释？因为它无法充分呈现事物的真实面目。具体到这里，用立法术与审判术的关系理解，类比基础是都针对灵魂，但一方是技术，一方是谄媚，性质不同，故不充分；用化妆术与烹调术的关系理解，类比基础是都属于谄媚，但一方针对身体，一方针对灵魂，对象不同，故不充分。那么，进一步的问题：既然类比关系无法充分揭示演说术，苏格拉底为什么采用这么笨拙的办法，而不直接给个准确的定义？因为苏格拉底已经说了，演说术是政治术的一个部分的影子。我们无法直接抓住影子，确定影子的唯一办法是抓住原型。演说术的原型是正义，因此，要认识演说术，必须认识正义。但遗憾的是，整个对话没有人提出什么是正义的问题。

讲完上述四种技术和四种谄媚之后，苏格拉底重新强调身体与灵魂的区分，提醒珀洛斯注意：

……确实，因为倘若不是灵魂照管［465d］身体，而是它自己［照管］自己，而烹调术和治病术不是在它［灵魂］之下被审视和被分辨，而是身体自己用针对它自身的种种满足去衡量和判定，那么，阿那克萨戈拉所言就会非常到位，亲爱的珀洛斯噢——因为你对这些［d5］有经验呀——"所有必要的东西都会"在相同的地方"混成一体"，治病术啦、健康啦、烹调术啦之间的东西都无法判别。

既如此，我说演说术是什么，你已经听到了：即烹调［465e］在灵魂里的对应者，正如后者是［演说术］在身体里［的对应者］。（465c9-e1）

若不是灵魂照管身体，而让身体自己照管自己，就应了阿那克萨戈拉的名言。苏格拉底没有明言阿那克萨戈拉的这句格言，大概是因为珀洛斯非常熟悉或崇拜他；苏格拉底自己在某种程度上也是因为宣扬阿那克萨戈拉的无神论而获罪（《申辩》26d）。阿那克萨戈拉首倡"努斯"学说，认为努斯进入混沌，秩理万物，产生了宇宙秩序。不过，据苏格拉底说，阿那克萨戈拉根本没有"利用"这个努斯（《斐多》97b–98c；参亚里士多德《形而上学》985a）。因此，这个世界根本没有努斯，万物等同于混沌，彼此毫无差异，也就谈不上身体与灵魂的区分、技术与谄媚的区分、善与快乐的区分。苏格拉底似乎暗示，阿那克萨戈拉的这套没有努斯的混沌唯物论就是珀洛斯的演说术的前提和基础。无独有偶，演说者伯利克勒斯就喜欢挪用阿那克萨戈拉的思想文章（《斐德若》270a；参《法义》886b）。

2 珀洛斯捍卫演说术（465e2–471d8）

长篇大论地阐述自己的演说观之后，苏格拉底重提"简短的言辞"与"冗长的言辞"之分：

> ……既如此，也许我已经做了一件离谱的事儿：因为我不准你讲冗长的言辞，自己却已经拉出一番长久的言辞。尽管如此，我仍然值得给予原谅：因为我讲得简短时，你就学

不会，［e5］没法使用我回答给你的任何答案，你根本不能这样，而是需要一套解释。

　　既如此，假若［466a］我也不能使用你回答的任何东西，也请你拉长言辞，但假若我能，就请你准我使用；因为［这才］公正嘛。而现在，倘若你多少能够使用这个答案，就请使用吧。（465e2–466a3）

　　既然苏格拉底已经犯规，就不能继续禁止冗长的言辞，所以，后文会出现许多冗长的言辞。但苏格拉底尽管犯规，仍然"值得给予原谅"，因为讲得简短，珀洛斯就听不懂，不能利用苏格拉底的回答——证据是，苏格拉底曾数次示意珀洛斯提问、插话或打断，但珀洛斯都错过了（465a1、465a6、465c1、465d4）。但问题是，短的听不懂，长的就能听懂吗？这也暗示，在苏格拉底看来，长篇大论更容易，言辞简短更难，相应地，演说术比辩证术更容易。

　　苏格拉底显得很"公正"（平等）：他若不能利用珀洛斯的回答，珀洛斯也可以拉长言辞（比较461e，当初限制珀洛斯长篇大论也是利用平等的正义）。许多证据表明，珀洛斯不能理解苏格拉底的回答，但没有证据表明苏格拉底不会利用珀洛斯的回答。显然，智力上没有真正的平等，正所谓"惟上智与下愚不移"。但上智的苏格拉底不断施与平等，下愚的珀洛斯却不断索要自由和特权。

　　珀洛斯虽然未必充分理解苏格拉底的长篇大论，但不至于蠢到听不出苏格拉底对演说术的贬损：

　　珀　你究竟在说什么？在你看来，演说术就是［a5］谄媚？

　　苏　而是谄媚的一部分，至少我说过。不过，你才这个年纪，就没记性啦，珀洛斯噢？待会儿，你咋办哟？

　　珀　那么，在你看来，那些好的演说者在各城邦里也［a10］被承认为卑贱的谄媚者？①

　　苏　［466b］你这是在问问题呢，还是在讲某套讲辞的开端？

　　珀　我确实在问。

　　苏　他们根本不被承认［尊重］，至少在我看来。（466a4-b3）

　　若演说术是谄媚，像高尔吉亚一样"好的演说家"不都成了"卑贱的谄媚者"，因而不被尊重了吗？但演说家不是有高尔吉亚所谓的"全部能力"吗？有最大能力的人怎么会不被尊重呢？为了赢回演说家的尊严和声誉，珀洛斯诉诸演说术的能力，尤其

_____

①　"好的演说家"是高尔吉亚的自诩（449a7）。"承认（νομίζω）"，同源词"礼法/习俗（νόμος）"，被社会和大众认可并尊重。

是政治权力，其幼稚逻辑是：有能力就有尊严，就不可能是谄媚者。

> 珀　怎么不被尊重［承认］呢？他们不是有最大能力吗，在各［b5］城邦里？
>
> 苏　不，倘若你讲，有能力对有能力者来说是某种好事。
>
> 珀　但我恰恰确实这么讲啊。
>
> 苏　所以，在我看来，演说者们在城邦的人们中有最小［b10］能力。（466b4-10）

苏格拉底一口咬定：演说家不被尊重，若有能力是好事，则演说家能力最小。但高尔吉亚刚刚所举的政治家忒米司托克勒斯和伯利克勒斯不是很被尊重，权力很大吗？其实，苏格拉底隐含的逻辑是：演说家尽管掌握政治权力，却很少能用权力做好事，因而能力最小。珀洛斯显然不懂这个逻辑，随即举出最简单、最极端的证据：

> 珀　什么？他们不是像僭主们那样，杀死［466c］自己愿意的任何人，并抢走财物并从各城邦逐出在他们看来［应当驱逐］的任何人吗？（466b10-c2）

为了证明演说术的能力，珀洛斯不惜将其与僭政相提并论。

这恐怕并非偶然，而是有深层原因：演说意味着说服（低级形式即欺诈），僭政意味着强制（低级形式即暴力）。前者是言辞的低级形式，相应的高级形式是辩证术；后者是行动的低级形式，相应的高级形式是审判术（正义或法律）。若言辞与行动需要配合，则惩罚需要结合教导，强制需要结合说服，正义需要知识，暴力需要欺诈。[①] 因此，演说与僭政天然地相互需要。虽然相互需要，但应该有主从之分；又因为相互需要，主从关系就非常容易颠倒易位。

珀洛斯为了演说家的尊严，诉诸权力，为了权力，又诉诸僭政。但他不是一直号称演说术是美丽/高尚的吗（448c10、448e5、462c9、463d3）？而僭政不是丑陋的吗？何况，既然僭主权力最大，他不就能制服演说家，不就证明演说家没有"全部能力"吗？也许珀洛斯没想太多，只是用僭政的暴力作为恐吓和震慑手段，以保证演说术的说服的有效性，实际上未必使用；因为一旦不加限制地使用暴力，不但会限制演说术的说服能力，也会使演说术最终丧失领导地位。

---

① 参施特劳斯：《修辞、政治与哲学》，前揭，第123页。结尾的审判神话仍然会暗示欺诈与暴力的关系：即"欺诈的克洛诺斯"与暴力的宙斯之间的关系。参霍布斯《利维坦》第十三章。

表2　演说与僭政的关系表

人	言/灵魂/理论/文化/智/笔/	辩证术/教导/知识/哲学
		演说术/说服/欺诈/宗教
	行/身体/实践/武化/力/枪/	审判术/惩罚/法律
		僭政术/强制/暴力

从现在开始，"能力/权力"成为主题，僭政取代了演说术。[①] 苏格拉底要坚持演说术毫无尊严和毫无能力，就必须同时证明僭政毫无能力，反过来，要证明，知识就是能力并带来尊严。

苏格拉底随后的整个反驳或证明基于珀洛斯已经承认的一个前提："有能力对有能力者来说是某种好事"（466b6）。这个说法隐含了两个假定：首先，有能力是指能够做自己愿意的事（参466c1珀洛斯已经默认，其带入项是杀人等）；其次，自己愿意的事是某种好事，即对自己好的事（形式推导）。综合两个假定，有能力是指能够做对自己好的事。但关键的问题是：什么是对自己好的事？这正是珀洛斯最犯糊涂的地方，也是苏格拉底反复辨析的地方。

---

① 并非偶然的是，名词"说服（πειθώ）"在高尔吉亚部分出现了19次，但之后却一次都没出现过。参伯纳德特：《道德与哲学的修辞术》，前揭，第5页。

苏 以狗发誓①，我实在搞不清，珀洛斯噢，你讲的这些东西的任何一个；你是自己在讲它们并显示你自己的［c5］见识呢，还是在问我。

珀 但我确实在问你。

苏 但愿是吧，朋友噢。既如此，你同时在问我两个［问题］喽？

珀 怎么两个呢？

苏 你刚刚不是这样讲过吗："演说者们不是［466d］杀死自己愿意的任何人，像僭主们一样，并抢走财物并从各城邦赶出在他们看来［应当驱逐］的任何人吗？"②

珀 我确实［讲过］。

苏 ［d5］所以，我给你讲，这些问题是两个，而对这两个我都将给你回答。因为我断言，珀洛斯噢，演说者们和僭主们在各城邦里都有最小能力，就像我刚才讲的；因为［466e］一般而言，他们丝毫没做自己愿意的事，尽管他们做了在他们看来最好的事。（466c3-e2）

苏格拉底从珀洛斯自己的说法入手，区分出两个表述："做

---

① 参461b1。这里有喜剧效果。
② 复述466c1珀洛斯的说法。

自己愿意的事"与"做在自己看来最好的事"。①这个区分微妙而含混，可以有两层理解：（1）浅层的理解，"做自己愿意的事"意味着想做什么就做什么，仅仅表达欲望，没有理性（请区分需要、欲望和志愿）；而"做在自己看来最好的事"意味着三思而行，至少做事之前经过合计，不仅想做，而且认为值得做。因而，两者是欲望与理性之分，后者高于前者。（2）深层的理解，两者都经过理性计算，但有对错之分，前者高于后者。"做自己愿意的事"意味着做对自己真正好的事，而"做在自己看来最好的事"则未必真正对自己有益，可能看似有益而实则有害。

苏格拉底原本是要利用第二层区分进行论证：僭主做了看似对自己有益而实际有害的事，但做对自己有害的事显然不是他愿意做的事，所以，僭主没做自己愿意做的事；既然有能力等于能够做自己愿意的事，而僭主没做自己愿意做的事，因此，僭主没有能力。但随即发现，珀洛斯缺乏基本的理性，不仅不能区分两个表述的含义，而且连第一层理解都达不到。换言之，关于"做自己愿意的事"，苏格拉底与珀洛斯的理解根本不同。这就导致苏格拉底随后的论证极其琐碎或精细；当然，目的也是为了教给珀洛斯起码的理性。

---

① 这个区分也是为了澄清"能力/权力"的含义。关于该词在现代的畸变，参施特劳斯：《自然权利与历史》，前揭，第198—199页。

珀　这不就是有大能力吗？

苏　不，至少珀洛斯没肯定。

珀　[e5] 我没肯定？我当然肯定了！

苏　凭那谁谁起誓①——你并没 [肯定]，因为你说过，有大能力对有能力者来说是好事。②

珀　我确实肯定。

苏　那么，倘若某个 [e10] 没有理智的人做了那些在他看来最好的事，你相信这是好事，并称之为有大能力？

珀　不，我确实 [不会]。（466e3-12）

珀洛斯承认，"没有理智的人做了那些在他看来最好的事"并非好事，因而并非有大能力。换言之，珀洛斯承认，能力源于"理智"，反过来，就是高尔吉亚承认的，知识即德行。既然如此，苏格拉底就对珀洛斯说：

苏　那么，你不就会证明演说者们拥有理智且 [467a] 演说术是技术而非谄媚，假若你驳倒了我？但倘若你准许我不被反驳，在各城邦里做在他们看来 [最好的事] 的演说者们和僭主们就丝毫不会借此获得好东西；但能力，像你说的，

---

① 省略神名，有幽默效果。类似的例子很少见，参阿里斯托芬《蛙》1374。
② 复述466b6-7珀洛斯承认的观点。

是个好东西，［a5］但你也同意，脱离理智地做那些看似
［好的事］却是坏事，不是吗？

　　珀　我确实［同意］。（466e13–467a6）

若演说家有理智，演说术就是以知识为前提的技术，否则，
就只是经验和谄媚。若演说术是技术，演说家就有能力，否则，
演说家就没有能力。这个道理同样适用于僭政。

　　苏　那么，演说者们或僭主们在各城邦里怎么能有大能力
呢，倘若苏格拉底未被珀洛斯驳倒而［承认］［a10］他们做
了他们愿意的事？（467a7-10）

演说术和僭政是不是技术，取决于苏格拉底是否被珀洛斯
驳倒（参《治邦者》276e）。换言之，演说家和僭主是否有大能
力，取决于苏格拉底的判断。这个说法听起来非常离谱，珀洛斯
自然惊闻顿绝：

　　珀　［467b］这，这个男人……①
　　苏　我断言，他们没做他们愿意的事。得了，反驳我吧。
　　珀　你刚刚不是同意，他们做在他们看来最好的事吗，就

───────────
① 顿绝修辞法。完整的惊呼（不带冠词）见于489b，参505c。

在不久前?

　　苏　[b5] 确实,我现在也同意。

　　珀　那么,他们不就做了他们愿意的事吗?

　　苏　我否定。

　　珀　尽管他们做了在他们看来 [好] 的事 [,却没做他们愿意的事]?

　　苏　我肯定。

　　珀　[b10] 太惊人啦,你所讲的,也太异常啦,苏格拉底噢。

　　苏　别诋毁呀,颇随和的珀洛斯噢——就让我 [467c] 照你的 [风格] 招呼你吧。① 不过,倘若你能够问我,就请你证明我在撒谎,但若不 [能],就请你回答。

　　珀　不过,我乐意回答,以便我也能知道你在讲什么。(467b1-c4)

珀洛斯的反驳只能证明,他仍然不明白"做自己愿意的事"与"做在自己看来最好的事"之间的真正区别。为了使他明白这个区分,苏格拉底随后耐心展开教学:

------

① "颇随和的珀洛斯噢(ὦ λῷστε Πῶλε)",直译"最随和的珀洛斯噢",原文用了头韵法,这是高尔吉亚及其学派极为擅长的修辞法,参《会饮》185c,225c。

苏　[c5]那么在你看来，世人是愿意他们每次所从事的那个东西呢，还是[愿意]他们从事他们所从事的那个东西所为的那个东西？比如，那些从治病者们那里喝药的人，在你看来，他们是愿意他们所做的那个东西，即喝药和疼痛，还是[愿意][c10]他们为之而喝的那个东西，即健康？

珀　显然是[467d]健康。

苏　那么，航行者们以及做其他赚钱生意的赚钱者们不也这样吗：他们愿意的并不是他们每次所做的那个东西——因为谁愿意航行、冒险并费事呢？相反，我相信，[他们愿意的]是他们为之而[d5]航行的那个东西，即致富，因为他们是为了财富而航行。

珀　完全对。

苏　那么关于所有东西都这样，岂有他哉？倘若任何人为了任何东西而从事任何东西，他愿意的都不是他所从事的那个东西，而是[467e]他为之而从事的那个东西？

珀　是。（467c5-e2）

首先，苏格拉底区分了行为本身与行为的目的；一个有理智的人愿意的不是行为本身，而是行为的目的。以"喝药者"和"航行者"为例：喝药是为了健康，航行是为了财富。

这两个例子暗示了欲望与理智的冲突或对立：病人因为痛苦而不愿喝药，但理智告诉他，喝药能带来健康；航海尽管会有危险，但能带来财富。换言之，善总是伴随痛苦。然而，这是普遍的实情吗？根据常识，药物可以甜蜜，良药未必苦口；航海未必伴随危险，即使危险，冒险也可以是一乐；何况，致富也不必非得通过航海。

但既然珀洛斯没有细想，就接受了二者的对立，苏格拉底就可以作为一般原则运用。因此，苏格拉底随后并未讨论善与快乐之间的复杂关系，而是继续分析行为与目的之分：

苏　那么，是否有任何存在物，其实既不好，也不坏，也不介于二者之间，即非好非坏？

珀　非常必然［没有］，苏格拉底噢。

苏　那么，你不是讲，智慧、［e5］健康、财富以及其他这类东西都是好的，而它们的反面都是坏的吗？①

珀　我确实［这么讲］。

苏　而那些非好非坏的东西，你是不是指这类东西：它们有时分有好，［468a］有时［分有］坏，有时两者都不［分有］，比如坐下啦、行走啦、奔跑啦、航行啦，又比如石头、木头以及其他这类东西？你不是讲这些东西吗？或者，你称其他某些东西为非好非坏的东西？

珀　不，就这些东西。

_____

① 参451e。

苏 ［a5］那么，一旦他们从事，他们是为了那些好东西而从事那些介于二者之间的东西呢，还是为了那些介于二者之间的东西而［从事］那些好东西？

珀 大概［468b］是为了那些好东西而［从事］那些介于二者之间的东西。（467e3–468b1）

有些东西是手段，非好非坏，有时好，有时坏，有时既不好又不坏，"比如坐下啦、行走啦、奔跑啦、航行啦，又比如石头、木头以及其他这类东西"。只有目的有好坏之分，"智慧、健康、财富以及其他这类东西都是好的，而它们的反面都是坏的"①。进而言之，手段的好坏取决于目的：目的好，手段就好；

---

① 非好非坏的例子有两组：坐下、行走、奔跑、航行是行为；石头、木头是物体。重新提到前文的"航行"，却漏掉了"喝药"，这似乎暗示，并非所有行为都是非好非坏的手段，有些行为本身就是好的或坏的。四种行为似乎暗含某种顺序。

作为目的的善有三种：智慧、健康、财富；相应的恶即无知、疾病、贫穷。比较451e苏格拉底提到的酒歌：健康、美丽、不靠欺诈的财富。"智慧"第一次出现，取代了美丽。若默认先后顺序即高低顺序，则最高的善从身体方面的健康变成了灵魂方面的智慧；最低的善即财富没有变化，可见，即使是最高的智慧，也不能取代或忽略最低的财富，而只能取代次低的美丽；当然，丑陋而贫穷的苏格拉底可以两者都忽略，但即使他自己做得到，也没有要求珀洛斯忽略，总是在对方的基础上稍作提高罢了。

行为与目的的区分会导向实践生活与静观生活的区分：所有行动都以理智认为最好的东西为目的，为了获得或保持某种好东西。因此，行动的生活没有自主性。进一步而言，行动生活的代表即政治，静观生活的代表即哲学。由此，就可以理解苏格拉底前面的一个奇怪说法：演说家和僭主是否有能力，取决于哲人苏格拉底的判断。

目的坏，手段就坏。

　　苏　因此，一旦我们行走，我们也是为了追求好而行走，因为我们相信［这样］更优；反之，一旦我们站立，我们也是为了同样的东西而站立，为了好。不是吗？

　　珀　是。

　　苏　那么，甚至我们杀人，［b5］倘若我们杀死任何人，驱逐并抢走财物，不也是因为我们相信做这些比不［做］对我们更好吗？

　　珀　完全是。

　　苏　因此，那些做所有这些东西的人都是为了好而做。

　　珀　我肯定。

　　苏　那么，我们不是已经同意，我们愿意的不是我们为了某个东西而做的那些东西，［468c］而是我们做这些东西所为的那个东西？

　　珀　极是。

　　苏　因此，我们不愿意这样简单地屠杀、逐出各城邦或抢走财物，而是倘若这些有益，我们就愿意从事它们，但［c5］若它们有害，我们就不愿意。因为我们愿意那些好东西，就像你肯定的，但不愿意那些非好非坏的东西，也不［愿意］那些坏东西。是吧？

　　在你看来，我讲得是否真实，珀洛斯噢？（珀洛斯犹

　　豫）你为什么不回答？

　　　　珀　（无奈地）真实。（468b2-c9）

　　因此，像行走和站立等行为一样，杀人、驱逐和抢走财物等行为，作为手段，都是出于某个目的（参《治邦者》293c5-e7，《游叙弗伦》4b-c）。

　　听了这一番区分，珀洛斯犹豫起来，"不回答"（参468d6）。换言之，珀洛斯不再像以往一样急躁地发表意见，而是开始学会动脑筋了。但珀洛斯会想什么？苏格拉底的哪个说法促使他思考了？苏格拉底这里暗示，杀人、驱逐和抢劫等行为一定要有目的，比如为了财富。当然，仅仅关心财富的人很少愿意损害他人，但若损害他人有利于获得或保护自己的财富，他就可能损害他人。①换言之，为了财富而杀人都比"简单地屠杀"更富于理性。自私自利的计算可以导向最起码的理性。在这个意义上，财富比权力更高，因此，苏格拉底会承认"财富"与"智慧"是好东西，属于目的，而"权力"仅仅是手段。苏格拉底从自私自利的起码理性为起点，引导珀洛斯逐渐接近理智，毕竟，珀洛斯

────────────

①　参马克思引用邓宁的名言："一有适当的利润，资本就胆大起来。如果有10％的利润，它就保证到处被使用；有20％的利润，它就活跃起来；有50％的利润，它就铤而走险；为100％的利润，它就敢践踏一切人间法律；有300％的利润，它就敢犯任何罪行，甚至冒绞首的危险。如果动乱和纷争能带来利润，它就会鼓励动乱和纷争。走私和贩卖奴隶就是证明。"见《资本论》第一卷第二十四章第七节注释。

已经承认"智慧"是个好东西，并开始学会理性地思考问题。这也使他有可能反思自己的观点，最终在理智上或口头上承认自己的失败，尽管他的理智在实践上未必战胜其欲望。

苏　［468d］那么，既然我们同意这些，倘若某人杀死某个人或［将其］逐出城邦或抢走财物，不管作为僭主还是演说者，他都相信［这样］对他自己更优，即使碰巧其实更坏，那么，他大概就在做那些在他看来［更好］的东西，不是吗？

珀　［d5］是。

苏　那么，莫非也［在做］他愿意的那些东西吗，倘若那些东西碰巧其实是坏的？（珀洛斯犹豫）你为什么不回答？

珀　得了，在我看来，他没做他愿意的那些东西。

苏　那么，是否有这种人能这样［468e］在这个城邦里有大能力，倘若根据你的同意，有大能力是某种好东西？

珀　没有。

苏　因此，我讲得真实，因为我讲过：一个常人在一个城邦里做在他看来［最好］的那些东西，有可能既没有大能力，［e5］又没做他愿意的那些东西。（468d1-e5）

既然杀人等行为既可能有利，也可能有害，那么，杀人者尽管"做那些在他看来更好的事"，但可能其实更坏。若其实更坏，从功利的角度看，他就"没做他愿意的"，因为他肯定愿意做对自己更好的事。既然没做自己愿意的事，这种人就没有能力。显然，珀洛斯被驳倒了。

珀洛斯尽管没有能力反驳苏格拉底的论证，但并不信服。口服心不服的表现之一就是所谓的"诉诸人身（ad hominem）"，反问说者自己：

> 珀　仿佛你本人，苏格拉底噢，你有特权在城邦里做在你看来［好］的任何东西，你都不会接受，而宁愿没有［这种特权］；一旦你看到某人杀死在他看来［该杀］的任何人或抢走财物或囚禁，你也不会羡慕。（468e6-9）

你说得漂亮，但你做得到吗？你就不想要特权吗？看到别人享有特权，你就不羡慕嫉妒恨吗？你能用你的人格为你的说法担保吗？虽然苏格拉底常说，论证是针对事儿而非针对人，是为了论证而非为了个人（参457e7，453c3，454c2），但辩证术的最终目的毕竟是以言入道、破惑显真，提升人格，达到言行合一（参《申辩》38a，《普罗塔戈拉》333c7，《拉克斯》187e7）。反过来，论证若没有人格力量的支撑，即使正确，也没有说服力。

因此，珀洛斯的反问尽管粗鲁，不合讨论规范，但毕竟符合人之常情，也很尖锐：说羡慕吧，前面的论证就失效了，当然，失效也没关系，苏格拉底可以推倒重来，关键是既违背苏格拉底的真实意愿和人格，又会助人为恶；但说实话，说不羡慕吧，珀洛斯不会相信，因为若是相信苏格拉底的人格，也不会这样反问。

于是，苏格拉底用了一个折中的回答：我也不是不接受、不羡慕特权，只是"君子爱权，取之有道"，要看是不是正义。

苏　［e10］你是讲，正义地，还是不正义地？（468e10）

苏格拉底之所以引入正义，首先是因为自己被反问、被怀疑、被指控，而正义是最好的自我保护。其次，最基本的正义即法律，是法庭演说术得以成立的基础，也是高尔吉亚承认每个演说家都应该知道的知识。

珀　［469a］无论他用哪种方式做，两者不都值得羡慕吗？

苏　呸，好好说话，珀洛斯噢！

珀　为什么？（469a1-3）

珀洛斯竟然认为，正义地与不义地杀人"都值得羡慕"，显然缺乏起码的正义知识（即合法），无异于当面否定高尔吉亚的自我宣称。于是，苏格拉底需要取代高尔吉亚，教导珀洛斯认识正义。

　　然而，怎么教导一个毫不关心正义的人认识正义？珀洛斯虽然不关心正义，却关心功利层面是否有利（幸或不幸），是否值得羡慕。在苏格拉底那里，高低一体、上下相通，即使从最低的功利层面，也能通向正义，乃至最高的至善。因此，发现正义与不义之分无效之后，苏格拉底重新转向好坏之分，但超越了前面的结论[①]：

　　　　苏　因为既不应当羡慕那些不值得羡慕的人，也［不应当羡慕］［a5］那些不幸的人，而是［应当］怜悯。

　　　　珀　为什么？我所讲的那些世人在你看来就处于这种境况？

　　　　苏　怎么不呢？

　　　　珀　那么，任何人杀死在他看来［该杀］的人，正义地［a10］杀死，在你看来就不幸且可怜？

　　　　苏　在我［看来］并不［不幸且可怜］，但也不值得羡慕。

　　　　珀　你不是刚刚断言他不幸了吗？

────────

① 面对程度较低的人，苏格拉底不会陈义太高，而是俯就，在他既有的程度上稍稍提高一点。珀洛斯的观点是低劣而虚伪的，但能在苏格拉底面前暴露其低劣和虚伪，又是其诚实之处；当然，这种诚实的自我暴露也可能是受苏格拉底的冲击所致，毕竟虚伪也是一种自我保护，而苏格拉底虽然强悍，但根本无害。

苏 ［469b］［我断言，］是不正义地杀人者［不幸］，
同伴噢，另外，也很可怜；但正义地［杀人者］也不值得羡
慕。（469a4-b3）

无论正义或不义地杀人，都不值得羡慕；正义地杀人者只是
不值得羡慕，不义地杀人者不仅不值得羡慕，而且不幸且可怜。
这意味着，某些行为本身是坏的，尽管可能合法或正义。[①] 正义
的原则与善的原则未必一致，正义者也会伤害人，但好人不伤害
任何人，换言之，伤害人本身是坏的，但并非不能正义地伤害
（参《王制》335a-e）。苏格拉底试图基于珀洛斯承认、但并不
清晰的功利原则，帮助他认识善恶的等级。

珀 无论如何，不正义地被杀者确实可怜且不幸。
苏 ［b5］弱于杀人者，珀洛斯噢，也弱于正义地被
杀者。
珀 怎么会呢，苏格拉底噢？

---

① 亚里士多德《尼各马可伦理学》1107a："并不是每项实践与感情都有适度的状
态。有一些行为与感情，其名称就意味着恶，例如幸灾乐祸、无耻、嫉妒，以及在行
为方面，通奸、偷窃、谋杀。这些以及类似的事情之所以受人谴责，是因为它们被视
为自身即是恶的，而不是由于对它们的过度或不及。所以它们永远不可能是正确的，并
永远是错误。在这些事情上，正确与错误不取决于我们是否是同适当的人、在适当的
时间或以适当的方式去做的，而是只要去做这些事就是错误的。"（廖申白译本，商
务印书馆2004年）

苏　就像这样：因为行不义碰巧是最大的恶。

珀　[b10]这个最大？受不义不更大吗？

苏　一点儿都不。（469b4-11）

　　珀洛斯引入被杀者，认为"不义地被杀者确实可怜且不幸"。但苏格拉底断定，"杀人者"和"正义地被杀者"比"不义地被杀者"更多可怜且不幸，因为"行不义碰巧是最大的恶"（参522e1，《申辩》28b以下）。

　　尝试理解一下苏格拉底的几个说法。"不义地被杀者"是无辜被杀的好人（比如苏格拉底本人），"正义地被杀者"是罪有应得的罪犯。珀洛斯说"不义地被杀者可怜且不幸"，容易理解，苏格拉底也并没否认。但苏格拉底说"正义地被杀者比不义地被杀者"更可怜且更不幸，却很不容易理解。罪有应得的罪犯比无辜被杀的好人更多地值得怜悯和不幸？苏格拉底的逻辑是这样的：若幸福等于善，恶就等于不幸，被杀是恶，因而，被杀的罪犯和好人都不幸；但罪犯更不幸，是因为罪犯多了一重恶，即行不义。至于说罪有应得的罪犯更值得怜悯，则已是圣贤境界，更不易理解，参曾子曰"如得其情，则哀矜而勿喜"。因为究极而言，人类是个命运共同体，呼吸相通，"圣人能以天下为一家，以中国为一人"（《礼记·礼运》），故子曰"仁者爱人"，孟子曰"仁民而爱物""万物皆备于我"，庄子说"天地与我并生，而万物与我为一"，张载曰"民吾同胞、物吾与也"，佛家倡"无缘大慈，同体大悲"（《大乘本生心地观经》），近代鲁迅也说"无尽的远方，无数的人们，都与我有关"。所以，"不要问丧钟为谁而鸣"（邓恩），别人的不幸就是你的不幸，怎么能不怜悯？别人的不幸越多，我们的怜悯愈深。

苏格拉底这里说"行不义是最大的恶"；但在前文谈到自己时他又曾说，最大的恶是虚假意见（参458b1）。两相对照，似乎暗示：拥有关于正义的虚假意见就等于行不义。这从反面印证了所谓"知识即德行"，或《申辩》所谓"最大的善即谈论德行"（参458a-b及那里的解读）。

珀洛斯显然不能理解苏格拉底的说法，再次诉诸苏格拉底的人格：

珀 因此，你本人愿意受不义甚于行不义？

苏 ［469c］我本人两者都不愿意；但倘若必然会行不义或受不义，我宁愿选择受不义甚于行不义。（469b12-c2）

换言之，行不义和受不义都是坏事，但行不义比受不义更坏。苏格拉底这里暗示了某种恶的等级，但没有详细展开。根据这里的说法，可以大体推论如下：最好是既不行不义又不受不义，其次是不行不义而受不义，再次是行不义且不受不义（即僭政），最坏是行不义且受不义。如下表：

表3-1　恶的等级表

不行不义	不受不义	不行不义且不受不义
		不行不义且受不义
行不义	受不义	行不义且不受不义
		行不义且受不义

具体关于杀人的例子，苏格拉底目前说了两次：第一次说，"不义地杀人"比"正义地杀人"更坏（469b1-3）；第二次说，"杀人者"和"正义地被杀者"比"不义地被杀者"更坏（469b4-5）。第一次说法的等级关系明确，第二次说法却有几点含混：

第一，最关键的一点，"杀人者"没有界定"正义地"或"不义地"。因而，可以有两种情况。（a）若是"不义地杀人者"，则"不义地杀人者"比"不义地被杀者"更坏，这符合苏格拉底随后所说的"宁愿受不义甚于行不义"的原则，因为"不义地杀人"即行不义，"不义地被杀"即受不义。（b）若是"正义地杀人者"，则"正义地杀人者"比"不义地被杀者"更坏，这就非常不合常识，可能导致严重的结论，即否定自卫的正当性，毕竟，为了避免不义地被杀而用法庭演说术指控罪犯就是正义地杀人。尽管如此，这未必不符合苏格拉底的意思（详下）。①

---

① 施特劳斯从苏格拉底的说法得出"正义地杀人比不义地被杀更可取"，可能是先入为主的失误。见氏著：《修辞、政治与哲学》，前揭，第130页。

当然，因为苏格拉底是接着珀洛斯"不义地被杀者"的话头说的，可以默认他所说的"杀人者"实际是指"不义地杀人者"。

第二，"杀人者"与"正义地被杀者"之间的等级关系不明，但原文的并列似乎暗示，"杀人者"也就是"正义地被杀者"，无论正义地或不义地杀人，最终都必定会正义地被杀。因此，下表"不义地杀人且不被杀"（参509b2）、"正义地杀人且不义地被杀""不义地杀人且不义地被杀""正义地杀人且不被杀"几项皆不可能。反过来，不杀人若被杀，一定是不义地被杀，因此，"不杀人且正义地被杀"不可能。因此，最后仍然简化为四项："不义地杀人者"比"正义地杀人者"更坏，"正义地杀人者"比"不义地被杀者"更坏，"不义地被杀者"比"既不杀人又不被杀者"更坏。

综上，可以得出如下表（从上往下等于从轻到重）：

表3-2　恶的等级表

不杀人	不被杀	不杀人且不被杀
		不杀人且不义地被杀（苏格拉底）
		正义地杀人且不被杀（不可能）
正义地杀人	不义地被杀	不杀人且正义地被杀（不可能）
		正义地杀人且正义地被杀（演说家）
		正义地杀人且不义地被杀（不可能）
不义地杀人	正义地被杀	不义地杀人且正义地被杀（僭主）
		不义地杀人且不义地被杀（不可能）
		不义地杀人且不被杀（不可能）

珀洛斯不能理解苏格拉底的选择及其依据的善恶等级，又无力反驳，只能继续固执己见：

珀 因此，你本人不愿接受做僭主？

苏 不，倘若你所讲的做僭主像我［所讲的］一样［，我就不愿接受］。

珀 ［c5］但我所讲的这个，就像刚刚［讲的］一样：有特权在城邦里做在他看来［好］的事，乃至根据他自己的意见杀死、驱逐［任何人］以及从事所有［活动］。（469c3-6）

这是珀洛斯第三次重复自己的说法，较之前两次（466c1、468e9），这里忽视了"抢走财产"这个最明显有利的行为，反而强调杀人和放逐这种未必有利的行为。换言之，珀洛斯现在变得更没有理性。但奇妙的是，他更强调"根据自己的意见"，按理说，根据自己的意见并不等于不顾后果的随心所欲。因此，珀洛斯这时关心的，并非僭主的权力及其利益，而是借以维持自己的错误意见。这是一种出于错误意见的非理性行为。因此，若要使珀洛斯恢复理智，必须破除其错误意见，使之明白其逻辑漏洞。

于是，苏格拉底顺着珀洛斯的逻辑，以玩笑的语气引入一场虚拟的对话：

苏　福佑的人噢，在我讲时，就请你〈凭言辞〉捉拿［我］吧：［469d］因为倘若我在人数众多的市场上腋下夹着一把短剑，对你讲："珀洛斯噢，我刚刚已经有了某种能力和令人惊讶的僭政加身：如果在你所见的世人之中，确实有人在我看来必须［d5］甚至立刻死掉，这个［在我］看来［必须死掉］的人就会死掉；而如果有人在我看来必须让自己的脑袋被打烂，它甚至立刻就会被打烂；而如果［他的］外衣［在我看来必须］被撕破，它［甚至立刻］就会被撕破。我［469e］在这个城邦里就这样有大能力。"

那么，倘若你不相信，我就可以向你亮出短剑，你见了，也许就会说："苏格拉底噢，所有人都可以这样有大能力，既然任何在你看来［应该被烧掉］的房子都可以以这种方式被烧掉，乃至［e5］雅典人的船坞和三层桨战船以及所有公私船只［都可以这样被烧掉］。"

因此，做那些在他看来［好］的事并不就是有大能力；或者，在你看来呢？

珀　当然不像这样。（469c7-e8）

按照珀洛斯的逻辑，推到极端，所有人都有最大能力，因为每个人都能伤害每个人。苏格拉底首先以自己的名义，举了杀死、打烂脑袋、撕破外衣等简单粗暴的例子，而没提抢劫、盗窃等有利、也更需要智力的例子；然后又以珀洛斯的名义，举了烧掉房子和雅典战船的例子——当时正是在伯罗奔尼撒战争期间！苏格拉底夸张的逻辑推导和恐吓性质的举例，意在提醒珀洛斯：凡举剑者，必死于剑下。

暴死恐惧使人恢复理智，珀洛斯自觉注意到简单粗暴的后果：

> 苏　［470a］那么，你能够说出凭什么指责这种能力吗？
>
> 珀　我确实［能］。
>
> 苏　为什么？请讲！
>
> 珀　［a5］因为这样行事的人，必然要付代价呀。
>
> 苏　但付代价不是坏事吗？
>
> 珀　完全对。（470a1-7）

基于错误意见的错误行为会付出代价，即遭到报复或惩罚。这是一种自然而然的因果关系。若看出恶果并愿意接受恶果，别人自然无话可说；若不愿接受恶果，只有避免或改变原因。珀洛斯承认，付出代价是一件坏事。于是，苏格拉底仍然使用功利的逻辑：

> 苏　那么，令人惊讶的人噢，这个〈有大能力〉不就再次［a10］向你显现了吗：如果施行那些看似［好］的事会伴随有益的行为，它［施行那些看似好的事］就既是好的，看起来又是有大能力；但要不然，它就是坏的，就有小能力。

［470b］但让我们也考察这个吧：我们同意，做我们刚才所讲的那些事，即杀死和赶走世人并抢走财物，有时更优，有时却不，岂有他哉？

珀　［b5］完全对。

苏　那么，这个看起来被你和我同意了。

珀　是。（470a8-b8）

若按照自己的意见行事带来有益的后果，就是好事，似乎就有大能力，反之则不。苏格拉底为功利原则引入了后果考量。当然，这种考量并不彻底，从后果未必能充分判断自己意见和行为的正确与否，因为不易看出其间长远而复杂的因果链。更好的考察方式是检查意见本身：若自己的意见正确，按照自己的意见行事就是好的，尽管后果有时看似不好；若自己的意见错误，按照自己的意见行事就是坏的，尽管后果有时看似很好。所谓："正其义而不谋其利，明其道不计其功。""菩萨畏因，众生畏果。"但一般人会问：若不能依据后果判断，怎么判断自己的意见正确与否？仍然会导向"知识即德行"这个神奇的等式。然而，这个等式尽管简单而彻底，但对珀洛斯而言显然过于玄远，苏格拉底只能退而求其次，以后果论对错。前者犹"生而知之"和"安而行之"，后者犹"学而知之"和"利而行之"。看后果是否有利，至少比单纯的一意孤行更合理。

珀洛斯无话可说，但并不服气：

　　苏 那么，你肯定，何时做这些事更优？请你说出，[b10]你界定什么界限？

　　珀 还是请你自己，苏格拉底噢，回答这个吧。

　　苏 [470c]既如此，珀洛斯噢，倘若从我这儿听令你更快乐，我就肯定：一旦某人正义地做这些事，就更优；而一旦不正义地[做]，就更坏。（470b9-c3）

　　角色随之互换，珀洛斯成为提问者，苏格拉底成为回答者。之前作为提问者，苏格拉底不提正义，仅仅诉诸后果和功利层面（参470a1-b10）；一旦重新成为回答者，苏格拉底立刻重新诉诸"正义"。提问者不必辩护，只需怀着功利的目的；回答者必须辩护，因为他尽管（正因为）自称有大能力，却（才）被质疑或指控。提问与回答暗示了法庭上的指控与辩护。① 苏格拉底通过转换提问者与回答者的角色，再次向高尔吉亚表明：演说家需要自我辩护，接受质问，合理说明自己的生活方式；换言之，演说家要获得自我保护的能力，必须求助于正义。

　　作为回答者，苏格拉底以"正义"作为划分好坏的标准："正义地"杀人"更好"，"不义地"杀人"更坏"。这里没有明确界定好坏的内涵。好既可以是功利层面的有利，也可以是终极层面的幸福。另外，重新引入的"正义"概念也仍然非常含

---

① 施特劳斯：《修辞、政治与哲学》，前揭，第141页。

混：正义既可以指合法，但法律可能是坏的，也可以指实质或本质上的正义（参《泰阿泰德》177c以下）。

苏格拉底似乎故意含混，意在诱使珀洛斯追问或反驳。

　　珀　太难反驳你啦，苏格拉底噢。不过，［c5］不是连个孩子都能反驳你，［证明］你讲得不真实吗？

　　苏　哦？那我将非常感恩这个孩子，也同等地［感恩］你，只要你能反驳我并使［我］摆脱废话。得了，请你不要疲倦于向一个亲爱的男人行善，而是请反驳吧。

　　珀　得了，苏格拉底噢，根本没必要用古代的［470d］那些事实反驳你；因为昨天和前天发生的这些就足够驳倒你，并证明多数行不义的世人都是幸福的。

　　苏　这些是哪些？（470c4-d4）

　　珀洛斯仍然未能严肃对待正义问题，宣称连个孩子都能驳倒苏格拉底的论点。这无疑表明，珀洛斯自己在正义问题上像个小孩子。但苏格拉底并未因为珀洛斯的幼稚而放弃，而是带着感恩，一再迁就珀洛斯的水平。

　　目前，苏格拉底的论点是：正义等于好，好等于幸福，因此，只有正义之人幸福。珀洛斯的论点则是"多数行不义的人都是幸福的"，换言之，珀洛斯并未完全否认苏格拉底的论点。两人争论的焦点在于：行不义者是否有可能幸福。

珀洛斯宣称,不需"古代的事实",只需"昨天和前天发生的事实"就足以驳倒苏格拉底。他用的是让步语气,言下之意:古代的事实更有说服力。但普通人可能更愿意信服现代的事例,因为可能亲见亲闻,像苏格拉底随后说的,"即使没见过,也至少听过"。然而,眼见未必为实,耳闻未必为虚,尤其在因果问题的认识上,更长时段的历史观察和验证显然会更清晰、更可靠。因此,珀洛斯选择了更不容易使人认识真相、但多数人更愿意相信的现代事例。

珀 [d5]阿克劳斯嘛,那个家伙你大概见过,佩尔迪卡斯之子,马其顿统治者?

苏 即使没[见过],我也至少听过。

珀 那么,在你看来,他幸福呢,还是不幸?

苏 我不知道,珀洛斯噢;因为我迄今尚未跟那个男人交往。

珀 [470e]为什么?只有交往了,你才能认识,否则,你就不能凭自身认识他[是否]幸福?

苏 凭宙斯起誓,当然不能。

珀 很显然,苏格拉底噢,你甚至不会肯定自己[e5]认识[波斯]大王[是否]幸福。(470d5-e5)

高尔吉亚前面所举的例子是雅典政治家兼演说家忒米司托

克勒斯和伯利克勒斯。相比之下，珀洛斯所举的马其顿僭主和波斯大王都只是统治者，而非演说家，因为他们作为蛮夷不懂演说术[1]，作为专制君主也无须演说术。总之，珀洛斯企图以非演说家的例子证明演说家的能力，这无异于缘木求鱼，毋宁说，用僭政证明演说术的能力这个做法本身就已经表明，演说术没有能力。

据传，这个阿克劳斯也曾邀请苏格拉底到自己宫廷，但苏格拉底没去，所以只是"听过"而未见过那人。苏格拉底第一次郑重地凭宙斯起誓：他"因为迄今尚未跟那个男人交往"，所以"不能认识他是否幸福"。正所谓"道听而涂说，德之弃也"，"见未真，勿轻言；知未的，勿轻传"，"没有调查就没有发言权"。珀洛斯似乎不懂这个基本的道理，要求苏格拉底"凭自身"判断他们是否幸福。

不过，珀洛斯的要求也并非毫无道理，因为他举例只是为了证明自己的幸福观（幸福在于最大能力而非正义），苏格拉底即使无法判断这些个案，也应该说明自己的幸福观或判断标准。于是，苏格拉底表示：

> 苏　确实，我将说［这］也真实，因为我不知道他在教育和正义方面情况怎样。
>
> 珀　为什么？全部幸福就在于这个？

---

[1]　施特劳斯：《修辞、政治与哲学》，前揭，第144页。

苏　确实，至少像我讲的，珀洛斯噢。因为我肯定，既美
[e10]且好的男人和女人是幸福的，而不正义且低劣的则不
幸。（470e6-10）

比照前文提到的诸善，幸福不在于健康、美丽、财富，而仅
仅在于智慧（参451e，467e）。可以说，苏格拉底这里用"教育和
正义"代替了"智慧"。健康、财富和美丽仅仅是身体方面的善，
智慧则完全是灵魂方面的善。依照苏格拉底前文的技术类比表（参
本章第一节），正义即灵魂的审判术，教育即灵魂的立法术，都是
灵魂方面的技术。因此，全部幸福在于灵魂的完善，无关身体。这
就可以说明，苏格拉底为什么认为，只有经过"交往"才能判断其
人是否幸福：交往主要是指直接的交谈，"知人知面不知心"，但
"言为心声，书为心画"，言辞直通灵魂，反映灵魂状态。所以，
子曰"不知言，无以知人"，孟子说"我知言"。①

---

① 不过，苏格拉底的幸福观排除了身体，可能仅仅意味着，身体不是决定性的条
件。因为若取消身体，则：第一，男女之别就毫无意义（但苏格拉底这里又承认了男
女之别），则男女一切平等即合理（参《王制》451c-457c）；第二，生活就没有价
值，自我保存就毫无意义，那么，a）作为自我辩护工具的演说术就毫无价值，b）死
亡就有意义，或者说，作为学习死亡的哲学就有价值（苏格拉底），生命的意义就在
于"向死而生"（海德格尔）。演说术与哲学朝向两个相反的方向：演说术关心假
象，哲学关心真相，假象保护生命，真相致命（尼采）；死亡等于灵魂摆脱身体，故
关心灵魂幸福的哲学就要假定灵魂不死；相反，演说术则假定灵魂随着身体的消亡而
消亡，所以，结尾神话讲到克洛诺斯时代与宙斯时代之别。亦参亚里士多德《尼各马
可伦理学》1100a–1101a。

不过，苏格拉底随后没有再提"教育"，仅仅强调
"正义"：

珀　[471a] 因此，那个阿克劳斯是不幸的喽，按照你的
说法？

苏　只要他确实不正义，朋友噢。（471a1-3）

正义取代教育，不仅是幸福的前提，甚至等于幸福本身。正
义的位置得到极大的提高。若说教育使人成为好人，正义则使人
成为义人，但义人等于好人吗？简单地说，治愈的人等于没病的
人吗？若义人等于好人，就暗示没有本来意义的好人，世人皆是
罪人，只有悔罪意义上的好人。苏格拉底并未挑明这个问题，只
是强调阿克劳斯只要"不义"，就"不幸"。

苏格拉底并未断定阿克劳斯不幸，毕竟不认识他，只是听
说，而传说未必可靠，会有不同的版本。所以，珀洛斯必须首先
证明，阿克劳斯确实不义。

珀　不过，他怎么会并非不正义呢？至少 [a5] 他现在拥
有的统治权就丝毫不适宜他，因为他其实出自一个给佩尔迪
卡斯的兄弟阿尔克塔斯做奴隶的女人，因而按照正义，他也
[应该] 是阿尔克塔斯的奴隶，而倘若他愿意做正义之事，
他也会给阿尔克塔斯做奴隶，而按照你的说法，他也就会幸

福啦。

但现在，他变得多么令人惊讶地不幸啊，既然他已经行了那些最大的［471b］不义之事：首先，他派人请来那个人，即他的主人和叔父［阿尔克塔斯］，仿佛将要归还佩尔迪卡斯从他手里抢走的统治权，设宴款待并灌醉他本人及其儿子亚历山大，即他自己年龄相仿的堂兄弟，［b5］［然后把他们］扔进一辆马车，连夜拉出去，割喉并除掉了他们两个。

而行了这些不义之事后，他仍未察觉自己已经变得最不幸了，并对此毫不后悔。相反，不久［471c］之后，对自己的亲兄弟、佩尔迪卡斯的嫡出儿子、一个大约七岁的孩子、那个按照正义应该得到统治权的［孩子］，他竟然不愿意正义地予以抚养并把统治权归还那个［孩子］，从而使自己变得幸福，而是［把他］扔到一口井里淹死，并对［c5］他的母亲克勒娥帕特拉说，［他］在追逐一只鹅时掉进去并死了。

正因如此，现在，既然他已经在马其顿行了一些最大的不义之事，他就是所有马其顿人之中最不幸而非最幸福的人啦；而也许确实有某个雅典人，从你［471d］开始，宁愿选择成为其他任何一个马其顿人甚于［成为］阿克劳斯。（471a4-d1）

按照珀洛斯的证词：阿克劳斯的生母曾是他的叔父阿尔克塔斯的奴隶，因而，"按照正义"，他也是阿尔克塔斯的奴隶。然而，阿克劳斯却行了"最大的不义之事"：谋杀自己的叔父及其儿子亚历山大。不久之后，阿克劳斯又把自己的亲兄弟——父亲佩尔迪卡的合法儿子扔到井里淹死了，然后谎称那孩子自己失足落井。从珀洛斯的叙述看，阿克劳斯似乎干了三件不义之事：没有安分地做奴隶、谋杀叔父和堂兄弟、害死亲兄弟。

珀洛斯的证词是否符合事实？不幸的是，史实如今已无可查考。不过，柏拉图至少使珀洛斯的叙述本身透露了几个疑点或破绽：首先，是否有天生的奴隶？即使有天生的奴隶，但母亲是奴隶，"按照正义"，儿子是否必然就是奴隶？[1] 其次，阿克劳斯为什么杀死自己的叔父和堂兄弟？阿克劳斯杀死他们的时候，显然已经获得王权。阿克劳斯的父亲佩尔迪卡斯很可能是被他兄弟阿尔克塔斯谋杀，阿克劳斯仅仅是为父报仇。即使并非报仇，杀死叔父仍然次于杀死父亲，因而算不上"最大的不义"[2]。显然，珀洛斯的说法带有夸张色彩。最后，说阿克劳斯谋杀亲兄弟，有何证据？当然不排除谋杀的可能，因为这里暗示：那是"嫡出儿子"、"按照正义应该得到统治权的孩子"，而阿克劳斯作

---

[1]　参亚里士多德《政治学》1275a-b，"一个人只要参与了某一政体，他就是一位公民了"。关于雅典公民权问题，参库朗热：《古代城邦》，谭立铸译，华东师范大学出版社2006年，第180—184、221—222页。

[2]　施特劳斯：《修辞、政治与哲学》，前揭，第146页。

为庶子，没有继承权，可能为了王位而谋杀。但这都只是"有罪推定"。

总之，珀洛斯的一面之词不足为凭。阿克劳斯是何等样人，我们不得而知，至少苏格拉底自称不知。珀洛斯这个例子是为了证明坏人可以轻易获得幸福，若珀洛斯的证词不靠谱，那么，坏人的幸福就不靠谱。

3   苏格拉底反驳珀洛斯（471e1–481b5）

珀洛斯关于阿克劳斯的叙述显然使用了指控的演说术，"在演说术方面已经受过良好教育，但不关心交谈"（参448d9）。有鉴于此，苏格拉底并不纠缠于历史事实，而是瞄准论点：即使你讲的是事实，又怎样呢？就能证明你的论点正确吗？就能驳倒我的论点吗？苏格拉底再次强调自己的论点"行不义者绝不幸福"。

> 苏 在讨论一开始，珀洛斯噢，我也赞扬过你：在我看来，你在演说术方面受过良好教育，[d5]但你不关心交谈。而现在，这就是那套连个孩子都能用来驳倒我的论证吗；而我现在，像你相信的，我这个宣称行不义者绝不幸福的人就已经被你用这套论证驳倒了吗？哪里[有这么便宜]，好人噢！其实，我丝毫不同意你所说的这些东西。
> （471d2-8）

一方是所谓的客观事实，另一方是看似独断的信念，互不信服。在苏格拉底看来，不是事实决定观念，而是观念决定事实，因而，重要的不是研究事实，而是研究观念；不是论据决定论点，而是论点决定论据，重要的不是检查论据，而是检查论点本身。

　　珀　[471e]因为你不乐意[同意]罢了，尽管在你看来确实就像我讲的。（471e1）

苏格拉底的这种反应，在珀洛斯看来，要么是鸵鸟政策，自欺欺人；要么是心口不一，假装高尚。珀洛斯不相信苏格拉底真正相信并践行其论点，而是认为苏格拉底内心持有跟自己一样的观点，只是口头不愿承认，事到临头仍然会跟自己一样行事。这样批评的时候，他其实意识到苏格拉底的高尚和自己的低俗，但通过戳穿苏格拉底的伪善面具，他获得一种源于自设平等和诚实的优越感；这是低人对高人的最常见批评方式。所以，不要论断人，免得被论断。当然，批评高人也可以是低人自我提高的途径之一，毕竟，正确的批评方式就是批评最正确的方式而非最错误的方式（参《法义》640e）。

退一步讲，即使苏格拉底真正相信并践行其论点，但珀洛斯的论点不仅是他自己做得到，而且是大多数人的信念和行事原则；一人孤往与万人同行，一士之谔谔与千人之诺诺，哪个更有说服力？

胶着之际，苏格拉底既不反驳、也不辩解，而是暂时跳出谈话内容，回到谈话方式和目的。

苏 福佑的人噢，因为你企图着手以演说术的方式反驳我，就像那些在法庭上自以为在反驳的人。因为在那里，一些人看似在反驳另一些人，一旦他们能［e5］为他们要讲的那些说法提供多数人和有好名声的见证人，而那个说法相反的人只能提供唯一一个［见证人］，或一个都没有。但针对真理，这种反驳［472a］毫无价值，因为有时候，某人也会被多数人和看似重要人物的伪证所压倒。

而现在，关于你所讲的那些东西，几乎① 所有雅典人和外邦人在这些方面都会赞同你，只要你愿意提供一些见证人反对我，［说］我讲的［a5］不真实。如果你愿意，尼刻剌托斯之子尼喀阿斯及其兄弟们将跟他一起为你作证，他们的三足鼎依次摆置在狄奥尼索斯圣地；如果你愿意，斯刻利阿斯之子［472b］阿里斯托克剌忒斯也会［为你作证］，他那件美丽的祭品则在皮托的［阿波罗神庙］；如果你愿意，伯利克勒斯的整个家族或你愿意从［雅典］本地挑选的其他任

---

① 或译"除了少数人"。

何宗族都会［为你作证］。①

　　不过，唯我一人不同意你；因为你无法强迫我［同意你］，相反，你只能［b5］提供多数作伪证者反对我，并企图着手把我逐出存在和真实［的领域］。但我嘛，假若我不能提供你本人作为唯一一个同意我所讲的那些东西的见证人，我相信，关于我们讨论所及的那些东西，我就无法完成［472c］丝毫有价值的论证；但我相信，你也无法［完成］，除非我作为唯一一人为你作证，而你让自己告别其他所有这些［见证］人。

　　于是，既有这样一种反驳方式，像你和其他多数人相信的，也有另一种［反驳方式］，即我个人相信的那种。那么，就让我们［c5］把它们彼此并列，考察它们彼此是否会有什么差别。

　　更何况，我们争辩的碰巧不是那些完全渺小的东西，而几乎是那些知之则最美、不知则最丑的东西；因为它们的首脑就在于，认识或不认识什么人幸福和［472d］什么人不

---

① 苏格拉底设想的见证人涵盖整个雅典政治派系。伯利克勒斯及其家族（包括他的外甥阿尔喀比亚德）是雅典民主派（有些是极端民主派）的领袖。阿里斯托克剌忒斯是寡头派（修昔底德《战争志》8.89.2提到他，雅典西西里远征失败后，成为四百人寡头政府成员）。尼喀阿斯是温和派：富有、保守、忠于民主制，像他的兄弟们一样（吕西阿斯18.4-12）；尼喀阿斯的教育观和德行观，见柏拉图《拉克斯》。尼喀阿斯和阿里斯托克剌忒斯的供品表明，他们非常富有，享有崇高地位；关于伯利克勒斯，却没提到这类供品，也许不需要。

［幸福］。（471e2–472d1）

苏格拉底首先区分了两种反驳方式：一种是珀洛斯采用的演说术式的反驳，以多数人和名人为证人；另一种是苏格拉底采用的辩证术式的反驳，以一个人或无人为证人。

尽管珀洛斯可以让"几乎所有雅典人和外邦人"为自己作证，"但针对真理，这种反驳毫无价值，因为有时候，某人也会被多数人和看似重要任务的伪证所压倒"。随后，苏格拉底甚至为珀洛斯的外邦人例证补充了更多雅典人的例证：贵族派尼喀阿斯、寡头派阿里斯托克剌忒斯和民主派伯利克勒斯。这些大人物几乎涵盖雅典所有的政治派别，因而可以代表所有雅典人。他们都支持珀洛斯，反对苏格拉底。换言之，除了苏格拉底，几乎所有雅典人都会像珀洛斯所说的那样去做，尽管他们不会像珀洛斯那样去说（"行不义比受不义更可取"）。在这种情况下，苏格拉底要批评珀洛斯，就会质疑所有雅典人的道德品质，尤其雅典的大人物。苏格拉底非常清楚这一点，但仍然坚持：所有人同意不代表正确，恶人的成功不能证明恶人的幸福。

多数人的见证，即使可以证明看得见的事实，譬如僭主的不义行为及其成功结果，但终究无法证明看不见的事实，即僭主是否幸福。因为这个问题完全隐藏于每个人内心，只有每人自己最清楚，也只能自证自明，而非依靠他人证明；当然，即使需要他人作证，也只能是"有能力通过思想潜入一个人的性情并看透它的"哲人（参《王制》577a）。

珀洛斯关心多数人尤其大人物的意见，苏格拉底关心的则是知识："认识或不认识什么人幸福和什么人不幸福"。所有人都追求幸福，但多数人都通过其他东西理解幸福，因而偏离了幸福（参《法义》660e-661c），很少人认真思考什么是幸福？[①]苏格拉底的说法暗示：知识是幸福的前提，没有关于幸福的正确意见就不可能有真正的幸福。

不过，苏格拉底这里没有直接讨论这个问题，而是鉴于珀洛斯的例子，提了个具体的问题：

……此刻，首先［考虑］现在讨论所及的［问题］：你以为一个行不义并作为不正义者的男人能得福佑，既然你以为阿克劳斯虽是不正义者却幸福。我们可以考虑，你承认是这样，岂有他哉？

珀　［d5］完全对。（472d2-5）

苏格拉底暗暗区分了"行不义"与"不义者"：前者侧重行为，后者侧重意愿。不义的行为未必出自不义的意愿，反之亦

---

① 关于幸福与善的关系，参《斐多》81a，《会饮》204e；幸福与知识，参《卡尔米德》173以下，《欧蒂德谟》281，《美诺》88c；幸福与财富，参《法义》743a以下，870a以下。

然（参亚里士多德《尼各马可伦理学》1131b25–1132b20，亦参《法义》860d–863c）。在这个语境下，问题就是：不义行为与不义意愿是否必然一起损害幸福？没有通过行为表现出来的不义意愿是否会损害幸福？反过来，仅仅非自愿的不义行为是否会损害幸福？

随后，苏格拉底引入惩罚问题，重申自己的"意见"：

> 苏　但我断言，没有可能［得福佑］。我们正是在这一点上争辩。但愿是吧：他行了不义，但仍会幸福——是不是［这样］，倘若他碰上审判和报应？[①]
>
> 珀　一点儿都不，因为这样，他就会最不幸啦。
>
> 苏　［472e］相反，假若行不义者没碰上审判，按照你的说法，他就会幸福？
>
> 珀　我肯定。
>
> 苏　但按照我的意见，珀洛斯噢，行不义者［e5］和不正义者都完全不幸；当然啦，假若他行了不义却既没接受审判又没碰上报应，就更不幸；但假若他接受审判并碰上来自诺神和人们的审判，就更弱地不幸。（472d5–e7）

---

① 　"审判（δίκη）"是"正义（δικαιοσύνη）"的词根形式，隐含"正义的审判"之意。后文尤其478b以下仿此。文中如464b、520b用"正义"代替"审判术"。参464b注释。

"行不义者和不义者都完全不幸"，相应地，接受"人们和诸神的审判"则更少不幸。这个前后对应的区分意味着，对不义意愿的惩罚来自诸神，对不义行为的惩罚来自人们，因为人们即使不是完全不能，至少也不易判断不义的意愿（参庄子"为不善乎显明之中者，人得而诛之；为不善乎幽闲之中者，鬼得而诛之"）。因此，苏格拉底与珀洛斯随后的交谈仅仅讨论不义的行为，没有讨论不义的意愿，从而极大地降低了要求，也避免了危险。[①]

从苏格拉底的意见可以推知珀洛斯的意见：行不义而不受惩罚就幸福，受了惩罚就不幸。换言之，成功的不义行为是幸福的前提，反过来，要想幸福，就不可能不行不义。这是多数人和雅典政治家们的普遍意见，相比之下，苏格拉底的"意见"倒显得非常"离谱"。

珀　[473a] 你企图着手，苏格拉底噢，讲一些离谱的

---

① 根据意图进行审判的极端即所谓"原心定罪"，典型案例即孔子诛少正卯（是否实有其事有争议），罪状如下："心逆而险，行僻而坚，言伪而辩，记丑而博，顺非而泽，以疑众"（见《礼记·王制》"四诛"，参董仲舒《春秋繁露》"必本其事而原其志"）。原心定罪的最大问题是：只有圣人能为之，小人操之则滥杀无辜。因为知人难，知人心更难；但妄断人心却非常容易。而活着的圣人几乎没有，即使有，也认不出来。即使圣人运用这个原则，也不会标榜，恰恰是小人最爱窃弄权柄，苏格拉底案件正是小人原心定罪的结果。对话结尾，苏格拉底讲了死后审判的神话，似乎回应了这里所说的"诸神的惩罚"。

东西。

苏 但我也将试着使你，同伴噢，对我讲相同的东西，因为我视你为朋友嘛。那么现在，我们有分歧的就是这些。但请你也想想看，我大概在前面那些［a5］［讨论］中说过：行不义比受不义更坏。

珀 完全对。

苏 但你［说］，受不义［更坏］。

珀 是。

苏 而我断言，那些行不义者不幸，也［a10］被你"驳倒了"①。

珀 是，凭宙斯起誓！

苏 ［473b］像你相信的，珀洛斯噢。

珀 至少相信得真实呀。

苏 也许吧。但至少你又［相信］，那些行不义者幸福，只要他们没接受审判。

珀 ［b5］完全如此。

苏 但我断言，他们最不幸，而那些接受审判的人更弱地［不幸］。你愿意也反驳这一点吗？

珀 不过，这一点甚至比那一点更难被驳倒哟，苏格拉底噢。

_____

① 指470d–471d关于阿克劳斯的例证。

苏　[b10]不是[更难]，珀洛斯噢，而是不可能；因为真理从来无法被反驳。（473a1-b10）

苏格拉底重新确定双方的论点，但进一步简化：苏格拉底断言"行不义比受不义更坏"，珀洛斯则认为"受不义更坏"；苏格拉底认为"行不义者不幸"，但珀洛斯认为，"行不义者幸福，只要他们没接受审判"。苏格拉底最后坚持，行不义者没受惩罚最不幸，接受惩罚则次不幸，并称之为"从来无法被反驳"的"真理"。因此，双方分歧的最后焦点就在于，接受惩罚是不是一件好事：珀洛斯认为是坏事（参470a5-7），苏格拉底认为是好事。

为了反驳这个真理，珀洛斯对比了"谋取僭政"可能遇到的两种情况：

珀　此话怎讲？如果一个常人行不义，谋取僭政[473c]而被抓住，而被抓住之后，被拉肢，被阉割，乃至被烧瞎眼睛，不仅自己被其他很多巨大的、所有形式的虐待所摧残，而且亲眼看着自己的孩子们和女人[被摧残]，直到最后被钉死在尖桩上或[c5]被涂上沥青烧死，这个人会[比下述情况]更幸福吗：如果他逃脱，被立为僭主，在城邦里统治并做他愿意的任何事，从而度过一生，作为被邦民们和其他外邦人[473d]羡慕并称为幸福的人？这些就是你所讲的不可能被驳倒的东西吗？（473b11-d1）

要么，接受惩罚，不仅自己遭受种种刑罚折磨，而且眼睁睁看着老婆孩子也受刑；要么，逃脱惩罚，成为僭主，随心所欲地度过一生。显然，"邦民们和其他外邦人"都羡慕后者。珀洛斯的这个反驳大量使用现在时态，造成强烈的视觉冲击，显然再次使用了修辞技巧。尽管如此，也并非没有道理：如果说上次的反驳是诉诸外在的证人，这次则是诉诸僭主自身的感觉。

苏格拉底没有直接回应，而是再次转移话题，指责珀洛斯玩弄演说术①：

---

① 真正的教育其实是提醒，尤其是一个人固执成见的时候，其他意见一定听不进去，因而不宜直接反驳或提出不同意见，反倒通过不断提醒并重述他自己的意见，加加减减，旁敲侧击，有可能松动其成见。比如，这里增加了"不义地攫取僭政"（473d5），这不免使人怀疑：可以"正义地"成为僭主吗？若是可以，不是两全其美吗，不是正义与权力兼得吗？为了引导珀洛斯重视正义，苏格拉底可谓用心良苦，但粗心的珀洛斯显然并未注意。正确的教育应该是首先给出自己所知的最高选项，若不相应，再降一等，次第而降，直至相应，然后引导他拾级而上，不能者止。比如，僭主最初出现的时候，苏格拉底完全否定（466c–468d）；然后，珀洛斯质问苏格拉底自己是否愿意做僭主的时候，苏格拉底表示"倘若你所讲的做僭主像我所讲的一样，我就不愿意"（469c），已经暗示，可能有其他做僭主的方式；在这里，苏格拉底又用"不义地攫取僭政"取代珀洛斯所说的"谋取僭政"（473c-d），进一步暗示，可以"正义地"成为僭主。在柏拉图笔下，僭主是个复杂的问题，至少有两个相反的说法：一个是《斐德若》灵魂九品说（248d-e），僭主最低，但"依正义度日的命会更好"，换言之，最低的僭主也能正义地生活，也有一线向上的生机。另一个是《法义》第四卷关于最好城邦出自僭主制的说法（709e–712a），立法者说，"请你们给我一个僭主制的城邦；让他是个年轻、强记、好学、勇敢和天性博大的僭主"，"从僭主制会产生最好的城邦，伴随着一个顶尖的立法者和一个有序的僭主，从这样的状况能最容易且最快速地转变为这个［最好的］城邦"。关于僭政问题，参施特劳斯：《论僭政》，前揭，第85—100页。

苏　你又搞恐吓，高贵的珀洛斯噢，而没有反驳；而你刚刚则传见证人。但尽管如此，你提醒我一个渺小的［问题］：如果［d5］他不正义地谋取僭政——你说过吗？

珀　我确实［说过］。

苏　既如此，他们两者都从来不会更幸福，无论是那个已经不正义地攫取僭政的，还是那个接受审判的——因为两个不幸者哪个都不会［473e］更幸福——当然啦，那个逃脱并取得僭政的更不幸。

（珀洛斯笑了）这是什么，珀洛斯噢？你在笑？这又是另一种反驳的样式么：一旦某人说了什么，就一笑了之，却不反驳？

珀　你不相信你已经被驳倒了吗，苏格拉底噢，一旦你讲出［e5］诸如此类没有哪个常人会肯定的东西？因为，（指着现场听众）你问问这些人吧，随便哪一个！（473d2-e6）

珀洛斯上次诉诸"证人"，现在又诉诸"恐吓"，最后诉诸"嘲笑"。不过，恐吓虽然不是论证，也并非毫无力量；尽管苏格拉底自己不会被吓倒，但很难消除它对多数人的影响。嘲笑虽然不是反驳，至少强烈地表达了某种不言自明的反驳结论。珀洛斯并不认为自己不严肃：你讲的东西"没有哪个常人会肯定"，"你问问这些人吧"！言下之意：我不是恐吓或嘲笑你，而是用普遍同意的东西反驳你。珀洛斯再次诉诸多数人的见证。严格地讲，人数多寡与是非对错没有必然关系，但普遍同意毕竟是个非常有力的判断标准。不过，珀洛斯所谓的普遍同意并不包含苏格拉底的意见。

　　苏格拉底既不反驳对方、也不问听众，而是重新回到谈话方式，再一次强调两种反驳方式：一种是诉诸多数人的民主投票，另一种是诉诸交谈者一人（参471e2–472d1）。

　　　　苏　珀洛斯噢，我并不属于治邦专家，而去年我抽签进了议事会，然后本部族担任轮值主席，而我必须诉诸投票，［474a］我就提供了一个笑料，［因为我］不熟悉［如何］诉诸投票。那么现在，请你也不要命令我诉诸这些在场者投票吧，不过，倘若你没有比这些更好的反驳，像我刚才讲的，就轮到我了，请你移交［给我］，并试试这种我［a5］相信必须如此的反驳。

　　　　因为我嘛，我熟悉［如何］为我所讲的东西提供一个见证人，即跟我谈话的那个人，而让自己告别多数人；而且我熟悉［如何］诉诸一个人投票，而丝毫［474b］不跟多数人交谈。那么，就轮到你了，请你瞧瞧，你是否乐意通过回答问题来接受反驳。（473e7–474b3）

　　较之上一次的强硬态度，苏格拉底这一次显得更柔弱：他不再强调多数人的反驳"针对真理毫无价值"（参472a1、

472c1），而是以自己的经历表明，他因为"不熟悉诉诸投票"而闹了笑话（参《申辩》32a-c、37a6-7）。言下之意：珀洛斯应该迁就苏格拉底的水平和方式，即坚持一对一的反驳方式。

尽管态度柔弱，但苏格拉底以自己的亲身经历暗示：在价值问题上，纵有真理，也无公论，根本没有普遍同意，多数人不足以代表所有人；即使以多数人的意见为标准，也要看多数人的范围——现场的？雅典的？整个希腊的？全世界的？此时此地的？古往今来的？死人活人的？贤人庸人的？①

若珀洛斯诉诸所谓的普遍同意，苏格拉底同样可以诉诸普遍同意：

> ……因为我相信，无论我，还是你，乃至其他世人都以为：行不义比受不义更坏，且不接受审判比［b5］接受［审判更坏］。

---

① 关于判断是非对错的标准，中国古代有复杂而周密的设计：比如，《尚书·洪范》："谋及乃心，谋及卿士，谋及庶人，谋及卜筮。汝则从、龟从、筮从、卿士从、庶民从，是之谓大同，身其康强，子孙其逢，吉。汝则从、龟从、筮从，卿士逆、庶民逆，吉。卿士从、龟从、筮从，汝则逆，庶民逆，吉。庶民从、龟从、筮从，汝则逆、卿士逆，吉。汝则从、龟从，筮逆、卿上逆、庶民逆，作内吉，作外凶。龟筮共违于人，用静吉，用作凶。"《中庸》："本诸身，征诸庶民，考诸三王而不缪，建诸天地而不悖，质诸鬼神而无疑，百世以俟圣人而不惑。质诸鬼神而无疑，知天也；百世以俟圣人而下惑，知人也。"若进一步简化，可以归结为三条，即孔子所说的"畏天命、畏大人、畏圣人之言"，或庄子所说的"与人为徒、与古为徒、与天为徒"。

珀　但我［相信］，无论我，还是其他任何世人都不，尽管……你会宁愿选择受不义甚于行不义？①

苏　而且无论你，还是其他所有人都会。

珀　远远不会！相反，无论我，还是你，乃至其他任何人都［b10］不会！（474b4-10）

苏格拉底的说法显得奇怪，他不是直接诉诸普遍同意，而是借助珀洛斯：只要珀洛斯同意苏格拉底的主张，所有人就都同意。一个人的同意如何建立起普遍同意？简单地说，就是因为珀洛斯自称代表所有人。

其实，两人的说法有些微妙、但重要的差别：首先，苏格拉底一开始就自称代表所有人（“无论我，还是你，乃至其他世人”），珀洛斯一开始只是代表自己和其他人，无法代表苏格拉底（“无论我，还是其他任何世人”），但苏格拉底再次强调自己可以代表所有人时（“无论你，还是其他所有人”），珀洛斯才自称代表所有人（“无论我，还是你，乃至其他任何人”）。

其次，最重要的是，苏格拉底说的是所有人“以为”行不义比受不义更坏，珀洛斯说的是所有人都不这样“选择”。“以

_____

① 　B本、D本以及诸译本皆断为疑问句。但在前文469c，珀洛斯已经问过，苏格拉底已经肯定，珀洛斯似不必再问。当然，珀洛斯也可能不相信，或不自信，或没记性，故又问。“世人都不”之后的动词省略，若依前文，应该是“以为”，若依后文，应该是“宁愿选择”；依后文补充，更符合珀洛斯的意思。

为"表示没有行动时心里坚持的观点，"选择"表示行动时实际遵循的观点。换言之，苏格拉底关注的是人们心里所想或合理信念，珀洛斯关注的是人们实际所做或临时感受。人们说的时候可能"以为"行不义比受不义更坏，但鉴于珀洛斯描述的悲惨状况，人们做的时候就可能"宁愿选择"行不义而非受不义。换言之，"人们的言辞是道德的，而行为是不道德的"①，甚至用道德的言辞掩饰不道德的行为（卡利克勒斯最后会揭掉这一层遮羞布），只要道德之名仍能带来报酬或避免损失（参《王制》358a、361b-c、362a）。这就是伪善，也是珀洛斯的出发点。总之，这两种意见在形式上并不矛盾；但坚持珀洛斯的意见，会导致言行不一，苏格拉底则坚持言行合一。

　　反复确定双方的论点和分歧之后，苏格拉底渐渐明白珀洛斯的症结所在，就再次成为提问者：

　　苏 ［474c］那么，你会回答吗？

　　珀 完全会！因为我也欲求知道你到底会说什么。

　　苏 为了让你知道，请你告诉我，就像一开始我［c5］问你的：在你看来哪个更坏，珀洛斯噢，行不义，还是受不义？

　　珀 受不义，至少在我［看来］。

---

① 施特劳斯：《修辞、政治与哲学》，前揭，第174页，参第160页。

　　苏 然后呢？哪个更丑，行不义，还是受不义？（珀洛斯
犹豫）请回答！

　　珀 行不义。（474c1-7）

　　通过区分心里所想与实际所做，苏格拉底引入了一个新的因
素：丑（可耻）。

　　珀洛斯似乎没有细想，就承认了一个新的观点：行不义比
受不义更丑。苏格拉底提出这个新问题之后，补充了一句："请
回答！"说明珀洛斯当时正在犹豫，但苏格拉底不容他细想。从
一般的角度看，苏格拉底似乎不太地道，就像后来卡利克勒斯批
评的，咬文嚼字，抓住别人的口误（489c）。但从辩证术的角度
看，当下的直接反应最真实，拟议即乖。

　　珀洛斯的这个新观点看似接近苏格拉底的主张——行不义
比受不义更坏；但只是"看似"，因为珀洛斯否认"更丑"等于
"更坏"：

　　苏 那么，既然更丑，不就也更坏吗？

　　珀 一点儿都不。

　　苏 我学会了：看［474d］起来，你并不以为美与好、坏
与丑相同。

　　珀 当然不啦。（474c8-d2）

"丑"针对的是别人的看法，"坏"针对的是自身的利益。联系"心里所想"与"实际所做"的区分，珀洛斯的意思可能是：人们心里相信或口头承认行不义更丑，但身体行动或感觉到的却是受不义更坏；换言之，人们口头上会谴责按照"行不义更好"这个原则行动的人，但轮到自己行动时，可能同样遵循这个原则；行不义会得到某种好处，但会招来丑名。美丑是珀洛斯一开始就关心的问题（参448c-e、462c），但后来为了维持演说术的尊严，他引入僭政，就忘了美丑；然后，苏格拉底从功利的角度引导他重视正义问题。因此，珀洛斯之所以割裂丑与坏，是因为他一方面是诉诸公共意见，一方面是诉诸个人私利。

关于好坏或善恶，苏格拉底前文已经做过分析，尽管珀洛斯未必理解，也未必接受苏格拉底的等级划分（参467c–468b，469a-c）。关于美丑，尽管珀洛斯一开始就关心，但从未反思其真实含义，苏格拉底也从未做过分析。

于是，苏格拉底随后给珀洛斯耐心分析"美"的含义：美的东西之所以美，要么在于用途，要么在于某种快乐。

苏　但这个呢：所有美的东西，诸如种种身体、种种色彩、种种形状、种种声音、种种习惯，[d5]你每次称之为美的，不着眼于任何东西吗？比如，首先，你讲种种美的身体是美的，不是要么根据用途，即为了每个东西都为之而有用的那个东西，要么根据某种快乐，如果它使那些观看者在它被观看时感到喜悦？关于身体之美，你有除这些之外的什么要讲吗？

珀 ［474e］我没有。

苏 那么，其他所有东西不也这样吗：你称种种形状和颜色为美的，要么出于某种快乐，要么出于益处，要么出于这两者？

珀 我确实［这样］。

苏 不也同样［称］种种声音和所有音乐［e5］之事吗？

珀 是。

苏 甚至，种种礼法和习惯大概也不在这些之外：那些美的［礼法和习惯之所以美］，要么因为有益，要么因为令人快乐，要么因为两者兼备。

珀 ［475a］在我看来确实不［在这些之外］。

苏 那么，种种学问之美不也同样吗？（474d3–475a2）

苏格拉底从"身体之美"出发，经"形状和颜色""声音和音乐""礼法和习惯"之美，上升到"学问之美"。其实，仔细看，苏格拉底列举了两次：第一次是"身体、色彩、形状、声音、习惯"，第二次是"身体、形状和颜色、声音和音乐、礼法和习惯、学问"。第二次列举显然是为了补充和修正第一次列举的缺陷：补充了更高的"学问"，为"声音"补充了"音乐"，为"习惯"补充了"礼法"，因为音乐是最美的声音，礼法是最

美的习惯。两次列举都是五项，第一次的中间项是"形状"，第
二次的中间项是"声音和音乐"；后者更相应珀洛斯的优点或上
限，因为他特别在意的名声属于声音之美。在"美的阶梯"上，
珀洛斯刚到达学问之美，就打断了苏格拉底的列举，因而不可能
窥见最高的"美本身"（参《会饮》210a–212a）。这符合珀洛斯
的程度，也符合《高尔吉亚》"缺乏顶峰"的谋篇布局。①

珀洛斯不加思索地赞同苏格拉底的分析，并予以概括：

　　珀　完全对；而且你现在界定得美，苏格拉底噢，因为你
用快乐和善界定了美。

　　苏　那么，不就用反面［界定了］丑吗，［a5］用痛苦
和恶？

　　珀　必然。

　　苏　因此，一旦两个美的东西之一更美，它就是因为在这
两者之一或这两者方面超过［另一个］而更美，其实要么在
快乐方面，要么在益处方面，要么在这两者方面。

　　珀　完全对。

　　苏　而一旦两个丑的东西［475b］之一更丑，其实它也
就会因为在痛苦或恶方面超过［另一个］而更丑，这不是必

———————

① 　"缺乏顶峰"是施特劳斯对《高尔吉亚》的精辟概括，参氏著：《修辞、政治与
哲学》，前揭，第366—370、392、400、424、487页。

然吗？

珀 是。（475a3-b3）

若用快乐和善界定美，就用痛苦和恶界定丑。因此，更丑就意味着，要么更痛苦，要么更有害，要么两者皆有。于是，苏格拉底将这个"必然"的逻辑应用到珀洛斯的论点上：

苏 那就来吧：关于行不义和受不义，你刚才怎么讲的？你不是讲过，受不义更坏而［b5］行不义更丑吗？

珀 我讲过。

苏 那么，既然行不义比受不义更丑，它之所以会是更丑的，其实不就要么因为它是更令人痛苦的并在痛苦方面超过［受不义］，要么因为在恶或这两者方面［超过］，这不也是必然吗？

珀 怎么不呢？

苏 首先，［475c］让我们考察：是不是行不义在痛苦方面超过受不义，且行不义者们比受不义者们更疼痛？

珀 不，苏格拉底噢，绝不是这样。

苏 因此，不在痛苦方面胜过［受不义］。

珀 当然不。

苏 那么，若［c5］不在痛苦方面，就不再能在这两者方面都超过喽？

珀　显然不能。

苏　那么，不就剩下在另一个方面了吗？

珀　是。

苏　在恶方面。

珀　看起来是。

苏　那么，既然在恶方面超过，行不义不就会比受不义更坏吗？

珀　显然如此。

苏　［475d］那么，多数世人和你本人在前面那个时间已经同意我们，行不义比受不义更丑，岂有他哉？

珀　是。

苏　但至少现在，它显得更坏。

珀　看起来是。（475b4-d4）

珀洛斯的观点之一是"行不义比受不义更丑"；根据定义，更丑即要么更痛苦，要么更坏，要么两者兼有；根据常识，行不义显然不比受不义更痛苦；因此，行不义只能比受不义更坏。但珀洛斯起初的观点之一是"受不义更坏"（参474c5）。因此，珀洛斯自相矛盾。

珀洛斯之所以矛盾，根本原因在于没有正确认识美，简单地接受苏格拉底关于美的分析和定义。苏格拉底列举了各种不同的、具体的美，但珀洛斯忽视或混淆了各种美的特殊性乃至等级性，以致在说"行不义更丑"时想到声音之丑，即丑名造成的痛苦，而在承认"行不义不比受不义更痛苦"时又忘掉丑名造成的精神痛苦，而仅仅想到身体的痛苦。

珀洛斯的矛盾是多数人的矛盾，因为其意见基于多数人的意见：一方面认为行不义更好（功利），一方面认为行不义更丑（名声）。现在，珀洛斯承认行不义更坏，不同于多数人的意见，这就迫使珀洛斯抛开多数人，做出自己的选择。

苏 那么，你宁愿选择［d5］更坏的东西和更丑的东西甚于更弱地［坏和丑］的东西吗？

（珀洛斯犹豫）请你不要畏缩不敢回答，珀洛斯噢，因为你丝毫不会被伤害；相反，请你像服从治病者一样高贵地［服从］论证，回答吧，并只管［475e］肯定或否定，无论我问什么。

珀 得了，我不愿选择［更坏和更丑的东西］，苏格拉底噢。

苏 但其他任何世人呢？

珀 在我看来不愿，至少根据这个论证。

苏 因此，我讲得真实，即无论我，还是你，乃至其他任何［e5］世人，都不会宁愿选择行不义甚于受不义，因为它其实碰巧更坏。

珀 显然。（475d5-e7）

为了保持言辞的前后一致，珀洛斯尽管心里不接受，口头上也必须承认，所有人"都不会宁愿选择行不义甚于受不义"。但他刚才坚持，所有人都不会"宁愿选择受不义甚于行不义"（参474b5-10）。因此，珀洛斯又自相矛盾。

但自相矛盾并不能证明，相互矛盾的两个意见哪个正确：

> 苏 那么你瞧，珀洛斯噢，这个反驳与那个反驳被并列的时候，毫无相似；相反，你要除我之外的其他所有人同意你，但我只要你唯一一人［476a］同意并作证就足够了，并只诉诸你唯一一人投票，让自己告别其他人。（475d5-476a2）

苏格拉底的意见与多数人的意见同属于"反驳"，虽然相反，但彼此并列。苏格拉底仅仅断言"我讲得真实"（475e4），迫使珀洛斯告别多数人，赞同自己，但并未证明自己的意见为什么正确。因此，可以说，苏格拉底以修辞术的方式使珀洛斯选择了正确的意见。

这是一种什么样的修辞术呢？苏格拉底鼓励珀洛斯，"请你不要畏缩不敢回答，因为你丝毫不会被伤害；相反，请你像服从治病者一样高贵地［服从］论证"（475d6-7）。这暗示，苏格拉底的修辞术是作为治病术的而非烹调术的修辞术（参本章第一节苏格拉底的技术类比图示）。治疗过程虽然可能让病人感到痛苦,但丝毫没有"伤害",反而有助于恢复健康。经过痛苦的治疗,珀洛斯获得了正确的意见。但珀洛斯的选择是基于错误的根据,即苏格拉底关于美的分析和定义,但并不妨碍其正确。从这个意义上说,苏格拉底的修辞术是"一种真正的技艺而非假冒的技艺,在不充分的根据上产生正确的意见",尽管它无法教导真正的知识或智慧。当然,"作为正确意见的产生者,修辞术只能由知道真理的人来实践,因为只有他有资格清楚而合理地区分正确的意见与错误的意见"。[1]

苏格拉底最初的论点是"行不义者不幸"(参471a1-2,473a9),但他目前顶多证明"行不义比受不义更坏"。这两个观点并不等同,只有在正义等于幸福的前提下,行不义者才不幸。但幸福的内涵并未得到确定:苏格拉底一度认为,幸福等于正义加上教育(参470e);珀洛斯和多数人则可能认为,幸福等于正义加上财富或权力等等。若是这样,行不义者就不会因为不义而完全不幸,因为他可能拥有良好教育、财富或权力等等。总之,苏格拉底的论点没有得到充分证明。

使珀洛斯承认"行不义比受不义更坏"之后,苏格拉底回到他们之间的第二点分歧:行不义者接受审判与不受审判,哪个更坏。

……那么,在这一点上,就让我们这样保持[这个结

---

[1]　施特劳斯:《修辞、政治与哲学》,前揭,第182页。

论〕。但在这之后，让我们考察我们争辩的第二点：是否行不义后接受审判是最大〔a5〕的恶，像你相信的；抑或像我相信的，不接受〔审判〕才是更大的〔恶〕。

但让我们这样考察：行不义后接受审判与正义地被惩罚，你是否称〔二者〕相同？

珀 我确实。

苏 〔476b〕那么，你能够这样讲吗：并非所有正义之事都是美的，无论它们多么正义？也请你彻底考察之后再说。

珀 得了，在我看来〔不能〕，苏格拉底噢。

（476a3-b3）

若"行不义后接受审判"等于"正义地被惩罚"，那么，分歧的关键就在于是否"所有正义之事都是美的"。

苏格拉底这一次给珀洛斯时间，让他"彻底考察之后再说"。但珀洛斯似乎没有三思，就直接承认"所有正义之事都是美的"（476b3，参476e4）。因此，"正义地被惩罚"就是美的，这又会导致什么结论？

苏 也请考察这一点：若某人施行某事，是否必然也有某物从这个施行者那里〔b5〕遭受〔某事〕？

珀 在我看来确实。

苏 因此，这个〔遭受者〕遭受施行者所施行的东西，并像施行者施行那样［遭受］？我讲的就像这类情况：若某人打击，就必然某物被打击。

珀 必然。

苏 而若打击者强烈地或快速地［476c］打击，就［必然］被打击者也这样被打击？

珀 是。

苏 因此，被打击者就是像打击者施行那样遭受？

珀 完全对。

苏 那么，若某人灼烧，不就也必然某物被灼烧吗？

珀 怎么不呢？

苏 而若［c5］他强烈地或疼痛地灼烧，就［必然］被灼烧者像灼烧者灼烧那样被灼烧？

珀 完全对。

苏 那么，若某人切割①，同样的论证不也［适用］吗？因为某物被切割。

珀 是。

苏 而若切口很大、很深或很疼痛，被切割者［476d］也就像切割者切割那样被切割切口。

珀 显然。

---

① 据D本。参B本："若他切割某物"，默认主语同前，因为灼烧和切割都是医生的治疗手段，说话方式有变。

苏　请你总体上瞧瞧，你是否同意：像我刚刚讲的，关于所有东西，遭受者就像施行者施行那样遭受。

珀　得了，我同意。

苏　[d5] 既然这些得到同意，接受审判是遭受某物，还是施行？

珀　必然是遭受啦，苏格拉底噢。

苏　不就是从某个施行者那里［遭受］吗？

珀　怎么不呢？至少是从惩罚者那里。

苏　而正确地惩罚者［476e］就正义地惩罚喽？

珀　是。

苏　是不是就施行正义之事？

珀　正义之事。

苏　那么，被惩罚者在接受审判时，不就在遭受正义之事吗？

珀　显然。（476b4-e3）

苏格拉底以治病术（烧灼和切割）为例解释惩罚（打击）：施行者施行什么，遭受者就遭受什么，施行者如何施行，遭受者就如何遭受；同理，惩罚者正义地惩罚，被惩罚者就正义地被惩罚，即"遭受正义之事"。

苏　但正义之事大概是美的，这已经得到同意？

珀　完全对。

苏　因此，他们之中，［e5］一方施行美事，而另一方即
被惩罚者，则遭受［美事］。

珀　是。

苏　［477a］那么，若是美事，不就是好事吗？因为要么
令人快乐，要么有益。

珀　必然。

苏　因此，接受审判者就遭受了好事？

珀　看起来是。

苏　因此，他就受益了？

珀　是。（476e4–477a4）

　　既然珀洛斯已经承认"正义之事是美的"，那么，正义地被
惩罚就是美的。根据珀洛斯同意的美的定义，美要么令人快乐，
要么有益。根据常识，正义地被惩罚显然不令人快乐，因为惩罚
就像被打击、被灼烧、被切割一样。因此，正义地被惩罚必然有
益。换言之，被惩罚者通过惩罚而受益。

　　但这个结论一定正确吗？惩罚一定能改善罪犯吗？显然不
能一概而论。这个结论源于"正义之事都是美的"这个前提。若
结论可疑，而推论无误，就需要反思前提。即使正义地被惩罚是
美的，但正义地惩罚是美的吗？所谓的"美"是指值得赞美。从
司法的角度，正义地惩罚顶多只是分所当为、本该如此罢了，并

不值得赞美或夸耀，或用苏格拉底前文的说法，"不值得羡慕"（参469b1）。毋宁说，"只有在这种德行方面，正义的并不总是美的，相反，正义地惩罚比不义地惩罚更丑陋"（亚里士多德《修辞术》1366b30）。按照这里的说法，若正义地惩罚是美的，则惩罚就要么有益，要么令人快乐。正义地惩罚别人，显然无法改善自己，因此，正义地惩罚只能带来快乐……符合逻辑，也在某种程度上反映了部分现实，但显然有违道德。因此，若推论过程没错，那么，"正义之事都是美的"这个前提就成问题。因此，也就不能从这个前提合理推出，正义地被惩罚必然有益。

大概有鉴于此，苏格拉底一开始提出这个前提的时候，就提醒珀洛斯"彻底考察之后再说"（参476b2），论证的时候又只说这个前提"大概"得到同意（参476e4）。但珀洛斯都未注意。珀洛斯之所以不假思索地承认惩罚的价值，大概跟他对僭政的推崇有关：僭政和惩罚都是暴力或强制形式，正义的惩罚只是用合法的强制取代了非法的暴力。

倘若接受审判的人会通过惩罚而受益，那么，在哪些方面受益？

苏 ［a5］是不是我推测的那种益处：他在灵魂方面变得更好，只要他正义地被惩罚？

珀 看起来确实。

苏 因此，接受审判者就摆脱了灵魂的恶？

珀 是。（477a5-a8）

珀洛斯前面已经承认智慧、健康和财富三种善（参467e5）：被惩罚者显然不会在财富方面获益，因为惩罚可能意味着罚款（参466c，468e9）；也不会在健康方面，因为惩罚可能意味着"被拉肢、被阉割、被烧瞎"等（参473c）。经过排除，被惩罚者只能以"智慧"为代表的"灵魂方面"受益。

苏 那么，他是不是就摆脱了最大［477b］的恶？请你这样考察：在一个凡人的财物储备方面，你能瞧见其他什么恶吗，除了贫穷？

珀 不能，只有贫穷。

苏 但在身体储备方面呢？你会肯定，恶就是无力、疾病、丑陋以及［b5］诸如此类的东西吗？

珀 我确实会。

苏 那么，在灵魂方面，你不以为，也有某种低劣吗？

珀 怎么不呢？

苏 那么这种［低劣］，你不就称之为不正义、无学识、① 怯懦以及诸如此类的东西吗？

_____

① 无学识（ἀμαθία）：指没有通过学习获得知识，大体等于"无知（ἄγνοια）"，亦见477d，488a。

珀　完全如此。

苏　那么，关于财物、〔477c〕身体和灵魂这三种存在物，你不就已经说出三种低劣了吗：贫穷、疾病和不正义？

珀　是。（477a9-c2）

财富方面的恶或欠缺是"贫穷"，身体方面的恶是"无力、疾病和丑陋"，灵魂方面的恶是"不正义、无学识和怯懦"。但总结时，苏格拉底在身体和灵魂方面挑出的分别是"疾病"和"不正义"，忽略了其他几种恶。

苏　那么，这些低劣哪个最丑？不就是不正义和灵魂的总体低劣吗？

珀　非常确实。

苏　若〔c5〕最丑，也就最坏喽？

珀　这话，苏格拉底噢，怎讲？（477c3-6）

珀洛斯忘了关于美的定义。于是，苏格拉底再次不厌其烦地分析：

苏　这样：最丑的东西其实永远是因为提供最大的痛苦或伤害或这两者而最丑，基于前面已经被同意的那些〔说法〕。

珀 必定。

苏 但最丑的东西即不正义和灵魂的全体低劣,刚才 [477d] 已经被我们同意?

珀 确实被同意。

苏 那么,它之所以是它们之中最丑的,不就要么因为它是最令人苦恼的并在苦恼方面超过 [其他低劣],要么因为在伤害或这两者方面超过 [其他低劣] 吗?

珀 必然。

苏 那么,做个不正义、放纵、怯懦和无学识的人 [d5] 比受穷和患病更令人疼痛吗?

珀 在我看来不,苏格拉底噢,根据 [前面同意的] 那些。

苏 因此,灵魂的低劣之所以是所有 [低劣] 中最丑的,就是因为在某种多么异常巨大的伤害和令人惊讶的恶 [477e] 方面超过其他东西,既然不在疼痛方面,按照你的说法。

珀 显然。

苏 不过,在最大伤害方面超过 [其他东西] 的东西,大概就会是诸存在物中最大的恶。

珀 是。

苏 因此,[e5] 不正义和放纵以及灵魂的其他低劣就是诸存在物中最大的恶?

珀　显然。（477c7-e6）

既然不义是最丑的。根据美的定义，最丑在于造成最大痛苦或最大伤害。根据常识，以不义为首的灵魂之恶不比贫穷和疾病更令人痛苦，因而只能造成最大伤害。因此，以不义为首的灵魂之恶是最大的恶。因此，正义的惩罚使被惩罚者摆脱最大的恶。

然而，苏格拉底的整个论证缺少两个相关的重要环节。

第一，他没有说明，正义的惩罚是否可以使被惩罚摆脱灵魂方面的所有三恶？即使可以使他摆脱"不义"，但可以使他摆脱"无知和怯懦"吗？倘若不义不等于无知，正义就不等于知识，因而，惩罚即使可以使人获得正义，也未必使人获得知识。"为了使人变得智慧，最好的地方是去学校或此类地方，而不是去法官那里。"①

第二，苏格拉底证明了灵魂之恶是最大的恶，却没有证明，灵魂方面最大的恶为什么是不义？② 身体三恶与灵魂三恶有明显的对应关系："无力"对应"不义"，"疾病"对应"无知"，

---

① 施特劳斯：《修辞、政治与哲学》，前揭，第190页。
② 试仿照苏格拉底的论证方式，根据美的定义（快乐或有益）来判断不义、无知和怯懦哪个更丑，会很困难：因为在给人造成痛苦方面，不义与贫穷、疾病之间的差异更明显，不义、无知和怯懦则更不明显，且因人而异。

"丑陋"对应"怯懦"。① 身体方面最大的恶一般被认为是疾病（作为中间项），相应地，灵魂方面最大的恶应该是无知（比较458b1，最大的恶是虚假意见）：在477b7，无知作为中间项，似乎是最大的恶；但随后在447c1，不义被挑出来代表灵魂之恶；接着在447d4，不义被作为灵魂四恶之首；② 接着在447e以后，只有"不义和放纵"，不再提"怯懦和无知"。升降变化的关键，仍然在不义与无知之间：若无知是灵魂方面最大的恶，无知就是不义和怯懦的根源，换言之，知识是正义和勇敢的前提，正义只是知识的具体形式之一（参460b6-7，符合苏格拉底一贯的主张，所谓知识即德行，无人自愿作恶），因此，要获得真正的正义，就必须同时获得知识。若德行的本质是知识，则不可能通过惩罚使人获得真正的德行，但既然正义是一种具体的德行，那么，惩罚也可能成为通向德行的途径之一。大概是鉴于这个线索和珀洛斯的程度，苏格拉底渐渐用"正义"取代"知识"，从而大大提高了惩罚和正义的地位和价值。

　　鉴于有三个方面的大恶（贫穷、疾病和不义），苏格拉底相

---

① 　无力与不义的对应暗示，有力使人显得正义（符合卡利克勒斯的强权即正义观），或正义使人有力（符合苏格拉底的观点，正义就是力量）；丑陋与怯懦的对应暗示，勇敢使人显得美丽（符合卡利克勒斯的观点），或美丽使人勇敢（符合苏格拉的行为）；疾病与无知的对应暗示，健康使人显得有知，或知识使人健康。

② 　即"不义、放纵、怯懦和无知"，第一次补充"放纵"，凑足四恶，对应四德（正义、节制、勇敢和智慧）。"放纵"（即不受惩罚）与"正义"并置似乎暗示，较之其他恶，不义和放纵更有可能通过惩罚得到矫治。

应地举了三种改善的技术：

苏　那么，什么技术让人摆脱贫穷？不就是赚钱术吗？

珀　是。

苏　但什么［技术让人摆脱］疾病？不就是治病术吗？

珀　［478a］必然。

苏　但什么［技术让人摆脱］低劣和不正义？

呃～若这样你想不通①，就请这样考察：我们引导那些身体患病的人去哪里和什么人那儿？

珀　去治病者们那儿，苏格拉底噢。

苏　但那些行不义的和那些放纵的人呢，［引导］［a5］去哪儿？

珀　你是讲，去审判者们那儿？

苏　那么，他们不就将接受审判吗？

珀　我肯定。

苏　那么，那些正确地惩罚的人不是使用某种正义去惩罚吗？

珀　显然是。

苏　因此，赚钱术让人摆脱贫穷，［478b］治病术［让人摆脱］疾病，而审判［让人摆脱］放纵和不正义。

---

① “想通（εὐπορέω）”是“困惑”的反义词，容易通过，有办法解决。

珀 显然。

苏 那么，〈你所讲的〉① 这些东西哪个是最美的？

珀 你是讲哪些？

苏 赚钱术、治病术、审判。

珀 ［b5］审判，苏格拉底噢，优越得多。（477e7–478b5）

赚钱术让人摆脱贫穷，治病术让人摆脱疾病，审判术使人摆脱放纵和不义。三个例子的落脚点当然在审判术。但每个例子的具体情况并不相同，因而，以不同的例子进行类比，会有不同的观察或结论。

首先，若以赚钱术类比审判术：病人可以带到治病者那儿，不义者可以带到审判者那儿，但苏格拉底没说，穷人应该带到什么人那儿。换言之，没有治疗贫穷的专家或工匠。这暗示，有些恶或欠缺无法得到根本的救治，除非设定富裕的指标。② 反过来，若无治疗贫穷的专家，就同样没有治疗不义的专家，换言之，审

---

① D本放入括号存疑，似有道理。

② 施特劳斯（《修辞、政治与哲学》，前揭，第194页）提示，"在古时候，根本没有解救贫穷的专家"，即使现代有所谓经济学家，但他们是否能治疗贫穷，亦未可知。参《法义》709a，战争、贫穷、疾病和气候四者都被归属于运气和偶然，非人类技术所能掌控。子夏说"生死有命，富贵在天"，纪昀说"有钱难买命，无药可医贫"，老话儿说"小富由勤，大富由命"。参亚里士多德《政治学》第一卷关于财富与致富术的讨论（1256a–1258b），以及致富与幸福或目的的关系。

判者就不能完全有效地矫治不义。不过，虽然没有治疗贫穷的专家，却有摆脱贫穷的技术，换言之，即使能够部分摆脱贫穷，也不是依靠专家，而是依靠穷人自己。同理，要治疗不义，必须首先依靠不义者自己，而非依靠审判者的惩罚。

不过，苏格拉底渐渐放弃了赚钱术，仅仅根据治病术来类比审判术：

苏　那么，它不是其实又造成最多的快乐或益处或这两者吗，既然它是最美的？

珀　是。

苏　那么，被医治是令人快乐的吗，而那些被医治的人也感到喜悦吗？

珀　在我看来不。

苏　不过，确实有益，不是吗？

珀　[478c] 是。

苏　因为他摆脱了一种大恶，以致忍耐疼痛并变得健康 [于他] 有利。

珀　怎么不呢？

苏　那么，一个凡人在身体方面是这样——即被医治的时候——最幸福呢，还是在起初根本没有患病的时候？

珀　[c5] 显然嘛，在根本没有患病的时候。

苏　因为幸福看起来并不是这个摆脱恶，而是起初根本没有获得［恶］。

珀　就是这样。（478b6-c7）

被医治虽然令人痛苦，但可以使人摆脱疾病这种大恶。这是一种令人痛苦的改善。不过，这种改善低于从未受损的善，患病后被治疗低于不患病，摆脱恶不如原本无恶。

苏　［478d］但这个呢：两个或在身体上或在灵魂上拥有一种恶的人，哪个更不幸，是那个被医治并摆脱那种恶的，还是那个没被医治而拥有［那种恶］的？

珀　在我看来，显然是那个没被医治的。

苏　那么，接受审判［d5］不就是摆脱最大的恶，即低劣吗？

珀　确实是。

苏　因为审判大概使人自制①并变得更正义，并成为［医治］低劣的治病术。

珀　是。（478d1-8）

以治病术类比审判术，就暗示：第一，被惩罚令人痛苦，但有益，因为使人摆脱不义这种最大的恶；第二，需要惩罚不如无

———————————

① "自制（σωφρονίζω）"，基本等于"节制（σωφρονέω）"。

须惩罚，行不义之后被惩罚不如原本做正义之人。

但若类比赚钱术，结论就会不同：第一，摆脱贫穷并不像摆脱疾病一样令人痛苦，而是一种可能令人快乐的改善，因此，摆脱不义也应该是一种令人快乐的改善。第二，摆脱贫穷未必低于从不受穷，因此，摆脱不义也应该未必低于原本正义。

可见，不同的类比，会得出不同的结论。问题可能在于，不义介于贫穷与疾病之间，各有其相似与不同，两个不同的结论源于贫穷与疾病的不同：摆脱贫穷，虽有技术，但无专家，只能靠自己，也并不那么令人痛苦，虽然可能勤苦；摆脱疾病，既有技术，又有专家，但过程令人痛苦。综合二者，可以反映摆脱不义的两种方式：若像摆脱贫穷一样靠自己，就是令人快乐的内在改善（通过哲学或知识）；若像摆脱疾病一样靠专家，就是令人痛苦的外在改善（通过惩罚）。

苏格拉底仍然仅仅类比治病术：

苏　因此，最幸福的是灵魂里不拥有恶的人，既然这［灵魂里拥有恶］［478e］显得是最大的恶。

珀　显然是。

苏　而其次大概是摆脱［恶］的人。

珀　看起来是。

苏　而这就是被警告、被打击和接受审判的人。

珀　是。

苏 因此，拥有〈不正义〉①且没有摆脱的人［e5］生活得最坏。

珀 显然。

苏 那么，这不碰巧就是这种人吗：他行了最大的不义之事并利用了最大的不正义，却能做到既不被警告，［479a］也不被惩罚，又不接受审判，就像你肯定阿克劳斯和其他僭主、演说者和能人们②已经预备的一样？

珀 看起来是。

苏 ［a5］因为这些人大概，最好的人噢，几乎做到了像某个感染最大疾病的人所能做到的相同之事，即不为身体方面的种种过错接受治病者们的审判，不被医治，简直像个孩子一样害怕被灼烧和被切割，因为［479b］疼痛。在你看来，不也这样吗？

珀 在我［看来］确实。（478d9–479b2）

按照好坏程度区分三类人：最好的是正义之人，其次是行了不义但被惩罚的人，最坏的是行了不义却没被惩罚的人。像阿克劳斯之类的僭主、演说家和掌权者都属于第三类人，因为他们感

---

① 据B本注。D本放入括号存疑。也有注家释为"恶"。

② "能人（δυνάστης）"词根即"能力/力量/权力"（参447c注释），一般理解为"掌权者"或"统治者"，但据其本义和苏格拉底，带有贬义，故译为能人。参鲁迅论猛人，见《而已集》"扣丝杂感"。英译potentates，dynast等亦用本义。

染了最大的疾病，却害怕痛苦的治疗。

苏格拉底的说法有两点值得商榷。首先，他举例说明了最坏的第三类人，却没有解释第二类人，只举了大恶人而未举小恶人，毕竟多数人只能作小恶，不能作大恶（参《克力同》44d）。其次，苏格拉底仍然是采用类比论证，但根据常识，身体患病毕竟不同于灵魂患病，最大的差别在于：身体患病的人知道自己有病，灵魂患病的人可能不觉得自己有病，阿克劳斯等大恶人尽管被别人称为最不幸者，但他本人主观上未必感觉不幸。以上两点结合起来：犯了较小不义的人可能会像患病的人一样，觉得自己变得更不幸了（因为知道惩罚无可逃脱）；但犯了最大不义的人，未必觉得自己变得更不幸（因为可以逃脱惩罚）。

但无论是被迫接受惩罚的小恶人，还是逃过惩罚的大恶人，有个共同的意见，即认为被惩罚是坏事（参470a6）。

　　苏　[因为]至少看起来，他不认识身体的健康和德性①是怎样的东西。因为基于我们现在已经同意的，那些逃避[b5]审判的人恐怕也做着某种类似之事，珀洛斯噢，他们向下瞧见它[审判]的疼痛，却不能看见益处②，而没认识

---

① "德性（ἀρετή）"是一切存在物本身所具的卓越品质，不仅用于人，如身体的德性即健康。若强调其总体功能，则译为"德行"。

② 或直译"盲目地拥有益处"。

到，较之一具不健康的身体，跟一颗并不健康的，而是腐朽的、不正义的［479c］和不虔敬的灵魂住在一起是多么的更不幸；因此，他们也竭尽全力以便不接受审判且不摆脱最大的恶，通过预备财物和朋友，以及怎样才能成为讲话最有说服力的人。

　　但倘若我们已经同意的都真实，珀洛斯噢，那么，［c5］你感觉到从这个论证推出的结果了吗？或者，你愿意让我们总结它们吗？

　　珀　倘若在你看来确实［应该］。①（479b3-7）

行不义者不认识灵魂的健康和德性，仅仅看到惩罚的痛苦，看不到益处，因而才逃避惩罚。关于灵魂的德性，这里提到两种，即"不正义和不虔敬"（虔敬第一次出现），大概分别相应前面提到的小恶人和大恶人，即行了不义但被惩罚的人与没被惩罚的人。进一步联系，则相应于更前面提到的"行不义者"与"不义者"，"人们的审判"和"诸神的审判"（参472e5-8及那里的解释）。小恶人只是行为不正义，通过人们的审判而恢复正义；大恶人不仅不正义，而且不虔敬，尽管逃过人们的审判，但终究躲不过诸神的审判。

----

① 据B本，意思更顺。参D本："倘若你有别的看法，请讲。"也有作"倘若没有别的看法"。

使大恶人躲过人们的审判的，正是演说术，尤其是法庭演说术，以便"预备财物和朋友"，"成为讲话最有说服力的人"。然而，对身体患病的人，演说家陪同治病者，说服病人服下苦涩的药物，使之克服痛苦的恐惧（参456b高尔吉亚自己的例子）；对灵魂患病的人，演说家却恰恰相反，不但不劝服病人接受惩罚，反倒为之辩护。基于治病术与演说术的类比，这种做法不是颠倒吗？

随后，苏格拉底总结珀洛斯部分的谈话要点，并重新回到演说术：

苏　那么，结果不就是，最大的恶即不正义和［479d］行不义？

珀　至少显得是。

苏　而接受审判也至少显得是摆脱这种恶？

珀　恐怕是。

苏　而不接受即保持恶？

珀　是。

苏　因此，在诸恶的巨大方面，其次即［d5］行不义；而行不义后不接受审判自然成了所有诸恶之中最大且首位的。

珀　看起来是。

苏　那么，这不就是，朋友噢，我们争辩的吗：你称阿克劳斯幸福，即那个行了那些最大的不义之事［479e］却没接受任何审判的人；但我相信，恰恰相反，无论阿克劳斯，还是其他任何世人，若行了不义却没接受审判，他就适宜成为超过其他世人的不幸者，且行不义者永远是比受不义者、[e5]不接受审判者[永远是]比接受者更不幸？这些不都是我讲过的吗？

　　珀　是。

　　苏　那么，不是已经证明，所讲的都真实吗？

　　珀　显得是。（479c8-e8）

　　"最大的恶即不正义和行不义"；"其次是行不义"，而"行不义后不接受审判成了所有诸恶之中最大且首位的"，因此，像阿克劳斯之类行了最大不义却没被审判的人就最不幸，且行不义者比受不义者、不接受审判者比接受审判者更不幸。

　　总结之后，苏格拉底问："不是已经证明所讲的都真实吗？"珀洛斯答"显得是"。但"所讲的"是哪个论点？并不清楚。苏格拉底最初的论点是行不义者不幸。但关于不义的情况又被分成几类：不义性情与不义行为，最大的不义行为与较小的不义行为，被惩罚的不义行为与未被惩罚的不义行为。对每种情况，相应的幸福或不幸程度也可能各不相同。

　　总之，苏格拉底违反了自己一开始就制定的规则：事实先于价值，"是什么"先于"怎么样"。珀洛斯谈论演说术的时候，苏格拉底曾用这个规则限制珀洛斯；既然适用于演说术，就应该也适用于正义。苏格拉底尽管说服珀洛斯相信正义比不义更好，却始终没有界定什么是正义。尽管我们通常可能知道正义是什么，却不能充分保证苏格拉底的论证合乎规则。更何况，珀洛斯从未承认自己知道正义，既然不知道正义是什么，就无法知道行不义者是否不幸（参《王制》354c）。因此，苏格拉底教给珀洛斯的，只是关于正义的信念或意见，而要真正认识正义，则需要走一条更漫长的路。

苏格拉底从正义问题，重新回到演说术问题：

苏 ［480a］但愿是吧。那么，倘若这些都真实，珀洛斯噢，演说术的巨大用途是什么呢？因为根据现在已经被同意的东西，［一个人］必须最大程度地防卫他自己，以免行不义，因为那样他将拥有充足的恶。不是吗？

珀 ［a5］完全对。

苏 但如果他自己或他所担忧的其他任何人行了不义，他本人就［必须］自愿去到那个他将最快速地接受审判的地方，到审判者那儿，像到治病者那儿一样［480b］急切，以免不正义的疾病被拖延，使灵魂内部溃烂并不可救治。或者，我们怎么讲呢，珀洛斯噢，倘若我们先前同意的那些站得住脚？这些不是必然以这种而非其他方式［b5］符合那些［说法］吗？

珀 确实，我们又能说什么呢，苏格拉底噢？
（480a1-b6）

若不义是最大的恶，而惩罚具有治疗的改善作用，一个人就会首先尽力防止行不义，其次，即使行了不义，也会自愿去找审判者接受惩罚，以恢复灵魂的健康。因此，就无须法庭演说术为不义行为辩护，既然如此，演说术有什么用途呢?

　　苏　因此，为了替自己的、父母的、同伴们的、孩子们的或行不义的祖国的不正义辩护，演说术对我们根本没有用，珀洛斯噢;

　　除非某人［480c］可以推测为了反面［而使用］——即必须最主要控告他自己，然后也［控告］家人们和其他无论何时碰巧行不义的朋友们，且［必须］不要掩盖不义行为，而是引向公开，以便他能接受审判并变得［c5］健康，且［必须］强迫他自己和其他人不要怯懦，而是乖乖地且勇敢地闭目服从①，像［服从］治病者的切割和灼烧一样，追求既好且美的东西而不顾忌疼痛:如果确实行了不义，该打，［480d］就服从打击;如果该囚禁，就［服从］捆绑;如果该罚款，就赔偿;如果该放逐，就逃亡;如果该死，就死掉;他自己［必须］是他自己和其他家人的首要控告者，并为了这个使用演说术，［d5］以便他们能在种种不义行为彻

―――――――――

① 希腊成语，字面义为"闭上眼睛"，比喻盲目地进入危险，无视危险通常被视为勇敢的标志。

底发露之时摆脱最大的恶，即不正义。我们是能这样肯定，还是不能肯定，珀洛斯噢？（480b7-d6）

苏格拉底推出一个著名的所谓"悖论"：演说术的用途不是为自己和自己的亲朋的不义行为辩护，而是指控自己和自己的亲朋，揭露其不义行为，使之接受惩罚并恢复健康。

苏格拉底说到辩护时，列举了"自己、父母、同伴、孩子、祖国"，说到指控时，列举的是"自己、家人、朋友"（最后化约为"自己和家人"）。两者不完全对等，当然，"家人"可以包括父母和孩子，"朋友"可以包括同伴和祖国。辩护的中心项是"同伴"，指控的中心项是"家人"。这让人想到苏格拉底的两项罪名，即"不信城邦神"和"败坏青年"，似乎分别相应于对"朋友"和"家人"的指控：前一项的关联容易理解，后一项的关联在于，苏格拉底的教诲导致青年反抗父辈或家人的权威。

苏格拉底列举的惩罚方式有五种，似乎按照从轻到重的顺序，依次是：打击、囚禁、罚款、放逐、杀死。比较珀洛斯热衷的僭政特权有三种，从重到轻依次是杀人、抢财、驱逐（466c1、d1、468b5、c3、d1）。① 两者的中间项都关系钱财，外邦人珀洛

---

① 珀洛斯468e9说的是杀人、抢财、囚禁，首次提到囚禁，取代放逐；469c6说的是杀人和驱逐，漏掉抢财。珀洛斯最害怕的惩罚方式是被拉肢、被阉割、被烧瞎眼睛、被钉死在尖桩上、被涂上沥青烧死（473c1-5），皆可以归入"打击"和"杀死"的范围。

斯会认为罚款比驱逐更重，但雅典人苏格拉底认为放逐比罚款更重。这符合苏格拉底本人在法庭上的选择和说法：原告对苏格拉底提出死刑，法庭要求苏格拉底提出替代的惩罚方式。首先，苏格拉底自认不仅无罪，而且有功，因而根据自己的品行，他提出的替代方案是在政府大厅用膳；然后，他排除了囚禁和罚款，重点否定了陪审团最可能接受的流放；最后，苏格拉底提出的是一个米纳的罚款（《申辩》36b-38b）。

　　珀　[480e]在我看来太离谱啦，苏格拉底噢，当然，也许你使它同意前面那些[说法]。

　　苏　那么，不就要么应该拆毁那些，要么必然推出这些吗？

　　珀　是，这个情况确实这样。（480e1-4）

　　珀洛斯认为，苏格拉底关于演说术的用途的结论"太离谱"，但鉴于这些结论都是从他承认的前提下合乎逻辑地推导出来的，他也只能无可奈何地接受。换言之，珀洛斯尽管口头上被迫接受，但心里仍不信服，可能处于一种内在的自我指控与辩护之中。

　　珀洛斯心里不服，也并非没有道理。毕竟，苏格拉底本人就有相反的说法：根据柏拉图的另一篇对话《游叙弗伦》，苏格拉底反对游叙弗伦指控自己的父亲。因此，若苏格拉底在《游叙弗伦》里的态度是严肃的，这里的推论就是开玩笑，反之亦然。尽管我们不能断定，苏格拉底的两种相反的观点，何者严肃，何者玩笑，但至少根据常识，指控自己的父亲这种说法显得荒谬。

这个结论是基于两个前提：第一，惩罚是有益的，第二，正义即损敌益友。鉴于这两个前提，促使朋友获得应有的惩罚是真正帮助朋友，仍然可以理解。但这两个前提都并非没有问题，即使承认惩罚有益，但损敌益友是否正义也成问题。因此，如果这些前提成立，演说术就有大用途；如果部分成立，演说术就有部分用途；如果都不成立，演说术就没有用途。珀洛斯没有能力反思这些前提，也就只能接受目前的结论。

随后，苏格拉底进一步转向演说术的反面用途：

苏　[e5] 但再向反面转变：倘若必须对某人做坏事，无论对敌人还是对任何人，只要[我们]自己没有从敌人那里受不义——因为这一点应该当心——但如果敌人对其他人行了不义，[我们]就应该尽一切办法，既[481a]凭行动又凭言辞，使他既不能接受审判，又不能走上法庭；但如果他走上了，就应该千方百计让敌人逃脱而不接受审判；但如果他抢了很多金子，[就应该千方百计]让他不归还，而是留着它，不正义地[a5]和不信神地① 挥霍在他自己和他的那

——————

① "不信神/无神（ἄθεος）"仅见于481a和523b；常用的近义词是"不虔敬（ἀνόσιος）"。

些［亲属］身上；再者，如果他行了不义，甚至该死，［就应该千方百计］让他不受死，最好从不［受死］，而是作为低劣者永远不死；但要不然，就让他［481b］作为这种人尽量生活最多时间。

为了这类东西，在我看来，珀洛斯噢，演说术确实是有用；因为对不打算行不义的人，在我看来，它没有什么巨大的用途，即使确实也有某种用途，也没有在前面那些［说法］［b5］的任何地方显现出来。（480e5–481b5）

基于前述两个前提，若必须损害敌人，就应该用演说术使行不义的敌人无罪释放，该上法庭的让他不上法庭，该还钱的让他留着挥霍，该死的让他永远不死，尽量活得最长。这个推论极具反讽意味，但并非不合逻辑。

其实，苏格拉底推论的时候仍然有一点保留："只要我们自己没有从敌人那里受不义——因为这一点应该当心。"（480e6）但问题是，如果一个人不小心在敌人那里受了不义呢？按照这里的逻辑，他就应该任由敌人对自己行不义，完全放弃自我保护，作为对敌人的损害和报复吗？这看起来当然十分荒谬，尽管可能另有道理（参《新约》太5: 39-5: 41；约18: 22-18: 23）。

显然，苏格拉底这里使用了修辞技巧，仅仅是以归谬的方式证明：演说术毫无用途。

第五章 ┃ 苏格拉底与卡利克勒斯的交谈（上）

听了苏格拉底的佯谬结论，卡利克勒斯大为困惑，就问凯瑞丰：苏格拉底是不是开玩笑？凯瑞丰认为苏格拉底很严肃，让卡利克勒斯问苏格拉底本人（481b）。卡利克勒斯就向苏格拉底表示，若按照苏格拉底讲的，世人的生活就被推翻了。苏格拉底没有正面回答，而是说起他们两人的共同点：都有爱欲。只是爱欲的对象和方式不同：卡利克勒斯热爱雅典民众和青年得摩斯，苏格拉底热爱哲学和阿尔喀比亚德；卡利克勒斯的爱欲变化无常，苏格拉底的爱欲始终如一（481c–482c）。

卡利克勒斯指出，高尔吉亚和珀洛斯只是迫于羞耻才造成自相矛盾，即基于礼法习俗的观点。卡利克勒斯宣称：自然与礼法相反；大多数弱者为了自我保护而制定礼法，但根据自然，强权即真理，强者应该统治弱者，并获得更多；自然事实和品达诗歌都证明了强者的正义。最后，卡利克勒斯呼吁苏格拉底放弃哲学，投身政治（482c–486d）。

听了这个批评，苏格拉底盛赞卡利克勒斯是自己的试金石，因为他有智慧、好意和直率（486d–488b）。随后，苏格拉底开始检测卡利克勒斯的论断：更好且更强者是什么人？卡利克勒斯在苏格拉底的不断追问下，被迫接连表示：更强者是多数人（488b–489d）；更强者是更明智者（489e–490a）；更强者是在城邦事务方面明智且勇敢的人（490a–491d）；最后，更强者是拥有种种最大欲望、并有能力凭勇敢和明智不断满足这些欲望的人（491d–492c）。

为了检查卡利克勒斯的观点，苏格拉底首先设计了一套比喻论证：拥有种种欲望并不断满足的人，其灵魂就像有漏洞的罐子，永远无法装满（492d–494e）。这个比喻论证并未说服卡利克勒斯。于是，苏格拉底又设计了两套辩证论证，反对快乐等同于善（494e–499b），最终迫使卡利克勒斯承认，有些快乐好，有快乐坏。因此，就需要某种区分好坏的技术（499b–500a）。

1 爱欲的前奏（481b6–482c3）

听了苏格拉底对珀洛斯的反驳，卡利克勒斯感到困惑：

卡（低声问）告诉我，凯瑞丰噢，苏格拉底在这些东西上是严肃的，还是开玩笑？

凯　在我看来，卡利克勒斯噢，他异常严肃；当然啦，不如问他本人。（481b6-9）

卡利克勒斯再次向凯瑞丰求证，而非问苏格拉底本人（参447b5）。因为他既然已经怀疑苏格拉底的态度，苏格拉底即使给出真诚的答案，他也会继续怀疑。但这次不再是反义疑问句，而是选择疑问句。换言之，听了前两场对话，卡利克勒斯的固执观念有所松动，所见的苏格拉底形象也更不确定。同样，凯瑞丰也不再贸然代表苏格拉底，仅仅表达自己的看法，承认自己未必看懂苏格拉底。确实卡利克勒斯的犹疑和凯瑞丰的保留更能反映苏格拉底的本相：亦庄亦谐，应机而说，随方现色，各人随类得解。凯瑞丰套用卡利克勒斯开场对苏格拉底说的话，让卡利克勒斯"不如问他本人"（参447c5）。这暗示，整个对话在这里重新开始；卡利克勒斯在开场让苏格拉底问高尔吉亚本人，凯瑞丰在这里让卡利克勒斯问苏格拉底本人，权威人物发生根本转变：若说前半部分的权威是高尔吉亚，后半部分的权威就是苏格拉底。苏格拉底取代了以前的高尔吉亚，相应地，卡利克勒斯取代了以前的苏格拉底。

但一转向苏格拉底本人，卡利克勒斯又从选择疑问变成了反义疑问，暴露其固执观念：

卡　[b10]以诸神发誓，我正欲求[问他本人]呢！

　　（转向苏格拉底）告诉我，苏格拉底噢，［481c］我们该确定你现在是严肃的呢，还是开玩笑？因为倘若你是严肃的，而你所讲的这些碰巧实在真实，我们这些世人的生活不就被推翻了吗，而我们所做的一切看起来不就跟必须［要做］的相反了吗，岂有他哉？（481b10-c4）

　　严肃与否是态度，真实与否是内容。两者组合，有四种可能，但卡利克勒斯只提到一种可能，即苏格拉底的态度严肃且说法真实，结果是世人的生活颠倒，自相矛盾。但这个反问暗示，他希望另一种可能，即苏格拉底的态度玩笑且说法真实，结果即世人的生活颠倒了，但我们不必自相矛盾。卡利克勒斯在意的不是价值的上下颠倒，而是生活原则的始终一致。①

　　面对严肃的质问，苏格拉底再次避其锋芒（参447a3），回到二人的关系，求同存异：

　　苏　［c5］卡利克勒斯噢，倘若世人没有某种——这些人有这种，那些人有那种——相同的情感②，而是我们任何人都遭受某种不同于其他人的私人情感，就不容易［481d］向另

---

①　参伯纳德特：《哲学与道德的修辞术》，前揭，第76页。

②　"情感（πάθος）"及随后的"遭遇（πάθημα）"源于动词"遭受（πάσχω）"，故视语境，译为感受、经历、情感等。后世有所谓"耶稣受难"，即passion。

一个人指出自己的遭遇。

　　我讲［这个］，是因为我思虑，我与你现在碰巧已经遭受了某种相同的东西，咱们两个各自都是两个东西的爱欲者：我［爱］科勒依尼俄斯之子阿尔喀比亚德和哲学，[①] 而你［爱］两个东西，即［d5］雅典民众［德谟斯］和皮里兰珀斯之子［得摩斯］。[②]（481c5-d5）

　　"相同的感情"是交流的前提（参《会饮》217e）。苏格拉底与卡利克勒斯共有的情感是爱欲。他们各自所爱的两个对象有同有异：阿尔喀比亚德与得摩斯都是美丽的青年，但名字不同；哲学与民众都是雅典的特产，但悬隔霄壤，因为哲人"从来不跟

---

① 科勒依尼俄斯之子阿尔喀比亚德：雅典政治家，伯利克勒斯的外甥，家族富有而显赫，长相俊美，有才华和野心；支持西西里远征，从而开启伯罗奔尼撒战争，和平协定之后被任命为三将军之一；后被指控犯了渎神之罪，乃叛逃；后被召回担任领袖。阿尔喀比亚德是修昔底德《战争志》下半部分的核心人物，参柏拉图《普罗塔戈拉》309a、《卡尔米德》155c-d、《会饮》215a–219d。

② 皮里兰珀斯之子得摩斯：皮里兰珀斯是柏拉图的继父，伯利克勒斯的朋友（普鲁塔克《伯利克勒斯传》13），曾出使波斯，以道德高尚和长相俊美著称（《卡尔米德》158a）。得摩斯继承了父亲的美貌（阿里斯托芬《马蜂》98），富有但不聪明。在希腊文中，作为人名的"得摩斯"与"民众"是同一个词，为了区别，后者或音译"德谟斯"。

多数人交谈"（参474b1）。①

　　……于是，我就感觉到，你尽管实在聪明，但每次，无
论你的情伴们［男孩］肯定什么和肯定情况怎样，你都没有
能力否定，而是让［481e］自己忽上忽下反复转变：如果你
在集会上讲某个东西，而雅典民众说并非那样，你就转变，
讲它所愿意的东西；而对皮里兰珀斯的年轻人，那个美丽的
人，你也遭受了另一些类似的东西。［e5］因为你不能反对
情伴们的种种建议和说法，这样一来，若有人在你每次讲出
那些因为这些人而讲的东西时感到惊讶，［觉得］它们太离
谱，你也许就会——若你愿意讲真话——告诉他：除非有人
使［482a］你的情伴们停止那些讲法，否则，你也永不停止

_____

①　施特劳斯（《修辞、政治与哲学》，前揭，第223页）特别提示：这未必意味着
苏格拉底反对一般意义的民众或民主制，因为他说的只是雅典的民众。伯罗奔尼撒战
争时期的雅典政制，与其说是民主制，不如说是寡头制和帝国主义。卡利克勒斯热爱
雅典民众，意味着他支持雅典帝国主义，即支持雅典民众征服其他城邦的民众。鉴于
尼采对民众的激烈憎恶，施特劳斯的提示发人深省，值得进一步申论。不爱雅典民众
不等于憎恶雅典民众，更不等于厌恶普通民众；不跟多数人交谈，也不等于不跟单个
的普通人交谈，更不等于蔑视普通人（参第二章第二节相关注释）。苏格拉底之所以
到市场去，除了神谕的原因，在很大程度上也是向普通人学习。况且，"交谈"在苏
格拉底那里有其特殊含义，非关歧视。比较孔子与普通人的关系："孔子于乡党，恂
恂如也，似不能言者"，"有鄙夫问于我"，"吾犹人也"，"吾无行不与二三子
者"，"吾不如老农"等等；反倒是普通人蔑视孔子，如西邻称之为"东家丘"，正
所谓"学道不还乡，还乡道不香"（马祖道一），"没有先知在自己家乡被人悦纳
的"（《新约》路4:24，太13:57，可6:4，约4:44）。

讲那些东西。

　　既如此，请你承认，你也应当从我这儿听到另一套类似［离谱］的东西，请你也不要因为我讲这些东西而感到惊讶，而是请你使我的情伴哲学停止讲这些东西。因为她，［a5］亲爱的同伴噢，永远① 讲你现在听我［讲］的这些东西，并比我的另一些情伴更弱得多地冲动：因为那个科勒依尼俄斯之子在不同的时候有不同的说法，但哲学永远是［482b］相同的［说法］，就讲你现在感到惊讶的这些东西，尽管讲的时候你本人也在场。（481d6–482b2）

　　一个人喜爱什么，就会变得跟他喜爱的东西相似（《法义》656b）。卡利克勒斯的两个所爱有相同的名字（demos），也有同样的性情：变来变去，反复无常（参马基雅维利《君主论》第六章第六节）。这就迫使卡利克勒斯不断改变自己的讲法，"让自己忽上忽下反复转变"。这暗示，卡利克勒斯只懂变化的方式，没有恒定的方式（参5196苏格拉底把他与阿尔喀比亚德并列），尽管/所以他竭力要求生活原则的始终一致或恒定不变。

　　相比之下，苏格拉底的两个所爱有不同的名字，也有不同的性情：阿尔喀比亚德虽然"在不同的时候有不同的说法，但哲学永远是相同的说法"。换言之，苏格拉底既能以变化的方式追求

───────────────

① 据D本。B本删去"永远"。

变化的阿尔喀比亚德，又能以恒定的方式追求恒定的哲学。

既然哲学一以贯之，苏格拉底就再次以不变的方式坚持自己哲学的主张：

> ……所以，要么，请你驳倒她，就像我刚刚讲的，［证明］行不义和行不义后没接受审判不是所有诸恶的极端；要么，若你准许这一点不被反驳，［b5］凭狗——呃，凭埃及人的神起誓，卡利克勒斯就不会同意你，卡利克勒斯噢，而是在整个一生都会［跟你］不协调。（482b2-7）

格拉底与卡利克勒斯之间有同有异，是因为他们各自的所爱之间有同有异：阿尔喀比亚德与得摩斯同是变化无常的美丽青年，哲学与民众则互不相干。归根结底，苏格拉底与卡利克勒斯之异源于哲学与哲学与民众之异。卡利克勒斯若要获得恒定的生活原则，达到自身一致，就应该接受或反驳哲学的一贯主张，否则，就必然自相矛盾和自我分裂。

最后，苏格拉底表明自己的信念，暗示卡利克勒斯自我分裂的根源：

> 其实，至少我相信，最好的人噢，让我的里拉琴和我所能筹备的合唱队不和谐且不协调，［482c］并让最多世人不同意我而讲出［跟我］相反的东西，比让我唯一一人不符合

我自己并讲出［跟自己］相反的东西更强。（482b8-c3）

每个人的自我协调比整个合唱的集体协调更优先。确切地说，最好是自我认同与大众认同兼备，但两者不可得兼，则宁愿认同自我而违背大众；从自我认同可以部分地通向众人认同，但认同众人则只能导致自我分裂。简言之，哲学追求自我认同，演说术追求大众认同；前者求诸己，后者求诸人。

2　卡利克勒斯指控苏格拉底（482c4–486d1）

苏格拉底刚刚自称爱哲学，卡利克勒斯就指挥苏格拉底是爱民众的“民众演说者”，甚至用演说术击败了高尔吉亚和珀洛斯。

　　卡　苏格拉底噢，在我看来，你在这些说法上慷慨激昂，［c5］简直就是个民众演说者①；甚至现在，你就在这些东西上搞民众演说，既然珀洛斯遭受了他控告高尔吉亚在你那儿遭受的同一种情感［遭遇］。

　　因为他大概说过：高尔吉亚被你问到，如果愿意学习演

---

① 　“民众演说者（δημηγόρος）”，亦见494d，520b。作为演说家和政治家，卡利克勒斯却指控苏格拉底是个演说家。

说术而不熟悉正义之事的人［482d］去到他那儿，高尔吉亚是否能教授那人，他就感到羞耻并出于世人的习惯而肯定自己会教授，因为若有人不肯定［自己会教授］，他们就会感到愤怒；于是，出于这项同意，他就被强迫说出那些跟他自己相反的东西，［d5］而这就是你所热衷的。①而那时，他［珀洛斯］嘲笑你，在我看来［嘲笑得］正确；但现在，轮到他自己遭受同一种［情感］。

正是在这一点上，我不钦佩珀洛斯，因为他认同你，即行不义比受不义更丑；因为［482e］出于这项同意，他自己也在讨论中被你困住手脚并封住嘴巴，感到耻于说出他心里所想的东西。（482c4-e2）

据苏格拉底，他与卡利克勒斯共享的是爱欲；现在，据卡利克勒斯，高尔吉垭与珀洛斯共享的是羞耻。羞耻与爱欲都是令人不安的情感，都是美丽引起的，都触及某种矛盾，但二者的方向和目的恰恰相反：羞耻是对丑的掩饰，爱欲是对美的揭示，前者通过掩饰丑以博取美的承认，后者通过揭示美而赢得美的青睐。进而言之，羞耻维护既定的礼法或大众意见，爱欲则指向真理的自然显现。因而，前者争取多数人的承认，后者则争取所爱者一人的承认，因而往往伴随着对大众意见和礼法的质疑或破坏。一

---

① 参461b-c。

言以蔽之，羞耻属于演说术，向下追求承认；爱欲属于辩证术，向上追求承认。

至此，《高尔吉亚》四个主要人物的异同关系已经全部显现，可以总结如下：

表1　四个主要人物异同关系平面表

双面人 伪小人	辩证术	演说术	单面人 真君子
老年	**苏A**	**高B**	言辞
青年	**卡C**	**珀D**	行动
单面人 真小人	爱欲	羞耻	双面人 伪君子

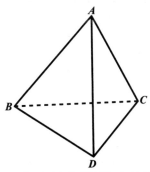

图1　四个主要人物异同关系正四面体图

犹如一个正四面体，作为基底的三格各有其个性和局限。苏格拉底作为顶端虽占一格，但不拘一格，而是呈现多重面相，同时游走于其他三格之中，最无个性，因而能与其他三人轮番交流。①

卡利克勒斯继续批评苏格拉底：

……因为你实际上，苏格拉底噢，你引导［讨论］进入这类粗俗不堪的、民众演说般的东西——却宣称追求真理——它们并不是凭自然［e5］而是凭礼法而美的东西。

但多数情况下，这些东西——即自然与礼法——都是彼此相反；所以，如果某人感到［483a］羞耻而不敢大胆讲出心想的东西，他就被强迫讲出［跟自己］相反的东西。

而你就用这个你也已经完全想通的智慧［伎俩］在讨论中使坏：如果某人依照礼法讲，你就依照自然套问；②而如

---

① 参《智术师》216c-d，《庄子·逍遥游》："故夫知效一官，行比一乡，德合一君，而征一国者，其自视也亦若此矣。而宋荣子犹然笑之……虽然，犹有未树也。夫列子御风而行，泠然善也……此虽免乎行，犹有所待者也。若夫乘天地之正，而御六气之辩，以游无穷者，彼且恶乎待哉？故曰：至人无己，神人无功，圣人无名。"历叙一官、一乡、一君、一国、宋荣子、列子，共六个位阶，犹六爻，层层上升。前四个仍在政治之内，呈现无名的集体面目；后两个超越政治范围，始有个体之名，但仍有其局限，即"犹有未树""犹有所待"。最高者"乘天地之正"，顺应阴阳变化，"而御六气之辩"，看清六位各自的界限，从而驾驭六位而不被任何一位所限，"以游无穷"，游走于各个时位之中，自由切换，仍归于无名无位。

② 据B本。参D本："如果某人讲到依照礼法的东西，你就套问依照自然的东西。"

果［某人讲到］那些属于自然的东西，［你就套问］那些属于礼法的东西。（482e3–483a4）

苏格拉底"宣称追求真理"，却重视"那些不是凭自然而是凭礼法而美丽的东西"，"但多数情况下，自然与礼法彼此相反"。因此，苏格拉底也不像他自己宣称的，热爱哲学。不过，卡利克勒斯仍然承认，苏格拉底并非没有想通自然与礼法之别，只是利用它"使坏"：苏格拉底对珀洛斯的整个反驳，都基于自然之美与礼法之美的蓄意混淆：对方根据礼法，苏格拉底就追问自然；对方依照自然，苏格拉底就追问礼法。

相比之下，卡利克勒斯倒显得是诉诸哲学，批评苏格拉底没有以相同的方式追求相同的东西，以非哲学的方式维护礼法或大众意见。这样批评苏格拉底，卡利克勒斯无异于暗示，他自己才是哲学的真正化身，苏格拉底假装热爱哲学，实则热爱民众。

在这里，卡利克勒斯明确提出了自然与礼法的区分。这个区分一般被归于智术师，但据考察，它远比智术师早得多，可以追溯到希腊哲学的源头，因为哲学就在于发现自然。①换言之，只有在哲学发现自然之后，自然与礼法之间才会出现紧张。因此，并

---

① 参施特劳斯：《修辞、政治与哲学》，前揭，第22页；《自然权利与历史》，前揭，第91—98页；汪子嵩等：《希腊哲学史》（第二卷），前揭，第202—232页；以及Dodds相关注释。

非偶然的是，在这篇对话中，只有在苏格拉底提出"哲学"一词之后（见481d4，整个对话前半部分没有出现该词），卡利克勒斯关于自然与礼法之分的说法才出现。这个区分含义复杂，但显然被卡利克勒斯教条化和简单化了。

为了说明苏格拉底混淆自然与礼法，卡利克勒斯以苏格拉底与珀洛斯最近交谈的论题为例：

> ……［a5］就像此刻在这些［东西］上，即关于行不义和受不义，珀洛斯一讲到依照礼法更丑的东西，你就追求依照自然的论证。① 因为凭自然，一切更坏的东西也更丑，〈比如〉② 受不义；但凭礼法，行不义［更丑］。（483a5-8）

珀洛斯坚持，行不义更好但更丑，因而，丑与坏相反；苏格拉底则坚持，行不义更坏且更丑，因而，丑与坏相同。较之珀洛斯，卡利克勒斯显得更诚实或一贯，因为他承认，"凭自然，一切更丑的东西也更坏"——在这个原则上，卡利克勒斯与苏格拉底之间并无分歧。但共同的原则可以通向不同的方向：卡利克勒斯试图根据自然，证明行不义更美且更好；苏格拉底则显得基于礼法，坚持行不义更丑且更坏。

---

① "论证（λόγον）"，也有抄件作"礼法（νόμον）"，形近致误。
② B本无，据D本补。

好坏是指自身利益，美丑是指社会评价。整个社会被分为两种人，即多数人与少数人：苏格拉底称之为民众与哲人（默认的区分标准是智力），卡利克勒斯随后则称之为奴隶与男子汉（默认的区分标准是武力）。两种人的评价往往相反，前者依据礼法，后者依据自然。看起来，苏格拉底说行不义更丑时，采用了多数人的评价标准，因而像个民众演说者；卡利克勒斯说行不义更美时则采用了少数人的评价标准。

卡利克勒斯的本意是证明行不义凭自然更美，却从受不义凭自然更丑开始：

> ……因为［483b］一个男人根本没有这种遭遇，即受不义，相反，它属于某个死了比活着更强的奴隶，因为他受了不义并受了作践之后，自己既不能保护他自己，更不能［保护］他所担忧的任何其他人。（483b1-4）

一个人受不义后没有能力保护自己及其关心的任何人，就犹如奴隶。但这不恰恰是大多数普通人的评价吗？若哲学是依据自然，多数人的想法不就是依据礼法吗？换言之，自称依据自然的卡利克勒斯可能比其他人更是礼法的奴隶。

卡利克勒斯从单数的"礼法"推广到复数的"种种礼法"，即从狭义的法律意义扩及整个社会表示"赞扬"和"谴责"的全部价值系统，这样阐述自己的礼法观：

……不过，我相信，种种［b5］礼法的制定者都是无力的世人和多数人。于是，为了他们自己和他们自己的利益，他们制定种种礼法，并赞扬其赞扬，［483c］谴责其谴责；为了吓跑那些更健壮并有能力拥有更多的世人，免得那些人比他们自己拥有更多，他们就这样讲："拥有更多"既丑陋又不正义，而这个"力求比别人［c5］拥有更多"就是"行不义"；因为我相信，作为更卑贱者，他们自己热衷于拥有平等。于是，就因为这些，这个"力求比多数人拥有更多"被［他们］凭礼法讲成是不正义且丑陋的，而他们称之为"行不义"。（483b4-c8）

礼法的制定者是无力的多数人。为了他们自己及其利益，他们制定了这样的礼法："'获得更多'既丑陋又不义；而这个'力求比别人拥有更多'就是行不义"。卑贱的多数人之所以制定这样的礼法，是因为他们根据自然总会获得更少，因此，只要"拥有平等份额"，他们就心满意足了。但真正的男子汉不会满足于平等原则，因为他们"更强健并有能力拥有更多"。

那么，这两个要求哪个更符合自然？卡利克勒斯坚持，少数人的不平等要求符合自然，而多数人的平等要求不符合自然。所谓符合自然，首先意味着普遍有效。卡利克勒斯相信，所有人都不会真正想要平等，多数人的平等要求根本是妄想或撒谎，要么是自欺①，要么是欺人，只是在弱势情况下的故意或狡猾的妥协；换言之，多数人只要有能力或有机会，同样会要求更多，甚至会变本加厉，报复性地寻求补偿。因此，少数男子汉的不平等要求表达了自然的真理。

不过，这种主张仍然需要证明，因为尽管强者要求拥有更多，或即使所有人都实际追求拥有更多，但这个事实不能证明，强者"应该"拥有更多，强者的要求即正义。卡利克勒斯随后提出两套证明，一套诉诸自然本身（483c9–484b1），一套诉诸诗人的权威（484b2-c3）。

　　……但我相信，自然本身显示［483d］这一点：更优者比更差者、更有能力者比更无能者拥有更多是正义的。②而这在多数地方都显明，情况就是这样：无论在其他生物中，还是在属人的全部城邦和族类中，［d5］正义之事都已经这样被判定，即"更强者统治更弱者并拥有更多"。因为克瑟尔克瑟斯［薛西斯］向希腊或他父亲向西徐亚人出兵，使用何种正义呢？或者，［483e］任何人都能讲出一万个其他这类［例子］。

　　不过，我相信，这些人做这些事都是根据自然——正义

---

① 参《伊索寓言》"狐狸分肉"的故事。

② 据B本。参D本："自然本身显示：这是正义的，即更优者……"

之事的［自然］，呃是的，凭宙斯起誓，是根据自然的法则
［礼法］，当然啦，一定不是根据我们制定的那种［法则］
——我们［借以］塑造我们自己中间那些最好［e5］和最健
壮的人，从年轻时就抓住［他们］，像［抓住］一些狮子
一样，通过歌唱和念咒彻底奴役［他们］，［484a］［跟他
们］这样讲：应当拥有平等，而那是美丽之事和正义之事。
但我相信，如果一个男人生来拥有一种充足的天性，抖掉、
冲破并逃脱所有这些东西，践踏我们的那些文章啦、［a5］
巫术啦、歌谣啦，以及一切违反自然的礼法，那么，这个重
新站立起来的奴隶就反倒显得成了我们的主人，而在这里，
［484b］自然的正义就爆发光芒。（483c9–484b1）

　　卡利克勒斯"相信"，多数人的要求仅仅依据习俗，男子汉
的主张则依据自然，"自然本身显示这一点：更优者比更差者、
更有能力者比更无能者拥有更多是正义的"。这似乎没有充分表
达卡利克勒斯的意思，他随后补充了"在多数地方都显明"的情
况：无论其他生物界，还是在属人的城邦和族类中，正义就在于
"更强者统治更弱者并拥有更多"。

　　从生物界看出这个自然法则之后，卡利克勒斯进而举了波
斯王入侵希腊人的例子：一场反对雅典民众的战争。这个例子表
明，卡利克勒斯显得可以超越雅典爱国者的狭隘身份，不再仅仅
热爱雅典民众，而是代表超越国界、具有普世价值的自然法则说

话。①但卡利克勒斯真的这么勇敢或鲁莽，以致拂逆雅典民众吗？其实，他之所以不怕公开夸赞这场战争，恐怕是因为，战争的结果是雅典人胜利了：在忒米司托克勒斯领导下，经过萨拉米海战和普拉提亚陆战两场胜利之后，雅典民众变得更强大，开始走向帝国主义；甚至可以说，没有波斯人的入侵，就没有雅典帝国主义（修昔底德《战争志》第一卷第七章）。但卡利克勒斯没提这场战争的结果，大概因为西西里人高尔吉亚在场：雅典帝国主义的主要行动就是远征西西里。从这些细节，也可见政治家卡利克勒斯的老练圆滑。

　　之后，卡利克勒斯总结：无数例子证明，"这些人做这些事情都是根据自然——正义之事的［自然/本性］，呃是的，凭宙斯起誓，是根据自然的法则［礼法］，当然啦，一定不是根据我们制定的那种［法则］"。"正义之事的自然"不同于"自然的正义"，前者是个不含立场的中性术语：一个否定自然正义的人，同样可以或必须提出"什么是正义的本性"这个问题（参《王制》358b-c，359b）。换言之，人们同样可以说，正义的本性在于习传的礼法或制定法。因此，卡利克勒斯随即进一步澄清自己的意思，发誓郑重宣称"是根据自然的法则"而非"根据我们制定的礼法"，即根据相对于人为法或制定法的自然法。若自然法

---

① 参修昔底德：《战争志》第一卷，第三章，尤其第75—76页。比较马基雅维利的《君主论》第十五章第二节。

不是"我们制定的",那么,它的制定者是谁?为了保证自然法的稳固,卡利克勒斯"凭宙斯起誓",似乎暗示,自然法源于宙斯。①然而,若自然法是自然的普遍法则,它就必然超越特殊城邦之上,但宙斯不是希腊地方的城邦神吗?特殊的城邦神何以保证普世的自然法?何况,既然卡利克勒斯前面宣称自然与礼法相互对立,"自然的礼法"这个说法不是显得奇怪吗?

无论如何,卡利克勒斯尽管宣称自然与礼法对立,并坚持依照自然生活,却不能完全否定礼法,仍然需要礼法,关键在于礼法的来源:应该由谁制定礼法。卡利克勒斯前文已经表明,礼法的制定者是"我们多数人",现在他再次强调:"我们"像驯化和蛊惑狮子一样"奴役"最好且最强壮的人,制定了这样的礼法:"应当拥有平等份额,那是美事和正义之事"——即"违反自然的礼法"。卡利克勒斯现在将自己视为"我们"多数人之一,显得支持多数人的礼法,试图凭礼法奴役那些凭自然更强的人。但随后,卡利克勒斯又说,"但我相信",若天性优秀的男子汉起来冲破并践踏所有这些违反自然的礼法,翻身奴隶成为"我们的主人","自然的正义就光芒四射"。显然,卡利克勒斯又抛弃了雅典民众的正义观,显得可以忘掉自身利益,愿意服从更强的男子汉(参亚里士多德《政治学》1296a40-b2"几乎

---

① 参《法义》657a:"关于这类具有自然正确的曲调,有可能大胆而稳固地立法;但这会属于神或某个神样的人。"

不再有人关心平等问题了，人人都企求统治他人，而一旦为人征服，也就服服帖帖地受治于人"）。总之，卡利克勒斯尽管闪烁其词，前后矛盾，却表达了一个基本信念：强者的要求就是自然的正义。①卡利克勒斯以光芒四射的风格赋予自然以正义而高尚的色彩。

为了充分证明所谓的自然正义，卡利克勒斯不仅援引自然的"狮子"，而且援引非自然的诗人：

　　……但在我看来，品达也在那首凯歌里指出了我所讲的东西，其中他讲到："法者，王也，一切〔b5〕必死者与不死者之〔王〕……"他肯定，它确实"引导最暴力的东西称正义，凭至高无上的手；我这样推断，是凭赫拉克勒斯的作为，因为他——非购买——"〔b10〕他大概是这样讲的，因为我不熟悉这首凯歌——他讲到，他〔赫拉克勒斯〕既没通过购买、又没经过革律翁内斯赠送，就赶走了牛群，〔484c〕因

---

① 在《王制》358e以下，格劳孔同样表达了这样的观点，但只是称为"正义的自然/本性"，并没说"自然的正义"。换言之，正义只是制定的正义，完全属于习俗领域；强者征服弱者固然合乎自然，但未必合乎正义。关于卡利克勒斯的"狮子"，参亚里士多德《政治学》1284a所引安提斯蒂尼寓言（比较1284b25-34）：群兽集会时，兔子们呼吁，让一切兽类享有平等的权利，狮子回答，"你也有爪牙吗？"参尼采：《扎拉图斯特拉如是说》iii.12.11、iv.11、iv.20，《偶像的黄昏》i.11，《权力意志》237、871。卡利克勒斯的说法与哲人王的论证在形式上极其相似，但差之毫厘，谬以千里：即使是同一个说法，到不同的人嘴里也会两样；即使是正确的说法，从错误的人嘴里说出来也会变成错的；若非在全体上或根本上正确，局部的正确几无意义。

为这是凭自然的正义之事，即更差者和更弱者的牛群以及其他所有拥有物都属于更好者和更强者。[1]（484b2-c3）

古风时代的权威诗人品达证实：主宰万物的根本大法"引导最暴力者（即最强者）称正义"。不过，卡利克勒斯所引的品达凯歌，原文既没有"自然"，更没有所谓的"自然法"，这暗示，卡利克勒斯并不关心自然。不仅如此，卡利克勒斯也记不清诗人的原话，换言之，他也不爱言辞或理性，更关心行动或"暴力"。

品达的推断出自赫拉克勒斯。赫拉克勒斯是著名的大力神，即一般所谓的强者：他既没通过"购买"，又没有通过别人的"赠送"，就赶走了别人的牛群。这意味着，强者可以凭暴力抢走别人的东西，"因为这是凭自然的正义之事，而更差者和更弱者的牛群以及其他所有拥有物都属于更好者和更强者"。

卡利克勒斯从"自然的正义"最终回到"正义的自然"：正义的本性仅仅在于强者的暴力。可见，卡利克勒斯最终仍然诉诸礼法，只是，这礼法成了强者制定的礼法。一开始，卡利克勒斯批评苏格拉底像个大众演说者，诉诸多数人的礼法；随后，卡利克勒斯区分自然与礼法，并追问自然，显得是个探究真理的哲学

---

① 关于公元前5世纪忒拜诗人品达的这首诗，今仅存断章，亦见于《法义》690b和715a。

家；最终，卡利克勒斯关于自然的整个阐述仍然诉诸礼法，这表明，卡利克勒斯本人恰恰是个冒称掌握真理的演说家。

卡利克勒斯随后就宣称自己掌握了"真理"，并开始贬低或指控哲学：

> ……所以，尽管真理就是这样，但你将认识到，只要[c5]你从此放弃哲学而走向那些更大的东西。
>
> 因为[我告诉]你，苏格拉底哦，哲学确实是个令人喜悦的东西，只要某人在适当的年龄适度地接触它；但如果他更往前超过必要[限度]，在里面消磨时光，[它就是]对世人的败坏。因为即使他有完全的好天性，但搞哲学向前超过[适当]年龄，他就必然已经变得在所有那些[484d]只要打算将来成为既美且好和有好名声的男人就应当有经验的东西方面没经验。因为他们也变得在遍布城邦的种种礼法方面没经验，在只要在种种集会上——[d5]无论私下或公开——结交世人就必须使用的种种言辞方面，在种种属人的快乐和欲求方面，总之，在种种人情世故[性情]方面完完全全变得没经验。于是乎，他们一旦进入某个私人的或政治的[484e]行动，就变得滑稽可笑，我相信，就像治邦专家们一旦反过来进入你们那些消遣和说法就实在滑稽可笑一样。
>
> 因为结论即欧里庇得斯的[说法]："每个人"在它里面都是"光彩照人"，"并对它[e5]紧追不舍"，"给

它分配最多份额的日子，/ 以便在那里碰到最好的自我"。

［485a］他在哪里会卑贱，就逃避那里并辱骂那个东西，而赞扬另一个东西，出于对他自己的好意，他以为这样他就赞扬了他自己。（484c4–485a3）

苏格拉底没有及早放弃哲学，因而不认识"真理"。哲学不是真理的全部，苏格拉底过分沉迷于哲学，沉迷于无知，没有走向"那些更大的东西"，因而已经被哲学"败坏"了。"那些更大的东西"是指政治或属人事务，而非自然事物；政治事务当然包含礼法。这暗示，在卡利克勒斯看来，苏格拉底只知自然，而不知礼法，"蔽于天而不知人"，显得完全不适合城邦生活。

一个人"在适当的年龄"可以适度搞搞哲学，之后就应该试图成为"既美且好和有好名声的男子汉"，就要到市场和集会上经历种种礼法、种种说法、种种快乐和欲求、种种人情世故，否则就会变得滑稽可笑。因为根据诗人欧里庇得斯的说法，每个人只有在政治生活中才能"光彩照人"并"碰见最好的自我"。反过来，卡利克勒斯推论，"他在哪里会卑贱，就逃避那里并辱骂那个东西，而赞扬另一个东西，出于对他自己的好意，他以为这样就赞扬了他自己"。

一个人只能批评自己擅长的东西，而没有资格贬低自己不擅长的东西，但人往往通过贬低自己无能的东西以掩盖自己的无能（参492a）。卡利克勒斯的这个推论有两个方面的暗示：其一，苏格拉底之所以沉迷哲学而逃避政治，是因为他只擅长哲学而不擅长政治，是出于无能和怯懦。①其二，卡利克勒斯之所以指责哲学，不是因为他不懂哲学，恰恰是因为他接触过哲学并自以为搞懂并掌握了真理，然后为了政治或民众而牺牲或扬弃哲学。比较《王制》358d，格劳孔同样甘愿自我牺牲，扮演反面角色，"竭尽全力赞扬不义的生活"，但目的是为了听到苏格拉底根据正义本身而颂扬正义。二人的表现相似，但目的相反。其实，一个人赞扬或谴责什么并不重要，重要的是他内心真正喜爱什么，"这个喜悦者一定必然变得跟他喜悦的那些东西相似，尽管他也耻于赞扬它们"（《法义》656b）。

卡利克勒斯不仅擅长哲学，而且擅长政治，因而自认最有资格评判二者界限和高低：

　　……不过，我相信，最正确的是分有两者。仅仅为了教育之故而分有哲学［a5］倒是一桩美事，而作为一个愣小伙搞哲学也不是丑事；但作为一个常人一旦已经更年老了仍然搞哲学，这事儿，苏格拉底噢，就变得滑稽可笑啰！而对［485b］那些搞哲学的人与对那些结结巴巴和嘻嘻哈哈的人

---

① 卡利克勒斯后文会表达得更清楚，苏格拉底后文回应的时候，也不否认自己在卡利克勒斯理解的演说术方面无能，但又宣称自己在从事"真正的政治技术并实践政治"（521d以下）。子曰："是亦为政，奚其为政？"

我有最相似的感受。因为一旦看见一个娃娃——他仍然适宜
这样交谈——结结巴巴和嘻嘻哈哈，我就感到喜悦，在我看
来它显得令人喜悦，像自由人，也［b5］适合这个娃娃的年
龄；但一旦听到一个小孩子头头是道地交谈，这事儿，在我
看来就是某种苦涩之事，令我耳朵苦恼，在我看来就是某种
适合奴隶的东西；但一旦［485c］某人听到一个男人结结巴
巴，或瞧见他嘻嘻哈哈，那就显得滑稽可笑，不像男人，甚
至该打。

　　所以，对那些搞哲学的，我也有这种相同的感受。因为
在一个年轻的愣小伙那里瞧见哲学，我会钦佩，在我看来
［c5］那挺合适，并视这种常人为某类自由人，而那种不搞
哲学的就不自由，也从来不会认为自己值得任何美丽而高贵
的［485d］事务；但一旦看见一个更年老的人仍然搞哲学而
未解脱，在我看来这个男人，苏格拉底噢，就已经该打喽。
因为就像我刚才讲的，这个常人即使起初就有完全的好天
性，也会变得不像男人，［d5］因为他逃避城邦各个中心和
各个广场——在那些［地方］，诗人说，① 男人们变得"卓
然赫赫"——却向下沉潜，② 度过剩余的生命，跟三四个愣
小伙在一个角落里［485e］小声嘀咕，而从不大声宣说自

---

① 参荷马《伊利亚特》9.441。
② "向下沉潜（καταδύω）"：本义下沉、下落，隐退。

由、伟大和充足的东西。（485a4-e1）

　　"最正确的是分有两者"，但政治高于哲学；哲学只适合年轻时候玩玩，因为搞哲学的人只会"结结巴巴和嘻嘻哈哈"地交谈，幼稚，仅仅适合小孩子，不适合男子汉；倘若老年仍然搞哲学，就该打，变得不像男子汉，消极避世。总之，卡利克勒斯没有完全否定哲学，但限制了哲学探究的年龄。

　　关于哲学与政治二者兼得的观念，卡利克勒斯非常类似于《欧蒂得谟》（305b–306c）的哲学诋毁者：据普罗狄科和苏格拉底，这类人是哲人与政客的交界，并自以为比两者都高明。为了得到普遍承认，他们指责哲学，因为只有哲学对他们的名声构成阻碍。他们之所以自以为最智慧，是因为他们"一方面适度地拥有哲学，另一方面适度地拥有政治，完全根据合适的道理：因为分有二者到必要的程度，在避开危险和竞赛的同时收获智慧"。但苏格拉底的判断原则是：居于两者之间并兼有两者的东西，若一个好一个坏，则它低于好的，高于坏的；若两者皆好但方向不同，那么，就目标而言，兼有二者的东西比两者都低；若两者皆坏但方向不同，那么，兼有二者的东西比两者都高。因此，假若哲学与政治两者皆好但方向不同，那么，介于两者之间的人就必须承认，他们比哲人和政客都低。显然，苏格拉底预先假定了哲学与政治方向不同，因而是两种根本不同的技术。但若两者皆好且方向相同呢？

试比较苏格拉底的哲学观（《王制》498a-c）：青少年时期好好照管身体，以获得哲学的助手；随着年龄增长，灵魂开始成熟的时候绷紧灵魂的锻炼，不离事务而训练辩证术；老年体衰时远离政治和军务，以哲学为主业。

卡利克勒斯总体上阐述了自己的哲学观之后，具体地公开谈起苏格拉底本人。

> ……但我呢，苏格拉底噢，我对你算是相当友好啦；所以，我现在恐怕已经遭遇泽托斯——我曾提到的欧里庇得斯［笔下］的那个［泽托斯］——对安斐翁的［感受］。[e5] 因为那人［讲］给他兄弟的那类东西突然降临于我，要讲给你："你不关心"，苏格拉底噢，"那些你必须关心的东西啊；你用某种愣小伙的形象扭曲那么 [486a] 高贵的灵魂天性①；你既不能给一些审判议事会正确地贡献一言，也不能抓住一个看似可能和令人信服的东西，更不能代表他人审议并提出一套朝气蓬勃的②建议"。
>
> 然而，亲爱的苏格拉底噢——你千万不要怨恨我呀，因

---

① 据B本。参D本："你尽管有幸有那么高贵的灵魂天性，却显现出某种愣小伙的形象。"
② "朝气蓬勃（νεανικός）"：本义年轻的，可褒可贬，卡利克勒斯用褒义而苏格拉底用贬义（见508d、509a）。英译bold, daring, vigorous。卡利克勒斯一方面批评苏格拉底像个"愣小伙"一样年轻而不通世故，一方面又表彰他人在政治行动方面的朝气蓬勃。

为出于对你的好意我才会说——在你看来，这样的情况不是丑陋吗；因为［a5］我相信，你和其他在哲学上总是向前走得太远的人都有这样的情况？（485e2–486a6）

尽管他自称"出于好意"，但不乏居高临下的语调和姿态，显得像个雅典礼法大师，要教导幼稚而嬉笑的老苏格拉底学习城邦事务，否则，苏格拉底就"该打"。若说苏格拉底前文嘲笑卡利克勒斯热爱雅典民众，卡利克勒斯这里就指控苏格拉底不热爱雅典城邦，"逃离城邦各个中心和各个广场"。

卡利克勒斯明确站在城邦一方，较之演说家高尔吉亚和珀洛斯，更是个政治人；若说高尔吉亚和珀洛斯只是在言辞上反对苏格拉底，卡利克勒斯则是在行动上反对苏格拉底，反对苏格拉底的整个生活方式。据柏拉图笔下的苏格拉底自述，他特别喜欢跟政治人、诗人和工匠交谈（《申辩》21c-e）。但遗憾的是，在柏拉图笔下，苏格拉底从未跟工匠交谈，也很少跟诗人交谈，更少跟实际的政治人交谈，极少跟雅典的政治人交谈（似乎只有《拉克斯》）。作为雅典政治人，卡利克勒斯是跟苏格拉底交谈的例子，揭示了哲人苏格拉底与雅典政治人之间的直接相遇，两种生活方式的直接冲突。

为了说明政治生活优于哲学生活，卡利克勒斯再次引用欧里庇得斯的戏剧《安提娥珀》。该剧是讲两个孪生兄弟之间的争论：爱好音乐的安斐翁与爱好狩猎的泽托斯，各自赞美自己的技术，贬低对方的职业。卡利克勒斯把政治比作狩猎，把哲学比作音乐，用泽托斯告诫安斐翁的说法告诫苏格拉底。这个类比并非没有道理：卡利克勒斯以散文化的方式借用这部诗剧，表明他确实不关心诗歌的韵律和音乐；苏格拉底确实喜爱音乐，据说也作过音乐（参《斐多》60c–61d）。但卡利克勒斯似乎没有注意到——或者即使注意到，也视之为不切实际的神话或乌托邦：安斐翁并非不懂政治，而是仅仅凭借自己的里拉琴音乐，就建造了忒拜城墙（参Dodds相关注释）。

　　作为苏格拉底的"兄弟"，卡利克勒斯自称对苏格拉底"算是相当友好"，怀有"好意"。但好意显然不是爱欲，兄弟之间似乎不会有爱欲。随后，卡利克勒斯进一步从政治的角度，贬低哲学和苏格拉底：

　　　　……因为现在，假若有人抓住你或其他任何这类人，即刻押入牢狱，宣称你行不义，尽管你丝毫未行不义，你要知道，你就会丝毫不能［486b］使用你自己，而只能头晕目眩并张口结舌，无话可说；而你走上法庭，碰到一个完全卑贱而糟糕的控告者，你就会被杀死，只要他愿意对你提出死刑。然而，"这怎么算是智慧的呢"，苏格拉底噢，［b5］"任何一门技术抓住一个有好天性的英雄，却使之变得更差"，使他没有能力保护他自己，又没有［能力］拯救他自己或其他任何人于种种最大的危险，而是［有能力使他］被

[486c] 敌人们剥夺全部资本，而简直毫无尊严地生活在城邦里？① 但对这类人，若说得更粗野一点儿，[任何人] 都有特权打 [他] 耳光而不接受审判。（486a7-c3）

苏格拉底即使拥有"高贵的灵魂天性"，但"在哲学上总是向前走得太远"，就会变得"丑陋"。哲学的丑陋之一：变得像个愣小伙，没有能力在政治集会上提出建议，换言之，对城邦无用（参《王制》487d）。哲学的丑陋之二：丧失男子气概，假若未行不义却被指控行了不义，碰到"完全卑贱而糟糕的控告者"，不但没有能力保护自己，反倒让敌人夺走一切，"毫无尊严地生活在城邦里"。总之，哲学既不能有益于他人，也不能帮助自己。尤其是后者，符合苏格拉底的实情：苏格拉底申辩失败在某种程度上就是因为不懂使用演说术（参《申辩》17d等）。

因此，苏格拉底要想有尊严地生活在城邦里，就要学习演说术。于是，卡利克勒斯继续引用泽托斯的劝告：

……不过，好人噢，信服我吧，"停止反驳吧，[c5] 修炼 [政治] 事务的美好音乐吧"，并在你将看似变得明智

---

① "毫无尊严（ἄτιμος）"（有的地方译为"毫不客气"），包含"褫夺公民权"之意，参508c、525a、527a、527d。

的地方修炼①，"离开这些精致之物，留给别人吧"！应当
说，它们要么是蠢话，要么是废话，"从中出来，你将住进
一座座空空如也的房间"②；不要羡慕那些在这些渺小之物上
反驳的［486d］男人，而是［羡慕］那些有生活、有名声、
有其他很多好东西的［男人］。（486c4-d2）

泽托斯劝告自己的兄弟安斐翁学习武器，卡利克勒斯劝告自
己的准兄弟苏格拉底学习演说术，尤其是法庭演说术：演说术是
自我保护的武器。③

卡利克勒斯的整个讲辞在演说与哲学之间摆动：指责苏格拉
底像个大众演说者时，他显得鄙视演说术；区分礼法与自然时，
他诉诸哲学；最后，他又鄙视哲学，诉诸演说术。总之，卡利克
勒斯显得既是苏格拉底的兄弟，又是苏格拉底的指控者。卡利克
勒斯的前后摇摆并不是自相矛盾，而是符合一个原则：哲学只能
在青年时期从事，成年之后就应该从事演说术。演说术是通向政

---

① "你将看似变得明智（δόξεις φρονεῖν）"，或译"你将有明智的名声"。

② 这里和前文都是引用或改编自欧里庇得斯的《安提俄珀》。

③ 卡利克勒斯这里诉诸自我保存，而没再诉诸前面说过的"非道德"教诲，即"获
得更多"，对此，施特劳斯（《修辞、政治与哲学》，前揭，第240页）评论说："也
许，自我保存这个完全合法的关切与拥有更多的欲望之间有某种必然的联系。也许，
这是苏格拉底内心所想"；"自我保存的欲望本身导致拥有更多的欲望"让人想起霍
布斯的论证。亦参马基雅维利《论李维》I.26, 46："先是谋求不受他人侵害，继而便
是要侵害他人"这是一条"必然之理"。

治生活的必要工具，哲学尽管有其必要，但不能成为男子汉生活的全部，最终要回到政治实践。这个原则正是雅典政治人的主流意见（参Dodds相关注释）。对卡利克勒斯来说，政治与哲学显然属于两个完全不同的领域；但对苏格拉底来说，两者可能只是同一个问题的两个方面。因此，我们必须听一听，苏格拉底怎么看待哲学，怎么回应卡利克勒斯的指控。

3　检测的插曲（486d2–488b1）

面对卡利克勒斯长篇大论的指控，苏格拉底第三次避其锋芒（447a3-482c3），没有立刻辩解，而是再一次回到二人的关系：

苏　假若我碰巧拥有一颗金质的灵魂，卡利克勒斯噢，你不相信，我会乐于从那些石头里找到一块来检测金子，最好的［一块］，我打算［d5］将它［灵魂］本身引向它，若它同意我这颗灵魂已经照料得很美，［我］从此①就将很好地知道，我有充足的状态，也丝毫不再需要另一块试金石？

卡　［486e］你问这个到底指什么，苏格拉底噢？

---

① 据D本。B本删去"从此"。

苏 我现在就会告诉你①；我相信，既然碰到你，我就碰到了那种天赐良机啦。（486d3-e3）

卡利克勒斯前文的指控已经严重冒犯苏格拉底（485d3"该打"），苏格拉底非但没有恼怒，没有回击，反倒温文尔雅地视之为自我检测的良机。这种柔软委顺的姿态使强硬好斗的卡利克勒斯不太习惯，也不理解：

卡 到底为什么？

苏 ［e5］我很好地知道，若你在我灵魂所持的那些意见上同意我，它们本身立刻就是真理。（486e4-6）

苏格拉底的灵魂是否照料得美，在于所持的意见是否真实；所持的意见是否真实，在于卡利克勒斯是否同意。在苏格拉底那里，首先，对人而言最大的善是真实意见；其次，获得和检验真实意见的标准和途径是论证本身，即反驳与被反驳，通过交谈相互审察和勘验（即苏格拉底第二次起航的要义，参458a3-b1，《申辩》37e-38a）。苏格拉底从不诉诸多数人，只诉诸少数人的同意（参471e2–472d1，473e7–474b3），因为只有少数人拥有检验的资格。

---

① 据D本。参B本："我将告诉你；现在。"

苏格拉底随后列举了三项检验资格：知识（智慧）、好意和直率①。

　　……因为我思虑，［487a］要打算充分检测一颗灵魂活得正确与否，就因而需要拥有三样东西——所有这些你都拥有：知识、好意和直率。

　　因为我碰见的很多人都不能够检测我，因为不像你［a5］一样智慧。另一些人倒是智慧，却不乐意给我讲真话，因为不像你一样为我担忧。至于这俩外邦人，高尔吉亚和珀洛斯，固然智慧，也［487b］是我的朋友，却更缺乏直率，且更易于羞耻，超过必要［程度］；怎么不呢？他俩已经进入羞耻那么深，以致他俩各自都因为感到羞耻而竟敢大胆自己讲出自己跟自己相反的东西，对着多数［b5］世人且关于那些最伟大的东西。（487a1-b5）

────────

① 人们只能"在聪明的朋友中""安全而大胆地"说出自己所知的真实（《王制》450d-e）。参孔子曰"可与共学，未可与适道；可与适道，未可与立；可与立，未可与权"；"中人以上，可以语上也；中人以下，不可以语上也"；"可与言而不与之言，失人；不可与言而与之言，失言。知者不失人亦不失言"。老子亦曰"上士闻道，勤而行之；中士闻道，若存若亡；下士闻道，大笑之。不笑不足以为道"。庄子亦曰"夏虫不可语于冰，笃于时也；井蛙不可语于海，拘于虚也；曲士不可语于道，束于教也"。临济义玄亦云"路逢剑客须呈剑，不是诗人莫献诗"。蕅益智旭亦曰"正人观邪法，邪法亦成正；邪人观正法，正法亦成邪。深人观浅法，浅法亦成深；浅人观深法，深法亦成浅"。

　　具备这些资格的人注定稀有：多数人缺乏智慧；另一些人有智慧，但不关心苏格拉底，即缺乏友谊或善意；高尔吉亚和珀洛斯尽管有智慧和友善，但缺乏直率，因为他们都是外邦人，耻于说出自己的真实想法。经过层层排除，只剩卡利克勒斯一人。但排除法不是充分的证明，苏格拉底要给出正面的证据。

　　关于卡利克勒斯的第一项资格，苏格拉底的证据是：

　　　　……但你呢，你拥有其他人所没有的所有这些；因为你不仅受过足够的教育，像多数雅典人都能肯定的，（487b6-7）

　　但"受过足够的教育"不足以证明有智慧，因为那只是"多数雅典人都能肯定的"教育；多数人缺乏智慧，怎么能判断谁有智慧？

　　通观卡利克勒斯的所有讲话，可见其知识储备有：谚语（447a1），高尔吉亚的炫示演说（447a6），品达凯歌（484b1-10），欧里庇得斯悲剧（484e3-5，485e4–486a3，486b5，486c5-7），荷马史诗（485d5-6），忒米斯托克勒斯、喀蒙、米尔提阿德斯和伯利克勒斯等雅典演说家（503c1-2）。因此，卡利克勒斯所受的，恐怕只是一些普通的诗文教育和专业的演说术教育，尽管他自称懂得哲学，却被苏格拉底称为"不关心几何"（508a4）。据《王制》521c–541b，体育和音乐/诗文教育只是哲学教育的预备阶段，真正的哲学教育是从数学开始，经过几何、天文到辩证术，直奔本源，亲见善的理念。并非偶然的是，整个卡利克勒斯部分也没再出现"计数术"或"运算术"等数学技术，卡利克勒斯也没提到任何一个哲学家。因此，卡利克勒斯很可能只是从演说术课堂上道听途说一些哲学名词或概念，就大言不惭地自称懂哲学。①因此，卡利克勒斯可能缺乏探究真理的基本资格。

> ……而且［487c］对我有好意。我使用什么证据呢？我将告诉你。我知道，卡利克勒斯噢，你们四个已经成了智慧方面的同志，你、阿斐德娜依的忒珊德若斯、安德罗提翁之子安德隆和廓拉尔格乌斯的瑙希居德斯。② 一次，我偶然听到［c5］你们审议，应该修炼智慧直到多远；我也知道，某个这样的意见在你们之中获胜了，即不要热情于搞哲学到精

---

① 柏拉图笔下有许多这类要么头脑简单、要么别有用心的半瓢水哲学家，比较有代表性的，比如《卡尔米德》的克里提阿（164c-165c），《欧蒂得谟》的哲学诋毁者（305c-e）。参王阳明《拔本塞源论》："相矜以知，相轧以势，相争以利，相高以技能，相取以声誉……记诵之广，适以长其敖也；知识之多，适以行其恶也；闻见之博，适以肆其辨也；辞章之富，适以饰其伪也。"
② 关于这四个人，我们所知甚少，大概都是有钱的年轻人。忒珊德若斯仅见于此。安德隆是四百寡头集团成员，亦见于《普罗塔戈拉》315c，是智术师希琵阿斯的辩护人（337c-d）。瑙希居德斯大概是个富裕磨坊主（阿里斯托芬《公民大会妇女》426，色诺芬《回忆苏格拉底》2.7.6）。

之又精；相反，你们劝诫彼此［487d］要好好小心，以免变得更智慧，超过必要［程度］，而不知不觉被败坏。然后，我一听到你给我提出同一些建议，像给你自己最亲密的同伴们［提出的］一样，我就有了足够的证据［证明］，你是真正对我有好意呀。（487c1-d4）

关于卡利克勒斯的第二项资格，证据如下：

苏格拉底"偶然听到"，卡利克勒斯跟三个有名有姓（但现今我们所知甚少）的同志商议应该搞哲学到什么程度，卡利克勒斯私下给最亲密同伴们的建议与他刚才公开给苏格拉底的建议完全相同（参484c4–485e1）。但这不足以证明卡利克勒斯对苏格拉底怀有善意。其实，从开头的相会和刚才的指控看，他对苏格拉底怀有很深的成见和敌意。毋宁说，卡利克勒斯在私下和公开场合表达了相同的哲学观，这个事实只能证明"直率"。

最终，卡利克勒斯似乎只能满足苏格拉底要求的第三项资格：

……［d5］至于［证明］你也能够直率而不感到羞耻，你自己都肯定了，而你不久以前所讲的那个说法也同意你。（487d5-6）

但即使这个资格，他也未必充分具备，因为仅仅基于他的目标和刚才公开表达的哲学观。其实，他刚才举波斯王入侵希腊的例子已经显示出他作为政客的世故圆滑（483d7）。

> ……那么显然，关于这些东西情况就像现在这样：[487e]如果你在讨论的某个东西上同意我，这个东西终将被我和你充分检测，也不再需要把它带上另一块试金石。因为你任何时候都不会由于缺乏智慧或由于过分羞耻而认同[e5]它，又不会为了欺骗我而认同：因为你是我的朋友嘛，就像你自己也肯定的。因此，实际上，你和我之间的同意终将拥有真理的目的。（487b7-e7）

总之，卡利克勒斯仅仅部分满足哲学探究的条件，因此，他与苏格拉底之间的谈话不可能达成"真理的目的"。

其实，苏格拉底称赞卡利克勒斯为试金石的时候，已经暗示，不可能达到预期的效果：最好的试金后也终究是石头，它之所以能够检验金子，恰恰是因为两者异质，金子柔软、容易在坚硬的试金石上划出条痕，从而鉴定真伪和成色。同理，卡利克勒斯恰恰因为反对苏格拉底，才能检验苏格拉底，他若同意，反而无法检验。

> ……但一切之中最美的，卡利克勒斯噢，就是考察你责成我重视的那些东西：男人应当做一个怎样的人，并

［488a］追求什么且直到多远，作为更年老和更年轻的人。

因为我嘛，若我在我自己的生活上有什么做得不正确，你要很好地知道，我并不是自愿地犯下这个错误，而是由于我的无学识；那么你呢，就像你一开始警告我的，请不要放弃［警告］，［a5］而是为我充分指出，什么是我应当追求的，并以什么方式可以获得它；而倘若你抓到我现在同意你而在以后的时间却不做我已经同意的同一些事，请你视我为一个十足的笨蛋，而［488b］以后任何时候都不要再警告我，因为我实在毫无价值。（487e8–488b2）

尽管卡利克勒斯未必具有充分的检测资格，尽管讨论未必会达到预期的结果，但苏格拉底宁愿一切从正面设想，仍然愿意接受卡利克勒斯的检测。从我们的角度看，这是苏格拉底的屈身俯就，或方便施教；但从他自己的角度看，这既是对自己的严格要求，也是对包括卡利克勒斯在内的每个人的极度负责，因为卡利克勒斯的批评涉及一个普遍的根本问题："一个男人应当成为怎样的人，并追求什么且直到多远，作为更年老和更年轻的人。"即广义的正义问题。而生活的正确或错误，根源在于认识的正确或错误："若我在我自己的生活上有什么做得不正确，我并不是自愿地犯下这个错误，而是由于我的无学识。"

面对批评，苏格拉底仅仅关心自我改正而非改正他人，仅仅关心自我利益，尽管（或正因此）讨论的结果也可能惠及批评者和旁听者。苏格拉底愿意相信，自己之所以被批评或被警告，说明自己值得批评，不是"十足的笨蛋"或"毫无价值"，仍有提高的余地，甚至有益于人。所谓"善人者，不善人之师；不善人者，善人之资"。假若我说得对，批评我则可以发扬对的；假若我是错的，批评我则可以激发对的。对无知的批评者而言，批评本身是一种索取，也可能成为低者不自觉地提高自身的方式，因为发现错的，也就知道了对的，知道了对的，错的也就有了价值。

4　检测卡利克勒斯的强者–正义观（488b2–491d3）

苏格拉底证明卡利克勒斯的资格之后，重新从头开始检测卡利克勒斯的观点。

苏　……但请你为我重新从头开始：你——你和品达——肯定，依据自然的正义情况怎样？更强者凭暴力带走更弱者们的东西，更好者统治更差者们，更优者比［b5］更卑贱者们拥有更多？你没讲正义是什么别的吧，或者，我记得正确吗？

卡　得了，我讲过，无论那时和现在，我都这样讲。（488b3-6）

首先，苏格拉底概括了卡利克勒斯所谓的"自然正义"："更强者凭暴力带走更弱者们的东西，更好者统治更差者们，更优者比更卑贱者们拥有更多"。然而，更强者、更好者与更优者是否相同？它们与暴力有何关系？单数与复数的区别又意味着什么？苏格拉底表示没有学会，请求卡利克勒斯"清楚地界定"。

　　苏 但你是称同一个人为"更好者"和"更强者"呢？还是……［488c］因为［告诉］你，我那时丝毫没能从你那里学会，你到底在讲什么。你是称那些更有力者为更强者，而那些更无力者必须听从那些更有力者呢——比如，在我看来，你那时也这样指出，那些大城邦进攻那些小［城邦］即［c5］根据凭自然的正义，因为它们是更强者和更有力者，仿佛"更强者"与"更有力和更好者"是相同的东西？还是［指］虽是更好者却可能更弱且更无力，而虽是更强者却可能更糟糕？或者，"更好者"［488d］与"更强者"有相同的界限？请你为我清楚地界定这个本身："更强者""更好者"和"更有力者"是相同，还是相异？

　　卡 得了，我就清楚地给你讲吧：它们是相同的。

（488b7-d4）

卡利克勒斯不假思索地承认："更强者、更好者和更有力者"三者相同，换言之，更好仅仅意味着更强或更有暴力。

基于卡利克勒斯的这个定义，苏格拉底展开简单的论证：

苏　［d5］那么，多数人根据自然不就比一个人更强吗？毕竟，他们甚至为那一个人制定了种种礼法，就像你刚刚也讲过的。

卡　怎么不呢？

苏　因此，多数人的种种规矩就是那些更强者［d10］的［规矩］。

卡　完全对。

苏　［488e］那么，不就是那些更好者的［规矩］吗？因为那些更强者大概更好①，根据你的说法。

卡　是。

苏　那么，这些人的种种规矩根据自然不就是美的吗，既然［e5］他们是更强者？

卡　我肯定。

苏　那么，多数人不是习惯承认这样［一条规矩］吗，就像你刚刚又讲过的：拥有平等是正义的，且行不义比受不义［489a］更丑？是不是这样？你可不要又［像他俩一样］因为感到羞耻而也在这里被俘虏哟。多数人是不是习惯承认这样［一条规矩］：拥有平等而非更多是正义的，且行不义比

① 据D本。参B本："那些更强者更好得多。"

受不义更丑？请你不要出于嫉妒而不回答我［a5］这个［问题］，卡利克勒斯①，为的是：如果你同意我，我终将从你那里得到证实，因为一个有足够见识的男人已经同意。

卡 得了，多数人确实习惯承认这样［一条规矩］。

苏 因此，不仅凭礼法，行不义比受不义［489b］更丑，且拥有平等即正义，而且凭自然，也［这样］。所以，你在前面那些［说法］中恐怕没讲真话，也没正确地控告我，你当时讲：礼法与自然是相反的，而我也认识到了这一点，就在讨论中使坏，［b5］如果某人根据自然去讲，我就引向礼法，而如果某人根据礼法，［我就引向］自然。（488d5-489b6）

多数人根据自然比一个人更强，但多数人制定了礼法，因此，多数人的礼法就是更强者的规矩；既然更强者等于更好者，因此，更强者的规矩就是更好者的规矩；既然更强等于更美，多数人的规矩根据自然就是美的；但多数人承认的一条规矩是，"拥有平等是正义的，且行不义比受不义更丑"。因此，卡利克勒斯不得不承认，不仅根据礼法，而且根据自然，正义在于拥有平等份额而非拥有更多。

苏格拉底的推论过程没有问题，所有前提都基于卡利克勒斯

---

① 省略语气词ὦ，罕见，语气更专横。

的同意，卡利克勒斯既然承诺不会感到羞耻，就必须直率地承认苏格拉底推出的结论，从而陷入自相矛盾。不过，毫不羞耻不是导致卡利克勒斯自相矛盾的根本原因，而是因为他毫无疑问地承认了苏格拉底故意夸大的前提"多数人比一个人更强"。其实，这个前提只能在某些时空条件下成立，比如雅典民主时代；而在另一些时代，比如贵族制或君主制下，少数人掌握枪杆子，就可能战胜多数人。①总之，强者的自然正义未必导向多数人的自然正义。

卡利克勒斯一经检测，就失败了。他显得非常恼火：

> 卡　（转向听众）这，这个男人就不会停止讲废话嘛！
>
> （转向苏格拉底）告诉我，苏格拉底噢，你就不感到羞耻吗，都这把年纪了，还在捕捉名词儿②，乃至于 [489c] 如果某人在语词上犯了错，就把它当成天赐良机？因为你相信我是讲，更强者们是其他什么人而非更好者们？我不是很久以前就给你讲过吗，我肯定"更好者"与"更强者"是相同的东西？或者你相信我是讲，如果一群乌合的 [c5] 奴隶和各色各样除了也许凭身体有力之外毫无价值的常人们

---

① 据施特劳斯（《修辞、政治与哲学》，前揭，第265页）提示，参亚里士多德《政治学》1279b3-4、1297b15-27。

② "捕捉名词儿（ὀνόματα θηρεύων）"，即抠字眼儿、咬文嚼字、玩弄文字游戏。类似说法，见后文489e6、490a5、493a7。

集合起来，而这些人肯定某些东西，那些东西就是规矩？（489b7-c7）

在卡利克勒斯看来，苏格拉底只是不停地"废话"，甚至"捕捉名词儿"：因为他只是犯了口误，没有准确表达自己的意思；显然，他内心从来不会承认多数人更强或更好，而是认为他们只是"一群乌合的奴隶"和"毫无价值的常人"。既然更强者不是多数人（即使他们更有暴力），那到底是什么人？

苏　但愿是吧，最智慧的卡利克勒斯噢，你就这样讲？

卡　完全如此。

苏　［489d］得了，精灵噢，我自己很久以前也揣测，你就是讲"更强者"即某个这类东西；而我盘问，是因为竭力想清楚地知道你在讲什么。因为你大概不会以为两个人比一个人更好，也不会［以为］你那些奴隶比你［d5］更好，尽管他们实际比你更有力。

不过，请你从头开始，重新告诉我，你讲的那些"更好者"到底指什么，既然不是那些更有力者？令人惊讶的人噢，请你更温柔地提前教导我吧，免得我从你那儿逃学呀……（489c8-d8）

苏格拉底尽管"很久以前也揣测到"，但并不说出答案，而是盘问，"竭力想清楚地知道"卡利克勒斯的意思。苏格拉底不断以"最智慧的"和"精灵"等词语，暗示卡利克勒斯应该变得更聪明，更重视智力而非暴力。然后，苏格拉底才开始引导卡利克勒斯"从头开始"。

跟教训珀洛斯的时候不同，对傲慢而愤怒的卡利克勒斯，苏格拉底显得特别"温柔"，摆出学生的低姿态。

> 卡　［489e］你在装糊涂①，苏格拉底噢。
>
> 苏　不，凭那个你刚才利用他向我装了很多糊涂的泽托斯起誓，卡利克勒斯噢！得了，来吧，请说：你讲的那些"更好者"是什么人？（489e1-4）

苏格拉底的旁敲侧击使卡利克勒斯变得更聪明，至少看出苏格拉底在"装糊涂"或反讽（参《王制》337a）：首先是明知故问，其次是故作谦虚。卡利克勒斯对苏格拉底的指责反映出，他对自己的立场可能有清楚的认识，换言之，要么是事先就知道，只是故意失误，即装糊涂；要么是事后知道，经过苏格拉底的反驳而明白自己的失误，但通过指责来掩饰窘迫。事实当然是后者（也说明他并非像苏格拉底夸奖的那样直率），但苏格拉底宁愿

---

① "装糊涂（εἰρωνεύομαι）"即佯装无知，一般译为"反讽（irony）"，但其本身未必有讽刺之意，即使有，也更多是听者的体会。

相信前者。

于是，苏格拉底随后以否定的方式肯定卡利克勒斯对自己的判断："不，凭那个你刚才利用他向我装了很多糊涂的泽托斯起誓。"被你发现装糊涂之后，我就明显地再装一次糊涂，即否认自己刚才是装糊涂——因为倘若我坦承自己刚才是装糊涂，就等于认为你刚才没看出我是装糊涂，也就等于替你承认你刚才是真糊涂——但你自己都不承认，我怎么能替你承认呢？这里是苏格拉底的第八次誓言，即中心誓言（共15次）。但这个誓言不是凭某个神起誓，而是凭一个戏剧人物起誓，因而很不严肃（比较482b5，凭埃及人的神狗起誓）。这暗示卡利克勒斯的立场很不严肃：他起初作为雅典民众的热爱者，坚持多数人的自然正义，现在却又鄙视多数人的礼法，称他们为毫无价值的乌合之众。因此，卡利克勒斯要么是像苏格拉底说的在装糊涂，要么就是真糊涂。

被苏格拉底当众戳穿假面之后，卡利克勒斯变得更小心，不愿再明言自己的立场，而是像他刚才批评苏格拉底的一样，玩起文字游戏：

卡［e5］我［是指］那些更优者。①

---

① "更好者（βελτίων）"与"更优者（ἀμείνων）"都是"好（ἀγαθός）"的比较级形式，前者是侧重品质方面，后者是侧重道德方面。"更强者（κρείσσων）"也是，侧重体力方面。

苏　瞧见没，你自己就在空讲名词儿，却没阐明任何东西？你不会是说，你讲的"更好者且更强者"是那些更明智者吧，还是其他什么人？

卡　确实是，凭宙斯起誓，我讲的就是那些人，甚至要强烈［肯定］！（498e5-9）

卡利克勒斯说"更好者"就是"更优者"。只是同义反复，没有说出任何实质内涵，或没有表达卡利克勒斯的真实想法。苏格拉底不得不直接挑明："更好者且更强者"是不是指"更明智者"？卡利克勒斯赶紧抓住苏格拉底递来的救命稻草，并强调性的发誓肯定。

这个反应表明，卡利克勒斯刚才其实是真糊涂，他自己并不清楚自己的想法。相比之下，苏格拉底反倒比卡利克勒斯自己更理解他潜在的想法；但作为引导者和助产士，苏格拉底当然不会预先表示自己知道对方的想法，即使自己知道，也要假装不知道；即使让对方知道自己预先知道，也是在对方已经阐述清楚自己的想法之后才挑明，宁愿做个事后诸葛亮（比较489d1-2）；即使事后挑明自己事先预知对方的真实想法，即使对方确实不知道他自己的真实想法，也不愿认为对方缺乏自知之明或真糊涂，而是宁愿相信对方只是装糊涂（比较489e2）。所谓"不愤不启、不悱不发"，主动教的不会有效果，即使有，也多半是负面效果，只有他自己明白过来，才是教育的成功。既然无人自愿作恶，作恶只是因为无知或错误意见，那么，校正意见就是教育的首要一着；因此，作为助产术，教育就是让做错的人说出正确的意见，让低层次的人说出高一层的话。当然，这只是教育的前半部分；至于后半部分，借正确的话变成正确的人，则全赖被教育者自己，无人能够代替，替他反而是害他。

经过苏格拉底的助产术，二人似乎取得同意：

> 苏 ［490a］因此，按照你的说法，一个明智者实际经常比一万个不明智者更强，且必须这个人统治而那些人被统治，且［必须］这个统治者比那些被统治者拥有更多；因为在我看来，你愿意讲这个——而我并没在语词上［a5］捕捉［你］哦——倘若这一个人比那一万个人更强。
>
> 卡 得了，这些就是我所讲的。因为我相信，这个就是凭自然的正义，即更好且更明智的存在者统治且比那些更卑贱者拥有更多。（490a1-9）

尽管达成同意，但二人的说法仍有细微差异。首先，苏格拉底说的是，一个明智者"经常"比一万个不明智者更强，因而应该统治并拥有更多；换言之，一个明智者并不总是比多数不明智者更强，明智并非统治的充分条件，仍然需要其他条件。但卡利克勒斯没有注意这个限制。其次，苏格拉底的说法比较中性客观，卡利克勒斯则对被统治者或多数不明智者带有明显的鄙视，称之为"卑贱者"（参483c6，485a1，486b2，521c5；亦参466a10）。

苏格拉底随后开始再次检测卡利克勒斯"相信"的意见：若更明智者应该统治，那么，他应该怎么统治？是否必然拥有更多？即使拥有更多，又是在什么方面？

苏　[490b] 且打住，就这儿！你现在到底又在讲什么？如果我们很多人在相同的地方聚成群体，像现在这样，而我们共同拥有很多食物和饮料，但我们是各色各样的人，这些人有力而那些人无力；但我们有一个人在这些东西方面 [b5] 更明智，是个治病者，但他呢，很有可能比这些人更有力而比那些人更无力，那么，这个人既然比我们更明智，就会在这些东西上更好且更强，还有别的吗？

卡　完全对。

苏　[490c] 那么，莫非他就应该比我们拥有更多这些食物，因为他是更好者？或者，这个人必须凭统治权分配所有东西，而不应该为了在自己的身体上挥霍并用光它们而拥有更多，只要他不打算付代价，而是应该 [c5] 比这些人拥有更多而比那些人更少；但如果他碰巧是一切之中最无力者，一切之中最少者就给这个最好者，卡利克勒斯噢？不就这样吗，好人噢？（490b1-c7）

　　苏格拉底以治病者为例：治病者在食物和饮料方面更明智，因而应该在这些方面统治，即给多数人分配"共同拥有"的食物；但他不会因此给自己分配更多食物，而是会比有些人拥有更多，比有些人拥有更少，根据自己的身体条件分配，否则会"付代价"。换言之，明智者即使是基于自身利益，也应该为了全体利益而统治；为了全体利益，才能更好地为了自身利益，即"正义地拥有更多"（参491a5，参亚里士多德《政治学》1279a27-31）。

　　　卡　你尽讲些食物啦、饮料啦、医生啦，以及废话［490d］啦！但我不是讲这些。

　　　苏　你不是讲更明智者更好吗？请说是或不！

　　　卡　我确定［说是］。

　　　苏　［d5］不过，更好者不就必须拥有更多吗？

　　　卡　但既不是食物，也不是饮料。（490c8-d6）

　　卡利克勒斯根本没有耐心细想苏格拉底所举的例子意味着什么，大概他认为政治统治无关于这些东西，也说明他并不理解真正的统治及其伴随的正义问题。

　　　苏　我学会了，那也许就是外衣，最擅于编织术的人必须拥有最大的外衣，并裹着最多和最美的东西走来走去？

卡　［d10］呸，什么外衣！

苏　那就是在鞋子方面，显然，在这些东西方面最明智且最好者［490e］必须拥有最多。做鞋者也许必须套上最大且最多的鞋子踱来踱去。

卡　呸，什么鞋子！你只管讲废话！

苏　［e5］得了，若你不是讲那类东西，也许就是这类东西：比如，一个擅于耕作术的男人在土地方面明智且既美且好，这个人也许就必须拥有更多种子并在他自己的土地上尽量使用最多的种子。

卡　你怎么总是讲相同的东西啊，苏格拉底噢！

苏　［e10］不仅如此，卡利克勒斯噢，而且关于相同的东西呢。

卡　［491a］以诸神发誓，你总是单单讲一些皮匠啦、布匠啦、厨匠啦，以及医匠啦，喋喋不休，仿佛我们的讨论就是关于这些家伙！（490d7–491a3）

面对这些卑贱的例子，卡利克勒斯更不耐烦，甚至记不清苏格拉底举了哪些例子。其实，苏格拉底前面总共举了四种专家，即治病者、编织者、做鞋者、耕作专家（农民）。皮匠约等于做鞋者，布匠约等于编织者，医匠即治病者。卡利克勒斯补充了厨匠，遗漏了农民。之所以补充厨匠，因为治病者分配的食物和饮料，也是厨匠分配的对象，更重要的是，按照苏格拉底关于八种（伪）技术关系表，烹调术假冒治病术，其灵魂方面的对应者就是演说术。之所以遗漏农民，因为农民特别关心土地或收成，这似乎暗示，卡利克勒斯认为，统治者应该拥有更多土地或财富。

苏格拉底列举了五种拥有物：食物、饮料、外衣、鞋子和种子。位于中间的是外衣：明智的编织者应该不仅拥有最大的外衣，而且"裹着最多和最美的东西走来走去"。这也是唯一使用"美"这个词语的例子。苏格拉底似乎暗示，统治者即使拥有更多，也应该是更多美丽的外在标志，即美名或荣誉。①

卡利克勒斯鄙视苏格拉底列举的匠人及其拥有更多的东西，进一步限制了自己理想的统治者的资格：

　　苏　那么，关于什么人，你不会说吗？〈在什么东西方面〉，②更强且[a5]更明智者拥有更多时，就正义地拥有更多？或者，你既不会容许我来提示，又不会自己来说？

---

① 参《王制》的理想城邦要求城邦卫士不应有财产（416c–417b，464c-d），而农民可以有私人田产（417a）；荣誉与财富分别是荣誉制和寡头制的原则，爱荣誉与爱逐利是两种不同的灵魂品质。亚里士多德《政治学》（1329a1-27）则认为，农民缺少闲暇，关心收成而非荣誉，因而不是理想邦民；统治者应该拥有财产。施特劳斯（《修辞、政治与哲学》，前揭，第272页）提示：编织者的例子也暗示，若明智是统治的充分条件，女人就同样甚至更有资格统治，因为女人在编织方面最明智。这在某种程度上暗合《王制》第五卷关于男女平等的论证（455c-d）。
② 据D本断句，承接前文。参B本："那么，你不会说吗：在什么东西方面。"

　　卡　但我很久以前就讲了呀。首先，我讲的更强者是那些人，既不是鞋匠，也不是厨匠，而是［491b］那些人，他们在城邦的种种事务方面、［城邦］以什么方式得到良好治理方面是明智者，不仅明智，而且勇敢，有足够［能力］实现他们心里所想的东西，而不会由于灵魂的软弱而畏缩不前。（491a4-b4）

　　卡利克勒斯所谓的更强者是"在城邦的种种事务方面""不仅明智，而且勇敢，有足够能力实现自己心里所想的东西"的人。据苏格拉底在其他地方的说法，真正的统治者"是在天性上爱智慧的、血气方刚的、迅速而有力的人"（参《王制》374a-376d）。卡利克勒斯所谓的明智可指在政治事务方面有更多知识或智慧，勇敢可指更多血气。因此，看起来，卡利克勒斯目前的定义接近苏格拉底的理想统治者，无疑是个比较合理的定义。

　　不过，让人担心的是，反复无常的卡利克勒斯能坚持这个定义多久？

　　苏　［b5］瞧见没，最好的卡利克勒斯噢，你控告我的与我［控告］你的不是相同吗？因为你说我永远讲相同的东西，并指责我；而我［指责］你恰恰相反，因为你从来不关于相同的东西讲相同的东西；相反，那时你［491c］把更好且更强者界定为更有力者，随后［界定为］更明智者，但现在呢，你又带着另一个什么东西来了：某类更勇敢者被你讲成是更强者和更好者。

得了，好人噢，一股脑儿说出来吧：你讲的更好且更强者［c5］到底是什么人，且在什么方面？（491b5-c8）

起初，卡利克勒斯把更强者界定为更有力者；然后，经苏格拉底追问，他发现更有力者可能是一群乌合之众，于是经苏格拉底提示，他又改为更明智者；现在，经苏格拉底的举例，他又补充了勇敢。既然卡利克勒斯前面指控苏格拉底（同时指控哲学）"永远讲相同的东西"，苏格拉底现在也可以反过来指控卡利克勒斯（同时指控民众）"从来不关于相同的东西讲相同的东西"。[1]于是，随后的交谈就渐渐带有法庭争辩的意味。

面对苏格拉底的指控，卡利克勒斯诉诸正义，重申自己的正义观：

---

① 比较《王制》336–337c，忒拉绪马库斯充满敌意地插话，同样指控苏格拉底，类似这里苏格拉底对卡利克勒斯的指控：忒拉绪马库斯欣赏坚定不变的立场，追求确定的观念和坚定的行动，显得要为苏格拉底订立规矩，苏格拉底反倒显得游移不定。这证实了苏格拉底前文（482a-b）的自述，他既能变化又能恒定，采取什么方式要以谈话对象而定。忒拉绪马霍斯与卡利克勒斯有同有异，二人都属于演说术阵营，但前者是理论派，后者是实践派，故性格相反，演说术在理论上要追求自洽性和一贯性，但在实践上却变化无常。

卡　但我确实已经说了，那些在种种城邦事务方面明智且勇敢者。因为这些人［491d］适宜统治各城邦，而这是正义之事，即这些人比其他人、统治者们比被统治者们拥有更多。（491c6–491d3）

但他前面说的是"凭自然的正义，即更好且更明智的存在者统治并比那些更卑贱者拥有更多"（参490a6-8）。比较卡利克勒斯的前后两次界定，可以发现：首先，他没有再提"凭自然"，却补充了"在种种城邦事务方面"和"各城邦"。这是否暗示自然与城邦之间存在某种冲突？其次，卡利克勒斯仍然保留"明智"，但用"勇敢"取代了"好"，这暗示，更好者尽管凭自然应该统治（参488b4），但未必更强大，而勇敢暗示力量强大。这似乎意味着，智力和体力都是统治的重要条件。最后，卡利克勒斯仍然没有说明，统治者应该拥有更多什么，但有所暗示：作为明智者，应该拥有更多知识；作为勇敢者，应该拥有更多荣誉，因为勇敢者的突出性情是"争强好胜"并"热爱荣誉"（《王制》548c）。

看起来，卡利克勒斯理想的统治者接近《王制》描述的贵族制或荣誉制的人。在《王制》第八卷，苏格拉底从高到低列举了堕落政制及其相应的灵魂类型：最佳政制包括君主制和贵族制，相应于爱智慧者（454d，540b-e）；次佳的是荣誉制，相应的统治者是"血气方刚且更简单的人"，"爱胜利和爱荣誉"；然后是寡头制，相应于"爱钱财的人"；然后是民主制，相应于热爱自由和平等的人；最后是僭主制，相应于具有狂热爱欲的人。不过，荣誉制的人若不能正确认识荣誉，"忽视伴随哲学的真正缪斯"，就很容易堕落为寡头制的人：他尽管主要追求荣誉，但暗地里贪图财富，尽管年轻时鄙视钱财，但随着年龄的增长，会越来越爱财（《王制》543a–550c）。那么，卡利克勒斯既然推崇勇敢，他是否对荣誉有正确的认识呢？看起来，随后的谈话应该导向荣誉问题。

　　然而，卡利克勒斯随后不仅没有转向荣誉，而且自始至终没有提到"荣誉"一词；苏格拉底也从未鼓励卡利克勒斯追求荣誉。①苏格拉底或柏拉图为什么这样做？作为爱智慧者，苏格拉底本人当然超越了爱荣誉，但他并未从一般意义上否定荣誉：比如在《王制》中，苏格拉底就跟格劳孔和阿德曼托斯等人讨论了荣誉，且视荣誉制仅次于贵族制。《王制》的讨论背景是正义，《高尔吉亚》的主题则是演说术，演说术似乎低于正义，因为前者是后者的虚假模仿（参465e5）。苏格拉底总是选择与较高的人

---

①　《高尔吉亚》始终没有提到严格意义的"荣誉（τιμή）"概念，即使仅仅一次提及该词，也不是严格意义的用法：出自演说家高尔吉亚之口，为了鼓励卡利克勒斯继续交谈（参497b8-9及那里的注释，且有不同的理解）。"荣誉（τιμή）"的动词形式"崇尚（τιμάω）"见：462d（苏格拉底称珀洛斯崇尚取悦于人）、486b（卡利克勒斯对苏格拉底，非荣誉义）、516a（苏格拉底谈自己，非荣誉义）、526d（苏格拉底提到自己告别多数人崇高的东西）。形容词及副词形式"毫无尊严（ἄτιμος）"见486c、508c、525a、527a、527d。

谈论较高的话题，选择与较低的人谈论较低的话题。因此，苏格拉底没有转向荣誉问题，可能是因为卡利克勒斯的层次较低，尽管他自称为真正的男子汉。

真正的男子汉通常倾向于追求伟大的荣誉，因而会渴望成为僭主。僭主追求更伟大的荣誉，因而趋向于最伟大的荣誉。最伟大的荣誉是永垂不朽，即死后的不朽而非仅仅生前的荣耀，所谓"计利应计天下利，求名当求万世名"。然而，不朽的荣誉显然不能通过僭政实现，因为僭主用整个城邦为自己的私利服务。换言之，真正不朽的荣誉在于完全献身于整个城邦的共同福祉，即共善。共善意味着最好的共同生活，即最佳的政制。于是，荣誉问题就以最佳政制问题为前提。然而，《高尔吉亚》从未讨论、卡利克勒斯也从不关心最佳政制问题，因此，苏格拉底也就不可能转向荣誉问题。[①]

其实，不朽的荣誉在某种程度上取决于运气或偶然，即使是全心全意献身于荣誉，立德立功立言，也未必会永垂不朽。更何况，必死之人怎么可能永垂不朽？因此，不朽的荣誉可以说是个

[①]　关于《高尔吉亚》为何没有讨论荣誉问题，施特劳斯非常重视，做了充分发挥，见《修辞、政治与哲学》，前揭，第278—279、287—289页。关于僭主与荣誉，参色诺芬《希耶罗》第七章，施特劳斯：《论僭政》，前揭，第106页。

妄想，犹如梦幻泡影。①既然如此，卡利克勒斯就可以说：那就及时行乐，追求现世生活的享乐吧。于是，随后讨论的重点就转向了身体的快乐或欲望。

5　检测卡利克勒斯的欲望–幸福观（491d4–494e8）

苏格拉底从卡利克勒斯重新界定的正义观开始，但扭转方向，从统治者与被统治者的关系转向统治者与自身的关系：

> 苏　〈但比他们自己又如何，同伴噢？
>
> 卡　［d5］什么"又如何"？

---

① 当然，这里所谓的不朽，只是着眼于肉身及其附属物；即使荣誉的不朽，也仍然依赖于以肉身形式存在的城邦和人。但若从另一个角度看，即从灵魂的角度看，无论是否追求，都本来不朽，死亡只是个假像或变形而已（参结尾的神话）。不过，让人相信灵魂不朽，比让人看破荣誉更不容易。

从荣誉向快乐的过渡，比较修昔底德《战争志》2.47–2.53。修昔底德这样描述雅典瘟疫的后果：首先，圣所堆满尸体；其次，旧风俗败坏；其三，法律废弛；其四，命运无常使人明目张胆做此前不敢公开做的事情，纵情享乐。其五，及时行乐使他们觉得自己的生命和财富如浮云。其六，无人追求荣誉，因为不能确定能否活着享有光荣的称号。其七，不敬畏神法和人法，因为敬与不敬都一样毁灭。最后，无人期望活得更长，为罪过付出代价，因为最终判决已然悬于头顶。因此，唯一合乎情理的是在判决执行之前抓紧享乐。关于修昔底德与《高尔吉亚》的这种异同，参伯纳德特：《道德与哲学的修辞术》，前揭，第95—96页。

苏　是统治者还是被统治者？〉①

卡　此话怎讲？

苏　我是讲，［他们］每一个人自己统治自己；抑或，丝毫不需要这个，即自己统治自己，而［只需统治］其他人？

卡　［d10］统治自己，此话怎讲？（491d4-10）

统治者是仅仅统治他人，还是也需要统治自己？卡利克勒斯不明白。苏格拉底解释：

苏　毫不复杂，只不过像多数人［说的］那样，自己做个节制者和自己的主宰者，统治自己内在的［491e］种种快乐和欲求。（491d11-e1）

简言之，统治自己即节制。就整篇对话而言，"节制"这里第一次出现，也是继正义（454b6，出自高尔吉亚）、勇敢（463a8，出自苏格拉底）、智慧（467e4，出自苏格拉底）之后，四枢德之中最后出现的德性。就苏格拉底对卡利克勒斯的检测而言，这里从正义转向节制。

为什么要转向节制？首先，正义与节制都涉及惩罚。苏格拉

---

① 各家断句不同，据D本。参B本断句："苏：但这个呢：比他们自己又如何，同伴噢？他们在什么方面统治或被统治？"

底之前讲到，治病者不能拥有更多食物，否则会"付代价"（见490c4），换言之，放纵本身自然而然会带来惩罚。若说对不义的惩罚来自城邦法律，对放纵的惩罚则来自自然和自己。从正义转向节制，就是从不含自然惩罚的行为转向含有自然惩罚的行为。

其次，较之正义，节制的益处更容易证明。苏格拉底诉诸"多数人"的常识，将节制从狭义的政治层面推广到非政治层面，从外在的统治深入到内在的统治：节制即"统治自己内在的种种快乐和欲求"（参《会饮》196c）。作为无关政治的自然德性，并为所有人分享的德性（参《王制》432a），更容易得到承认。更重要的是，节制本身包含某种自我认识或明智（参《卡尔米德》165b-d，167a，170等。据希腊文，σωφροσύνη［节制］= σωφρονέω = σω+φρονέω［保持/拯救明智］）。卡利克勒斯已经同意，统治者需要明智和勇敢；只是在是否需要正义这个问题上，卡利克勒斯与苏格拉底尚未达成同意。因此，苏格拉底可以首先证明节制，然后通过节制再证明正义，因为通常而言，节制者很少会行不义。①

卡　你多么令人快乐啊！你是讲，那些傻子即节制者！

苏　怎么会呢？没有哪个人会认识不到，我不是讲这

---

① 关于正义与节制的关系，参《王制》430d–434a，《法义》963a-965e，亚里士多德《尼各马可伦理学》1118b10-20。

个。① （491e1-4）

苏格拉底通过"毫不复杂"和"多数人"暗示：自己统治自己是民主制的前提假设，因为在民主社会，每个人既是统治者又是被统治者。② 但热爱民众的民主政治家卡利克勒斯再次鄙视这个民主制的常识，嘲笑节制者是傻子。有傻子就有骗子，卡利克勒斯无异于现身说法：宣传这个民主常识的人自己并不真正相信它，相信它的人，包括苏格拉底，都是傻子。

于是，苏格拉底继续装傻，诱使卡利克勒斯不再装傻，而是"直率地"袒露自己的底牌。于是，卡利克勒斯长篇大论地说明自己的幸福观。

卡 ［e5］完全强烈［肯定］，苏格拉底噢。因为一个常人给任何人做奴隶，怎么能变得幸福呢？相反，这才是根据自然的美丽和正义，即我现在直率地讲给你的：将要正确

---

① 据D本。参B本，前半句作"怎么不呢"，前后矛盾。D本删去"不"。另据Stallbaum释读，作"怎么不呢？没有哪个人会认识不到，我就是这样讲"，意思完全相反。

② 苏格拉底在《王制》（557c）用"复杂（ποικίλον多彩）"描述民主制，民主制的首要特征是自由，而自由的真义即自己统治自己。这当然不是每个人都能达到的境界，所以，卢梭才说："如果有一种神明的人民，他们便可以用民主制来治理。但那样一种十全十美的政府是不适于人类的。"（《社会契约论》第三卷第五章结尾，何兆武译，商务印书馆2005年，第86页）

地生活的人，必须准许自己的种种欲求尽量变得最大而不予惩罚，［492a］而在它们尽量变得最大时，［必须］有足够［能力］凭借勇敢和明智去伺候，并用那些使欲求永远产生的东西去满足。

但我相信，多数人没有这个能力；因此，他们就出于羞耻而谴责这类人，以掩盖［a5］自己的无能，并断言放纵是丑的，像我在前面那些［讨论］中讲的，以便奴役那些天性上更好的世人；而他们没有能力为自己设法供给种种快乐的满足时，他们就赞扬节制［492b］和正义，出于自己的不勇敢。

既然有些世人从起初开始要么就是王者们的儿子，要么自己凭自然就有足够［能力］为自己设法供给某种统治权，或僭主制或能人制，那么，依真理，〈有什么〉［b5］会比节制和正义更丑且更坏呢，对这些世人来说——他们尽管有特权享受种种好东西而丝毫无人挡道，却要自己引来多数世人的礼法、说辞和谴责作为自己的主人？或者，他们怎么能不已经变得不幸呢，［492c］既然在这种出自正义和节制的美丽之下①，他们分配给自己朋友们的丝毫不比给敌人们的更多，并这样在自己的城邦里统治？

相反，按真理——苏格拉底噢，你号称自己追求她呀

——————————

① 据B本。参D本："在这种美之下，即正义和节制之下。"

——情况就是这样：骄奢、〔c5〕放纵和自由，只要你能增援〔它们〕，它就是德性和幸福；而其他东西，那些美丽的装饰啦、世人的那些违反自然的契约啦，都是废话，且毫无价值。（491e5–492c7）

首先，他诉诸自然："根据自然的美丽和正义"就在于，"凭借勇敢和明智"竭尽所能满足不断变大的种种欲求；但多数人没有能力满足自己的欲求，就出于羞耻而谴责前者，以掩盖自己的无能，因为"不勇敢"而赞扬"节制和正义"。然后，他又诉诸习俗：节制和正义只能给多数无能者带来好处，而不能给少数有能力者带来好处。最终，卡利克勒斯再次回到自然的真理："德行和幸福"就在于"奢侈、放纵和自由"。德行看似等于幸福，但幸福的内容被替换，德行（"凭借勇敢和明智"）被视为达到幸福的手段而非目的。

苏　〔492d〕你确实并非不高贵地，卡利克勒斯噢，凭言辞冲锋在前，很直率。因为你现在清楚地讲出了其他人考虑却不乐意讲出的东西。所以，我恳求你无论如何别放松，以便实际上彻底阐明，〔d5〕应该如何生活。（492d1-5）

苏格拉底显得非常节制，非但没有批评卡利克勒斯的"放纵"，反而夸奖他"高贵"而"直率"。当然，有耳能听的会听出，当面夸奖就暗含批评；若非获得德行的全体，就不可避免某个具体德行的阴影或偏差。

不过，苏格拉底并未存心教育卡利克勒斯，而是抱着学习的心态；作为学习者，别人的一切对错都可以成为启发自己的资粮，从而也可能反过来启发别人。卡利克勒斯的勇敢直言有助于苏格拉底搞清自己关心的问题："应该如何生活"，即何谓真正的幸福和德行。

首先，苏格拉底复述卡利克勒斯的观点：德性不在于克制自己的欲求，而是尽量予以满足；欲望大，即能力大，即德行大。

> ……也请给我讲：你肯定，若某人打算做他必须要做的那种人，就非但不应该惩罚种种欲求，反而［应该］准许它们尽量变得最大，从无论这里或那里给它们配备满足，而［492e］这就是德性？
>
> 卡　我肯定这些。
>
> 苏　因此，若讲那些毫无需求者是幸福者，就不正确喽？
>
> 卡　［e5］当然啦，因为若是那样，那些石头和尸体就会是最幸福者。（492d6-e5）

然后，苏格拉底提出一个相反的观点：幸福在于毫无需求。所谓"有求皆苦，无欲则刚"。这个观点似乎是苏格拉底本人的观点：据色诺芬，智术师安提丰质疑苏格拉底的生活方式，因为他相信奢华和挥霍才幸福，但苏格拉底坚持，"毫无所求就是像神一样，所求越少越接近神；而神最强，越接近神就越接近最强"（《回忆苏格拉底》i.6.10）。

但卡利克勒斯根本想象不到神仙的幸福，断言只有"石头和尸体"才能毫无需求。石头和尸体固然无欲无求，但也无德无行。若没有德行，怎么谈得上幸福呢？卡利克勒斯的反驳并非没有道理。根据《王制》（372c-e），健康或真实的城邦没有德行，作为德行的正义与奢侈或发烧的城邦一起产生，对德行的欲求与对奢侈的欲求似乎是同一枚硬币的两面（比较《法义》687b–679e）。卡利克勒斯的反驳让人怀疑，苏格拉底理想的神仙既然毫无所求，是否同样没有德行？或者，德行的完满就是德行的消失？所谓"上德不德"？"失道而后德"？

无论如何，既然卡利克勒斯尚能想到尸体，苏格拉底就可以尝试用关于生死的神话说服卡利克勒斯，并在最后讲出一套死后审判的神话。

为了说服卡利克勒斯相信放纵的生活"可怕"，苏格拉底随后讲了两套"神话"或"比喻"：一套转述（492e6–493d3），另一套自编（493d5–494a5）。

苏　不过，像你讲的那样生活也确实可怕哟。[1] 因为［我

---

[1]　据B本。参D本："你所讲的那些人的生活也确实可怕。"

告诉］你，我不会感到惊讶，倘若欧里庇得斯在那些［诗］里讲得真实，他讲：［e10］"但有谁知道，是否生就是死，死就是生？"［493a］也许，我们实际上也已经死了；因为我也曾经从某个智慧者那儿听到：我们现在已经死了，而身体就是我们的坟墓，但灵魂的那个里面住着种种欲求的［部分］碰巧就是能够被说服的、并忽上忽下［a5］多变的东西。

　　于是，某个讲神话的精致男人——也许某个西西里人或意大利人——也借"有说服力的（πιθανόν）和令人信服的（πειστικόν）"玩弄名词儿，把这个［欲求部分］命名为"罐子（πίθον）"，而把那些不理智者（ἀνοήτους）［命名］为"未入门者［未封口者］（ἀμυήτους）"①，［493b］但那些不理智者的灵魂的那个有着种种欲求的［部分］，即它的放纵而未密封［的部分］，则像是个有漏洞的罐子——他基于［它］不满足而打比方。这个人跟你恰恰相反，卡利克勒斯噢，他指出：在冥府（Ἄιδου）里——他所谓［b5］

---

①　"未入门者（ἀμυήτους）"是指未加入秘仪、不了解奥秘或没有启蒙的人；也可能同时暗用词根μυέω的原义（μύω"封口/闭嘴"），指没有密封的、没有约束的。反过来，入门的标志是封口，最终成就即无缝塔或漏尽通。在希腊文中，"有说服力的"和"令人信服的"的词根都是"说服"，而"说服"与"罐子"读音相近。"不理智者"与"未入门者"不仅读音相近，且含义相通。"未入门者"同时可指"未封口者"，从而与有漏洞的罐子相关联。

"不可见的（ἀιδὲς）"［地方］——的那些人之中，那些未封口者［未入门者］会是最不幸者，他们会用另一个类似的、有漏洞的东西——即漏勺——往那个有漏洞的罐子里运水。但这个漏勺——于是，他讲，就像那个向我讲的人［493c］所说的——就是灵魂；但他只把那些不理智者的灵魂比作漏勺，仿佛有漏洞，因为它由于不信和遗忘①而没有能力密封。

这些东西大体上确实有点儿离谱，但它毕竟阐明了我愿意为你指出的东西，但愿我能够［c5］说服［你］改变，代替贪婪而放纵的生活状态，而选择有序、以种种永远现成之物为充足和圆满的生活状态。

不过，我是［493d］稍微说服了你，并［使你］改变②，［相信］那些有序者比那些放纵者更幸福，还是没有，即使我讲其他很多这类神话，你甚至都不会有丝毫改变？

卡　你说的这个［后者］更真实，苏格拉底噢。（492e6-493d4）

苏格拉底首先引用卡利克勒斯视为权威的诗人欧里庇得斯为

---

①　"遗忘（λήθη）"源于动词λανθάνω，有"未察觉"和"遗忘"两义，两义相通。

②　据B本。参D本："而你已经改变。"关于"改变（μετατίθημι）"，比较前文481e苏格拉底批评卡利克勒斯太擅长"转变（μεταβάλλω）"。

证。不过，诗人总是善于说谎或过于神秘，需要翻译和解释（参《王制》331e，377d）。然后，苏格拉底又引述自己亲自"从某个智慧者那儿听到"的解释。最后，基于智慧者的解释，"某个讲神话的精致男人"做出更详细的解释。

苏格拉底依次提到三位权威人物：诗人、智慧者和讲神话者。诗人有明确的名字，讲神话者虽然没提名字，却有籍贯，"某个西西里人或意大利人"，显然是影射西西里人高尔吉亚（参Dodds相关注释），但不等于高尔吉亚，而是代表理想的演说家，因为讲神话者的解释是基于并符合智慧者的解释（493c1"就像那个向我讲的人所说的"）。智慧者是无名人，位于中间，也是苏格拉底唯一与之谈过的人，因而比另两种人更高。

智慧者的解释很简洁："我们现在已经死了，而身体就是我们的坟墓；但灵魂的那个里面有着种种欲求的部分碰巧就是能够被说服的、并忽上忽下多变的东西。"这个解释包含两个部分，分别相应两个区分：一个是更粗略的身体与灵魂之分，一个是更细致、但更模糊的欲望与理智之分。若仅仅从理智的角度看，生死是个幻象，仅仅是身体的变化，而灵魂或至少灵魂的理智部分没有生灭，只是欲求部分生灭变化，因而也容易被说服。因此，联系到演说术，若消除欲求，完善理智，就没有生死，也就没有必要自我保存，也就无需演说术。反过来，若无法彻底消除欲求，就需要演说术（参《王制》604e诗人只能模仿血气和欲望但

第五章　苏格拉底与卡利克勒斯的交谈（上）　391

无法模仿理智）。相应地，演说家的目的就应该是说服欲求服从理智，而非相反。

于是，理想的西西里演说家随后通过双关和比喻说明：不理智者的灵魂像个漏勺，其欲求部分像个有漏洞的罐子，用漏勺往有漏洞的罐子里不断注水，但徒劳辛苦。他没有继续说明理智者的灵魂状态，仅仅总结两种生活状态：不理智者过着"贪婪而放纵的生活状态"，理智者过着"有序的、以种种永远现成之物为充足和圆满的生活状态"。若比照前者的灵魂状态，后者的灵魂似乎就是不漏的勺子，其欲求部分就是不漏的罐子，因而也就无需浇灌。幸福不在于不断满足欲求，而在于修补或密封灵魂及其欲求部分的漏洞。渗漏的原因是"不信和遗忘"，相应地，修复之道就在于相信和回忆，前者相应于宗教，后者相应于哲学，目的皆在于回归原初的圆满自足，达到"以种种永远现成之物为充足和圆满的生活状态"。

然而，西西里演说家的比喻似乎没有说服卡利克勒斯"有丝毫改变"，因为它在某种程度上恰恰坐实了卡利克勒斯关于毫无所求犹如尸体的反驳[1]。

于是，苏格拉底模仿演说家的方式，自己编了"另一个比喻"：

---

[1]　关于这个比喻的丰富含义及其效果，参伯纳德特：《道德与哲学的修辞术》，前揭，第92—94页。

苏　[d5] 那就来吧，让我给你讲另一个比喻吧，跟刚才那个出自同一个学派。

请想想看，关于节制者与放纵者各自的生活，你是否讲这类东西：比如，假若两个男人各自都有很多罐子，一个人 [493e] 的 [罐子] 健康而满足，一只装酒，一只装蜜，一只装奶，其他很多装 [其他] 很多东西，但属于它们每个 [罐子] 的泉源都是既稀缺又艰难，并经过很多辛劳和艰难才能设法供给；于是，另一个已经满足 [自己罐子] 的人，[e5] 就不再灌注，也不再在意什么，而是因为这些东西之故而得到平静。但另一个人的那些泉源，也像那个人的一样，虽有能力供应但艰难，但那些容器有漏洞且腐朽，他就会被强迫永远夜以继 [494a] 日地去装满它们，否则，他就会为那些极端的痛苦而感到痛苦。因此，假若这样就是他们各自的生活状态，你仍讲放纵者的 [生活] 比有序者的更幸福吗？

我讲这些时，我是稍微说服了你，[使你] 认同有序的生活比 [a5] 放纵的更优呢，还是没说服？（493d5–494a5）

苏格拉底试图说服卡利克勒斯相信：节制者与放纵者各自都有很多罐子，但节制者又分两种人或两个阶段，一个节制者的罐子"健全而完整"，装的是"酒""蜜"和"奶"等等，尽管来源稀缺且供给艰难，但总有满足的一天；已经满足的节制者就不再灌注和照料，得到平静；放纵者装的是同样稀缺的东西，但因为"容器有漏洞且腐朽"，就"被强迫永远夜以继日地去装满它们"，否则就"极端的痛苦"。

苏格拉底的这个比喻仍然是基于西西里演说家的比喻，但有所修正：首先，他放弃了身体与灵魂、理智与欲望的区分；其次，用节制者和放纵者代替有理智者和不理智者；最后，但最重要的是，非但没有再提死亡、坟墓、冥府等阴沉恐怖的意象，反倒用更令人快乐的酒、蜜和奶取代了水（即荷马《奥德赛》11.26-28奥德修斯祭奠亡灵的四样东西）。总之，苏格拉底弱化了西西里演说家的禁欲主义色彩，增强了节制生活的吸引力或诱惑力：节制者更能享受快乐之物，即使是"不喜亦不惧"的平静，也胜过放纵者的"极端痛苦"。这是否会吸引追求快乐的卡利克勒斯呢？

> 卡　你没说服，苏格拉底噢。因为那个已经满足的人不再有丝毫快乐，相反，那就是我刚才讲的，像石头一样地生活：他一旦［494b］被满足，就既不再感到喜悦，也不再感到痛苦。然而，快乐地生活就在于这个，就在于尽量流入最多。（494a6-b3）

苏格拉底的演说术似乎稍微松动了卡利克勒斯的立场，因为他没再称节制者为"尸体"而仅仅称之为"石头"（比较492e5）：

较之石头，尸体更令人厌恶或痛苦，因为尸体更多地经历败坏或生死。死亡是身体与灵魂的分离，尸体则是死后的身体；尸体虽然没有痛苦与快乐，但死亡过程似乎令人痛苦。[①]并非偶然的是，卡利克勒斯这里第一次提到"痛苦"，并更理性地承认，快乐经常伴随着痛苦。快乐令人昏头，痛苦令人清醒。

尽管如此，卡利克勒斯仍然没有根本的改变，即使带来痛苦，也要追求快乐，宁要令人痛苦的尸体，也不要石头一样无苦无乐、无欲无求的节制生活。

这里无疑暗示了演说术的局限，即使是苏格拉底实践的演

---

① 尽管用尸体和石头比喻节制者都不恰切，但较之石头，尸体喻更能从侧面反映哲学或神仙生活的真义：尸体指向死亡，哲学即学习死亡，即重视灵魂而轻视肉体，因而哲人即活死人；但因为灵魂离神更近，哲人死后可以成神（参《克拉底鲁》398a-398c，《王制》540b-c），所谓"生而正直死而为神"。

卡利克勒斯保留石头喻，也别有意味：尽管他贬斥节制者为石头，但他顽固不化的性格使他更像石头，这也使我们想起，苏格拉底起初为什么暗含反讽地称赞卡利克勒斯是"检测金子的石头"（486d）。若进一步引申，石头喻与高尔吉亚的演说术之间也有不解之缘：在《会饮》中，苏格拉底曾经利用高尔吉亚（Gorgias）与戈尔戈（Gorgo/ Gorgon）的谐音，比喻高尔吉亚的言辞像荷马笔下戈尔戈的头颅一样厉害，担心自己被它变成"默哑的石头"（198c，参《奥德赛》11.632）。戈尔戈一般合称墨杜萨（或译"美杜莎"）及其两个不死的姐姐。墨杜萨虽有令人石化的魔力，却是必死的凡妖，最终被英雄珀耳修斯斩首。为了砍掉墨杜萨的头颅而又不被化为石头，珀耳修斯的办法是不直接观看，而是利用雅典娜所赠的盾牌反光和间接映像来靠近女妖。意犹未尽的是，从蛇发女妖的血里诞生了一把金剑和一匹飞入天界的神马；蛇发头颅也转而成了克敌制胜的武器，并被镶嵌在雅典娜的盾牌上（赫西俄德《神谱》270—290，参《伊利亚特》5.738，奥维德《变形记》4.604-803）。

说术，也无法从根本上说服一个人，最多只能稍微改变灵魂的表层。正确的道理必须自己明白：对明白的，不必说服；对不明白的，说服也没用。

苏　那么，若流入很多，不就必然也失去很多，并有一些很大的漏孔供流出？

卡　[b5] 完全如此。

苏　你又讲到某种石鸻的生活，[①] 而非尸体或石头的 [生活]。也请告诉我：你会讲这类东西吗，比如，饿与饿时吃？

卡　我确实会。

苏　[494c] 也会 [讲] 渴与渴时喝？

卡　我会讲，而且 [会讲]，一个拥有其他所有欲求并有能力满足的人感到喜悦并活得幸福。（494b4-c3）

卡利克勒斯尽管明白快乐伴随痛苦，却没说明自己想要的究竟是何种快乐，"尽量流入最多"的是什么。并非偶然的是，整个对话也没有明确区分各种不同的快乐，比如最简单的，身体快乐与灵魂快乐之分。

不过，苏格拉底随后用肮脏而贪婪的石鸻比喻卡利克勒斯理

---

① 石鸻习性贪婪肮脏，吃喝拉撒同时进行。

想的生活，似乎暗示，若不顾痛苦地追求不假区分的快乐，就只能导向低级的身体快乐：幸福就在于拥有并满足以吃喝为代表的所有身体欲求。①

　　苏　太好啦，最好的人噢！请你继续像你开始那样直到结束，而［c5］不要感到羞怯！但看起来，我也必须不感到羞怯。

　　首先，也请你说说：若一个人发痒并想搔痒，那他能够毫不吝啬地搔痒，即终生持续搔痒直到结束，就是活得幸福？

　　卡　［494d］多么离谱啊你，苏格拉底噢，你简直就是个民众演说者！

――――――――

① 施特劳斯认为，"这是苏格拉底的失败，因为动物高于非动物"：因为卡利克勒斯赞美石鸻的生活，苏格拉底赞美石头或尸体的生活，作为动物的石鸻高于非动物的尸体和石头（《修辞、政治与哲学》，前揭，第304页）。但若仔细考虑语境，也可以认为，苏格拉底的回应恰到好处，并非失误：卡利克勒斯崇尚的是放纵的生活，苏格拉底崇尚的是节制的生活，石鸻和石头只是各自对对方生活的判断，两个判断未必都真实，只能反映判断者的认识水平，未必代表两种生活的实质。卡利克勒斯极度贬低节制的生活，恰恰是放纵的表现；相比之下，苏格拉底并未完全否定不断满足欲望的生活，而是给予其正确的位置，恰恰是节制的表现。放纵者容易嘲笑别人的节制，但真正的节制者则试图理解别人的放纵。若以放纵者为低，以节制者为高，可以做一个一般的推论：低者不会承认高者，而高者会如其所是地承认低者，低者要通过贬低高者来证明自身，而高者无需通过贬低低者来证明自身，甚至可以强调说，正确地认识并安顿低者是成为高者的前提，因为所谓高者即更接近整全或向整全开放者。

苏　正因如此，卡利克勒斯噢，我才震慑住珀洛斯和高尔吉亚，并使他们感到羞耻，但你嘛，当然既不会被震慑住，也不会感到羞耻啦，因为你是勇敢者呀。得了，你就［d5］只管回答吧！（494c4-d5）

为了迫使卡利克勒斯坚持一贯性，苏格拉底首先鼓励卡利克勒斯"不要感到羞怯"，因为他自诩"勇敢"，不会像高尔吉亚和珀洛斯一样（参482e、489a）。自诩就有盲点，鼓励就是圈套。设下圈套之后，没等卡利克勒斯承认，苏格拉底就催促他接着回答：

卡　既如此，我肯定，那个搔痒者也会活得快乐。
苏　那么，若快乐，也就幸福喽？
卡　完全对。
苏　［494e］是他仅仅想给脑袋搔痒呢，还是——呃，我仍然要问你什么呢？你瞧，卡利克勒斯噢，你会回答什么，如果某人接着这些依次问你所有相关的东西；而这类存在物的首脑，即娈童们的生活，那种［生活］岂不［e5］可怕、可耻且可悲么？或者，你竟敢大胆讲出，这些人是幸福者，只要毫不吝啬地拥有他们需要的那些东西？
卡　你就不感到羞耻吗，苏格拉底噢，竟把讨论引入这类东西？（494d6-e8）

按照卡利克勒斯的说法，幸福在于混合痛苦的快乐生活，那么，搔痒者和娈童们就活得幸福，因为他们"毫不吝啬地"拥有自己想要的东西。

苏格拉底每况愈下。听到娈童的例子，卡利克勒斯终于忍不住大为恼火，再次诉诸习俗，指责苏格拉底"像个民众演说者"（参482c），"不感到羞耻"（参489b7）。卡利克勒斯承认苏格拉底所讲的例子可耻，就无异于承认自己的幸福观可耻。尽管可耻未必等于错误，但至少按照习俗的标准，卡利克勒斯显然失败了，尽管他仍不认输——他的勇敢使他耻于认输。

作为"民众演说者"，苏格拉底曾经用习俗的标准"震慑住了珀洛斯和高尔吉亚"，使他们感到羞耻；现在，苏格拉底同样诉诸习俗的标准，却不是利用恐吓，而是利用卡利克勒斯的勇敢，迫使卡利克勒斯感到羞耻。可见，卡利克勒斯的羞耻不同于高尔吉亚和珀洛斯的羞耻：若说高尔吉亚和珀洛斯是耻于违反大众意见，卡利克勒斯则是耻于放弃自己的观点；前者的羞耻源于怯懦或小心，后者的羞耻则源于大胆或顽固。高尔吉亚心服口服地认输了，珀洛斯尽管心里不服，毕竟口头上认输了；无论如何，高尔吉亚和珀洛斯都没有像卡利克勒斯这样"恼火"，这在某种程度上是因为他们两个作为演说家，更尊重言辞；相比之下，卡利克勒斯作为实际的政治家，显得更蔑视言辞或理性，也更难从道理上予以反驳。因此，若说苏格拉底在前两场交谈展示了哲学言辞相对于演说言辞的力量，那么，在第三交谈中，苏格拉底的理性言辞就面临来自血气和欲望的强烈挑战。因此，苏格拉底的论证将变得更加困难。

6 检测卡利克勒斯的快乐观（494e9–500a7）

卡利克勒斯之所以不认输，是因为血气之勇，而不知道快乐的种类和性质。于是，苏格拉底回到卡利克勒斯自相矛盾的基础：快乐与善的关系问题（苏格拉底与珀洛斯曾经有过讨论，但那里的目的是证明惩罚的利益）。

苏 莫非是我引到这里的吗，高贵的人噢，还是那个人［e10］——他随便这样说，那些感到喜悦的人无论以怎样的方式感到喜悦，［495a］都是幸福者，也不界定种种快乐哪些好、哪些坏？

不过，即使现在，仍然请你讲，你是肯定快乐与好相同呢，还是［肯定］有某种快乐并不好？

卡 ［a5］为了不使论证不同意我——如果我肯定它们相异［，论证就会不同意我］——我就肯定它们相同吧。

苏 你会败坏，卡利克勒斯噢，最初的那些说法啊，也不能继续陪我一起充分审查现有的东西，倘若你说话违反你自己所持的意见。

卡 ［495b］你也会啊，苏格拉底噢。

苏 那么，我就做得不正确——倘若我那么做——你也不
[正确]。不过，福佑的人噢，请思量：这并不是好事，即
不惜一切地感到喜悦；因为若情况是这样，不仅会显出那些
刚才暗示的很多 [b5] 可耻结论，而且 [会显出] 其他很多
[可耻的结论]。

卡 像你相信的，苏格拉底噢。

苏 但你呢，卡利克勒斯噢，实际上仍有力坚持那些
[说法]？

卡 我确实。

苏 [495c] 因此，我们要着手 [探究] 这个说法，就好
像你是严肃的？

卡 完全是，要强烈 [肯定]。（494e9–495c2）

苏格拉底转而要求卡利克勒斯跟他"一起充分审查现有的东
西"（495a7）：显然，卡利克勒斯没有资格成为苏格拉底的试金
石，若说金子与试金石没有共同之处，"一起审查"则意味着二
人有共同之处。这个共同之处就是苏格拉底与卡利克勒斯前面同
意的：统治者需要明智和勇敢（参491a-b）。

既然卡利克勒斯的勇敢已经使他顽固不化，苏格拉底就只
能转向卡利克勒斯的明智，以便在善与快乐的关系问题上取得
同意。相应地，苏格拉底随后也会放弃演说术的方式，不再诉诸
习俗进行恐吓或诱惑，而是采用辩证术的方式，诉诸自然的理

性，进行"严肃的"探究，毕竟卡利克勒斯承认自己"严肃"
（495c1-2）。

苏格拉底首先启发卡利克勒斯：是不是应该"区分"哪些快
乐好，哪些快乐坏？苏格拉底借此暗示自己的观点：快乐不同于
善，但好东西令人快乐。其实，这个观点与卡利克勒斯的快乐观
并非没有相通之处。不过，苏格拉底随后的目的主要在于教导卡
利克勒斯区分快乐与善。因而，正式区分之前，苏格拉底做个了
小小的测验，看看卡利克勒斯能否"区分"他自己所讲的三样东
西，即知识、勇敢和快乐。

苏　那就来吧，既然看起来这样，请为我区分这些：你大
概称某种东西为知识？

卡　我确实。

苏　你刚才不是也［c5］讲过，有某种伴随知识的勇敢？

卡　我确实讲过。

苏　那么，你就讲它们是两个东西，好像勇敢与知识相
异，岂有他哉？

卡　强烈［肯定］。

苏　但这个呢：快乐与知识相同，还是相异？

卡　［495d］当然相异，你这个最智慧的人噢。

苏　莫非勇敢与快乐也相异？

卡　怎么不是呢？

苏 那就来吧，让我们记住这些：阿卡奈人卡利克勒斯如是说，快乐与好相同，而知识与勇敢［d5］既相异于彼此，又相异于好。

卡 但这个阿罗佩克人苏格拉底是不同意我们这些呢，还是同意？

苏 ［495e］他不同意；但我相信，卡利克勒斯也不［同意］，一旦他正确地观照他自己。（495c3-e2）

在苏格拉底引导下，卡利克勒斯同意，知识、勇敢和快乐三者彼此不同。其实，鉴于卡利克勒斯坚持快乐等同于善，我们就可以接着推论：既然知识不同于快乐，知识就不好；同样，既然勇敢不同于快乐，勇敢就不好。但卡利克勒斯前面已经主张，好人在于"勇敢和明智"（491b）。因此，卡利克勒斯的前后两个主张相互矛盾，因而，卡利克勒斯的快乐观颇成问题。但苏格拉底尽管提示这个结论（495d5"知识与勇敢又相异于好"），随后没有这样反驳，卡利克勒斯似乎也没注意这个结论。因此，毋宁说，苏格拉底目前只是为了教导卡利克勒斯学习辩证术的"区分"方法。

既然卡利克勒斯已经学会区分，苏格拉底随后就正式展开了两套详细、甚至繁琐的辩证论证：一套基于善与快乐各自的性质（495e3–497d8）；一套基于卡利克勒斯既有的观点，即好人是勇敢且明智的人（497d8–499b3）。以下依照论证的顺序，结合相关的情节，尝试分析两个论证的内容及其作用。

先看第一套论证。

　　苏 ……因为，请告诉我：你不以为，那些做得好的人与那些做得坏的人遭受了相反的感受吗？

　　卡 ［e5］我确实。

　　苏 那么，既然这些［感受］彼此相反，关于它们的情况不就必然像关于健康与疾病的情况一样吗？因为常人大概既不同时保持健康与患病，也不同时摆脱健康与疾病。

　　卡 ［e10］此话怎讲？

　　苏 譬如，请你拿出你愿意的身体的无论什么部分，［496a］想想看。一个常人也许眼睛患病，我们就会给它命名为眼炎？

　　卡 怎么不呢？

　　苏 他大概在同样这些东西方面也不同时健康吧？

　　卡 无论如何都不。

　　苏 但这个呢：一旦摆脱眼炎？那时，他也摆脱了［a5］眼睛的健康，并最终同时摆脱了这两者吗？

　　卡 一点儿都不。

　　苏 确实，我相信，［496b］那就变得令人惊讶且没道理了，不是吗？

　　卡 强烈［肯定］。

苏 相反，我相信，他轮番获得与失去［两者的］每一个？

卡 我肯定。

苏 那么，不也同样［轮番获得与失去］力气与无力吗？

卡 是。

苏 也［轮番获得与失去］迅速与缓慢？

卡 ［b5］完全对。

苏 至于诸善和幸福与它们的反面，即诸恶和不幸，他不都是轮番获得并轮番失去［两者的］每一个吗？

卡 完全一定。

苏 ［496c］因此，如果我们发现一个常人同时摆脱并同时拥有的某些东西，这些东西显然就不会是好东西与坏东西。我们同意这些吗？也请你考察得也非常好了，再回答吧。

卡 但我多么异常［c5］同意！（495e3–496c5）

首先，"做得好"与"做得坏"相反，就像健康与疾病（眼炎）一样，既不能同时保持，也不能同时摆脱；力气与无力、迅速与缓慢同样如此。"做得好"包含诸善，"做得坏"包含诸恶。因此，若能同时摆脱或拥有某个东西及其反面，这个东西就不包含善或恶。

　　苏　那就来吧，回到前面已经同意的那些东西。饿，你讲过，是令人快乐，还是令人苦恼？我是讲饿本身。

　　卡　我［讲它］令人苦恼；然而，饿时吃却令人快乐，我讲①。

　　苏　［496d］我学会了。但至少，饿本身令人苦恼，不是吗？

　　卡　我肯定。

　　苏　那么，渴不也［令人苦恼］吗？

　　卡　强烈［肯定］。

　　苏　那么，是我继续问更多呢，还是你同意，所有需要和欲求都是令人苦恼的？

　　卡　［d5］我同意，你就不要问啦。

　　苏　但愿是吧。但你肯定，渴时喝是令人快乐的，还有别的吗？

　　卡　我确实。

　　苏　那么，在你讲的这个［说法］中，"渴时"大概就是感到痛苦时？

　　卡　［496e］是。

　　苏　而喝是对需要的满足和快乐？

① "我讲（λέγω）"，兹据B本释读和断句。抄件作καὶ ἐγώ，D本不校，归入随后苏格拉底之口："苏：我也［这样讲］；我学会了……"

卡　是。

苏　那么，你不就是讲，通过喝而感到喜悦吗？

卡　极是。

苏　渴时？

卡　我肯定。

苏　感到痛苦时？

卡　是。

苏　那么，你感觉到［e5］这个结论了吗：一旦你讲"渴时喝"，你就是讲，感到痛苦的同时感到喜悦？或者，这并非同时发生在相同的地方〈和时间〉——无论你愿意在灵魂或身体的［同一地方和时间］？因为我相信，那毫无差别。是这样不是？

卡　是。

苏　不过，你肯定，做得好时不可能［497a］同时做得坏。

卡　我确实肯定。

苏　但你同意，感到苦恼时至少有可能感到喜悦。

卡　显然。

苏　因此，"感到喜悦"就不是"做得好"，而"感到苦恼"也不是"［做得］坏"；于是，快乐就变得相异于［a5］好。（496c5–497a5）

其次，快乐与痛苦的性质恰恰相反：饿和渴本身令人痛苦，但饿时吃、渴时喝则令人快乐，因而，饿时吃、渴时喝就同时感到痛苦和快乐，一旦吃饱喝足就同时摆脱快乐和痛苦。既然不能同时拥有好与坏，却可以同时拥有快乐与痛苦，因此，好不同于快乐，坏不同于痛苦。因此，卡利克勒斯关于快乐等于善的论点不成立。

　　卡　我不知道你在要什么智慧，苏格拉底噢。

　　苏　你知道，只是装傻罢了①，卡利克勒斯噢。也请你继续前进，进入前面。

　　卡　你为什么坚持说蠢话？②

　　苏　［497b］为了你能知道，你在警告我时多么智慧呀。我们每个人不都是由于喝而同时停止渴并同时［停止］感到快乐吗？

　　卡　我不知道你在讲什么。（497a6-b3）

　　一旦苏格拉底推出结论，卡利克勒斯就开始"装傻"，明知结论而拒绝回答，指控苏格拉底玩弄"智慧"，说"蠢话"。卡

_____

① 参489e卡利克勒斯指责苏格拉底"装糊涂"。
② 这里有各种不同的释读和断句，兹据D本释读和断句。B本全部归入苏格拉底之口："……进入前面。因为你坚持说蠢话，为了你能知道……"

利克勒斯固守自相矛盾的观点，再次显得毫无理性，不愿"继续前进"。苏格拉底试图"继续前进"，但显然没有能力让卡利克勒斯继续说话，遑论亲口承认自己的矛盾。

就在苏格拉底的理性言辞遭遇困境之际，沉默已久的演说术教师高尔吉亚重新出面，要求卡利克勒斯继续交谈。

> 高 （插话）万万不要［这样］，卡利克勒斯噢，而是回答吧，也算为了［b5］我们，以便这些论证可以被完成嘛。
>
> 卡 但苏格拉底总是这个样子，高尔吉亚噢，他总盘问一些渺小且价值甚少的东西并驳倒［别人］。
>
> 高 但这于你有什么要紧呢？完全无关你自己的荣誉［评价］嘛①，卡利克勒斯噢。得了，你就容忍苏格拉底以他愿意的方式［b10］驳倒［别人］吧。（497b4-10）

显然，高尔吉亚比苏格拉底更能影响卡利克勒斯，或者说，苏格拉底只有借助高尔吉亚，才能控制卡利克勒斯：哲人只能借助演说家控制政治人，因为演说家具备哲人所不具备的东西，即公众的支持和名望；哲人苏格拉底固然拥有爱欲的演说术，但这种演说术只能在《斐德若》的私人场合发挥效用，《高尔吉亚》

---

① 直译"这种价值/荣誉/惩罚完全不是你的"。句意不明，一般理解为（据D本）："完全不是你来评价它们的价值嘛。"

某种程度上发生在公共场合。①

高尔吉亚介入，不是为了卡利克勒斯的个人荣辱，而是"为了我们"，因为整个对话都是针对高尔吉亚及其代表的技术和生活方式。因此，卡利克勒斯之所以服从高尔吉亚而非苏格拉底，是出于政治的义务，显得公而忘私。

> 卡　[497c] 那就问你那些渺小且琐碎的东西吧，既然在高尔吉亚看来这样。
>
> 苏　你是个幸福人呐，卡利克勒斯噢，因为你在 [趋入] 那些渺小的东西之前已经在那些伟大的东西上入门了；但我相信，这不合天理。（497c1-4）

尽管有高尔吉亚的权威干预，卡利克勒斯仍然不情不愿，或确切地说，是不屑继续交谈，因为苏格拉底总是盘问"一些渺小且价值甚少的东西""渺小且琐碎的东西"。据卡利克勒斯以前的意见（参484c以下）：一个人年轻时可以学哲学，成年之后就应该转向"更大的东西"即政治事务；换言之，应该先学习渺小的哲学奥秘，后学习伟大的政治奥秘。

---

① 参施特劳斯：《论僭政》，前揭，第317页："我不相信苏格拉底与民众的交谈是可能的；哲人与民众的关联要靠某一类演说家的中介，他们唤起人们对死后惩罚的恐惧——哲人可以引导这些演说家，但不可能做他们的工作。这就是《高尔吉亚》的意义。"

大概有鉴于此，苏格拉底揶揄卡利克勒斯，在渺小的东西上尚未入门，就已经在伟大的东西上入门了。换言之，卡利克勒斯之类政治人看似公而忘私的伟大追求，可能只是基于一种无明的冲动或逃避。

于是，苏格拉底随后继续以琐碎的论证，启发卡利克勒斯学习渺小的哲学智慧。

> ……［c5］那么，请从你丢下的地方回答吧：我们每个人是不是同时停止渴与感到快乐？
>
> 卡 我肯定。
>
> 苏 那么，不是也同时停止饿与其他欲求和种种快乐吗？
>
> 卡 是这样。
>
> 苏 那么，不是也同时［497d］停止种种痛苦与种种快乐吗？
>
> 卡 是。
>
> 苏 不过，他却不同时停止种种善与恶，像你同意过的；而现在你不同意了吗？
>
> 卡 我仍然［同意］，那又怎样？
>
> 苏 那就……朋友噢，种种善就不会［d5］变得与种种快乐相同，种种恶也不会与种种苦恼［相同］。因为他同时停止这些，而不［同时停止］那些，因为它们实际相异。那么，怎么会有种种快乐与种种善相同，或种种苦恼与种种恶

［相同］呢？（497c5-d8）

　　苏格拉底从卡利克勒斯"丢下的地方"重新开始，完成第一套辩证论证：人们必然同时停止痛苦与快乐，但不同时停止善与恶，因此，善不同于快乐，恶不同于痛苦。

　　苏格拉底的这套论证是否充分？简言之，善是否全然不同于快乐？苏格拉底以健康与疾病、有力与无力、迅速与缓慢等为例说明善恶的性质（参496b4-5），以饿与吃、渴与喝为例说明痛苦与快乐的性质。但问题是，这种举例说明在多大程度上有效？这些例子在多大程度上能够说明善恶的性质和苦乐的性质？即使承认健康是一种善，但有力是吗？迅速是吗？即使它们都是善，但足以说明所有诸善的性质吗？用来说明善恶的健康与疾病，不是同样可以在某种程度上说明苦乐吗？疾病既是一种恶，又令人痛苦，而恢复健康既是一种善，又令人快乐，快乐与善不是可以等同吗？当然，有人会反驳说，恢复健康未必令人快乐，因为切割、烧灼、吃药等治疗手段令人痛苦。但即使否认健康是一种令人快乐的善，也不能否认疾病是一种令人痛苦的恶。换言之，痛苦与快乐未必同时存在或消失。

　　高尔吉亚干预之后，苏格拉底就仅仅围绕苦乐或善恶的"同时停止"，而没有再提"同时获得"（497b2，497c5-d1，比较495e9、496b2-c2）。渴时喝使人同时获得痛苦与快乐，喝足之后则使人同时停止快乐与痛苦。死亡似乎同样使人同时停止快乐与

痛苦，但也同时使人失去健康与疾病，即失去善与恶。若以知识
与无知为例说明善恶，则更奇妙：苏格拉底所谓的自知无知意味
着同时获得知识与无知，智慧则意味着同时失去知识与无知。总
之，第一套论证并不充分。

鉴于第一套论证并不充分，苏格拉底调整思路，展开了第二
套论证。

　　……但如果你愿意，请你也这样考察——因为我相信，
在你那里这种方式根本没有得到［497e］同意——但请你思
量：你不是因那些好人表现种种好而称之为好人吗，就像
［你称］那些表现美的人为美人？
　　卡　我确实。
　　苏　但这个呢：你称不明智和怯懦的男人为好人吗？因
为你刚刚确实不，而是讲［e5］那些勇敢且明智者［为好
人］，或者，你不称那些人为好人？
　　卡　完全如此。（497d9-e5）

首先，苏格拉底提醒卡利克勒斯已经同意的观点，好人是勇
敢且明智的人（参491b-c）。既然勇敢者或明智者是好人，怯懦
者或愚蠢者就是坏人。

　　苏　但这个呢：你迄今见过一个不理智的孩子感到喜悦吗？

卡　我确实。

苏　但你尚未见过一个不理智的男人感到喜悦？

卡　我相信我确实；不过，这有什么？

苏　[498a] 没什么，你只管回答吧。

卡　我见过。

苏　但这个呢：一个有理智者感到痛苦与感到喜悦？

卡　我肯定。

苏　但哪个更多地感到喜悦与感到痛苦，是那些明智者呢，还是那些不明智者？

卡　我相信，没有那么多 [a5] 差别。（497e6–498a5）

然后，苏格拉底引导卡利克勒斯承认，明智者与愚蠢者在快乐与痛苦方面"没有那么多差别"；

苏　得了，这也就足矣。但在战争中，你迄今见过一个怯懦的男人吗？

卡　怎么没有？

苏　那这个呢：敌人们撤去时，在你看来哪个更多地感到喜悦，是那些怯懦者呢，还是那些勇敢者？

卡　在我 [看来] 两者都 [498b] 〈感到喜悦，也许前者〉更多地；① 但要不然，至少相近地。

　　苏　那毫无差别。那么，那些怯懦者也感到喜悦喽？

　　卡　强烈［肯定］。

　　苏　而那些不明智者也［喜悦］，如此看来。

　　卡　是。

　　苏　但［敌人］攻来时，是只有那些怯懦者感到痛苦呢，还是那些勇敢者也［痛苦］？

　　卡　［b5］两者都［痛苦］。

　　苏　所以，就相似地［痛苦］？

　　卡　也许，那些怯懦者更多地［痛苦］。

　　苏　但［敌人］撤去时，他们不就更多地感到喜悦吗？

　　卡　也许吧。

　　苏　所以，那些不明智者与那些明智者、那些怯懦者与那些勇敢者，不就相近地感到痛苦与感到喜悦吗，［498c］就像你说的，但那些怯懦者比那些勇敢者更多地［痛苦与喜悦］？

　　卡　我肯定。（498a6-c2）

　　同样，勇敢者与怯懦者同等地感到快乐与痛苦，怯懦者甚至

---

① 据D本。参B本："两者都更多地。"

更多地感到快乐与痛苦。①

> 苏 不过，那些明智者和那些勇敢者都是好人，而那些怯
> 懦且不明智者都是坏人？
> 卡 是。
> 苏 因此，那些好人与那些坏人相近地［c5］感到喜悦与
> 感到痛苦？
> 卡 我肯定。
> 苏 那么，难道那些好人与那些坏人们相近地好与坏？或
> 者，那些坏人甚至更多地好与坏？②
> 卡 ［498d］但是，凭宙斯起誓，我不知道你在讲什么。
>
> （498c3-d1）

最后，迅速收网，直接推出结论：既然明智者和勇敢者是好
人，怯懦者和愚蠢者是坏人，因此，好人与坏人同等地感到快乐
与痛苦，因此，好人与坏人同等地好与坏。

---

① 在苦乐感觉方面，勇敢者与怯懦者的差别比明智者与愚蠢者的差别更明显，大概
是因为前者属于意志领域，后者属于理智领域；较之理智，意志更接近苦乐所属的欲
望领域，因而更容易被苦乐所影响。

② 有不同释读和校订。参B本"或者，甚至好人们更多地好而坏人们更多地坏"。D本
"或者，甚至坏人们更多地好"。另一种校订是删除οἱ ἀγαθοί："或者，甚至坏人们
更多地好与坏。"兹取第三种。

苏格拉底的思维太快，卡利克勒斯显然没能跟上。于是，苏格拉底更清楚地讲解每一步推论：

苏 你不知道吗：你肯定，那些好人因表现种种善而是好人，而［那些坏人因表现］种种恶而是坏人；但那些善就是那些令人快乐的东西，而那些令人苦恼的东西则是恶？

卡 我确实。

苏 那么，［d5］那些善，即那些快乐，不就表现在那些感到喜悦的人身上吗，既然他们感到喜悦？

卡 怎么不呢？

苏 那么，表现诸善时，那些感到喜悦的人不就是好人吗？

卡 是。

苏 但这个呢：那些恶，即那些痛苦，不是表现在那些感到苦恼的人身上吗？

卡 表现在［他们身上］。

苏 ［498e］但你肯定，那些坏人因表现诸恶而是坏人；或者，你不再肯定了？

卡 我确实［仍然肯定］。

苏 因此，那些感到喜悦的人就好，而那些感到苦恼的人就坏喽？

卡 完全对。

　　苏　那些更多地［喜悦与苦恼］的人就更多地［好与坏］，那些更弱地［喜悦与苦恼］的人就更弱地［好与坏］，而那些［e5］相近地［喜悦与苦恼］的人就相近地［好与坏］？

　　卡　是。（498d2-e5）

　　卡利克勒斯肯定，好人是表现善的人，坏人是表现恶的人，而善即快乐之物，恶即痛苦之物；感到快乐的人就表现了快乐（即善），感到痛苦的人就表现了痛苦（即恶）；因而，感到快乐的人就是好人，感到痛苦的人就是坏人，多大程度上感到快乐与痛苦，就多大程度上好与坏。

　　苏　那么，你不就肯定，那些明智者与那些不明智者、那些怯懦者与那些勇敢者，相近地感到快乐与感到痛苦，或者，那些怯懦者甚至更多地［快乐与痛苦］？

　　卡　我确实。（498e5-9）

　　又，卡利克勒斯已经肯定，明智者与愚蠢者、怯懦者与勇敢者同等地感到快乐与痛苦，怯懦者甚至更多地感到快乐与痛苦。推到这里，苏格拉底似乎等着卡利克勒斯目己得出相关的结论：比如，明智者与愚蠢者、怯懦者与勇敢者就同等地好，怯懦者甚至比勇敢者更好——这显然会威胁到卡利克勒斯推崇的最高德行即勇敢。

卡利克勒斯虽然自称严肃，却不像珀洛斯那样诚实，不愿得出以上结论。苏格拉底随后也没有引向实质性的结论，而是"两次三番地"重述卡利克勒斯的观点，仅仅推出形式性的结论：

苏　[e10]那就请你跟我一起共同总结，我们从那些已经同意的东西得出什么结论；因为他们说，"两次三番地"[499a]谈论和考察那些美事就是一件美事。我们肯定，明智且勇敢的人是好人，不是吗？

卡　是。

苏　而不明智且怯懦的人是坏人？

卡　完全对。

苏　再者，感到喜悦的人是好人？

卡　是。

苏　[a5]而感到苦恼的人是坏人？

卡　必然。

苏　而好人与坏人相似地感到苦恼与感到喜悦，但也许，坏人甚至更多地[苦恼与喜悦]？

卡　是。

苏　那么，坏人不就变得与好人相似地坏与好，或者，甚至[499b]更多地好吗？如果某人肯定快乐与好相同，不就得出这些和以前那些结论吗？这些不是必然吗，卡利克勒斯

噢？（498e10–499b3）

卡利克勒斯已经肯定，明智且勇敢的人是好人，愚蠢且怯懦的人是坏人；再者，感到快乐的人是好人，感到痛苦的人是坏人；然而，好人与坏人同等地感到快乐与痛苦，因此，好人与坏人同等地好与坏。

"好人与坏人同等地好与坏"这个结论在形式上显然不成立，因此，导致这个结论的两个前提——卡利克勒斯关于"好人是明智且勇敢的人"的主张与关于"好人是感到快乐的人"的主张——不能同时成立：不可能一面赞美明智和勇敢，一方面坚持善等于快乐。因此，卡利克勒斯自相矛盾，苏格拉底赢得了初步的胜利。

然而，证明两个观点相互矛盾，并不能告诉我们其中哪个观点错误。严格地说，苏格拉底的这个论证并未驳倒卡利克勒斯关于"善等于快乐"这个主张。换言之，卡利克勒斯仍然可以坚持"善等于快乐"，做个彻底的快乐主义者，但必须放弃明智和勇敢等德行。

不过，卡利克勒斯随后轻易放弃了"善等于快乐"的主张。

卡　我从你那儿听讲已经很久啦，苏格拉底噢，不断
[b5]　同意，而心里暗想：如果某人开个玩笑向你做出任何让步，你都会乐于抓住它，像那些愣小伙。仿佛你竟确实相

信，我本人甚或其他任何常人都不以为，有些快乐更好，而有些更差！（499b4-8）

卡利克勒斯表示，苏格拉底为了反驳"快乐等于善"所做的琐碎论证根本没有必要，因为他从来没有断言所有快乐都好：他所谓的快乐是拥有"所有欲求并有能力满足"（参494c2-3），而他所谓的欲求，可能仅仅是指政治家或男子汉的权力欲或政治野心。卡利克勒斯只是违心地选择了苏格拉底引申的"快乐与善相同"这个观点，以免自相矛盾（参495a1-6）。卡利克勒斯之所以违心接受苏格拉底的引申，不是因为智力不足而未能预先辨识，而是因为勇敢过度而不愿妥协，因为妥协似乎意味着怯懦（这个看法当然有偏差）。

既然卡利克勒斯不是真心坚持快乐等于善，苏格拉底一番精心设计的漂亮进攻就落空了：苏格拉底以严肃的方式对待了卡利克勒斯的玩笑，"像那些愣小伙"。[1]不过，苏格拉底的严肃论证迫使一向严肃而执着的卡利克勒斯（参481b10）承认自己在开玩笑（不论实际是不是），发生改变（比较493d4，494a6），不是恰恰起到作用了吗？

---

[1]   比较473e，珀洛斯以玩笑面对苏格拉底的严肃。参高尔吉亚名言："必须用玩笑破坏对方的严肃，用严肃破坏对方的玩笑。"（亚里士多德《修辞学》1419b3-5）

苏　哎呦呦，卡利克勒斯噢，你是耍无赖呀，[①] 并拿我 [499c] 当个孩子使用，同一些东西，你那会儿宣称情况是那个样儿，这会儿又另一个样儿，你在蒙骗我呀！然而刚开始，我并不相信你是自愿地蒙骗我，因为你是个朋友嘛；但现在，我已经被欺骗了，看起来，我也必须被迫 [c5] ——按照古代的讲法——"因势利导"并从你那里"来者不拒"。[②]（499b9-c5）

卡利克勒斯通过指责对方的愚蠢来掩饰自己的撤退，苏格拉底则非常圆转地配合，接受对方的指责，承认自己被耍弄或被蒙骗。卡利克勒斯以表面的胜利掩盖实际的失败，苏格拉底则以表面的失败进一步予以掩盖。一旦自觉掩盖错误，就说明已经察觉错误；只要察觉错误，正确就在眼前。这个时候，若继续揭露对方的错误，逼他认错，反而会适得其反。作为高明的助产士，苏格拉底继续帮助对方掩盖，反而有助于消除自我掩盖导致的过分严肃和紧张。一向严肃的卡利克勒斯开起玩笑，至少不再假装严肃。严肃令人沉溺并痛苦，玩笑令人出离并快乐。卡利克勒斯现在之所以感到快乐，显的一面是因为表面的胜利并得到苏格拉底

---

①　"无赖（πανοῦργος）"：直译"全干坏事的、什么事都做得出来的"。

②　两个格言混合。第一个格言直译"做好手头的事、充分利用现有的东西"，类似成语如逆来顺受、因势利导、顺势而为、因地制宜、当务之急等；第二个格言直译"接受所给的东西"，类似成语如来者不拒、照单全收、却之不恭等。

的表面承认，隐的一面是因为摆脱错误意见而带来的轻松。摆脱错误意见并获得正确意见是一种改善，这种改善之前看似痛苦，之后却伴随快乐。获得正确意见的卡利克勒斯随后无需别人说服，就会"乐于"（参499b7）回答。

　　……但你现在所讲的，看起来就是这个：存在某些快乐，这些好而那些坏，不是吗？

　　卡　［499d］是。

　　苏　那么，是不是那些有益的就好，而那些有害的就坏？

　　卡　完全对。

　　苏　而那些造成某种善的就有益，而那些［造成］某种恶的就坏？

　　卡　我肯定。

　　苏　那么，你是不是讲这类东西——比如在身体方面，我们［d5］刚才所讲的吃和喝的快乐①——是不是其中有些在身体里造成健康、力气或身体的其他某种德性的，它们就好，而有些［499e］［造成］它们的反面，就坏？

　　卡　完全对。

　　苏　那么，种种痛苦不也同样吗，有些有用，而有些低劣？

———————

① 见496c-d。

卡　怎么不呢？

苏　那么，不就应该选择并践行那些有用的快乐和痛苦吗？

卡　［e5］完全对。

苏　而非那些低劣的？

卡　显然如此。（499c6-e7）

卡利克勒斯明确承认，有些快乐好，有些快乐坏。既然有益的快乐就好，有害的就坏；造成某种善的快乐就有益，造成某种恶的就有害，因此，应该选择并实践有益的快乐；痛苦亦然。

苏格拉底举了身体方面的善：健康、力气或身体的其他德性。身体方面的快乐，如吃喝，本身既不好，也不坏，有益于健康就好，有损于健康就坏。这些例子似乎提醒卡利克勒斯，随后应该讨论灵魂方面的善和快乐，然后分析种种快乐有多好……

苏　因为在我们看来，大概应该为了诸善之故而践行一切，若你记得，我和珀洛斯［都这样看］。① 那么，你也一同这样看吗：善是一切行动的目的，且必须为了这个之故而践行其他一切，［500a］而非为了其他之故［而践行这个］？你也投票赞同我们，做第三个吗？

———————

① 见468b。

　　卡　我确实。

　　苏　因此，必须为了诸善之故而践行其他东西和令人快乐的东西，而非为了那些令人快乐的东西而［践行］诸善。

　　卡　完全对。

　　苏　那么，所有男人是不是［a5］都要分别选出哪类令人快乐的东西好而哪样坏，或者，在每样东西方面都需要一个专家？①

　　卡　［需要］一个专家。（499e8–500a7）

　　卡利克勒斯没有要求，苏格拉底也就没有接着详细区分快乐的程度或等级，而是仅仅回到苏格拉底与珀洛斯已经同意的论点。卡利克勒斯之所以没有要求区分种种快乐，大概不是因为缺乏快乐的经验，而是因为缺乏必要的知识，尽管他承认需要"一个专家"。严格地说，只有哲人才有资格评判快乐的好坏和等级，这不仅因为哲人拥有最丰富的快乐经验，而且因为结合了"明智和论证"（参《王制》581e–583a，《普罗塔戈拉》357c-d）。

　　总之，卡利克勒斯现在同意苏格拉底与珀洛斯已经同意的主张：善是一切行动的目的，一切行动都是手段，其好坏应该根据是否有益于行动的目的而定。这个原则同样适用于快乐：快乐只是手段，因此，不能根据快乐而只能根据善来确定行动的目的。

---

①　"专家（τεχνικός）"，有技术的人，某个方面的内行。

第六章 ｜ 苏格拉底与卡利克勒斯的交谈（下）

苏格拉底回到卡利克勒斯的论题，归结为两种生活方式的选择：从事演说或政治的生活与从事哲学的生活（500a-d）。为了说明这个问题，基于快乐与善的区分，苏格拉底回到自己与高尔吉亚和珀洛斯之间的交谈，重述技术与经验之别，然后以举例论证的方式表明：演说术就像其他表演艺术一样，目的在于快乐，仅仅属于谄媚（500e-502d）。

在理论上，既然有以快乐为目的的演说术，就有以善为目的的演说术，即使人变得更好的高尚演说术；但在实际上，苏格拉底怀疑卡利克勒斯没有见过从事这种演说术的人。卡利克勒斯表示，尽管现在没有，但古代有，并举出四位雅典政治家（502d-503d）。苏格拉底暂时撇开卡利克勒斯所举的例子，首先探究什么是高尚的演说家：他必须像所有工匠一样，拥有某种技术，着眼于灵魂的秩序，在城邦民众的灵魂中产生正义和节

制等德行；相应地，倘若灵魂低劣，限制种种欲求对灵魂更好
（503d–505b）。

正义和节制要求限制或惩罚种种欲求，这让卡利克勒斯感
到不快，却又无力反驳，因而不愿继续交谈，让苏格拉底跟别人
谈；但无人愿意代替卡利克勒斯。谈话面临解散的危险，在卡利
克勒斯的要求和高尔吉亚的敦促下，为了共同的利益，苏格拉底
只能独自完成自己与卡利克勒斯之间的讨论（505c–506b）。苏
格拉底以独白的方式重述之前的对话，特别强调节制和正义：
灵魂的善在于有序，有序即节制，节制者必然正义、虔敬和勇
敢；无论个人或城邦，要获得幸福，就应该朝向节制和正义
（506c–508c）。

最后，苏格拉底回到卡利克勒斯的论题，即两种生活的选
择，正式回应卡利克勒斯对自己的指责和对四大政治家的赞扬。
首先，苏格拉底宁愿受不义而不愿行不义，因为行不义比受不义
更坏；为了不受不义，似乎只能变成僭主或僭主的谄媚者，但这
又势必导致行不义（508d–511a）。卡利克勒斯再次诉诸自保，
苏格拉底则诉诸崇高和勇敢，举例证明，自保的演说术并不值得
追求，因为真正的男子汉不应该关心活得最久，而是活得最好
（511b–513c）。然后，话题转向政治：真正的治邦者应该使邦民
变得更好，但卡利克勒斯所举的四大雅典政治家非但没把雅典邦
民变得更好，反而变得更野蛮，以致遭到不义的指控，因而不是
真正的治邦者（513d–520e）。

卡利克勒斯再次试图警告苏格拉底，不服务并谄媚城邦，就会招来危险。苏格拉底再次表示完全理解，但并不害怕，因而讲了一段迄今最严肃的自我定位和命运预言：作为雅典少数真正的治邦者之一，他不是为了令人快乐而是为了最好而讲话，因而会被不明事理的人告上法庭，像医生在孩子面前遭到烹调者控告一样；尽管无从辩护，他并不怨天尤人，而是会平静地面对死亡，因为最强的自保是免于行不义。为了说明这个道理，他愿意给卡利克勒斯讲一个故事（521a–522e）。

1　谄媚的演说术（500a8–502e2）

确定善与快乐的区分之后，苏格拉底又引入自己与珀洛斯和高尔吉亚同意的另一个区分，即经验与技术之别。前一个区分关系到后一个区分：经验关注的是快乐，技术关注的是善。①

　　苏　那就让我们再回忆一下，我碰巧给珀洛斯和高尔吉亚也讲过的那些东西。② 因为我也讲过——若你记得：

---

①　苏格拉底这里只举了两个例子：烹饪术与治病术。烹饪术即前文的烹调术，但没有"调料"，因而更简单，也更少令人快乐。

②　见464b–465a。

[500b] 有些预备会是直达快乐，仅仅预备这个东西本身，却不认识更好与更差，而有些则认识什么好与什么坏；而我确定，在那些关注快乐的 [预备] 中，烹饪术是经验而 [b5] 非技术①，而在那些关注善的 [预备] 中，治病术是技术。

凭友谊 [神宙斯] 起誓，卡利克勒斯噢，请你既不要相信自己必须拿我开玩笑，或以违背自己所持意见的方式回答你碰到的任何东西，[500c] 也不要接受我这样——仿佛我在开玩笑一样——[说出] 的东西；因为你瞧，我们的讨论是关于这个 [问题] ——除了这个，任何一个具有甚至渺小理智的人能更严肃 [探讨] 什么呢：应当以什么方式生活，是那种你号召我朝向的 [生活]，即践行 [c5] 男人的那些 [事务]，在民众中讲话并修炼演说术，并以你们现在搞政治的那种方式搞政治，还是朝向这种安于哲学的生活，而这种与那种到底有什么差别。

那么，[500d] 也许最好是像我刚刚着手的，区分 [它们]；但区分并彼此同意之后，若确实有这两种生活，[最好] 就考察两者彼此有什么差别，以及它们哪种值得生活。也许，你尚不知道我在讲什么。（500a8-d4）

---

① "烹饪术（μαγειρικός）"仅此一见，义同"烹调术"。

苏格拉底的回顾暗示：从高尔吉亚到珀洛斯，再到卡利克勒斯，隐含了某种内在的连贯线索，所有的理论探讨都导向一个最终的实践问题——"应当以什么方式生活"，是选择政治生活，还是选择哲学生活。这样，快乐与善之别就从经验与技术之别，进一步关系到政治生活与哲学生活之别，关系到二者非此即彼的选择：善比快乐更可取，就必须选择哲学生活；快乐比善更可取，就会选择政治生活。苏格拉底这里所谓的政治生活，就是"在民众中讲话并修炼演说术"，即"以你们现在搞政治的那种方式搞政治"。这种搞政治的方式即雅典民主制（参《王制》557–562）。

苏格拉底从自己与卡利克勒斯同意的基础出发，说明两种生活方式。

　　卡　[d5] 当然不 [知道]。

　　苏　不过，我将给你说得更清楚。既然我与你已经同意，既有某种善，又有某种快乐，而快乐相异于善，又有对它们各自的某种操持和获得 [它们] 的预备，一个是对快乐的 [d10] 追逐，另一个是对善的 [追逐]——但首先，对我这个 [说法] 本身，[500e] 你是赞同还是不。你赞同吗？

　　卡　我这样肯定。（500d5-e2）

苏格拉底与卡利克勒斯已经同意：善不同于快乐，因而追求善不同于追求快乐。

苏 那就来吧，请你继续同意我也向这些人讲过的东西，既然在你看来我那时讲得真实。我大概讲过：［e5］烹调术在我看来不是一门技术，而是经验，［501a］但治病术［是技术］。

我讲：这一个，既考察了它所照料的那个东西的本性，又［考察了］它所践行的那些东西的原因，并能够给出一套关于它们各自的道理，即治病术；但另一个，即对快乐的［追逐］，其全部照料都冲着它［快乐］，全然毫无技术地［a5］趋向它，既没考察过快乐的本性，又没［考察过快乐的］原因，完完全全没道理地［趋向它］，一般而言不作分类计算，仅仅凭成规和经验保存［501b］对习惯发生的东西的记忆，并借此供应种种快乐。（500e3-501b1）

为了说明两种生活方式之不同，苏格拉底重举两个例子：作为经验的烹调术与作为技术的治病术。作为技术，治病术既考察"它所照料的那个东西的本性"（病人），又考察"它所践行的那些东西的原因"（疾病），且能给出一套相应的道理。相反，烹调术之所以不是技术，是因为它既不考察"快乐的本性"，也不考察快乐的"原因"，不能给出相应的道理。

这个区分基本是重复珀洛斯部分的谄媚与技术之分（参

464e2–465a6及其相关解读）。但那里强调的是道理或言辞，这里强调的是性质或自然。若技术必须考察个体的性质，那么，演说术之所以不是技术，就是因为面向多数人而忽视个体。若烹调术之所以不是技术，是因为它忽视快乐的性质及其原因，那么，就不能排除存在考察快乐的性质及其原因的技术——这种技术就是哲学（参《王制》581e–583a）。

苏格拉底这里特别强调高尔吉亚部分没有出现、珀洛斯部分出现但没有强调的"性质/自然"，因为只有卡利克勒斯引入哲学，引入自然与习俗的区分之后，苏格拉底才有可能诉诸自然。然而，这篇对话尽管已经引入哲学，但目前为止仍然没有充分考察快乐的性质，因为卡利克勒斯不愿从理性上认识快乐。卡利克勒斯只是显得比高尔吉亚懂更多哲学，实则更少理性：高尔吉亚等人至少服从苏格拉底的言说方式，卡利克勒斯则完全反对苏格拉底的整个生活方式。因此，苏格拉底随后从经验与技术之别简单地归结到善与快乐之别。

……那么，请你首先考察，这些在你看来讲得是否充分，[是否]也有某些关于灵魂的其他类似行业：有一些有技术，具有某种关于灵魂方面的至善的先见之明；[b5]但有一些非但轻视这个[至善]，反倒又像在[身体]那里一样，仅仅考察灵魂的快乐能以什么方式为他产生，既不考察那些快乐哪个更好或更差，又不关心其它东西，除了仅仅［关心］取悦［501c］它们，无论［这种取悦］更好或更差。因为在我看来这些［行业］确实存在，卡利克勒斯噢，而且我肯定，这类东西就是谄媚，既在身体方面，也在灵魂方面，以及在其他任何方面，只要有人照料［这个方面的］快乐而没有能够考察［c5］更优和更差。但你呢，关于这些，你是跟我们一起定下相同的意见呢，还是否定？（501b2-c5）

苏格拉底从身体转向灵魂，却没有举出经验或技术的例子（据苏格拉底在珀洛斯部分的说法，灵魂方面的技术是立法术和正义，相应的谄媚是智术和演说术），而是重申：谄媚仅仅关心快乐，而不考察更好或更坏，无论在身体或灵魂方面。

卡 我不［否定］，而是认同，以便你可以完成论证，我也可以取悦这位高尔吉亚。（501c6-7）

卡利克勒斯没有反对，但他直言不讳地表示，他之所以同意，仅仅是为了使苏格拉底完成论证，以便取悦高尔吉亚。这个同意非常勉强，尽管不是完全虚假；但承认自己的勉强乃至虚假，则包含某种交流的真诚；更重要的是，卡利克勒斯的意图含有某种正确因素，从而使他有拒绝或坚持的底气和力量。

卡利克勒斯的意图有二：其一，使苏格拉底完成论证；其二，取悦高尔吉亚。苏格拉底反复强调，辩证交谈的目的是完成论证，从而有益于所有人（参454c1，457e4，《卡尔米德》166d）。卡利克勒斯也曾经是言辞的爱好者，无论是高尔吉亚的炫示（447a），或苏格拉底与高尔吉亚的交谈（458d），也正是因为严肃对待苏格拉底的论证才加入讨论（481c），并在讨论中坚持论证的统一（495a5）。因此，第一个意图更高，更正确，也部分真实，但并未坚持到底。随着谈话越来越艰难，第二个意图越来越强，只是渐渐从取悦高尔吉亚，变成取悦苏格拉底。取悦即令人快乐。若快乐不等于善，取悦于人就不好；但既然目前卡利克勒斯与苏格拉底已经同意，有些快乐好，那么，就不能一般地否定取悦，要看取悦谁，用什么取悦，目的是什么，结果怎么样等等（参462d5）。①

　　苏格拉底顺手接过卡利克勒斯的话头，具体区分不同的取悦：

---

①　苏格拉底既能取悦自己（448d8、458a1-5、506b4-5），也能取悦别人（470c1取悦珀洛斯，504c5取悦卡利克勒斯），也能不取悦别人（521d8-9）。尽管一般而言，演说术取悦或谄媚众人的意见，但在具体的交谈中，三位演说家又有不同的表现。高尔吉亚似乎不取悦任何人，甚至从未说过跟快乐有关的词语。珀洛斯虽然崇尚取悦，但并未主动取悦别人（462d5-6苏格拉底请求珀洛斯稍微取悦一下自己）。卡利克勒斯既能取悦自己（458d2-4、491e），也能取悦别人（501c7-8、505c5-6取悦高尔吉亚、514a4、516b4、521b2取悦苏格拉底）。苏格拉底所否定的是为了私利而无原则地谄媚民众，即孟子所谓"阉然媚于世也者，是乡原也"。关于取悦或谄媚的正面运用，《国语》有"媚于神而和于民"；《诗》有"思媚周姜"，"媚兹一人，应侯顺德"，"媚於天子，媚於庶人"；《论语》有"媚奥""媚灶"，子曰"事君尽礼，人以为谄也"，"贫而无谄"未若"贫而乐道"。

苏 [501d] 但这个 [取悦] 是不是仅仅针对一个灵魂，而不针对两个和多个？

卡 不，也针对两个，也针对多个。

苏 那么，它不就也能够同时取悦群体吗，尽管它毫不 [d5] 考虑至善？

卡 我相信确实。（501d1-6）

既有针对一个人的取悦，也有针对两个人或多数人的取悦。不过，苏格拉底随后没有讨论取悦一个人、两个人或少数人，而是仅仅列举了取悦多数人的谄媚：

苏 那么，你能够说出，造成这个 [效果] 的追求有哪些吗？但不如——若你愿意——我来问：若在你看来属于这些东西，就请你肯定，若不，就否定。

[501e] 但首先，让我们考察吹笛术。在你看来，它不是某个这类东西吗，卡利克勒斯噢，仅仅追求我们的快乐，而毫不在意其他任何东西？

卡 在我看来确实。

苏 [e5] 那么，所有这类东西不也 [这样] 吗，比如，那些竞赛上的竖琴演奏术？

卡 是。

苏 但合唱训练和酒神颂诗制作呢？它不是非常明显地向

你显现为某个这类东西吗？或者你以为，［e10］美勒斯之子喀涅西俄斯①是稍微在意自己将如何说出某个这类使听众从此能变得更好的东西呢，还是只关注［502a］［如何］取悦成群的观众？

卡　显然是这个［后者］嘛，苏格拉底噢，至少就喀涅西俄斯而言。

苏　但他父亲美勒斯呢？②在你看来，他过去是着眼于最好之物［a5］而弹唱竖琴吗？或者，那人并非为了最令人快乐的东西？因为他过去弹唱时常令观众感到悲愁？不过，请你想想看：整个竖琴弹唱术和酒神颂诗制作，在你看来，不都是为了快乐之故而被发现的吗？

卡　在我［看来确实］。

苏　［502b］但这个崇高而令人惊奇的东西本身呢，即肃剧的制作［诗］，它所严肃针对的东西？它的意图和严肃，在你看来，是仅仅取悦观众，还是也坚持［跟观众］战斗，以便——如果某个东西即使令他们快乐［b5］并取悦［他们］，却低劣，它就会［争取］不说出这个东西；但若某个东西碰巧不令人快乐却有益，它就会讲出并唱出这个东西，

---

① 公元前5世纪末至4世纪初的酒神颂歌诗人，作为新派音乐的重要代表和自由思想家，被认为败坏了酒神颂歌的传统，参阿里斯托芬《鸟》1373—1408。

② 被斐瑞克拉底说成是有史以来最差的竖琴歌手。柏拉图不大可能听过他弹唱，但应该熟悉有关他的戏剧（参《普罗塔戈拉》327d）。

无论他们会不会感到喜悦？在你看来，预备悲剧制作［应当］以哪种方式预备？

卡 明显是这个，苏格拉底噢，即更多地［502c］冲着快乐和取悦观众。

苏 那么，我们刚才不是说过吗，卡利克勒斯噢，这类东西就是谄媚？

卡 完全对。（501d7–502c4）

苏格拉底列举了五组或七个例子（"酒神颂诗"重复）：吹笛术、竖琴演奏术、合唱训练和酒神颂诗制作、竖琴弹唱术和酒神颂诗制作、肃剧的制作。[①]以吹笛术开头，以肃剧诗结尾，

---

① 酒神颂诗不仅出现两次，而且无论单个看或组合看，都位于中间；非但酒神颂诗，合唱训练、肃剧都跟酒神狄俄尼索斯有关。这些都似乎暗示，卡利克勒斯是酒神狄俄尼索斯的崇拜者。"酒神颂诗"在柏拉图笔下很少出现（在《王制》394b-c区分三类诗术，酒神颂诗被作为独白式的代表，区别于肃剧和谐剧代表的对话式和史诗代表的两者兼容式），但在柏拉图最虔敬的作品《法义》中得到极大的重视：664b–665c按照年龄从低到高组建了缪斯歌队、阿波罗歌队和狄俄尼索斯歌队，并以狄俄尼索斯歌队为主；700b-c从低到高列举了诸神颂歌（ὕμνος）、哀歌（θρῆνος）、阿波罗颂歌（Παιάν/παίωνες）、酒神颂歌（διθύραμβος）、作为竖琴歌的礼法（κιθαρῳδικός/ νόμος）五种歌曲样式（参799e），酒神颂歌仅次于礼法。相比之下，《王制》和《高尔吉亚》抽离了酒神或狄俄尼索斯。尼采认为苏格拉底崇拜太阳神阿波罗，部分属实；至于说他导致肃剧和酒神精神的衰亡，则言过其实。亦比较《法义》658b-d所举五种歌曲，按照听众年龄从高到低依次是：史诗歌（ῥαψῳδία），竖琴歌（κιθαρῳδία），肃剧歌（τραγῳδία），谐剧歌（κωμῳδία），傀儡戏（θαύματα）。但再次列举时忽略了竖琴歌，即礼法的歌曲（799e）。在《高尔吉亚》这里，相应于两次出现的"酒神颂诗"，"竖琴"也以竖琴弹奏术和竖琴弹唱术的形式出现两次。另一个值得注意的是：《高尔吉亚》这里提到肃剧，却没提更明显为了取悦人的谐剧。

两者相比：吹笛术只有音乐，没有言辞，其音乐仅仅借助乐器而非人声，可以打动动物，即取悦毫无理性的对象，可见其听众范围之广；肃剧诗既有音乐，也有言辞，但言辞多于音乐，其音乐仅仅借助歌队的人声而非乐器，仅仅取悦剧场里的民众。可见，苏格拉底这些例子似乎遵循着从低到高的顺序，以言辞的多寡作为判断快乐高低的标准，而言辞的多寡与音乐和听众的多寡成反比：言辞越多，音乐越少，听众越少，快乐等级越高，相应的谄媚等级越高（见下表）。之所以出现"合唱训练和酒神颂诗"和"竖琴弹唱术和酒神颂诗"两个组合，大概是因为它们的音乐与言辞数量相当。

表1　谄媚的等级表

无言				
言辞	对话	?	?	
		?	肃剧的制作ἡ τῆς τραγῳδίας ποίησις	
	独白	?	竖琴弹唱术和酒神颂诗制作	
		?	合唱训练和酒神颂诗制作ἡ τῶν διθυράμβων ποίησις	
音乐	声乐	独唱	竖琴弹唱术ἡ κιθαρῳδικὴ	
		合唱	合唱训练ἡ τῶν χορῶν διδασκαλία	
	器乐	弦乐	竖琴演奏术ἡ κιθαριστική	
		管乐	吹笛术ἡ αὐλητική	
无声				

在这个等级表上，肃剧诗最高（并非偶然的是，这篇对话多次引用肃剧），不仅因为肃剧更多使用言辞，更少取悦于人，而且因为肃剧会严肃坚持某些东西：好的肃剧应该讲出和唱出"碰巧不令人快乐却有益"的东西，无论听众是否喜悦，换言之，好的肃剧应该像卡利克勒斯一样坦率直言。但卡利克勒斯坚持，肃剧仍然"更多地冲着快乐和取悦观众"，因而仍然属于谄媚。

苏格拉底曾在珀洛斯部分指出，灵魂方面的谄媚是演说术和智术（参第四章第一节）。因而，苏格拉底这里的列举自然是为了说明它们二者，尤其是演说术：

苏 [c5] 那就来吧，若有人能从整个诗作剥除曲调、韵律和节拍，最终剩余的有其他什么吗，除了一些言辞？

卡 必然 [只剩言辞]。

苏 那么，这些言辞不就被讲给多数的群氓和 [c10] 民众吗？[1]

卡 我肯定。

苏 因此，诗术就是某种民众演说。[2]

卡 [502d] 显然。

苏 那么，它不就是演说术式的民众演说吗；或者在你看

---

① 关于群氓与民众之别，见490a注释。

② 参482c。

来，诗人们不就是在剧场里搞演说吗？

卡　在我［看来］确实。（502c5-d4）

"从整个诗作剥除曲调、韵律和节拍"，就只剩讲给多数人的言辞，从这个意义上，诗术就是"演说术式的民众演说"。换言之，诗术是带有音乐的演说术，演说术是不带音乐的诗术；从言辞高于音乐的角度，演说术高于诗术。

但值得注意，苏格拉底前面列举了两种诗术，即抒情诗（竖琴弹唱和酒神颂诗）和肃剧诗，但这里却不加区分。从言说方式上看，抒情诗剥除音乐是独白，肃剧诗剥除音乐是对话；前者近于演说术，后者近于辩证术。

但苏格拉底随后没有讨论言说方式，而是着眼于言说对象，区分了两种演说术：

苏　［d5］因此，现在，我们已经发现了某种面向这类民众——诸如孩子们、女人们和男人们整体，无论奴隶或自由人——的演说术，我们不完全钦佩它；因为我们肯定，它就是谄媚术。

卡　完全对。

苏　［d10］但愿是吧。但这个呢：面向雅典民众［502e］和在各城邦里属于自由男人的其他民众的演说术，对我们来说，这个到底是什么？（502d5-e2）

一种演说术像诗术一样，不加选择地面向所有听众，"诸如孩子、女人和男人，无论奴隶或自由人"，因而属于谄媚术；另一种演说术面向雅典民众和各城邦属于自由人的男人，即成年公民，排除女人、孩子和奴隶。

从听众多寡的角度，第二种演说术显然高于谄媚的演说术。因此，苏格拉底批评演说术的同时，适度肯定了演说术的价值，甚至肯定了取悦的价值，尽管没有明言（至少没有否定取悦一个人或少数人）。无论如何，演说术不再是彻头彻尾的谄媚，可以有更高的目的。

2 高尚的演说术（502e3–508a8）

划分谄媚的等级之后，苏格拉底重新回到快乐与善之分，探讨演说术的目的：

> ……在你看来，演说者们是永远为了最好之物而讲话，瞄准这个，以便邦民们会通过自己的言辞［e5］尽量变得最好，还是也冲着取悦邦民们，乃至为了他们自己的私人［利益］之故而轻视公共［利益］，像［结交］孩子们一样结交民众，仅仅试图取悦他们，却毫不在意他们是否会通过这些东西［503a］变得更好或更差？（502e3–503a1）

苏格拉底使用了两个区分标准：一个是改善与取悦，一个是个人之善与公共之善。据此，可以设想：即使是取悦民众的演说术，也可以有不同的目的，固然可能为了演说家的私人利益，但也可能为了公共利益，甚至可能单纯为了共同的快乐。为了公共利益而取悦民众，不是一件美事吗？

卡　你所问的这个仍然不简单呐：因为有些人确实是担忧邦民们而讲出自己所讲的东西，但也有些人像你讲的那样。（503a2-4）

卡利克勒斯有所犹豫，承认有两类演说家，但表述并不清楚。笼统地看，对应于苏格拉底给出的两个选项，即改善邦民的演说家与取悦邦民的演说家。但仔细看，卡利克勒斯仅仅承认第一类演说家"担忧邦民"：可以是关心邦民的改善，也可以是关心邦民的快乐，也可以是为了改善邦民而取悦邦民。但无论如何，第一类演说家不是为了私人利益。

显然，卡利克勒斯被苏格拉底关于个人之善与公共之善的区分所诱导，采取了看似无私而高尚的立场。然而，正如快乐与善的区分一样，个人之善与公共之善的区分可能并不真实，至少不像卡利克勒斯理解的那样，因而基于这个区分的立场可能导致自相矛盾。卡利克勒斯理解的公共利益仅仅是雅典城邦利益，但从哲学的角度看，个别城邦利益也只是"集体的自私"而已。①苏格拉底理解的"公共利益"并不等于个别城邦利益，"最好的东西"也不等于最低的物质利益。苏格拉底那里存在善的等级；根据善的等级不同，个人利益与公共利益之间的关系会发生变化。简言之，越高的善越能共享，即善的等级越高，个人利益与公共利益越趋于一致，反之，越趋于分离乃至冲突。②

　　苏［a5］这就足够了。因为若这个东西也有两部分，它的一部分大概就是谄媚和丑陋的民众演说，另一部分则是高尚的［美的］，预备使邦民们的灵魂尽量变得最好，并坚持战斗并［争取］讲出那些最好之物，无论它们会令听众更快乐或更不快乐。［503b］不过，你从未见过这种演说术吧；或者，若你能够说出一位这样的演说者，为什么不也为我指出他是谁？

---

①　施特劳斯（《修辞、政治与哲学》，前揭，第360页）提示：这个问题在修昔底德笔下表现得很清楚，帝国主义雅典就是基于集体自私的僭主式城邦。一旦承认集体自私，就不得不承认个人自私；有僭主式的城邦雅典，就不免有僭主式的个人阿尔喀比亚德等等。卡利克勒斯的自相矛盾还在于，前面主张所有欲望都应该得到满足，现在又主张只有贵族的欲望应该得到满足。
②　参《法义》631b-d区分属人之善与属神之善，属神之善高于属人之善。属人之善从高到低依次是健康、美丽、能力、财富。属神之善从高到低依次是理智、节制、正义、勇敢。697b（亦参717c）提到：第一等是灵魂方面的善，第二等是身体方面的善，第三等是钱财方面的善。728d列举荣誉分配或敬重对象的等级，从高到低依次是诸神或努斯、灵魂、身体、财物等，亦参743e、870b。

卡　不过，凭宙斯起誓，我确实不能为你［b5］从现在的演说者中说出任何一位。

苏　但你能从古代的［演说者］中说出任何一位吗——雅典人能称得上是由于这个人而已经变得更好，自从这个人开始民众演说之后，尽管他们在以前的时代实际更差？因为我确实不知道这个人是谁。（503a5-b8）

既然卡利克勒斯笼统承认两种演说术，苏格拉底就明确从目的角度区分"谄媚和丑陋的民众演说"与"高尚的"演说术（比较502d5-e2）。苏格拉底第一次承认高尚的演说术：它旨在使邦民的灵魂变得最好并坚持讲出最好的东西，无论是否令人快乐。既然区别于谄媚，高尚的演说术就是一门技术。但有没有这样的演说家呢？毕竟，苟非其人，道不虚行。

卡利克勒斯表示，这样的演说家尽管现在没有，但过去有；苏格拉底则表示过去没有，至于现在有没有，则暂时沉默（参521d6-9）。卡利克勒斯显得厚古薄今，苏格拉底则不以古今为标准。

卡　［503c］什么？忒米司托克勒斯，你没听过吗，他已经成了一个好男人；还有喀蒙、米尔提阿德斯，以及那个新近

命终的伯利克勒斯，你还听过他［演说］呀？①（503c1-3）

卡利克勒斯举出四位古代的"好男人"：忒米司托克勒斯、喀蒙、米尔提阿德斯和伯利克勒斯。首尾两个是民主派领袖，中间两个是富人阶层或寡头派领袖。若说前两个是高尔吉亚的楷模（参455e），后两个恐怕就是卡利克勒斯的真正榜样。这四个雅典演说者是不是掌握高尚的演说术？苏格拉底依据什么标准评价他们？

　　苏　确实，卡利克勒斯噢，若你以前所讲的那种德行［c5］是真实的，即满足自己和他人的种种欲求［，他们就已经成了好男人］。但若不是这样，而是像我们在随后的讨论中被强迫同意的那样——有些欲求被满足后使常人变得更好，［503d］就实现它们，但有些［被满足后使人］更差，就不［实现］，而这〈在我们看来〉是某种技术——〈那么，你能够肯定，〉他们之中哪个已经成了这类男人了吗？

---

① 忒米司托克勒斯，公元前524年至前460年，雅典政治家和海军战略家，雅典舰队的缔造者，一手策划了萨拉米海战的胜利。公元前471年被放逐。

喀蒙，公元前510年至前451年，米尔提阿德斯的儿子，马拉松战役的胜利者，曾是萨拉米海战的英雄，当选十将军委员会，创建提洛同盟。公元前462年被放逐。

米尔提阿德斯，公元前554年至前489年，于前490年取得马拉松战役胜利，随后因军事失利而遭指控。

卡　我确实不能够这样说。①（503c4-d4）

苏格拉底提供了两个判断：若真实的德行是不加选择地满足自己和他人的种种欲求，那么，那四人就是真正的好男人；若有所选择地满足某些使人变得更好的欲求，则需要某种技术，那么，那四人就不是真正的好男人。

苏格拉底说到前者时用了"德行"，说到后者时用了"技术"。通常而言，德行不同于技术，前者可以指任何卓越品质，未必包含知识，但技术必然包含知识。不过，在苏格拉底那里，德行与知识必然统一，知识是德行的先导，缺乏知识的德行就不是真正的德行。因此，首先要考察那四人是否具有相关的技术或知识。

苏　［d5］不过，如果你探究得美，你就会发现。那就让我们这样静静考察，观看他们是否有哪个已经成了这类人。

来吧，因为为了最好之物而讲话的好男人，不会随随便便说出他要讲的东西，而是［503e］着眼于某个东西，岂有他哉？就像其他所有着眼于自己工作的工匠们一样，每个

---

① 这里有各种释读和校订，据D本。参B本："苏：……但这会是某种技术——我无论如何不能说他们任何一个已经成了这类男人。卡：不过，如果你找得美，你就会发现。苏：那就让我们这样静静考察……"

人都不是随随便便地选取和应用他们自己的工作①，而是要使他制造的那个东西为它自身［e5］取得某种样式。比如，若你愿意观看写生者们、建房者们、造船者们以及其他所有工匠，无论你愿意［看］他们哪个，［你都会看见］每个人如何把自己制定的每个东西制定进入某种安排，并进而强迫［504a］一个东西与另一个东西相适应和相和谐，直到他已经把整体组合成为一个经过安排和经过秩序化的活动；而其他工匠也这样，包括我们刚才讲过的那些关于身体的［工匠］，即健身师们和治病者们，他们大概秩序化［a5］并组合身体。我们是不是同意，情况就这样？

　　卡　就让它是这样吧。②（503d5-504a7）

　　演说家属于为公众服务的"工匠"之一；一个好的工匠必须依据"某种样式"，使自己制作的东西进入"某种秩序"，进而"强迫"各个部分相互适应，直至形成统一的整体。③

　　苏格拉底这里先后举了两组共五个例子：写生者、建房者、

_____

① 有不同释读和校订，据B本。参D本："每个人都不是为了他们自己的工作而随随便便地选取和运用他所运用的东西。"
② "就让它是（ἔστω）"，意兴阑珊的敷衍之词，随后屡见：504d，505a，510a，513e，516c，516d。
③ 唯一一次提到"样式/理念"这个柏拉图哲学关键词，施特劳斯认为，这意味着"在《高尔吉亚》中，顶峰或柏拉图认为的顶峰是缺席的，是故意缺席的"，相关讨论，参氏著：《修辞、政治与哲学》，前揭，第366—370、392、400、424、487页。

造船者；健身师和治病者。整体看，中间是造船者：造船者让人想到建国者，正如船长让人想到城邦统治者，而政治家与演说者本为一体。之所以分为两组，大概因为前者是制造外物，后者是料理身体；前者是模仿或复制的技术，后者则并不"制造"某个东西，而仅仅是给既有的东西赋予"秩序"。即使同为复制的技术，写生与建房或造船也不尽相同，前者是照着实物复制成图形，后者是依据图纸或"某种样式"复制成实物。

随后，苏格拉底忽略了写生，而仅仅用房子、船只和身体来类比灵魂：

苏　因此，一座房子碰巧有安排和秩序，就会有用，而无安排就糟糕？

卡　［a10］我肯定。

苏　那么，一艘船不也同样吗？

卡　［504b］是。

苏　而我们肯定，我们的身体也这样？

卡　完全对。

苏　但灵魂呢？它碰巧无安排就会有用呢，还是［b5］有安排和某种秩序［才会有用］？

卡　基于前面那些，必然也要同意这个。（504a8-b6）

一切都要经过安排和秩序才会有用。

　　苏　那么，那个在身体里由安排和秩序产生的东西，其名字是什么？

　　卡　你兴许是讲"健康"和"力气"吧。

　　苏　[504c]我确实。但这个呢：那个在灵魂里由安排和秩序产生的东西，又[是什么]？请你试着像前者那样，找到并说出其名字。

　　卡　但你为什么不自己讲呢，苏格拉底噢？（504b7-c4）

　　若身体的秩序是"健康和力气"，灵魂的秩序是什么？卡利克勒斯让苏格拉底自己回答——显然是明知答案而不愿回答，带有情绪。

　　苏格拉底顺水推舟，表示愿意取悦卡利克勒斯，但条件是卡利克勒斯坦诚地肯定或反驳。

　　苏　[c5]得了，若这令你更快乐，我就会说；但你哩，如果在你看来我讲得美，就请你肯定，但要不然，就请你反驳而不要推托。因为在我看来，对身体的那些安排而言，名字是"健康"，由此在它里面产生健康和身体的其他德性。是这样，或不是？

　　卡　[c10]是这样。

　　苏　[504d]但对灵魂的那些安排和秩序而言，[名字是]"规矩"和"礼法"，由此[人们]变得既规矩又有序；而这些就是正义和节制。你说是不是？

卡　就让它是吧。（504c5-d4）

苏格拉底明确宣称，身体的秩序是"健康"（没提"力气"），灵魂的秩序是"规矩和礼法"，亦即"正义和节制"。健康和力气让人想到前文的治病术和体操术；正义和节制则让人想到审判术和立法术。根据苏格拉底的技术关系表（参第四章第一节），正义或审判术的对应者正是演说术。

苏格拉底重新回到演说术，因为目前的任务仍然是判定真正的演说家或政治家：

苏　[d5] 那么，那个有技术且好的演说者不是将着眼于这些 [德性] 而应用他要讲给种种灵魂的那些言辞和所有行动吗，无论将给予他要给予的什么礼物，或将抢走他要抢走的什么东西？他永远使自己的理智朝向这个 [目的]：即如何使正义在自己邦民们 [504e] 的灵魂里产生，而使不正义离去；使节制在里面产生，而使放纵离去；使其他德性在里面产生，而使诸恶离开。你是不是认同？

卡　[e5] 我认同。（504d5-e5）

既然灵魂的秩序是正义和节制，那么真正的演说者就应该在邦民的灵魂里产生正义和节制，以祛除不义和放纵。但若是这

样，演说术不就取代了审判术吗？苏格拉底暗暗恢复了演说术的
地位和价值。

为了达到这个目的，真正的演说家不仅用"言辞"，而且用
"所有行动"：单单说服不足以统治，仍然需要强制。强制本身
意味着不择手段，采取一切有效行动；但说服必须有所选择，不
会使用所有言辞，而只能使用取悦于人的甜言蜜语。

　　苏　因为对一副患病和已经被置于糟糕状况的身体，卡利
克勒斯噢，给予很多最令人快乐的食物、饮料或其他任何并
非更多地，或恰恰相反——按照正义的道理——甚至更少地
有助于它的东西，究竟有什么益处呢？是［e10］这样吗？

　　卡　［505a］就让它是吧。

　　苏　因为我相信，带着一副糟糕的身体生活并非有利于一
个常人；因为这样也必然生活得糟糕。或者，不是这样吗？

　　卡　［a5］是。

　　苏　那么不也［是这样］吗：对一个健康的人，医生们
在多数情况下准许他满足种种欲求，诸如饿时就尽其所愿地
吃，或渴时就［尽其所愿地］喝；但对一个患病者，一般而
言，他们从来都不准许他填饱他所欲求的东西？你［a10］也
认同这个吗？

　　卡　我确实。（504e6-505a11）

苏格拉底接着类比身体方面的情况：令人快乐的食物"一般而言"无助于患病的身体，但"在多数情况下"无损于健康的身体。苏格拉底做了更具体的区分，没有一概否定快乐，但快乐的食物是否有益，取决于身体的健康状况和治病者的判断。只有健康的身体才能尽情享受吃喝的快乐，但健康的身体之所以患病，很多时候不就恰恰是尽情吃喝所致吗？

苏格拉底将同样的道理应用于灵魂：

> 苏　［505b］但关于灵魂，最好的人噢，不是同样的方式吗？只要它是低劣的，既不理智又不节制，既不正义又不虔敬，就必须使它隔离种种欲求，而不转托［它］做其他任何事，除了那些它将由之变得更好的事。［b5］你是不是肯定？
>
> 卡　我肯定。（505b1-5）

既然演说家对应治病者而非健身师，类比的重点就落在"低劣的"而非健康的灵魂上，落在惩罚或审判术上。

灵魂的低劣或缺陷有四种，分别相应于四大德性：不理智、不节制、不正义和不虔敬。苏格拉底似乎有意忽略了卡利克勒斯最重视的勇敢，或确切地说，用虔敬取代了勇敢。真正的勇敢接近虔敬，但虚假的勇敢导致放纵。

苏　因为这样大概对灵魂本身更优。

卡　完全对。

苏　那么，使它隔离它所欲求的东西，不就是惩罚吗？

卡　［b10］是。

苏　因此，被惩罚就比放纵①对灵魂更优，就像你刚才相信的。（505b6-11）

为了约束勇敢的卡利克勒斯，苏格拉底开始明确肯定惩罚：惩罚意味着以强制方式约束自我满足的过分欲望，使灵魂变得更好。

卡　［505c］我不知道你所讲的任何东西，苏格拉底噢，得了，你问其他任何人吧。

苏　这，这个男人竟然不忍耐自己受益并亲自遭受讨论所及的这个东西，即被惩罚。（505c1-4）

卡利克勒斯显然不能忍受约束和惩罚，再次反抗。卡利克勒斯之所以反抗，一方面是认识不到节制或惩罚的利益，一方面是勇敢或血气的推动。苏格拉底无法用理性的言辞约束卡利克勒斯

---

①　"被惩罚（κολάζεσθαι）"与"放纵（ἀκολασία［无惩罚］）"，从词源看，明显是反义词。

的血气和政治野心。

　　卡 ［c5］绝不，我根本就不关心你所讲的东西，而我过去回答你这些，哼，只是为了高尔吉亚之故。

　　苏 但愿是吧。哎呀，我们将做什么呢？我们就中途解散讨论吗？

　　卡 你自己将认识［，我不管］。（505c5-9）

　　在卡利克勒斯非理性的反抗下，理性的讨论再次面临"中途解散"的局面。其实，若非鉴于高尔吉亚的权威，卡利克勒斯早就离开了（参497b-c，501c8），即使跟苏格拉底聊到现在，也是勉为其难的敷衍（参504a6、504d4、505a1等）。卡利克勒斯宁愿非理性地服从权威的强制，也不愿理性地服从言辞的说服。

　　于是，苏格拉底诉诸更高的权威即"天理"或神义，从节制转向虔敬。

　　苏 ［c10］不过，中途丢下神话，据他们说，［505d］不合天理呀，而是［应该］被安置一个脑袋，以免它将脱离脑袋走来走去。所以，请你也回答剩余的吧，以便我们的讨论获得一个脑袋。

　　卡 你太暴力了，苏格拉底噢。但如果你被我说服，［d5］你就要让自己告别这场讨论，或者跟其他人交谈去。

（505c10-d5）

感到约束的卡利克勒斯指责苏格拉底所谓的"天理"太"暴力"。苏格拉底当然不可能用暴力强制卡利克勒斯，只能借重非理性的神话来保证理性的效力。但卡利克勒斯不仅没有理性，甚至蔑视天理，拒绝继续讨论。

这个时候，卡利克勒斯其实完全可以一走了之，但又没有那么决绝的勇气和能力，只能建议苏格拉底"跟其他人交谈"。

> 苏 其他人，有谁乐意呢？让我们不要丢下这场讨论，让它无结尾呀。
> 卡 但你就没有能力自己度过讨论吗，要么凭你自己讲，要么给你自己回答？（505d6-8）

但现场显然没有人乐意代替卡利克勒斯，接受"惩罚"（505c2）和"暴力"（505d4），尽管可能仍然有人坚持卡利克勒斯的立场。既然卡利克勒斯已经表示，自己是为了取悦高尔吉亚才坚持到现在（参497b-c），高尔吉亚即使愿意讨论继续，也不便再出来强迫卡利克勒斯，再大的权威和面子也不能反复利用。

苏格拉底则无可无不可，只是惋惜论证半途而废，因为他始终关心的是论证本身（参453c4、454c2、457e5–458b3、461a4、

482b1）。在这个尴尬僵持或濒临解散的时刻，现场所有人似乎都陷入冷漠的无动于衷：卡利克勒斯的建议固然没有招来接替者，但苏格拉底的惋惜也没有激起任何人的回应，尽管肯定有人渴望完成论证。不过，沉默也可以看作一种不自觉的表态：苏格拉底与卡利克勒斯的讨论似乎使他们陷入困惑和沉思，意犹未尽。

也许是迫于现场的气氛和情势，卡利克勒斯只好建议苏格拉底以自问自答的方式完成论证。卡利克勒斯这一丝的善意和挽留，使现场的人和我们读者得以继续聆听苏格拉底讲话。

　　苏　[505e] 这样，厄庇卡穆斯的那句 [诗] 就应在我身上了，"两个男人之前讲过的"东西，我一个人就足够了。①但恐怕是极其必然。然而，让我们这样做吧②，我相信，我们所有人都应当爱胜利以尽力 [e5] 知道关于我们所讲的什么是真什么是假；因为变得显明本身是一件所有人共同的好事。

　　那么，[506a] 我就自己穿过讨论，[看看] 在我看来情况怎样；但如果在你们任何人看来，我实际上并不同意我自己，就应当拦住并反驳。因为我讲话时并不完全知道我

---

①　厄庇卡穆斯是个谐剧诗人，西西里人，被称为"谐剧王子"（《泰阿泰德》152e）。这句话的出处已不可考。
②　据D本。参B本："但恐怕极其必然是这样。然而，倘若我们做……"

所讲的东西，而是跟你们共同探究，这样，若跟我争辩的人［a5］讲话时显明什么，我就会第一个认同。然而，我就讲这些，若是看起来应当完成讨论；但若是你们不愿意，就让我们从此放弃而告别［讨论］，并离去。（505e1–506a7）

苏格拉底顺着卡利克勒斯的建议，引用谐剧诗人的说法化解紧张的尴尬局面，同时抛开卡利克勒斯，转向现场听众。

苏格拉底愿意接受卡利克勒斯的建议，独自完成论证，因为他"相信"所有人都爱真知，因为"事情变得显明本身是一件所有人共同的好事"。但即使是共同的好事，也有可能变成一厢情愿；即使苏格拉底不吝于行善，也需要受众"愿意"。现场无人表态，他们原本都是高尔吉亚的听众。于是，高尔吉亚再次以权威身份介入。

　　高（插话）不过，在我看来，苏格拉底噢，尚不应当［506b］离去呀，而是［应当］你自己走出论证；但在我看来，其他人也这样看。因为我和我自己愿意听听你［怎么］凭你自己穿过剩余的东西。（506a8-b3）

高尔吉亚这次介入与上次不同（比较497b）：若说上次是为了劝阻卡利克勒斯离开，这次则是为了劝阻苏格拉底；上次是"为了我们"即他自己和卡利克勒斯，这次则是为了他自己和

"其他人"即现场听众。

高尔吉亚暗示，既然完成论证是一件共同的好事，苏格拉底就应该为了共同之善而服从演说术，既非为了个人快乐或个人利益，亦非为了取悦他人。

　　苏　当然啦，高尔吉亚噢，我和我自己也会快乐地［b5］跟这个卡利克勒继续交谈，直到我用安斐翁反对泽托斯的答话回敬了他。

　　但既然你，卡利克勒斯噢，不乐意一起完成讨论，那么，请你至少听我［讲］；如果在你看来我有什么讲得不美，［506c］请你捉拿。而如果你驳倒我，我也不会像你对我那样对你怀有怨恨，相反，你终将被我作为最大的恩人铭刻于心。（506b4-c3）

苏格拉底的个人快乐在于交谈并通过交谈获得改善，因此，尽管服从演说术，他仍然希望有人随时"反驳"并"共同探究"（参506a2-5）；尽管苏格拉底抛开了卡利克勒斯，他仍然表示"会快乐地跟卡利克勒斯交谈"，若被反驳，不仅不会"怨恨"，反而会视之为"最大的恩人铭刻于心"。

苏格拉底重提安斐翁与泽托斯两兄弟之间的争论（参485e–486d），并主动承担音乐家安斐翁的角色：音乐既包括最高的音乐（即哲学，《斐多》61a），也包括较低的音乐（即演说术）。面对暴力的战士卡利克勒斯，音乐家苏格拉底为了保护自己的哲学，就需要同时保护高尔吉亚的演说术，为了保持对话，也需要同时使用独白。

于是，苏格拉底随后"自己与自己"以独白的方式复述了已有的对话（506c4-c6）。这一段独白式的对话，被苏格拉底故意（507a3）切分为两个部分：前半部分主要是卡利克勒斯提问，苏格拉底回答（506c5–507a2）；后半部分则变成苏格拉底提问，卡利克勒斯回答（507a5-c6）。因此，从形式上看，在这个自问自答中，苏格拉底与卡利克勒斯既是相互的问答者，又是各自的问答者，它既是苏格拉底的自问自答，也是卡利克勒斯的自问自答，也是苏格拉底与卡利克勒斯的相互问答和答问，从而使他们两人变得你中有我、我中有你、你就是我、我就是你（参506c7、d4注释）。

卡　讲吧，好人噢，你和你自己完成去吧。

苏　[c5]得了，请你听我从头重拾讨论：

（己）——快乐与善是不是相同的东西？

（苏）——并不相同，就像我和卡利克勒斯都同意的。①

---

① 据此判断，答者是苏格拉底，问者是苏格拉底和卡利克勒斯之外的某人，鉴于前文高尔吉亚（506b3"我和我自己"）、苏格拉底（506b4"我和我自己"）和卡利克勒斯（506c4"你和你自己"）都提到自己与自己的分离，这个问者可以视为苏格拉底的"自己"，故以（己）表示。

（己）——但是，是快乐必须为了善而被实践呢，还是善必须为了快乐？

（苏）——快乐为了善。

（己）——但快乐是那种在其［506d］产生时我们就感到快乐的东西，而善是在其出现时我们就是好人的东西？

（苏）——完全对。

（卡）——不过，在某种德性产生时，我们就是好人，而其他所有凡是好的东西也就是［好东西］？

（苏）——在我看来必然是，卡利克勒斯噢。①

（卡）——［d5］不过，每个东西——无论器具、身体、灵魂，乃至所有生命——的德性都不是〈这样〉随随便便就最美地产生，而是凭安排、端正和被归还它们各自的某种技术；不就是这样吗？

（苏）——确实，我肯定。

（卡）——［506e］所以，凭安排，每个东西的德性就是一种已经被安排和被秩序化的东西？

（苏）——我能肯定。

（卡）——因此，某种秩序——即每个东西的本己［秩序］——在每个东西内部产生时，就使每个存在者呈现为好

---

① 据此判断，问者开始从苏格拉底的"自己"变成了"卡利克勒斯"，正是在"某种德性产生时"。正确的结论"节制的灵魂是好的"最终由卡利克勒斯说出。

东西？

（苏）——在我看来确实。

（卡）——因此，一个拥有其属己秩序的［e5］灵魂也就比无秩序的更优？

（苏）——必然。

（卡）——不过，拥有秩序的就是有序的吗？

（苏）——怎么可能不呢？

（卡）——但［507a］有序的就是节制的吗？

（苏）——非常必然。

（卡）——因此，节制的灵魂就是好的。

我嘛，除了这些，我没有其他东西要说，亲爱的卡利克勒斯噢；但你呢，若有［什么要说］，就请你教授。

卡　你讲吧，好人噢。（506c4–507a4）

首先，苏格拉底以他与卡利克勒斯同意的观点开始：快乐与善不同，但快乐以善为目的；善即德行。德行"不是随随便便就最美地产生"，而是"凭安排、端正和被分给它们各自的某种技术"。随后，"安排和秩序"取代了"技术"，因为技术虽然产生德行，但本身不是德行，而秩序不仅产生德行，而且本身就是德行。随后谈到灵魂时，就仅仅强调"秩序"而略去"安排"；"有序"就是"节制"，节制就是德行，"节制的灵魂就是好的"。

将这个结论放在卡利克勒斯口中之后，苏格拉底暂时从自己分身扮演的问答（单口相声）抽身而出，问卡利克勒斯有什么指教，而卡利克勒斯已经被带入戏，无话可说。

但这提醒我们思考这段论证的不少疑点或含混：首先，德行既然可以"最美地"产生，就暗示，也可以通过其他方式，比如偶然的运气，但这里只提"技术"而没提"运气"，以致让人觉得，只要拥有技术就足以获得德行（参《法义》709a-d）。其次，这里仅仅通过语义双关得出"有序"等于"节制"，但若有序只是外在的装饰呢（参523e6，希腊文的"秩序"兼有"装饰"义）？最后，节制即使是德行，但它是不是技术或知识？普通意义的节制无需知识，孩子和动物都能做到（《法义》710a）；若这样的节制就是德行，则所有人都能有德行，而非少数人有德行。苏格拉底为什么这样强调节制这种"属己的"德性？不便明言、但心照不宣的原因是，卡利克勒斯特别关心身体欲望的满足，忽视更高的快乐，尤其是荣誉的快乐，遑论哲学的快乐（参《王制》580d-583a关于三种快乐的分析），因而最不能忍耐节制的惩罚（505c2-3）；而规范身体欲望的德性正是节制。

在随后的独白式对话中，苏格拉底接过卡利克勒斯的结论，挑明自己强调节制的原因：首先，节制是包含所有德行的整全德性；其次，节制是幸福生活的前提条件。

苏　［a5］那我就讲：

（苏）——若节制的［灵魂］是好的，已经遭受节制的反面的就是坏的，而它本身就是不明智且放纵的灵魂？

（卡）——完全对。

（苏）——再者，节制者会实践那些关于神们和人们的适宜之事，因为若实践不适宜之事，他就不会保持节制？

（卡）——［507b］这些必然是这样。

（苏）——再者，若实践关于人们的适宜之事，他就会实践正义之事，而［实践］关于神们［的适宜之事，他就会实践］虔敬之事；而实践正义和虔敬之事者，必然是正义且虔敬之人。

（卡）——是这样。（507a5-b4）

严格意义的节制意味着"实践那些关于神们和人们的适宜之事"；关于人们的适宜之事即正义之事，关于神们的适宜之事即虔敬之事；实践正义和虔敬之事就必然是正义和虔敬之人。

这里有个疑点：实践正义和虔敬之事是否必然成为正义和虔敬之人？能否仅仅依据行为来判断德行？毕竟，内在的意图与外在的行为未必一致。苏格拉底显然是故意含糊，以灌输节制的德行。这样的灌输对表里不一的珀洛斯也许无效，但对追求内外一致的卡利克勒斯却可能有用。

直到最后，苏格拉底从节制导向卡利克勒斯最推崇的勇敢：

……（苏）——再者，必然也［b5］是勇敢之人，因为节制的男人不是追求或逃避那些不适宜［追求和逃避］的，而是逃避和追求那些必须［逃避和追求］的，无论是事是人，是快乐是痛苦，忍耐并坚守在必须［坚守］之地。（507b5-8）

节制者逃避和追求应该逃避和追求的东西，"忍耐并坚守在必须［坚守］之地"，因而必然是勇敢之人（参《王制》492b-430c关于勇敢的定义）。

……这样，非常［507c］必然，卡利克勒斯喔：节制者既然像我们历举的，是正义、勇敢且虔敬之人，就［必然］是完全好的男人；而好人就［必然］既好且美地做他所做的事；而做得好的人就［必然］有福佑且［c5］幸福，而低劣且做得坏的人就［必然］不幸——那就是跟节制者们情况相反的人，你所赞扬的放纵者。（507c1-7）

因此，节制者必然是正义、虔敬和勇敢之人，拥有除了"理智"之外的四大德性（比较505b2提到理智、节制、正义和虔敬四大德性）。苏格拉底之所以不提理智，大概是因为含混的节制带有明智的意味；或者说，他用虔敬取代了理智，而虔敬是节制的极致（参色诺芬《回忆苏格拉底》4.3-4）。

节制者既然拥有几乎所有德行，就必然是完全的好人，好人必然既好且美地做事，"做得好的人就必然有福佑且幸福"。苏格拉底再次使用语义双关："做得好"等于"幸福"。① 总之，节制者幸福，放纵者不幸。

确定上述结论之后，苏格拉底放弃独白式的对话，转而直接向卡利克勒斯说话：

> ……于是，我就这样确定了这些，并肯定这些是真实的。但若这是真实的，愿意做个幸福者的人，看起来[507d]就应该追求并践行节制，并应该尽我们每个人脚力所能逃避放纵，并应该最大程度地准备[使自己]毫不需要被惩罚；但如果他自己或他自家的其他任何东西——无论个人[d5]或城邦——需要，就应该施加审判且应该被惩罚，只要他打算做个幸福者。（507c8-d8）

要活得幸福，首先，要使自己不需要被惩罚；其次，若需要被惩罚，就必须接受审判和惩罚（参478c-e）。前者相应于节制，后者相应于正义。所有德行被简化为两种。教育不再是幸福的关键要素（参470e）。

---

① 参Dodds相关注释。苏格拉底暗示各种美德可以由此及彼达成统一，但没有证明。毕竟，只有在最完全意义上拥有某种美德，才可能拥有其他美德。

……至少在我看来，这就是目标，一个人活着时必须着眼于它，并集中自己和城邦的一切趋向于它，以便正义和节制将出现在［507e］凡打算得到福佑的人那里；［必须］这样践行，既不准许种种欲求变得放纵，也不着手填满它们——一种永无休止的恶——［从而］过着一种盗贼的生活。因为这种人既不会是其他常人的，也不会是神的亲密朋友，［e5］因为他没有能力进入共同体；但任何人不跟一个人［组成］共同体，他就不会有友爱。（507e1-6）

正义和节制是幸福的全部。放纵者过着"盗贼的生活"，因而损害他人，"既不会是其他人的，也不会是神的亲密朋友"，即既不正义，也不虔敬。从"做关于人们和神们的适宜之事"到"做人和神的亲密朋友"，苏格拉底似乎悄悄修正或提高了正义和虔敬的定义。

最后，苏格拉底引用"智慧者"的说法：

……那些智慧者说，卡利克勒斯噢，共同体、［508a］友爱、秩序化、节制和正义化①，使天、地、神们和人们合为一体，他们也因为这些而称这个整体为"秩序［宇宙］"，同伴噢，而非"无秩序"或"放纵"。

---

① "正义化（δικαιότης）"代替正义（δικαιοσύνη），用词稍变，以平衡"秩序化"。

　　但你呢，在我看来，你并没有使［a5］自己的理智转向这些，尽管你在这些方面也是个智慧者，不过，你仍未察觉几何平等在神们和人们中皆有大能力，却相信必须修炼"拥有更多"，因为你不关心几何。（507e7–508a8）

　　智慧者们提到五种准德性，即"共同体、友爱、秩序化、节制和正义化"，忽略了勇敢，暗示了智慧。中间项是"秩序化"，因为秩序是德性之本，也是宇宙整体。放纵的根源在于无知，没有看到整体：天、地、人、神通过"几何平等"结合为一体，整体的基础是几何或数学。

　　因此，在某种意义上，最高的技术既不是苏格拉底前面提到的立法术，也不是高尔吉亚等人推崇的演说术，而是基于几何或数学的宇宙学或天学。既然宇宙学是最高的技术，那么，只有宇宙学家算得上真正的治邦者，因为只有他知道怎样依照宇宙秩序组织个人和城邦的生活。所谓不知天无以知人，人身小宇宙，宇宙大人身，真正的治邦者贯通天地人，为天地立心，以宇宙内事为分内事。反过来，包括演说术在内的其他技术的价值高低，也必须从宇宙学或天学的视野作出评判。

3　自保的演说术（508a9–513c3）

　　简单讲完宇宙学之后，苏格拉底稍作总结：

……但愿是吧。于是，要么，这个说法必须被我们
［508b］驳倒，以［表明］那些幸福者不是因为获得正义
和节制而幸福，那些不幸者也不是［因为获得］恶〈而不
幸〉；① 要么，若这个［说法］是真实的，就必须考察其结
论是什么。

结论就是前面所有那些，卡利克勒斯啊，你曾问我，我
讲到它们时是否［b5］严肃，我当时讲：必须指控他自己及
其儿子和同伴，只要他行了什么不义，且必须为了这个而使
用演说术；② 而你相信珀洛斯因羞耻而认同的那些，也因而
是真实的，即行不义比受不义在多大程度上［508c］更丑，
就在多大程度上更坏；③ 而打算正确地做个演说专家的人，
也因而必须做个正义者并熟悉正义之事——珀洛斯又说高尔
吉亚由于羞耻而同意了这一点。④（508a9-c3）

若以宇宙学安排属人的生活，若节制是整全的德行，若几何
平等支配神界和人间秩序，那么，苏格拉底向珀洛斯和高尔吉亚
所讲的观点就都真实成立。

反过来，苏格拉底等于承认，前面的结论都基于尚未确定的

---

① B本无"而不幸"，D本校补之。
② 参480b-d。
③ 参482e。
④ 参482c-d，461b。

假定，因而并不充分。因此，苏格拉底在重述论点的时候，稍作变化：必须使用演说术指控"他自己及其儿子和同伴"，删掉了曾经包括的"父母"和"祖国"（比较480b7-c2）。这个修正显得更节制（比较第四章第三节分析）。总之，苏格拉底现在对演说术更宽容，因为他面对的不再是演说家，而是并不那么尊重言辞的行动家卡利克勒斯。

若按照苏格拉底的说法，宇宙学家是真正的政治家，那么，他怎么面对不懂宇宙学的民众？他不会遭到民众的怀疑乃至敌意吗？他不就首先需要用演说术保护自己吗？于是，苏格拉底随后转向自我保存问题：

> ……但既然这些情况就这样，就让我们考察，你责备我的到底是［c5］什么，因而是不是讲得美，那就是：① 我既不能保护我自己或任何朋友或家人，也不能拯救［他们］于种种最大的危险，而我就任人愿意［地摆布］，就像那些毫无尊严的［弃民］随人乐意［地摆布］一样，［508d］无论他愿意打——用你那个朝气蓬勃的讲法——耳光啦，或抢走财物啦，或逐出城邦啦，还是直到最后杀死：就这样被置于——照你的讲法——一切之中最丑的境地。（508c4-d4）

---

① 参486a-c。

重述卡利克勒斯对他个人的责备：没有能力保护自己和亲朋，可能遭到不义的对待，最终沦入"一切之中最丑的境地"。

……［d5］但我的这个［讲法］，尽管迄今说过多次，但再讲［一次］也毫无障碍：我并不肯定，卡利克勒斯噢，不正义地被打耳光是最丑的，也不［肯定］我的身体或［508e］钱包被切割［最丑］，而是［肯定］，不正义地打击和切割我和我的东西更丑且更坏，同时，偷窃、奴役和入室抢劫亦然，总之，对我和我的东西行任何不义，对行不义者比［e5］对我这个受不义者都更坏且更丑。（508d5-e5）

但苏格拉底多次断言：最丑的不是受不义，行不义比受不义更丑且更坏。简言之，正义之人必然幸福，即使遭到不义的对待，也无损于其幸福（参《新约》太5: 39）。①

---

① 比较卡利克勒斯的责备（486a6-c3）与苏格拉底这里的复述，可以发现：第一，这里特别强调"打耳光"这个最有损名誉的行为；第二，苏格拉底用"逐出城邦"替换了卡利克勒斯所说的"押入监狱"；第三，苏格拉底讲到自己的观点时，补充了"偷窃、奴役和入室抢劫"，但删去了"杀死"。最重要的是，据施特劳斯（《修辞、政治与哲学》，前揭，第405页），苏格拉底讲到自我保存时，丝毫没有提及快乐，这意味着，自保不同于快乐。古代伊壁鸠鲁派的道德原则是快乐与痛苦，廊下派的道德原则是自我保存。但现代政治哲学，尤其霍布斯和洛克综合了自保与快乐原则，可以说，"基于快乐主义的自我保存"是现代政治哲学的根本原则，从此推出现代自然权利学说。亦参施特劳斯：《自然权利与历史》，前揭，第五章。

据卡利克勒斯的指控，苏格拉底不能自保的根源在于"在哲学上走得太远"（参486a5），或沉溺于哲学音乐的"精致之物"（参496c5-8）。于是，苏格拉底再次强调自己诉诸哲学：

> ……以上① 这些已经在前面的讨论中向我们这样显明的东西，要我讲，就被坚持并被捆绑起来，甚至［509a］若能说得更粗野一点儿，用钢铁般的且坚固的论证［捆绑起来］，至少看起来会这样。若是你本人或某个比你更朝气蓬勃的人不解开它们，任何以有别于我现在所讲的方式讲述的人就无法讲得美。因为我永远只有这套［a5］相同的讲法：即我尽管不知道这些东西情况怎样，但在我已经碰见的人中，就像现在，没有任何一个人能够以别的方式讲述而不变得滑稽可笑。所以，我再次确定，［509b］这些东西情况就这样。（508e6–509b1）

既然"哲学永远只有相同的说法"（参482b），苏格拉底就只能不断重复"以上"那些结论。尽管诉诸哲学，但苏格拉底不能断言，哲学会保证以上那些结论正确；尽管如此，他迄今没有碰到任何人能够从根本上反驳。

———————

① 暗示随后开始下降。

因此，苏格拉底之所以不能断言那些结论正确，主要是因为他缺乏合格的对话者。苏格拉底曾经以为卡利克勒斯是一块最好的试金石，足以检测自己的金质灵魂（参486d–487a），但现在看来，卡利克勒斯远远不那么"朝气蓬勃"。因此，苏格拉底只有退而求其次，从"以上"下降，从对话下降到独白，从辩证术下降到演说术，试图说服人们相信，他所讲的那些结论正确。说服最多只能产生正确的意见，但无法产生知识。相应地，以上那些结论只是"用钢铁般的且坚固的论证捆绑起来"，而不是"金质的"理性之绳（《法义》645a）：钢铁虽然坚固，但在价值上显然低于柔软的金子。

苏格拉底随后从几何平等或宇宙正义，下降到不义和自保问题。

> ……但若情况就这样，即不正义是对行不义者而言最大的恶，而行不义后没接受审判——如果可能——甚至比这个最大的［恶］更大，那么，一个常人没有能力为他自己提供什么保护才会真正［b5］滑稽可笑？不就是那种会［使我们］避开对我们的最大伤害的［保护］吗？

> 得了，非常必然：最丑的是没有能力为他自己或自己的朋友和家人提供这种保护；而其次丑的［509c］是［没有能力避开］其次的恶，而第三［丑的是没有能力避开］第三［恶］，其他依此类推。每种恶自然有多么大，有能力保护

[自己和亲朋避开]每种[恶]的美和没有[能力保护自己
和亲朋避开每种恶]的丑也就有多么[大]。情况就这样，
还有别的吗，卡利克勒斯噢？

卡[c5]没别的。（509b1-c5）

首先，苏格拉底确定自己的前提，行不义是最大的恶，行不
义而没被惩罚是更大的恶。其次，苏格拉底界定了自保的内涵及
其等级：自保即避免伤害或恶，第一等自保是避免最大的恶，第
二等自保是避免其次的恶，第三等自保是避免第三等的恶，依此
类推。

综合两个方面，不言自明的结论：第一等自保就是避免行
不义，或行不义后主动接受惩罚——即前文所言，用演说术指
控行了不义的自己。孔子亦曰："儒有忠信以为甲胄，礼义以为
干橹。戴仁而行，抱义而处。虽有暴政，不更其所。"（《礼
记·儒行》）

但苏格拉底并未挑明这个结论，而是放弃独白，转而呼唤卡
利克勒斯。奇妙的是，早已意兴阑珊的卡利克勒斯作出回应，似
乎恢复了谈话的兴趣。卡利克勒斯之所以恢复谈话兴趣，一方面
是因为苏格拉底转向自保这个他本人真正关心的话题（尽管是同
一个话题，但理解的角度不同；在苏格拉底那里，其实是换汤不
换药，最后会导向相同的结论），另一方面是因为苏格拉底前面
对话式的独白导致他与苏格拉底之间的混合。

苏　那么，关于这两个，即行不义与受不义，我们肯定，行不义是更大的恶，而受不义是更小的。那么，一个常人预备什么，才能保护他自己，[509d] 以便拥有这两种益处，即出自不行不义的与出自不受不义的[益处]？是能力，还是意愿？

我是这样讲：是只要他不愿意受不义，他就将不受不义呢，还是只要他预备一种不受不义[d5]的能力，〈他就将不受不义〉？

卡　显然是这个嘛：只要[预备]一种能力。

苏　但关于行不义呢？是只要他不愿意行不义，那就足够了呢——因为他就将不行不义——还是为了[509e]这个，也必须预备某种能力和技术，好像只要他不学习并修炼它们，他就将行不义？

（卡利克勒斯犹豫）为什么不回答我这个本身，卡利克勒斯噢？（509c6-e3）

苏格拉底替卡利克勒斯承认，行不义和受不义都是恶，因而都要避免。为了保护自己，获得不行不义和不受不义两种利益，就需要两种准备。为了避免受不义，只有"意愿"不够，还要有某种"能力"；为了避免行不义，只有"意愿"也不够，还要准备"某种能力和技术"。

对前者，卡利克勒斯不假思索地予以肯定；但讲到后者时，尽管苏格拉底提醒卡利克勒斯回答,卡利克勒斯仍然没有回应。
确实,前者容易理解,也是包括卡利克勒斯在内的常人都关心的
问题。不愿意受不义,确实不能保证不会受不义,因为不能阻止
别人行不义;但不愿意行不义,为什么不足以阻止自己不行不
义?为什么需要"某种能力和技术"?

> ……在你看来,我和珀洛斯在前面的那些讨论中被迫同
> 意得[e5]是不是正确——那时候我们同意,无人愿意行不
> 义,相反,所有行不义者都是非自愿地行不义?[①]
> 　卡　[510a]就让它在你[看来]是这样吧,苏格拉底
> 噢,以便你能完成论证。
> 　苏　因此,为了这个,看起来也应该预备某种能力和技
> 术,以便我们能不行不义。
> 　卡　[a5]完全对。(509e4–510a5)

苏格拉底给出自己与珀洛斯之前同意的原则:无人愿意行不
义,所有行不义者都是非自愿地行不义。

根据常识,可以说无人愿意受不义,但能否假定无人愿意
行不义?显然,苏格拉底所谓"非自愿"有其特定含义:要么出
于被迫,要么出于无知;前者相应于"能力",后者相应于"技

---

① 见467c–468e。

术"。但"能力和技术"的并列暗示：二者是一体之两面，根本而言，能力源于技术，被迫源于无知。[1] 总之，在正义问题上，苏格拉底有所推进：只有意愿固然不够，只有实践也不够，还必须"学习并修炼"（参509e2）。换言之，只有知道并修炼正义，才能避免行不义；知识是德行的前提，意愿是德行的动力，实践是德行的途径。

然而，若知识是正义的必要条件，则所有人都可能是不义之人，因为据说最智慧的苏格拉底都自称无知。若世间没有关于正义的知识，或即使有，人们也无法获得，那么，人们就必然会行不义，但又不能被称为不义者，因为不义行为并非出于自愿，而是出于无知（参472d，行不义与不义者的区分）。既然所有人都几乎注定出于无知而行不义，任何人就都没有资格对不义行为感到愤怒并施加惩罚（参《法义》860d、863b–864b，《王制》440a-d，《新约》约8:7）。

苏格拉底随后没有讨论避免行不义，而是讨论避免受不义。原因可能在于：首先，要避免行不义，只有走向知识或哲学，显然不是卡利克勒斯等人欲求和能够企及的。其次，避免受不义，不仅更为卡利克勒斯等常人所关心，而且是法庭演说术的主要

---

[1]　苏格拉底最初提到避免受不义的"能力"，并得到卡利克勒斯赞同（509d5-6），然后提到避免行不义的"能力和技术"（509e1），最后又提到避免受不义的"技术"（510a5）。这似乎暗示，在避免受不义方面，能力与技术可以分离，但在避免行不义方面，能力与技术不可分离。

目的。

　　苏　那么，为了丝毫不或尽量最少受不义而预备的技术到底是什么？请想想看，在你看来是否就是在我［看来］的那种。因为在我看来是这种：要么必须自己在城邦里统治甚或行僭政，要么［必须］做现有政制的同党。①

　　卡　你瞧见了吗，苏格拉底噢，我多么准备赞扬呀，［510b］只要你在某一点上讲得美？在我看来，你在这一点上就说得完全美。（510a6-b2）

苏格拉底表明，避免受不义的技术在于："要么必须自己在城邦里统治甚或行僭政，要么必须做现有政制的同党。"这个说法引起卡利克勒斯的强烈兴趣和赞扬。于是，苏格拉底就在卡利克勒斯的鼓舞下，展开看似严密的论证：

　　苏　那就请想想看，在你看来，我在这一点上是否也讲得好：在我看来，每个能在最大程度上跟每个人做朋友的人，就是那些古代人和智慧者所讲的那种人，即跟相似者相似的人。在你［看来］［b5］不也［这样］吗？

_____

① "现有的（ὑπαρχούσης）"，或译"起初就有的""当权的""居统治地位的"。"同党（ἑταῖρος）"，广义指同伴，狭义指政治党派或团体成员。

卡 在我［看来］确实。

苏 那么，无论在哪里，一个野蛮而无教养的僭主做统治者，若城邦里有人比他更好很多，这个僭主不就大概会害怕那人，并［510c］终究没有能力发自全部本心地成为那人的朋友吗？

卡 是这样。

苏 但若有人更卑贱很多，他也不会［成为那人的朋友］；因为这个僭主会鄙视那人，并终究不会像［c5］待朋友一样严肃［待那人］？

卡 这也真实。（510b3-c6）

“做现有政制的同党”意味着使自己变得跟僭主相似，因为在“野蛮而无教养的僭主”统治的城邦，一个人若比僭主更好，僭主就会害怕他，因而不可能发自肺腑地跟他交朋友；相反，一个人若比僭主更坏，尽管不会使僭主感到害怕，仍然不会成为僭主的朋友，因为僭主会鄙视他。比僭主更好的人可能会受不义，比僭主更坏的人尽管不会受不义，但本身已经更坏，因而不免行不义。

因此，唯一能够成为僭主朋友的是性情类似僭主并愿意顺从僭主的人，他就能拥有权力，从而达到不受不义的目的。

苏 这种人剩余唯一值得一说的朋友就是那个有相似性

情的人，他谴责和赞扬相同的东西，乐意被统治并顺从统治者。那人［510d］在那个城邦里将有大能力，无人将对他行不义而感到喜悦。① 不是这样吗？

卡 是。

苏 因此，若在那个城邦里有个年轻人思虑，［d5］"以什么方式，我能有大能力，且无人能对我行不义呢？"看起来，他就有了这条道路：从青年起就直接使自己习惯于跟主人为相同的东西感到喜悦和怨恨，并预备将来尽量在最大程度上做个跟那人相似的人。不就这样吗？

卡 ［d10］是。

苏 那么，不受不义并有大能力——照你们的［510e］说法——不就终将被这个人在城邦里做到吗？

卡 完全对。（510c6-e3）

因此，为了不受不义，一个人就必须从青年起模仿僭主的性情，以便做个跟僭主相似的人。

苏 那么，不行不义也会［被做到］吗？或者远远不会，假若［e5］他做个跟那个不正义的统治者相似的人并在那人面前有大能力？但我相信，完全相反，这样预备恰恰是为了

---

① "感到喜悦（χαίρων）"，即不受惩罚。

他自己能够尽量最多地行不义且行不义后不接受审判，不是吗？

卡　显然。

苏　[511a] 那么，最大的恶不就会开始落到他身上吗，既然他在灵魂方面实在糟糕并因对主人的模仿和能力而已被摧残？ ①（510e4-511a3）

然而，做个跟僭主相似的人，就要求他摧残自己的灵魂，愿意行不义且行不义后不接受审判，从而遭受最大的恶。

苏格拉底的以上论证充分吗？显然不。他最初给出的两个选项，包含三种可能：自己在城邦里统治、行僭政、做现有政制的同党。首先，为了不受不义，一个人可以自己成为统治者，而其统治方式当然不限于僭政。其次，即使采用僭政，也未必就是"野蛮且无教养的僭主"，也可以有天性良好且受过教育的僭主（参《法义》710a-e）。其三，现有政制未必就是僭政，做现有政制的同党，因而未必等于模仿僭主。苏格拉底将三种可能混合为僭政这种极端的不义政制，这个极端的例子不足以表明所有政制都不义，因而也就不足以证明他得出的结论：为了不受不义，就必然会行不义；反过来，为了不行不义，就必须逃避政治。

当然，并不是说苏格拉底的结论错误，而是需要正确

---

① "已被摧残（λελωβημένῳ）"，亦见473c。

地理解：据最初的说法，为了不受不义，需要一种"能力"
（509d5），这种能力最终必然是最大的能力，即全能；但严格
来说，全能者是神，人不可能全能，而世间模仿全能的就是僭
政——"尽量最少受不义而预备的技术"（510a6）；僭政本身
超越法律，在法律即正义的意义上，僭政必然不义；但从超越法
律层面的正义看，僭政是否必然不义，则需要另外讨论，但恐非
卡利克勒斯所能正确理解（参第四章第三节关于僭主问题的注
释）。苏格拉底这里之所以选择最低的例证和简化的结论，显然
是鉴于交谈者的层次。

> 卡 我不知道，你怎么每次都忽上忽下颠转［a5］那些说
> 法，苏格拉底噢；或者你竟不知道，这个模仿者将杀死那个
> 不模仿者，只要他愿意，并抢走其资本？
> 苏 ［511b］我知道，好人卡利克勒斯噢，只要我不是聋
> 子：我不仅从你那儿，而且刚刚多次从珀洛斯那儿，乃至从
> 城邦里其他几乎所有人那儿听到。（511a4-b2）

卡利克勒斯追求全能，但并不像珀洛斯那样简单地赞美僭
政，真正的僭主不会赞美僭政（参《论僭政》1—7）。他并不否
认，模仿僭主会败坏自己的灵魂从而行不义；但若不模仿，就会
被模仿者杀死并抢走财产。卡利克勒斯采取一种辩护的姿态：模
仿僭主而行不义，显得是迫不得已——这个说法与苏格拉底关于

无人自愿行不义的说法何其相似乃尔！但同样正确的说法，在苏格拉底那里是慈悲，但慈悲生祸害，在卡利克勒斯这里就变成了作恶的借口。

尽管如此，卡利克勒斯仍然没有否认苏格拉底所言的另一面：

> ……不过，也请你从我这儿听到：他尽管将杀死［那个不模仿者］，只要他愿意，但他是作为低劣者［杀死］一个既美且好的［b5］存在者。
>
> 卡　那么，这不恰恰是令人愤怒之事吗？（511b3-6）

模仿僭主的人杀死不模仿者，就等于是"低劣者杀死一个既美且好的存在者"。更重要的是，卡利克勒斯为此感到"愤怒"。这种愤怒是一种试图惩罚不义的正义冲动，一种令人不安的矛盾情感。它同时混合了正义和不义的因素。

卡利克勒斯在正义问题上的矛盾在于：一方面，他承认，正义在于低者服从高者（尽管他未必正确理解高者的内涵，参483d1-5、488b3-5、490a6-8、491c6-d3），因而承认，低者杀死高者无论如何不正义；另一方面，在为模仿僭主的行为辩护时，他又潜在地认为，高者应该服从低者——灵魂的价值应该服从于身体和财物的价值（参511a1-b1），但按照正确的意见，灵魂高于身体和财物。这个矛盾反映了某种自他的不一：在公共领

域或人我关系上能够坚持正确的正义模式，但在自我身心方面
却发生了颠倒，正所谓"人虽至愚，责人则明；虽有聪明，恕己
则昏"；没有获得关于自我身心的正确意见和正义模式，却要求
在公共领域施行正义。因此，道德义愤是一种可贵、但危险的激
情，其可贵在于维护正义，其危险在于以正义之名满足自己盲目
的私欲。进一步而言，义愤出于正义感，但本身并不正义，因为
它试图通过否定低者来保护高者，但真正的高者不会通过否定低
者来肯定自身，而是超越低者，是看到低者的界限之后理解、安
顿并提升低者。

　　苏　不，对拥有理智者来说［不］，就像论证指明的。或
者你相信，一个常人必须预备这个，即活得时间最多，并关
心那些永远拯救我们于种种［511c］危险的技术，就像你也
命令我关心的演说术，那种在法庭上拯救［我们的技术］？
　　卡　是，凭宙斯起誓，我确实正确地给你提出建议呀！
（511b7-c3）

　　苏格拉底撇开卡利克勒斯的道德义愤，仅仅关注自我保存，
因为"拥有理智者"不会产生义愤。理智者首先关心的是保护
自己，而非攻击或惩罚别人（尽管后者也可能是达到前者的手
段）。自保导向法庭演说术，因为理智者受到不义的指控，最好
借助于法庭演说术。卡利克勒斯发誓，承认苏格拉底的说法。

从这里开始，论题显然不再是快乐，也不是改善邦民，而是自保，相应地就有三种演说术：旨在快乐的谄媚演说术，旨在改善邦民的高尚演说术，以及旨在自保的法庭演说术。①这里的自保被等同于"生活得时间最多"，即仅仅"拯救身体和财物"（比较509b1-c5苏格拉底理解的自保及其等级）。但这种自保是否"崇高"？若法庭演说术值得推崇，所有自保的技术岂不都值得推崇？

于是，苏格拉底随后列举了游泳术、掌舵术、机械制造术和治病术等自保技术。

　　苏　但这个呢，最好的人噢：莫非游泳知识，[c5] 在你看来也是什么崇高的东西？

　　卡　凭宙斯起誓，不，在我 [看来]。

　　苏　而它也拯救世人于死亡，一旦他们掉进某个这类需要这门知识的地方。但若它在你看来是渺小的，我将给你 [511d] 说一个比它更伟大的，即掌舵术，它不仅拯救种种灵魂 [性命]②，而且 [拯救] 种种身体和财物于种种极端的危险，就像演说术。而它是谦逊且有序的，并不自视崇高，

---

①　这个分类法似乎从目的或性质方面重现了传统的分类法：炫示演说术、议事或政治演说术、法庭演说术。参第二章第二节相关论述。

②　各个注家和译本一般都认为是指"性命"。

装作仿佛［d5］已经做到某种辉煌之事的姿态；相反，它做
到跟庭辩术①［做到的］相同之事时，假若［把某人］从埃癸
那拯救到这里，我相信，它就索要两个欧宝；但假若从埃及
或从蓬托斯②［拯救到这里］，［511e］它就顶多为这件大大
的善行——已经拯救我刚才所讲的那些，他自己、孩子们、
种种财物和女人们，已经进入港口登陆——索要两个德拉
克马；③ 而那个拥有这门技术并做到这些事的人［e5］就出
来，在海洋和船只旁边以适度的姿态踱来踱去。

　　因为我相信，他熟悉［这么］合计：他助益了哪些同航
者——没有让［他们］掉进海里——并伤害了哪些人，都
并不明显；他知道，他丝毫没使［512a］他们［下船］出来
时比进去时更好，无论身体方面或灵魂方面。于是，他就合
计：不，尽管若有人在身体方面含有种种巨大且不可救治
的疾病却没被淹死，这个人就是不幸者，因为没有［a5］死
掉，且丝毫没有从他那儿受益；但若有人在比身体更尊贵的
东西即灵魂里拥有很多且不可救治的疾病，这个人却应该活
着，且他将无助于这个人，无论拯救［这个人］于海洋、于

---

① 　"庭辩术（δικανικός）"即法庭演说术。近似审判术（δικαστικός），但带有更
多贬义，参520b，《王制》405a。
② 　蓬托斯（Πόντος，Pontus，或译"本都"），在黑海南岸地区。
③ 　一个德拉克马等于六个欧宝。公元前409年至前406年，一个劳力一天的标准工资
是一个德拉克马。

法庭或其他［512b］任何地方。相反，他知道：活着对糟糕的世人并非更优，因为必然活得坏。

因为这些，舵手自视崇高是不合礼法的，尽管他拯救了我们，令人惊讶的人噢；机械制造者①［自视崇高］也不［合礼法］，［b5］尽管他有时候并不比将军更少有能力拯救，遑论舵手以及其他任何人，因为有时候他拯救整个城邦。在你看来，他不是比得上庭辩家了吗？然而，卡利克勒斯噢，若是他愿意讲你们［所讲］的那些，使其事务［512c］显得崇高，那么，他就能用言辞埋没你们，讲话并号召［你们］必须变成机械制造者，仿佛其他东西什么都不是，因为他有言辞就足够了。不过，你仍毫不减弱地鄙视他和他的技术，［c5］并仿佛带着责备似的蔑称为“机械制造者”；而你既不会乐意把女儿嫁给他的儿子，也不会［乐意］自己［给儿子］娶来他的［女儿］。

然而，基于你借以赞扬你自己的［行业］的那些东西，你凭什么正义的说法来鄙视机械制造者和［512d］我刚才所讲的其他人呢？我知道，你会断言自己是更好者且出自更好者。但若是“更好”不是我所讲的那种，而是这个本身——拯救自己和自己的东西，无论他碰巧是哪类人——是德性，那么，你对

---

① “机械制造者（μηχανοποιός）”，即军事工程师，负责发明和制造战争机械和防御工事等。

机械制造者、[d5]治病者和其他凡是为了拯救而被制作出来的技术的指责就变得滑稽可笑了。（511c4–512d6）

若仅仅以自保为德性的标准，卡利克勒斯凭什么"鄙视"和"指责"这些自保技术？①自保技术的崇高假定了肉身的崇高。但肉身崇高吗？什么人推崇肉身？

苏格拉底诉诸卡利克勒斯最推崇或自诩的男子汉：

> ……不过，福佑的人噢，请你瞧瞧，高贵之事和好事是否不是除了拯救与被拯救之外的其他任何事儿。因为，至少一个真正的男人，不应该准许[512e]自己活那么长时间，也不应该爱活命，②而是把关于这些[的忧虑]转托给神，并信服那些女人[说的]，没有一个人能逃脱自己的命数；（512d7-e3）

男子汉的典型德性是勇敢。勇敢意味着克服痛苦和恐惧，最终是对死亡的恐惧（《申辩》28d；参亚里士多德《尼各马可伦理学》115a10-35）。克服对死亡的恐惧，要么通过知识，要么通过

---

① 卡利克勒斯鄙视医生，参490c9和491a2。但卡利克勒斯从未明确鄙视游泳术、掌舵术和机械制造术，因此，这些例子是苏格拉底的引申。

② "应该爱活命（φιλοψυχητέον）"，字面义为"应该爱灵魂"，参511d2注释。

信念。前者是哲学之路，即学习并看破死亡。后者是宗教之路，意味着坚守某种超越肉身之上的价值（《王制》492c–430c），所谓"杀身成仁"或"舍生取义"（参《申辩》29a）。苏格拉底这里推荐的方式表现为某种虔敬：相信并接受神赐的命数，所谓"生死有命"。既然肉身不算崇高，包括法庭演说术在内的自保技术就谈不上崇高。① 总之，卡利克勒斯自相矛盾：一方面赞美男子气概或勇敢，一方面却害怕死亡，贪爱肉身并推崇自保的演说术。

肉身尽管不具有最高价值，但也并非毫无价值。据苏格拉底自述，他经常走来走去，干预别人的事务，以私人身份提出建议，却不敢进入公共生活，向城邦提出建议。因为他内部有个精灵，阻止他从政。苏格拉底认为，这个精灵反对得有道理：它是为了阻止苏格拉底过早死亡，即保护苏格拉底的生命（《申辩》31d–32a）。既然肉身仍有一定价值，自保的法庭演说术就仍有价值，至少像治病术一样属于技术，而非像烹调术一样属于谄媚（比较第四章第一节技术与谄媚的关系图示）。

……继之而来的，应该考察：以什么方式才能［e5］在他打算生活的那段时间内活得最好——莫非［必须］使自己变得［513a］跟他居住其中的政制完全相似，而现在，你也

---

① 若自保等于活得长久，缺乏自保是否就等于自杀？参亚里士多德《尼各马可伦理学》第五卷"对自身的不义行为"。

因而必须使自己变成一个跟雅典民众尽量最相似的人，若是你打算做它的亲密朋友并在城邦里有大能力？请你瞧瞧，这是否有利于你和我，［a5］精灵噢，以免我们将遭受那些摘下月亮的人——帖撒利亚女巫们——据说［遭受］的那种［后果］：① 选择这种在城邦里的能力，将以我们最亲爱的东西［为代价］。（512e4–513a7）

既然生死有命，那么，一个人应该关心的，就不是活得最久，而是"活得最好"——最终仍然归结为智慧与权势之间非此即彼的选择。具体而言，卡利克勒斯为了自保而追求权势，必然会使他变得跟雅典民众相似，即使得到一些暂时的利益，但要付出"最亲爱的东西"为代价（参500c2-8）。

"最亲爱的东西"显然是指良知或神圣的理智——苏格拉底这里特意呼唤卡利克勒斯为"精灵"（513a5，参456a6，489d1，517b3），随后又呼唤为"亲爱的脑袋"（513c2）。追求智慧固然可能导致肉身的死亡，但追求权势可能导致良知的泯灭。二者不可得兼，宁愿舍生而取义，毕竟肉身自诞生之日就已经被判了死刑，早晚得死。

然而，问题仍然是智慧与权势之间一定不可得兼吗？苏格拉

———————

① "摘下月亮"即月食。女巫为了获得魔法通常要付出代价，如残废或失去亲人，最常见的是瞎眼。

底刚刚否定卡利克勒斯的选择，然后又提醒他"正确地审议"自己的选择：

> ……但若是你相信，无论什么常人将给你传授某个这类技术，它［513b］将使你在［雅典］这个城邦里有大能力，尽管你与其政制并不相似，无论因为更好或因为更差，那么在我看来，你就没有正确地审议，卡利克勒斯噢。因为你必须不要做个模仿者，而是［必须］在自己天性上跟他们相似，若是你打算［b5］在跟雅典民众［德谟斯］结成友谊方面成就某种嫡亲，呃是的，凭宙斯起誓，也跟皮里朗姆佩斯之子［得摩斯结成嫡友］。那么，无论什么人将成就你跟他们最相似，这个人都将使你像你欲求做个治邦专家那样［成为］治邦专家和演说专家。因为每类人［513c］都喜悦那些依照自己的性情讲出的言辞，而怨恨那些依照异己的［性情讲出的言辞］，除非你讲别的什么，亲爱的脑袋噢。① 对这些，（委婉地）我们讲什么呢，卡利克勒斯噢？（513a8-c3）

"你必须不要做个模仿者"，"无论什么人将成就你跟他们

---

① 这个古怪的称呼，参《斐德若》234d。脑袋是最高的器官，比较469d6，494e1，505d2。

最相似，这个人都将使你像你欲求做个治邦专家那样成为治邦专家和演说专家"。

可见，苏格拉底并非一般地反对政治，而是反对卡利克勒斯所理解的政治（权势）——无论目的或方式。更确切地说，苏格拉底是以否定政治的方式肯定政治，因为只有看到政治的有限性，才能发挥政治的有效性；但政治的自我封闭性使它不可能看到自身的有限性，只有哲学能超出政治的洞穴。因此，只有从哲学的角度，才谈得上哲学与政治的兼得。但诡异的是，恰恰是卡利克勒斯这样不通的人，最爱宣称要政治与哲学二者兼通，而苏格拉底却坚持一以贯之。可以说，哲学是政治正当的前提，但政治却是哲人生存的前提，即使存在区别于政治的哲学，但不存在独立于政治的哲人；即使存在真正的哲人，也不会以哲人的面目出现于世。哲人在城邦里没有固定身位，而是化身为治邦专家、演说专家等等专家匠人，乃至进入任何一个阶层（参《王制》496b-e所举五种哲人之路，《智术师》216c-d）。进而言之，包括演说术在内的一切技术乃至伪技术，都可能且只能在真正的哲人那里得到正确的运用并发挥有益的作用。

4 真正的治邦术（513c4–522e7）

苏格拉底告诉卡利克勒斯，为了自保而学习演说术，就必然使自己类似于雅典民众，而不像他自诩的男子汉。卡利克勒斯一

方面承认苏格拉底讲得好，一方面又承认自己"遭受了多数人的
感受"，即不完全信服。

　　卡 我不知道，在我看来你在什么意义上讲得好，［c5］
苏格拉底噢。但我已经遭受了多数人的感受：我没有完全被
你说服。
　　苏 因为对民众的爱欲，卡利克勒斯噢，在你的灵魂内部
跟我作对呀。不过，〈也许〉我们多次且更好地［513d］仔
细考察这些相同的东西，你就会被说服。（513c4-d1）

卡利克勒斯的灵魂内部存在某种分裂或斗争：一方面自诩勇
敢，使他不甘于模仿多数人；一方面又深藏"对民众的爱欲"和
"多数人的感受"。前者是意志或血气部分，后者是欲望部分。现
在，经过苏格拉底的引导，血气与欲望的联盟面临瓦解的可能。卡
利克勒斯一旦摆脱欲望的纠缠，血气会促使他接受苏格拉底的说
服，只要他跟苏格拉底"多次且更好地"讨论同一些东西。
　　于是，苏格拉底再次回顾曾经的讨论：

　　……那么，请你回忆一下，我们说过①，有两套预备分别为了
照料身体与灵魂各自，一套结交快乐，而另一套朝向最好者，并不

_____

① 见500b。

向下取悦而是［d5］坚持战斗①。这些不就是我们那时界定的吗?

卡 完全对。（513d2-6）

回到二人曾经讨论的问题：善与快乐的区分（比较500b，464c–465a）。

苏 那么，一套——朝向快乐的那套——不就碰巧是个不高贵的东西，且除了谄媚，其他什么都不是? 不是吗?

卡 ［513e］就让它依你［看］是这样吧，若你愿意。

苏 但另一套至少②是为了我们照料的那个东西——无论碰巧是身体或灵魂——将尽量变得最好。

卡 完全对。（513d7-e4）

既然回到前面的问题，也就同时回到前面的结论：身体与灵魂方面各自都有两套预备，一套朝向快乐，仅仅是并不高贵的谄媚，另一套朝向最好。③

---

① "向下取悦（καταχαριζόμενον）"和"坚持战斗（διαμαχόμενον）"两个分词的宾语皆不明确，各译本皆含糊地译为"它"。

② 据B本。参D本："但另一套至少〈更高贵〉。"

③ 值得注意的是，苏格拉底没再强调知识与经验之别，因为在讨论自保的技术时已经默认法庭演说术属于技术（参511c），尽管不算崇高。

苏　[e5]那么，我们不就必须着手这样照料城邦和邦民们，以使邦民们自己尽量变得最好吗？因为脱离了这个，就像我们在前面那些[讨论]中发现的，则应用其他任何一个善行都[514a]毫无益处，倘若那些打算取得很多财物、对某些人的统治权或其他任何能力的人的存心不是既美且好。我们会确定，情况就这样吗？

卡　完全对，若是令你更快乐。（513e5–514a3）

"使邦民尽量变得最好"是真正治邦者的目的或存心："因为脱离了这个，则应用其他任何一个善行都毫无益处，倘若那些打算取得很多财物、对某些人的统治权或其他任何能力的人的存心不是既美且好。"改善邦民，既是治邦者自己"既美且好"的前提，也是造福于民的前提。仅仅使民众变得富裕，但民众若不能正确地使用财富，那么，再多财富都不会真正有益，甚至很可能有害（参《法义》729a-c）。所以，子曰"富之"之后，更要"教之"。近代林则徐名言："子孙若如我，留钱做什么？贤而多财，则损其志；子孙不如我，留钱做什么？愚而多财，益增其过。"

这里隐含了善的等级："存心既美且好"即灵魂之善，是最高的善，财物、统治权和其他能力作为次级的善，都服务于灵魂的善（参《法义》631c，697b、728e、743e等）。这里的说法也可以有更积极的表述：只有"存心既美且好"，则其他一切东西才能——必要但不充分条件——发挥其相应的利益，包括快乐、取悦、谄媚等等（参第六章第一节）。并非偶然的是，卡利克勒斯也从取悦高尔吉亚，变成取悦苏格拉底（514a3，参第六章第一节注释）。

　　既然治邦者的目的是使邦民变得更好，倘若我们要"公开从事政治"，就必须首先考察自己是否拥有使邦民变好的技术或知识，即治邦术。为了说明这个问题，苏格拉底先后举了两个例子：建筑术与治病术。

　　　　苏　[a5] 那么，若是我们号召彼此，卡利克勒斯噢，在将来公开从事政治事务时①朝向建筑——城墙啦、船坞啦、神庙啦——朝向那些最伟大的建筑物，我们是必须首先考察我们自己 [514b] 并审查：我们熟悉或不熟悉这门技术，即建筑术，且从谁那儿学习？是必须 [这样]，还是不？

　　　　卡　完全对。

　　　　苏　[b5] 那么，其次不就 [必须] 再 [考察] 这个：

① 　"公开（δημοσία）从事政治事务"，一般译为"从事城邦的公共事务"或"从事公共政治事务"，大体不错，但城邦与公共二义重复，最重要的是有失苏格拉底的微言：一般认为政治是公共事务，哲学是私人事务，但苏格拉底揭示，哲学是最大的公共事务，但又最私人化，因为哲学旨在穷理尽性致命，贯通人心与宇宙，参《中庸》："唯天下至诚，为能尽其性；能尽其性，则能尽人之性；能尽人之性，则能尽物之性；能尽物之性，则可以赞天地之化育；可以赞天地之化育，则可以与天地参矣。"

我们迄今是否已经为我们某个朋友或我们自己私下建造了什么建筑物，且这个建筑物是美是丑？而若是我们经考察发现，我们已经有了一些好的且［514c］值得称道的教师，不仅很多美丽的建筑物已经在那些教师［指导］下被我们建造起来，而且很多我们私人的［建筑物］①在我们摆脱教师们之后也［被我们建造起来］，倘若我们被置于这样的［境地］，我们就会拥有理智地走向那些公共工作。［c5］但若是我们既未能展示我们自己的任何教师，又［未能展示］任何建筑物，或［仅仅展示了］很多但毫无价值的［建筑物］，就这样着手那些公共工作并号召彼此朝向它们，那大概就不理智了。我们会肯定这些都讲得［514d］正确，抑或不？

卡 完全对。（514a5-d2）

关于建筑术，公开从事建筑之前，必须自问两个问题：首先，自己是否熟悉这门技术，并跟谁学过；其次，是否私下造过建筑，是否美丽。若自己没有做到，就公开从事并号召别人从事，就不理智。卡利克勒斯完全没有异议，因为建筑术似乎跟他无关。

---

① "私人的（ἰδίᾳ）"做形容词修饰省略的"建筑物"。也有注本作副词ἰδίᾳ，"很多我们的［建筑物］私下"。

于是，苏格拉底又补充了治病术的例子：

　　苏　那么，所有东西不都这样吗？尤其是，若我们着手服
公役①，号召彼此，仿佛我们是够格的［d5］治病者，我们大
概就要考察——我对你，你也对我［考察］："来吧，向诸
神起誓，但苏格拉底本人在身体方面健康状况怎样？或者，
迄今有任何其他人通过苏格拉底摆脱疾病了吗，无论奴隶
或自由人？"而我呢，我相信，我会对你考察另一些类似的
东西。

　　而若是我们发现，没有任何人曾经通过我们［514e］在
身体方面变得更好，无论外邦人或本地人，无论男人或女
人，那么，向宙斯起誓，卡利克勒斯噢，这不就是真正滑稽
可笑了吗：世人走进这么大的不理智，以至于在干私活时不
仅碰巧［e5］制作很多——像我们碰巧做的——而且树立很
多并充分锻炼其技术之前，常言道，就着手"在酒瓮上学习

---

①　"服公役（δημοσιεύω）"统称任何技术或专业的公共服务。"服公役"与后文
"干私活（ἰδιωτεύω）"相对。苏格拉底将治邦术分为私下训练与公开从事两个阶
段，二者之间是先后关系，参《论语·为政》"或谓孔子曰：'子奚不为政？'子
曰：'书云：孝乎！惟孝友于兄弟，施于有政。是亦为政，奚其为为政？'"《论
语·公冶长》："子使漆雕开仕，对曰：'吾斯之未能信。'子说。"《论语·子
罕》："子贡曰：'有美玉於斯，韫椟而藏诸？求善贾而沽诸？'子曰：'沽之哉，
沽之哉！我待贾者也。'"

制陶"①，不仅试图自己着手服公役，而且号召其他这类人？
这样从事，在你看来，不是不理智吗？

　　卡［e10］在我［看来］确实。（514d3-e10）

　　首先，治病者本人是否身体健康；其次，是否曾经使人摆脱
疾病而身体变好。

　　两个例子的共同点是：公开实践之前都必须有成功的私人实
践，毕竟，私下试验即使失败，也只会伤害少数人，但公开试验
一旦失败，则会造成更大的灾难。

　　但苏格拉底关于两种不同技术的说法又有所不同。首先，
表述方式上，举建筑术时用叙述，"我们"考察"我们自己"；
举治病术时用虚拟的对话，"我对你，你也对我"。其次，内容
上，苏格拉底反复提到建筑术的"教师们"，却没提跟谁学习治
病术，而是代之以一个新问题，即治病者本人是否健康。最后，
苏格拉底讲到治病术时发了两个誓言（514d6虚拟的卡利克勒斯
"向诸神起誓"，514e2苏格拉底自己"向宙斯起誓"），这暗
示，治病术比建筑术更重要——一方面可能因为恢复秩序的技术
比构建秩序的技术更复杂，另一方面是因为治病术的对象即身体
比建筑术的对象更高级（参前文关于善的三个等级），也更复
杂（苏格拉底区分了奴隶与自由人、外邦人与本地人、男人与

---

①　酒瓮是大件陶器，制作较困难。初学者应该从制作简单的小件陶器入手。

女人）。

基于两种技术的差异，就可以理解苏格拉底说法的差异。不提治病术的教师，似乎意味着治病术不可教；但既然治病术是一种技术，就并非不可学。不提治病术的教师而强调治病者本人的健康状况，似乎意味着，治病术的真正教师就是学者自己，所谓"久病成医""以病为师""三折肱知为良医"（参《王制》496b-c五种修道人之一）。至于用虚拟的对话来谈治病术，当然是因为疾病和病人的个体情况千差万别，真正的治疗需要医生与病人之间的交流互动（参《法义》720d-e）。这些关于治病术的说法，其实更多地适用于辩证术或哲学。但苏格拉底用更简单的建筑术与更复杂的治病术来类比治邦术，似乎暗示，治邦术介于两者之间。

以自己为例讲完治病术之后，苏格拉底随后以卡利克勒斯为例讲到治邦术，不仅因为治病术与治邦术之间存在某种相似（古语"进则救世，退则救民；不为良相，便为良医"），更是因为卡利克勒斯本人"刚刚开始从事城邦事务"，是个实际的政客，以现实的城邦为最高价值，"也号召并责备"苏格拉底。

苏［515a］但现在，最好的男人噢，既然你自己刚刚开始从事城邦事务，也号召我并责备我不从事，我们不就将考察彼此吗？

"来吧，卡利克勒斯迄今已经使任何邦民变得［a5］更好了吗？是否有任何人以前作为低劣者，不正义、放纵和不明智，通过卡利克勒斯已经变得既美且好了，无论外邦人或本地人，无论奴隶或自由人？"

请告诉我，［515b］如果有人审问你这些，卡利克勒斯噢，你将说什么？你将肯定自己已经使哪个常人因为跟你聚会而变得更好了？你畏缩不敢回答，你是否有什么工作［成果］，在你仍然干私活时，着手服公役之前？（515a1-b4）

苏格拉底同样虚拟某人来考察卡利克勒斯的从政资格。他没问卡利克勒斯向谁学过治邦术（暗示卡利克勒斯在503c推崇的四大政客都不算治邦术教师），也没问卡利克勒斯本人是否灵魂健康（可能因为太刺耳），而仅仅着重建筑术和治病术共享的一般问题，是否"曾经使任何邦民变得更好"？

但随后又补充了这个问题的两个具体方面：第一，是否使"不正义、放纵和不明智"的低劣者变得既美且好？第二，是否通过"聚会"使人变得更好？前者是变好的内涵，后者是变好的方式。变好的内涵即恢复灵魂的德性（正义、节制和明智），之所以不提勇敢，显然因为卡利克勒斯推崇勇敢。变好的方式即"聚会"，一起谈话，通过无论演说术或辩证术的说服（参457d1，461b1）。然而，且不说前者是否有异议，后者显然令人生疑：仅仅通过谈话就足以使人变得更好吗？若是这样，岂不意味着言辞、乃至演说术的全能吗？治邦术不就被等同于演说术了吗？这不是向治邦术提出了更高的要求吗？不是被很多人视为"迂远而阔于事情"吗（参亚里士多德《尼各马可伦理学》1181a10-15）？苏格拉底自己做得到吗：比如，他那著名的悍妻，他不是终生都未能驯服吗（参第欧根尼·拉尔修《名哲言行录》2.36-37）[①]？当然，苏格拉底不怕、甚至希望卡利克勒斯提出这样的反驳。

卡　[b5]你太爱胜利了，苏格拉底噢。

苏　不过，我不是出于爱胜利才问，而是因为真正愿意知道，你相信到底必须以什么方式在我们中间搞政治。莫非你走向城邦事务时，对我们来说，[②]你会关心其他任何东西[515c]而非我们作为邦民怎么才会尽量变得最好吗？或者，我们迄今不是已经多次同意，这就是擅于治邦术的男人必须从事的吗？我们是不是已经同意？（卡利克勒斯沉默）回答呀！我将替你回答：我们已经同意。（525b5-c4）

---

①　当然，也可以反过来问：如果谈话或教育都不能使人变好，还有使人变好的办法吗？如果连苏格拉底都不能使人变好，还有使人变好的人吗？据《法义》766a，人变好或变坏，取决于"教育"和"天性"两个方面："正确的教育和幸运的天性"才能造就好人。换言之，治邦者或教育者都不要对人性抱有太高的要求，也不要对教育赋予太高的期待，即使是正确的教育，也不能保证使人变好，能不变得更坏就已不错了。

②　与格"我们"，可以有多种搭配和理解："为了我们走向城邦事务"或"关心我们的其他任何东西"（不符合卡利克勒斯的目的），"对我们来说"（使我们与卡利克勒斯形成对比）。

对苏格拉底虚拟的问题，卡利克勒斯不置可否：因为若肯定，就等于给自己套上枷锁，背上不堪承负的责任；若否定，则无异于承认像苏格拉底一样自甘无能。于是，进退维谷的卡利克勒斯只能转而指责苏格拉底"太爱胜利"：自甘无能的苏格拉底却显示出强大的能力。所谓"不诚无物"，"不精不诚，不能动人"，苏格拉底的能力一方面源于真诚的认知意愿，即"真正愿意知道"卡利克勒斯理解的从政方式；另一方面源于普遍的求善意愿，即"我们作为邦民怎么才会尽量变得最好"。

既然卡利克勒斯本人没有通过苏格拉底的审查，苏格拉底随后转而审查他前面推崇的四个雅典政客是不是好的治邦者，即是否曾经使人变好。

……于是，若这［c5］就是好男人必须为自己的城邦预备的，现在就请你回忆一下你不久以前讲过的那些男人，并告诉我，你是否仍然认为他们已经成了好邦民，［515d］伯利克勒斯、喀蒙、米尔提阿得斯，以及忒米司托克勒斯①。

卡　我确实。

苏　那么，若他们是好人，那不就显然：他们每个人都曾使邦民们变得更好而非更差。他们是否做过？

卡　［d5］是。（515c5-d5）

---

①　参503c注释。

首先是关于伯利克勒斯，苏格拉底提出了两套证明：一套基于苏格拉底"听说的"证据，间接证明，更简短，侧重邦民（515d5-e9）；另一套基于苏格拉底"清楚地知道的"证据，直接证明，更详细，侧重伯利克勒斯本人（515e10–516d4）。

先看第一套证明。

苏 那么，在伯利克勒斯起初在民众之中讲话时，雅典人不就比在他最后讲话时更差吗？

卡 也许吧。

苏 不是"也许"，最好的人噢，而是"必然"，基于那些已经［d10］得到同意的东西，假若那人确实是个好邦民。

卡 ［515e］那有什么？

苏 没什么；不过，在这之后，请告诉我这个：雅典人是否据说已经通过伯利克勒斯而变得更好，或完全相反，已经被那人败坏。因为我听过这些［说法］：［e5］伯利克勒斯已经使雅典人变得又懒散、又怯懦、又贫嘴、又贪财，通过首次设立工资制。

卡 你这些都是从那些菜花耳那儿听来的吧①，苏格拉底噢。（515d5-e9）

---

① "菜花耳（τῶν τὰ ὦτα κατεαγότων）"，直译"耳朵被打烂的人"：某些贵族派或寡头派雅典人爱好斯巴达品味，包括拳击之类，故经常打烂耳朵，参《普罗塔戈拉》342。

苏格拉底"听说"：伯利克勒斯使雅典人变得"又懒散、又怯懦、又贫嘴、又贪财"。显然，雅典人变坏了。因此，伯利克勒斯不是好的治邦者。

这个证明简单明了，但很难令人信服。首先，它不仅是苏格拉底的道听途说，更是基于党派偏见，出自"菜花耳们"之口，是寡头派对民主派的常见批评，因而立刻遭到卡利克勒斯的拒斥。①其次，依据苏格拉底前文设立的德目表（515a6"不正义、放纵和不明智"），很难说雅典人是在德行方面变坏：尽管变得"怯懦"，但相应的勇敢并不在苏格拉底前文所列的德目表之内，所以不算数；"懒散""贫嘴"和"贪财"尽管是恶习，可能是德行变坏的诱因，但不能简单地等于德行变坏。因此，无论从证据来源，还是从逻辑上，第一套证明都无甚效力。

再看第二套证明。

> 苏 ［e10］不过，以下这些就不再是我听来的了，而是我清楚地知道的，你也［知道］：最初，伯利克勒斯享有好名声，而雅典人也没有投票判他任何一次丑陋的审判，尽管那时他们实际更差；但他们已经被他变得既美且好［516a］

---

① 卡利克勒斯明显属于伯利克勒斯为代表的民主派，因此，他拒斥寡头派的批评并不奇怪。但苏格拉底援引斯巴达分子即"菜花耳"的说法批评民主派，却并不代表他属于寡头派。

之后，在伯利克勒斯接近生命终点之时，他们却投票判他盗窃，而且差点儿提出死刑，显然因为他是个低劣者。

　　卡　那又怎样？因为这个缘故，伯利克勒斯就是坏人吗？（515e10–516a4）

　　苏格拉底"清楚地知道"：伯利克勒斯早年没有、晚年却遭到雅典人指控，假若雅典人通过他变好了，就说明伯利克勒斯一直就是坏人。

　　这是个严格的逻辑推导，其中隐含一个正确的原则，即好人有正确的判断力：早年没有指控伯利克勒斯是坏人，是因为雅典人那时更差，后来变好了，才发现伯利克勒斯是坏人。但也包含一个悖论，即坏人使坏人变好：恶人自有恶人磨，磨了之后就变好吗？但这样一来，为了使邦民变好，治邦者岂不是要放心大胆做坏人才行？这个逻辑显然容易误导，也幸亏卡利克勒斯未能理解苏格拉底的逻辑。

　　苏格拉底随即以动物照管者为例，转而强调被照管者与照管者的好坏一致：

　　苏　[a5]无论如何，一个驴、马和牛的照管者像这样，看起来就会是坏人，若是他接管一些既不踢、也不抵、又不咬他自己的东西之后，却证明它们因为野蛮而做了所有这些事。或者在你看来，[516b]任何动物的任何照管者，若证明他接管时更温顺的［动物］比他接管时更野蛮了，他不是坏人吗？在你看来是不是［这样］？

卡　完全对，为了我能取悦你吧。（516a5-b4）

假若照管者使接管前更温顺的动物在接管后变得"更野蛮"，就证明照管者是坏牧人；反之，就是好牧人。也恰恰在这里，野蛮的卡利克勒斯变得更温顺，表示愿意"取悦"苏格拉底。

苏格拉底将动物照管者的逻辑应用于伯利克勒斯：

苏　［b5］既如此，也请你通过回答这个来取悦我：世人是不是也是动物之一？

卡　怎么不呢？

苏　那么，伯利克勒斯不是照管了世人吗？

卡　是。

苏　［b10］那又怎样？他们不就应当，像我们刚刚同意的，已经被那人变得更正义而非更不正义了吗，既然［516c］那人作为政治事务方面的好人照管了他们？①

———————

①　"政治事务方面的好人（ἀγαθὸς ὢν τὰ πολιτικά）"，也可译为"擅于政治事务的人"，但根据语脉，强调的是好人。后文仿此。"政治事务（πολιτικός）"一词，表示广义的城邦事务时，译为"政治的/政治事务"；表示狭义的政治技艺时，译为"治邦术/治邦专家"。

卡 完全对。

苏 那么，正义者不是更温顺吗，如荷马所说？[①] 但你说什么？不这样吗？

卡 ［c5］是。

苏 不过，他确实显示：他们比他接管他们时更野蛮了，而且是这样对他待这个最不愿意［看到这种情况］的人。

卡 你愿意我同意你吗？

苏 只要在你看来我讲得真实。

卡 ［c10］就让它是这样吧。

苏 那么，既然他们更野蛮，他们不就更不正义且更差吗？

卡 ［516d］就让它是吧。

苏 因此，伯利克勒斯并不是政治事务方面的好人，基于这个论证。

卡 只是你不肯定。

苏 ［d5］凭宙斯起誓，你也不，基于你同意的那些东西！（516b5-d6）

假若伯利克勒斯是"政治事务方面的好人"，就已经使雅典人变得更正义；据荷马，正义者更温顺，雅典人在伯利克勒斯接

---

① 荷马式套话"野蛮而不正义"，三见于《奥德赛》（6. 120, 9. 175, 13. 201）。

管之后变得更野蛮，因而更不正义且更差；因此，伯利克勒斯不是"政治事务方面的好人"。

这个补充论证避免了"坏人使坏人变好"的悖论，而是遵循"好人使坏人变好"和"坏人使好人变坏"的逻辑，尽管未必正确，但更容易令人接受。

不过，这个论证并非没有疑点：首先，它尽管具体界定了好坏的德性含义，但正义是否简单地等于温顺？其次，但更重要的是，苏格拉底后文会宣称自己是真正的治邦者（521d6-8），但苏格拉底的结局不是比伯利克勒斯更糟糕吗？甚至被雅典人迫害致死。他关于伯利克勒斯的论证不是也适用于他自己吗？若这里的论证成立，他凭什么自称真正的治邦者？无论如何，卡利克勒斯不承认苏格拉底的结论。[1]

苏格拉底继续以同样的逻辑讲到其他三个政治家的类似结局，即喀蒙、忒米司托克勒斯和米尔提阿德斯。

> ……但请你再给我讲讲喀蒙：不正是他曾经照料的那些人放逐了他吗，以致他们能有十年听不到他的声音？而对忒米司托克勒斯，他们［不是］做了相同之事并判以流放

---

[1]　关于雅典人为什么迫害卡利克勒斯和苏格拉底，施特劳斯认为，"唯一合理的解释"是伯利克勒斯和苏格拉底都给雅典人"强加了太大的要求"，见氏著：《修辞、政治与哲学》，前揭，第442页。

吗？而对"马拉松飞腿"米尔提阿德斯，他们不是投票将其
［516e］投入刑坑吗——要不是因为那位主席①，他就掉进
去了？

然而，这些人若是好男人，像你说的，就任何时候都不
会遭受这些。无论如何，那些好驭手不会在刚开始没从双驾
马车上摔下来，却在［e5］他们照料那些马匹并使自己变成
更优的驭手之后恰恰摔下来：无论在驾车比赛上或其他任何
工作上，都不会这样。或者在你看来呢？

卡 在我［看来］不会。（516d7-e8）

苏格拉底的列举严格按照时间顺序②，时代越早，迫害越
重：从"投票判他盗窃"，到"放逐"十年和"判以流放"，再
到"投入刑坑"。这似乎暗示，更早的雅典人比伯利克勒斯时代
的雅典人"更野蛮"。既然如此，苏格拉底前面关于伯利克勒斯

---

① "部族主席"，见473e注。这个主席成功救出米尔提阿德斯，而苏格拉底没有成
功救出阿吉纽西海战（Arginusae）之后的将军们。

② 伯利克勒斯生于公元前495年，公元前430年被指控；喀蒙生于公元前510年，前
461年被放逐；忒米司托克勒斯生于公元前524年，前471年被流放；米尔提阿得斯生于
公元前554年，前489年被投入刑坑。卡利克勒斯第一次提到四人时，大体按照从古到
今的顺序（503c忒米司托克勒斯、喀蒙、米尔提阿得斯、伯利克勒斯）；苏格拉底第
二次复述时，大体按照从今到古的顺序（515d伯利克勒斯、喀蒙、米尔提阿得斯、忒
米司托克勒斯）。但都不严格：喀蒙与米尔提阿得斯一对父子皆在中间，都是子在父
前。只有这一次是严格按照从今到古的时间顺序。

的说法就成问题，至少前提有问题，因为雅典人并不是在伯利克勒斯接管之后才变野蛮。毋宁说，无论古今，所有治邦者都面临野蛮的民众，若不能驾驭民众，就不算好驭手（苏格拉底用驭手代替了牧人）。①

卡利克勒斯尽管不接受苏格拉底的结论，却无法提出有效的反驳，换言之，卡利克勒斯被苏格拉底所驾驭（比较516b4-5）。卡利克勒斯无法驾驭苏格拉底，而伯利克勒斯无法驾驭民众；既然伯利克勒斯是卡利克勒斯的楷模，卡利克勒斯就同样无法驾驭民众。因此，卡利克勒斯无法驾驭苏格拉底和民众，苏格拉底仅仅无法驾驭民众。

驾驭或驯化野蛮民众的方法是演说术。于是，苏格拉底重新回到演说术问题：

> 苏　因此，前面那些说法看起来都是真实的：[517a]我们已经知道，没有哪个男人在这个城邦里变成政治事务方面的好人。而你曾同意，今人之中没有一个，但前人之中却有，并挑出那些男人；但那些人反倒显得跟今人们处于平等[层次]，以致他们即使[a5]是演说者，也既没使用真实

---

① 施特劳斯评论说："菜花耳们"和苏格拉底都批评伯利克勒斯，但方式不同：前者更多地基于保守主义原则，相信古代比现代更好。但苏格拉底这里暗示（后文519a会更明确），他不同意保守主义原则，毋宁说，古往今来，所有政治家都会面临野蛮的民众。参氏著：《修辞、政治与哲学》，前揭，第444页。

的演说术——否则他们就不会摔下来——又没［使用］谄媚
的［演说术］。①（516e9–517a6）

四大政客之所以有那样的结局，是"既没使用真实的演说
术——否则他们就不会摔下来——又没使用谄媚的演说术"。

何谓"真实的演说术"？苏格拉底目前讲过三种演说术：谄
媚的演说术、高尚的演说术和自保的演说术（参本章前三节）。
首先，基于快乐与善的区分，谄媚的演说术仅仅追求快乐，毫不
关心最好；相反，高尚的演说术关心使邦民的灵魂变得更好，并
讲出最好的东西，无论是否令人快乐。然后，苏格拉底否定了自
保的演说术，因为它仅仅关心肉体活得更久，并不崇高，尽管它
作为技术导向某种有别于快乐的善。最后在这里，苏格拉底提出
"真实的演说术"，以区别于谄媚的演说术。因此，依据前面的
分类，"真实的演说术"是高尚的演说术与卑贱的自保演说术的
结合：既能使邦民变好，又能保护自己（"否则就他们不会摔下
来"），更确切地说，前者是后者的前提，后者是前者的结果。

苏格拉底批评以伯利克勒斯为代表的雅典政治家时，是把
真实的演说术等同于治邦术，大大缩小了治邦术的范围。苏格拉
底的批评预设了真实言辞或真实意见的全能，即智慧或知识的全

① "谄媚的（τῇ κολακικῇ）"，既可作形容词，即"谄媚的修辞术"（522d），也
可作名词，即"谄媚术"（502d）。

能。但实际上，智慧或知识不是统治的充分条件，统治者不能完全按照真实的意见行事，而是必须俯就城邦，使城邦接受自己明智的建议，进一步而言，甚至需要谄媚民众，向虚假意见让步。因此，治邦术需要三种演说术的结合。不过，即使三者完美结合，也不能保证演说术的成功。演说术与治邦术的等同预设了无论真假的言辞的全能，但若言辞并非全能，治邦术的内容就多于演说术。

至于多出的内容，很多现代人尤其读书人会轻易地想到暴力，毕竟随后"强迫"一词有所暗示，尽管仅仅作为"说服"的补充手段。但面对卡利克勒斯这样赤裸裸追求权力并推崇战争和暴力的人（参447a1，484b6，488b4），苏格拉底非常谨慎地避免哪怕提及"暴力"这个字眼，仅仅一次提及"战争"，也是在谈论勇敢德行的语境下（498a6）。参《论语》"子之所慎：齐、战、疾"，"俎豆之事，则尝闻之矣；军旅之事，未之学也"，"子为政，焉用杀"。何况，强迫未必等于暴力强制，在苏格拉底那里，最大和真正的强迫是无知或欲望。据第四章第一节，在苏格拉底那里，治邦术等于正义加立法术，演说术是对正义的虚假模仿，即使承认演说术的地位，需要补充的也是立法术。法律正是一种强迫形式。立法术的虚假模仿是智术，若可以承认演说术，就同样应该承认智术；智术的真正形式即辩证术或哲学。比较亚里士多德《尼各马可伦理学》1179b–1181b。

表2　治邦术与演说术关系表

治邦术	言辞	演说术	真实的演说术	高尚的演说术	旨在最好
				自保的演说术	旨在自保
			谄媚的演说术		旨在快乐
	行动	?			

（表头跨列：?）

卡利克勒斯虽然不愿接受苏格拉底的结论，但也无力为自己的楷模们辩护。苏格拉底关于古人与今人的提醒，使卡利克勒斯找到一个挽回颜面的机会：

> 卡　不过，［今人］当然差得多啦，苏格拉底噢，今人之中任何一个任何时候都不会造成像那些人之中你愿意的［517b］任何一个已经造成的那些［成就］。（517a7-b1）

四大雅典政客尽管没有成功，但毕竟远远高于"今人"。卡利克勒斯似乎开始采取某种疾世愤俗的保守主义立场。

苏格拉底并未马上简单否定卡利克勒斯的说法，而是暂时部分地表示同意，但做了一个明确的区分：

> 苏　精灵噢，我也并不谴责他们作为城邦的服务者；相反，在我看来，他们已经变得比今人们更会服务，且更能为

城邦设法供给它所［b5］欲求的那些东西。不过，至于扭转那些欲求而不退让，说服并强迫它们朝向那个邦民们打算从那里变得更优的地方，总而言之，［517c］那些人与这些人毫无差别：但这是好邦民的唯一工作。但在设法供给船只、城墙、船坞以及其他很多这类东西方面，我会同意你，那些人确实比这些人更聪明。

那么，我和你，我们在讨论中做了［c5］一件可笑的事情：因为在我们交谈的整个这段时间里，我们从来没有停止永远在相同的东西周围绕来绕去，且不认识我们彼此在讲什么。（517b2-c7）

"作为城邦的服务者"，古人确实胜过今人；但在"说服并强迫"邦民变得更好方面，古人与今人毫无差别。"说服"是指谄媚的演说术，"强迫"是指真实的演说术。苏格拉底一方面承认了谄媚的演说术，一方面给高尚的演说术补充了"强迫"手段，尽管仍然强调高尚的演说术才是"好邦民的唯一工作"。

尽管总是"在相同的东西周围绕来绕去"，但苏格拉底正是在每次重复、因而不被注意的时候悄悄调整自己的判断和评价，从而影响和改变对话者的认识和立场。苏格拉底这里转而承认谄媚的演说术，正是一种谄媚的行为。但后文表明，苏格拉底的谄媚仍然不同于古人的谄媚：苏格拉底的谄媚演说术结合了高尚的演说术。

苏格拉底随后重新回到谄媚术——只是用"服务术"这个中性词代替了"谄媚术"这个明显的贬义词，但变化的不仅仅是名称（517d2，参463a–466a、501a-503a、513d）。

关于身体方面的服务者，苏格拉底先后举了两组例子，并称之为"比喻"（517d5）。

> ……无论如何，我相信，你已经多次同意并认识到，这个行业本身［517d］是某种关于身体和灵魂的双重之物。［其中］一个是服务术，通过它，如果我们的身体饿了，就有能力设法供给食物，如果渴了，就［供给］饮料，如果冷了，就［供给］衣服啦、被褥啦、鞋子啦，以及身体因之趋向欲求的其他［d5］东西。而我特意通过相同的比喻讲给你，以便你能更容易彻底学会。因为擅于供给这些东西的，要么是零售商，要么是批发商，要么是［制造］这些东西的［517e］工匠，做饭者啦①、烹调者啦、编织工啦、制革匠和鞣皮匠。毫不令人惊奇的是，作为这种人，在他自己和其他人看来都是身体的照料者——所有［这样看的］人都不知道，在所有这些东西之外，有某种技术，即体操术［e5］和治病术，它实际上才是对身体的照料，而且它适宜统治所有

---

① "做饭者（σιτοποιός）"仅此一见，字面义即制作食物的人，仅仅满足主食需要，无关美味，故有别于"烹调者"。

那些技术并使用它们的工作，因为它知道什么食物或饮料对身体的德性有用或［518a］低劣，而其他所有那些［技术］都不认识。正因如此，〈在身体行业方面〉，这些其他技术都是奴隶般的、服务式的和不自由的，而体操术和治病术，依据正义，就是这些［其他技术］的［a5］女主人。

那么，至于这些相同的东西也适用于灵魂，在我看来，你那时学会了我在讲什么，并仿佛知道我在讲什么一样同意了；但不久之后，你又出来讲，一些常人［518b］在城邦里已经变成既美且好的邦民，而一旦我问到哪些人，在我看来，你就会推举一些在政治事务方面［跟以下］最相似的常人，像这样：若我问到体操术："哪些人已经变成或现在就是［b5］身体的好照料者？"你就完全严肃地给我讲："面包师忒阿黎翁啦、写过西西里烹调法的弥泰科斯啦，以及零售商萨朗博斯，因为他们都已经成了令人惊讶的身体照料者，一个预备令人惊奇的［518c］面包，一个［预备］调料，一个［预备］酒。"①（517c8–518c2）

首先，苏格拉底以自己的名义举了第一组例子：零售商、批

---

① 忒阿黎翁在雅典有个面包店，应该非常著名，因为阿里斯托芬曾做过漫画式的描绘。弥泰科斯是叙拉古烹调师，柏拉图大概在叙拉古见过他。关于萨朗博斯，我们一无所知，除了柏拉图这里的提及。

发商、做饭者、烹调者、编织工、制革匠、鞣皮匠。

　　然后，他又以卡利克勒斯的名义举了第二组例子：面包师忒阿黎翁（预备面包）、写过西西里烹调法的弥泰阔斯（预备调料）、零售商萨朗博斯（预备酒）。

　　在这两组例子中，烹调术都位于中间，并被称之为"技术"。相应地，这些身体方面的服务者也不再像以前反复强调的着眼于快乐，而是着眼于身体的"欲求"乃至需要（517d3-5、518c4）。这些都暗示，烹调术的地位得到恢复或提高，相应地，演说术的名誉就得到恢复，因为苏格拉底一贯用烹调术类比演说术。

　　总之，前文反复强调的技术与谄媚之分被弱化，至少不再对立，而是变成等级的区分：烹调术作为辅助性的技术，接受体操术和治病术的统治，因为后者"知道什么食物或饮料对身体的德性有用或低劣"，而前者不知；体操术和治病术凭知识进行统治，成为前者的"女主人"。倘若烹调术与治病术只是等级性的从属关系，二者就有可能结合。换言之，只要烹调术服务于治病术，就有其价值，尽管不是独立的价值。但烹调术怎么会自觉地服务于治病术呢？

　　身体方面的主人技术是体操术和治病术，相应地，灵魂方面的主人技术是立法术和正义，统称为治邦术（参464b4-c2）。于是，苏格拉底类比两者，把关于体操术和治病术的说法应用于治邦术，反驳卡利克勒斯厚古薄今的保守主义说法：

　　……于是，你兴许就感到愤怒，若是我给你讲："小子，^①你丝毫不懂体操术！你给我讲的那些常人都是种种欲求的服务者和准备者，他们丝毫不懂［c5］关于它们［种种欲求］的美和善！他们若碰巧这样填满并养肥常人们的身体，尽管被他们赞扬，也将额外毁坏他们起初的肉身；但那些［常人］［518d］又因为无经验而不会责怪那些该为疾病和起初肉身的丧失负责的款待者，而是［责怪］凡是碰巧那时出现并给他们提出某个建议的人：一旦那时携带疾病的饱足在长久的［d5］时间之后在他们身上到来——因为［饱足］已经变得脱离健康——他们就会责怪并谴责这些［提建议的］人，并［对他们］干点坏事，只要他们能，却会赞美那些更前的且该为那些恶果［518e］负责的人。"

　　而你现在所干的，卡利克勒斯噢，就跟这个最相似呀：你赞美那些常人——他们已经通过使那些［雅典］人尽情享用他们欲求的东西来款待他们，而他们则断言这些人已经使城邦变得伟大了；但它之所以肿胀并内部溃烂，恰恰是［519a］因为那些古人，他们却感觉不到。因为他们已经脱离节制和正义地用港口啦、船坞啦、城墙啦、贡税啦以及诸如此类的废话填满了城邦，那么，一旦无力的周期症本身到来，他们［a5］就会责怪那些那时出现的提建议者，却会赞美忒米司托克勒斯、喀

---

① 参452b5注释。

蒙和伯利克勒斯，即那些该为那些恶果负责的人。但也许，他们会捉拿你——如果你不好好小心——和我的同伴阿尔喀比亚德呢，一旦他们除了［丧失］他们已经获得的东西，也额外毁坏［519b］那些起初的东西，尽管你们不该为那些恶果负责，但也许仍是同谋。①（518c3–519b2）

古人因为不懂灵魂的体操术（立法术），非但未能服务于灵魂的善和美，反而助长种种欲望脱离节制和正义，结果败坏起初的肉身并留下隐秘的疾病。今人一旦在疾病发作时提出治疗建议（正义或审判术），病人就会责怪现今的治病者，非但不谴责、反而赞美该为今日的疾病和恶果负责的古人。这意味着，苏格拉底的解决方案不在于保守主义革命，回到前民主的古代。古人有古人的条件，今人有今人的因缘，政治总是要从现有的实际条件出发寻求改善和向上之道。

但古代的政客所犯的过失会殃及现今的改善者或救治者，尽管不该为那些恶果负责，但仍是"同谋"，比如卡利克勒斯本人和阿尔喀比亚德。卡利克勒斯曾经提醒苏格拉底搞哲学的危险，苏格拉底现在同样提醒卡利克勒斯"小心"搞政治的危险，毕竟，阿尔喀比亚德的前车之鉴近在眼前。卡利克勒斯不是为了自保才搞政治的吗？现在看到政治的危险前景，他又作何感想呢？

---

① "同谋（συναίτιος）"，共犯，帮凶，字面义共同负责的人。

警告卡利克勒斯之后，苏格拉底转向古今所有政治家，做了个看似奇怪、但并非不可理解的论断：

> ……然而，一件不理智的事情发生了，我不仅现在瞧见，而且从古代的男人们那儿听到。因为我感觉，一旦城邦［b5］把某个擅于治邦术的男人作为行不义者来处置，他们就感到愤怒并抱怨，［说］他们遭受了可怕之事；他们已经为城邦做了很多好事，却因此被它不正义地毁灭了——照他们的讲法。但这整个是谎言，因为没有任何一个城邦［519c］领导人任何时候能被他所领导的城邦本身不正义地毁灭。（519b3-c1）

一个政治家一旦被城邦作为行不义者，不应该"感到愤怒并抱怨"，"因为没有任何一个城邦领导人任何时候能被他所领导的城邦本身不正义地毁灭"。换言之，一个政治家遇到一切悲惨遭遇，都应该无怨无悔；即使被毁灭，也不会不正义。因为一方面，从天道规律而言，善恶报应丝毫不爽，因而一切都是自作自受，好人不会被伤害，不会有恶报，反言之，好人受苦是因为还不够好，坏人享福是因为还不够坏（参《申辩》30d、41d）。另一方面，从政治家的本位而言，所谓"小人无错，君子常过"，"百姓有过，在予一人"，"万方有罪，罪在朕躬"；即使是前代政治家的罪责，自己也应该心甘情愿作为替罪羊，替前人背锅，至少承认自己是同谋或共犯，所谓"受国之垢，乃为社稷主，受国之不祥，乃为天下王"，"恩欲归己，怨欲归谁"？任劳任怨、担罪受过、含垢忍耻是政治家的分内之事。

既然真正的治邦者会使邦民变好，自然就不会被邦民迫害，除非是冒充的治邦者。苏格拉底进而类比冒充的治邦者与智术师：

　　……因为凡是冒充治邦专家的人与凡是［冒充］智术师的人，恐怕有相同的情况。因为智术师们尽管在其他方面智慧，却也在干这种离谱的事儿：［c5］因为他们宣称自己是德行的教师，却经常控告学生们对他们自己行了不义，因为他们既赖掉酬金，又不回报其他感恩，［519d］尽管他们已经从他们那儿得到善待。又有什么事情会比这个说法更没道理呢：［说什么］那些已经变得既好且正义的常人，不仅通过教师剔除了不正义，而且拥有了正义，却用他们并不拥有的那个东西行不义？［d5］在你看来，这不是离谱么，同伴噢？你强迫我真正搞民众演说，卡利克勒斯噢，因为你不乐意回答嘛。

　　卡　但你是那种人吗——若没人回答你，你就不能讲？

　　苏　［519e］看起来［能］。现在，我无论如何要把言辞拉得长久，既然你不乐意回答我。得了，好人噢，请你说说，向友谊［神宙斯］起誓，在你看来这不是没道理吗：一个宣称已经使某人变好的人却指责那人，［说那人］从他那儿已经［e5］变成且就是好人，然后又是低劣者？

　　卡　在我看来确实［没道理］。（519c2-e6）

智术师一面宣称自己是德行的教师，一面却经常控告学生对自己行不义；但真正的德行教师会使学生变得正义，自然不会被学生行不义，反之，他若指控学生对自己行不义，就等于否定自己是德行的教师。

但问题是，治邦者或演说者什么时候像智术师一样，宣称自己是德行的教师了？这大概是出于苏格拉底的合理引申：首先，高尔吉亚曾经被迫承认，演说者知道乃至教授正义（460a5-b1，参461b5-c4），不过，这个陷阱早被卡利克勒斯识破（482c8-d5）。其次，但关键的是，卡利克勒斯已经承认，存在使邦民变好的高尚演说术（503a），也存在使邦民变好的四大古代演说家（503b-c），而使邦民变好就是使邦民的灵魂产生正义和节制等德性（504d-e），既然如此，演说家或治邦者实际上就是德行的教师。①

----

① 苏格拉底讲完这个长篇大论之后，提到自己的身份：卡利克勒斯不乐意回答问题，从而"强迫"苏格拉底"搞民众演说"，"把言辞拉得长久"（519d5-e2）。作为民众演说家，苏格拉底显然没有成功地使民众变得更好，因为他最终受到民众的不义对待。这似乎暗示，没有使民众变好的政治技术，或者说，政治家不可能完成美德教师的使命。

不过，以治邦者或演说家为傲的卡利克勒斯却鄙视智术师。

> 苏 那么，你没听过那些宣称在德行方面教育世人的人讲这类东西吗？
>
> 卡 ［520a］我确实［听过］；但关于这些毫无价值的常人，你能讲什么呢？（519e7–520a1）

在卡利克勒斯的眼里，苏格拉底将治邦者类比为智术师，等于是贬低治邦者。但另一方面，苏格拉底又等于是要求治邦者承担更多的责任，从而抬高了治邦者的身份，同时为他随后关于真正治邦者的自我宣称做了铺垫。

卡利克勒斯鄙视智术，却崇尚演说术。苏格拉底告诉他，两者半斤八两：

> 苏 但关于那些人，你又能讲什么呢：他们宣称领导城邦并关心怎样使之尽量变得［a5］最好，反过来，一旦有机会，他们又控告它最低劣？你相信，这些人与那些人有什么差别吗？智术师与演说者，福佑的人噢，是相同呢，还是有点接近和相近，就像我曾对珀洛斯讲的？但你出于无知［520b］而相信，一个是某种完全高尚的东西，即演说术，却鄙视另一个。但根据真实，智术比演说术更高尚，正如立法术比审判术、体操术比治病术［更高尚］。（520a2–b3）

智术甚至高于演说术，正如立法术高于审判术、体操术高于治病术。

体操术之所以高于治病术，是因为无病高于病愈；同理，立法术优于审判术。按照倒影原则，更高者的败坏比更低者的败坏更坏，立法术的败坏是智术，审判术的败坏是演说术，因此，智术应该低于演说术。

但这里为什么又说智术高于演说术？首先，因为苏格拉底不再将演说术视为完全的虚假技术，故倒影原则失效。其次，智术师比演说家更以德行的教师自任，自居高位。

> ……但我甚至相信，唯独民众演说者们和智术师们
> ［b5］没有资格指责他们教育的那个产物①，［说］它到他们
> 那儿是低劣者。②否则，照相同的道理，他们就［必须］也同
> 时控告他们自己，［说］他们丝毫没有助益他们自称助益的
> 那些人。情况不就这样吗？
> 卡　［520c］完全对。（520b4-c1）

无论什么人，一旦将自己摆在教师的位置，就没有资格指控自己的教育对象，否则，他就必须同时指控自己，承认自己没有

---

① "那个产物（τούτῳ τῷ πράγματι）"，即教育的成果或对象，无论团体或个体。
② 即反过来受到教育对象的虐待，参519c。

教好，不是合格的教师。正所谓"春秋责备于贤者"，天之道功
成不居，人之患好为人师，功德和高位同时意味着过患和危险。

但苏格拉底随后通过比较健身师，又保证了德行教师的
安全：

> 苏　也唯独这些人，看起来大概有资格脱离酬金赊予善
> 行，如果我讲得真实。因为某个在其他善行方面被善待的
> 人，比如，通过一个健身师［c5］变得迅速，他也许就能赖
> 掉感恩，若这个健身师赊予他，而非跟他一起定下酬金并尽
> 最大限度在给出"迅速"的同时拿到［520d］银子。因为我
> 相信，常人们行不义不是由于"缓慢"，而是由于不正义。
> 不是吗？
>
> 卡　是。
>
> 苏　那么，若某人取走这个东西①，即不正义本身，
> ［d5］他任何时候都毫不害怕受不义，相反，唯独他能安全
> 地赊予这种善行——倘若实际上某人有能力使世人变好。不
> 就这样吗？
>
> 卡　我肯定。（520c2-d8）

在理论上，德行教师教会学生正义并消除不义，学生就不会

---

①　"取走（ἀφαιρέω）"即消除。

不义地对待教师，所以，德行教师根本不用害怕受不义。但前提是，他确实"有能力使世人变好"。

相应地，苏格拉底又通过比较建房者，向德行教师提出了更高的要求：

苏　因此，看起来就因为这些，提出其他建议——［d10］比如关于建房或其他技术——并拿走银子毫不丑陋。

卡　［520e］看起来确实。

苏　但关于这种活动，即一个人以什么方式才能尽量变得最好并最好地治理自己的家庭或城邦，除非某人给他银子否则就拒绝提出建议，［e5］这就习惯被认为丑陋。不是吗？

卡　是。

苏　显然，原因是这个：即唯独这种善行使受善者反过来欲求施善，以致它看起来就是美的标志：若这种善行［10］的施善者反过来将受善；但要不然，就不是［美的］。这些情况就是这样吧？

卡　［521a］就是。（520d9–521a1）

为了金钱而教授德行或提出建议被视为可耻，因为"唯独这种善行使受善者反过来欲求施善"。换言之，你真能教授德行，使人变好，他一定会反过来对你好，你就得到一个更好的朋友，这本身就是对你教授活动的回报（参色诺芬《回忆苏格拉底》

1.6.13-14）；朋友是另一个自己，朋友变好就是你自己变好，利人就是利己，若再收取金钱，就等于索取额外回报，或者更等而下之，等于贱卖德行，用价值更高的东西换取更低的东西。智术师之所以值得鄙视，不是因为他们以德行的教师为标榜，而是因为他们同时抱怨并指责被教育者忘恩负义，并收取学费，贪求更多的回报。相比之下，演说家一方面兼具智术师的缺点（抱怨并收费），另一方面不仅缺乏、反而鄙视智术师的优点（以教师自居），岂不就比智术师更低吗？[①]

【附注】苏格拉底本人既不以德行教师自居，也从不收取学费，更未抱怨自己遭到不义的对待。其他方面且不论，单说不收学费一事，陈义很高，也有利于破除资产阶级的知识产权（金钱买不来德行），但作为一般要求，恐怕仍有流弊，且苏格拉底本人已经注意到人们可能的误解，比如《游叙弗伦》3d："也许因为你看起来很少显露自己且不愿意传授自己的智慧。但我恐怕他们（雅典民众）会认为我爱人类/博爱，会尽我所有挥霍无度地讲给每一个男人，不仅不取报酬，而且会快乐地倒贴，只要有人愿意听我讲"。其实，苏格拉底本人虽然不收学费，但并不拒绝朋

[①]　"你做一件善事，除此这外还有什么可希冀的？你做了一些与你本性相合的事，难道这还不够？你还想有什么报酬吗？……人也是一样，生来就是加惠于人的，对人有恩惠或是利用任何别的方式对公共利益有所贡献时，他正是尽了本分，得到了他所应得的报酬。"（奥勒留《沉思录》9.42，梁实秋译）

友的馈赠和接济，尽管二者不可等同。参《申辩》33a-b苏格拉底本人更圆融的说法："我从来都不曾是任何人的教师。假若有谁在我讲话并践行己事的时候欲求聆听，无论青年或老年，我从来都不拒绝任何人；我不是拿了钱财才交谈，不拿就不［交谈］，而是向富人和穷人同等地亲自提问，只要有谁愿意回答并聆听我所讲的东西。无论他们有谁变得有用或没有，都不能正义地归因于我，因为我既没有向谁承诺［教授］什么，也从来没有教过任何学问。"参子曰"自行束脩以上，吾未尝无诲焉"，圣人教学也要钱；当然，话没说死，只说交学费的一定会教，但没说不交学费就不搭理；其实，关键不在束脩，而在"自行"，即所谓"礼闻来学，不闻往教"，"童蒙求我，匪我求童蒙"。

类比智术师与演说家之后，苏格拉底回到自己最初的问题：应该怎么照料城邦？

苏　那么，请你为我界定，你号召我朝向对城邦的哪种照料：是坚持跟雅典人战斗，以便使之尽量变得最好，像个治病者一样；还是像个将要服务并［a5］为了［他们］喜悦而结交［他们］的人？请你告诉我真话，卡利克勒斯噢，因为你要像开始直率待我那样，继续讲出你心里所想的东西直到结束，才算正义。现在，请你也乖乖地且高贵地说吧。

卡　既如此，我就讲：像个将要服务的人。

苏 ［521b］因此，你号召我，最高贵的人噢，像个将要
谄媚的人。

卡 （生气地）若称密细亚人①令你更快乐［，你
就那么称吧］，苏格拉底噢，因为若是你不做这些——
（521a2-b2）

是像治病者一样坚持跟雅典人战斗以使之变得更好，还是
像服务者一样取悦雅典人？卡利克勒斯直率地表示，应该像服务
者。苏格拉底则故意贬低说，服务者就等于谄媚者。卡利克勒斯
听了似乎有点生气，索性承认比谄媚者更低贱，正要说明理由的
时候被苏格拉底打断。

这一段转折颇有意味。首先，苏格拉底仍然以非此即彼的方
式给出两个选项，卡利克勒斯则仅仅被动地二选其一；但其实，
前文的说法（尤其517b苏格拉底表示并不谴责服务者，517d–518a
关于烹调术与治病术之间等级关系的比喻）已经暗示，两者可
以结合，即可以"好好地且高贵地"做个服务者，即使取悦，也
可以导向改善。服务本身无所谓高低，其高低是据其所服务的目
的而变化，若目的高尚，服务就是荣耀；目的卑下，服务就是耻
辱。卡利克勒斯既崇尚勇敢，却又没有勇气和动力做个治病者；

---

① "称密细亚人（Μυσόν καλεῖν）"：密细亚人被希腊人鄙视，比谄媚者更低级，
参《泰阿泰德》209b。

既想做主人，却又不愿被统治，不甘心做个奴隶般的服务者，殊不知"能令"的前提是"受命"，（参《法义》716a）。

尽管如此，服务者一词尚无贬义，但苏格拉底说服务者就等于谄媚者的时候，卡利克勒斯彻底暴露了他潜意识里对这个身份的爱恨交织："若称密细亚人令你更快乐，苏格拉底噢，因为若是你不做这些 ——"密西亚人比谄媚者更低贱。卡利克勒斯言下之意：我也以谄媚为耻，但我是迫不得已，为了某某目的，哪怕再低贱你都得委屈自己。道理没错，关键在于目的是什么？其实，苏格拉底并未教条式地以谄媚为耻：若不是为了换取某种回报或成功，不是为了钱财或荣誉，而仅仅为了避免更坏的情况，甚或导向某种改善，谄媚不也是高尚的吗？反过来，若以谄媚为耻，就已经说明谄媚的目的并不高尚。

于是，苏格拉底未等卡利克勒斯说完，抢先替他说出其目的：自保。

　　苏 但愿你不要说你已经多次说过的东西啦，"谁愿意［杀死我］就会［b5］杀死我"，免得我也又要说，"作为低劣者的他［杀死］作为好人的［我］"；也不要［说］，"他会抢走，倘若我拥有什么"，免得我又要说，"他尽管抢走了，却不能够使用它们，相反，就像他不正义地从我这儿抢走一样，他拿到之后［521c］也会这样不正义地使用；但若不正义地，就丑陋地；而若丑陋地，就坏地［使

用〕"。（521b3-c3）

卡利克勒斯多次告诫，若不谄媚，就会被杀死或抢走财产等（参486a-c、508d-e、511a-b）。

但苏格拉底表示：即使被杀死，也不妨碍自己作为好人（仿佛好人可以脱离肉身）；即使被抢走财产，也对行不义者无益（苏格拉底本来就没什么财产可抢）。

苏格拉底具有反讽意味的夫子自道，再次激起卡利克勒斯的惊疑：

> 卡 在我看来，苏格拉底噢，你多么信服自己不会遭受其中任何一件呀，仿佛你住在世外①，而不会被一个也许完全〔c5〕糟糕且卑贱的常人带进法庭。（521c4-5）

苏格拉底仿佛"住在世外"的傻瓜，不懂江湖险恶，轻视自我保全，好像坚信自己不会受不义。

苏格拉底再次表示，完全理解卡利克勒斯的忠告：

> 苏 那我就真是不理智啦，卡利克勒斯噢，若是我不相

---

① "世外（ἐκποδὼν）"，本义远离脚（ἐκ-πούς），即脚走不到的地方，人迹罕至的地方。

信在这个城邦里任何人都可能遭受碰巧发生的任何事儿。然而，这一点我很好地知道：假若我会走进法庭，卷入[521d]你所讲的那些危险之一，把我带进去的将是某个低劣者——因为没有哪个有用之人能把一个未行不义者带进去——而我就算被杀死，也毫不离谱。你愿意我告诉你，我因为什么预见这些吗？

卡　[d5]完全[愿意]。（521c6-d5）

苏格拉底完全预见自己会遭到那些危险，但仍然毫不害怕并因而委屈自己。

卡利克勒斯尽管不能理解，语带反讽，但较之以前（486a-c居高临下的训诫，511-b情不自禁的义愤），这里似乎透出一丝无奈的惋惜、衷心的敬佩和进一步了解的意向。

于是，苏格拉底讲出一段迄今最严肃的自我定位和命运预言。

苏　我相信，我跟少数雅典人一起——免得我说唯独我，但今人之中唯独我——着手真正的治邦技术并实践政治事务。（521d6-7）

苏格拉底相信自己是真正的治邦者。然而，自从卡利克勒斯进入谈话以来，苏格拉底的自我定位不都是搞哲学，并将政治与哲学作为两种不同甚至对立的生活方式吗（参481d、482a-b、500c）？

那么，现在的问题就是，哲学在什么意义上是真正的治邦术？πολιτικός的词根是"城邦"，故表示城邦事务。较之个人或家庭事务，城邦事务属于公共事务，所以，它进而表示公共之事。而最高和最大的公共之事是宇宙这个万物共有的唯一城邦的事务，而非这个或那个具体城邦的事务。哲学致力于探究使天地神人合为一体的"宇宙秩序"（参508a），并凭借理性讲述"永远相同的说法"（参482b-c）。所谓"唯天下至诚，为能尽其性；能尽其性，则能尽人之性；能尽人之性，则能尽物之性；能尽物之性，则可以赞天地之化育；可以赞天地之化育，则可以与天地参矣"（《中庸》）。在这个意义上，为天地立心的哲学关系到天地万物和所有人的最大公共利益，因而是真正的治邦术。①

然而，尽管哲学算是真正的治邦术，但搞哲学是否直接等于"实践政治事务"？更确切地说，是否一定要以公开的方式搞哲学？苏格拉底曾经区分了从事一切技术的干私活与服公役两个阶段，并以成功的私人实践作为公开实践的前提之一（另一个前

---

① 苏格拉底的这个认识完全符合中文"政治"一词的本义："政者，正也"，政治即正确的治理，即正确的说话和行动，也即苏格拉底所谓的正义或孔子所谓的正名，包括治己和治人，治心与治邦。它必然以认识宇宙和人心的正确秩序为前提。在这个意义上，政治与哲学或教育是一回事。只要保持正念和正行，就无时无处不在为政，所以，子曰"是亦为政，奚其为为政？"

提即熟悉这种技术本身，参514a–515b）。既然苏格拉底现在自称熟悉真正的治邦术即哲学，我们不是同样可以审查苏格拉底：他跟谁学过哲学？他本人的灵魂状况怎样？最关键的是，有谁通过跟他聚谈而在灵魂方面变好了（参515a-b）？前两个问题且不谈，单说最关键的第三个问题，他自己刚刚不是恰恰提到一个明显的反例——阿尔喀比亚德（参519a）吗？既然如此，他为什么使哲学走向公开？其实，根据苏格拉底的公开说辞，他从未打算使哲学走向公开（参《申辩》31c–32a、32e）；若不是被人揭发指控，他恐怕会甘于永远隐没在人群市井之中，换言之，哲学走向公开，不是出于哲人的自愿，而是出于城邦的指控和强迫；或确切地说，是出于城邦的需要，所谓"挑货的才是买货的"。就这里而言，若不是卡利克勒斯的指控，苏格拉底也不会亮出真实的身份。然而，真实的光芒一触即发，具有强大的杀伤力和穿透力，乃至于大地起刀兵。

哲学尽管关心最公共之物并朝向最好，但几无可能被民众理解，因此，一旦被迫走向公开，一定会招致民众的误解、嫉妒、厌恶乃至敌视和怨害。于是，苏格拉底随后预言了自己的命运：

　　……于是，由于我不是为了［他们］喜悦而讲我每次都讲的那些道理，而是为了最好，不是为了［521e］最令人快乐；而且［由于］我不乐意制造你劝告的那些东西，那些

"精致之物"①，因此，我在法庭上将无话可讲。

　　但我对珀洛斯讲过的相同的讲法也适用于我：因为我将像一名被烹调者控告的治病者会在小孩子们面前被判决一样被判决。[e5] 因为请你想想看，这种凡人被抓到这些[孩子] 面前之后能申辩什么呢，若某人控告他，讲："孩子们噢，这个男人已经对你们干了很多坏事，就在你们自己身上呀！他通过切割和灼烧败坏你们之中最年轻者，又通过[522a] 减泻和堵塞使[你们] 困惑，通过给予一些最苦涩的药水并强迫[你们] 忍饥挨渴！不像我，我一直使你们尽情享用很多各式各样的令人快乐之物哟！"

　　你相信，一名治病者被抓进这个恶[境] 里能够说什么？若[a5] 他说出真话，"我做所有这些，孩子们噢，是为了健康"，你相信，这样的法官们会扯出何等叫嚷？能不大吗？

　　卡　也许吧。

　　苏　应当相信[会这样]。②那么，你不相信，他就在完全的困惑之中，无法[522b][说出] 他应当说出的任何东西吗？

　　卡　完全[相信]。

　　苏　然而，我知道，我只要走进法庭，也会遭受这种经

----

① 参486c6，493a5。
② 据D本断句，视为苏格拉底的强调和纠正。B本及诸抄件皆归于卡利克勒斯之口。

历。因为我将不仅无法向他们［b5］讲出我已经设法供给哪些他们习惯视之为善行和助益的快乐——但我既不羡慕那些供应者，也不［羡慕］那些被供应者——而且假若有人说我，要么通过使［青年］困惑而败坏青年人，要么通过私下或公开讲些苦涩的言辞而诋毁老年人，那么，我将既无法说出真话，"我是正义地［522c］讲和做所有这些"——用你们的那个［叫法］——"法官大人们噢"①，也无法［说出］其他任何东西。这样，也许我将遭受我碰巧遇上的任何东西。（521d8—522c3）

苏格拉底会像一名被烹调者指控的治病者在小孩子面前被审判一样被民众审判。严格地说，这个预言发生在苏格拉底受审之后，因为这篇对话毕竟出自柏拉图之手并写于苏格拉底死后。不过，做出这样的预见并不稀奇，因为在苏格拉底之前，哲人受审事件已经屡见不鲜。

根据历史记载，苏格拉底有两项罪名：不信城邦所信的神并引入新的精灵；败坏青年（参色诺芬《苏格拉底在法官面前的申辩》10，第欧根尼·拉尔修《名哲言行录》2.40，柏拉图《申

---

① "法官大人们噢（ὦ ἄνδρες δικασταί）"：在《申辩》中，苏格拉底称陪审团为"雅典的人们"，用"法官大人们"仅指少数赞成无罪释放的人（《申辩》40a）。苏格拉底这里这样称呼自己的指控者，显然有谄媚之嫌。

辩》24b-c）。但这里的指控是："假若有人说我，要么通过使青年人困惑而败坏青年人，要么通过私下或公开讲些苦涩的言辞而诋毁老年人，那么，我将既无法说出真话。"仅仅明确提到"败坏青年"这个附带的罪名，却没提实质性的不信神之罪，或确切地说，是用"诋毁老年人"代替了不信神之罪。这种代替尽管可以理解（城邦所信的神大体等于老年人所信的神），但并不准确。这暗示，像孩子一样的雅典民众显然不能理解真相，甚至不能准确理解苏格拉底的罪名，遑论理解苏格拉底的哲学事业及其利益。因此，苏格拉底将完全"无法说出真话"。

不过，无法说出真话不等于完全无话可说，苏格拉底毕竟最终在法庭上做了申辩，并提及自己的哲学事业，只是未能充分阐明。真话只能说给智慧的朋友（参487a、《王制》450d-e、《法义》663e），哲学的意义只能向热爱哲学的人充分显现，因此，《申辩》仅仅以神谕的方式向雅典民众解释自己的哲学使命。相比之下，自诩男子汉的卡利克勒斯显得比孩子般的雅典民众更聪明、友善和坦率，苏格拉底就更多地透露一点真话，比如宇宙几何正义（508a）；但因为卡利克勒斯对哲学终究是叶公好龙，《高尔吉亚》终究未能充分揭示哲学的意义，尽管卡利克勒斯前文的一句嘲讽——苏格拉底"仿佛住在世外"（521c4）——无意之间已经触及哲学的真义：在世而出世，以世出摄世间，出入无疾，一以贯之，无论生死都不行不义。

听了苏格拉底坚定的自我定位和清醒的命运预言，卡利克勒斯最终仍然将信将疑：

> 卡 那么在你看来，苏格拉底噢，一个常人在城邦里
> [c5] 被置于这样的境地且没有能力保护他自己，算是美的
> 状态吗？（522c4-5）

他所谓的自保，显然是侧重肉身的保存。这个希望并非毫无
道理，苏格拉底自然不会否定，但这种自保限于一偏，容易发生
颠倒，舍本逐末：人毕竟是灵魂与肉身的整体，真正的自我是灵
肉的统一，因而不仅要保护灵魂，而且要保护肉身；但纵然有灵
肉统一之人，也是凤毛麟角，绝大多数人都以灵肉冲突为生活的
常态，因而灵肉二者孰先孰后就有争议；哲人提供的判断方法是
学习死亡，即灵肉彻底分离之时，只有可能舍肉身而保灵魂，从
而推知，灵魂更近于自我，因而保灵魂比保肉身更重要；这个从
极端状态推知的原则，反过来也可以应用于常态的生活之中，以
灵魂为主可以兼顾肉身，但以肉身为本则一定忽视灵魂。

于是，苏格拉底重申以前讲过的观点：最美或最强的自保是
免于最大的恶（参509a-c），即免于行不义而非受不义，因为行
不义必然伤害自己的灵魂，若逃不掉现世的报应和惩罚，也会进
而伤害自己的肉身；即使逃得掉，病态的灵魂也不免伤及肉身；
而受不义尽管使肉身被伤害，但毕竟可以使灵魂不被伤害（假若
灵魂因而被伤害，只能说明并非受不义）。

苏 算是，只要他起初就有那一个，卡利克勒斯噢，你已经多次同意的东西：只要他能保护他自己免于［522d］说出或做出任何不义之事，无论对人们或对神们。因为我们已经多次同意，这种自我保护是最强的。（522c6-d3）

关于不行不义，苏格拉底这里做了更具体的限定："免于说出或做出任何不义之事，无论对人们或对神们。"但这个限定似乎仍不充分，因为漏掉了"不想"：思考雅典城邦禁止之事，算不算行不义？有没有思想罪？这正是苏格拉底的主要罪名之一，即前文忽略或替换的不信神之罪（参522b7-8）。这个遗漏当然不是自作聪明的所谓为尊者讳，那就反而坐实了苏格拉底的罪行。相反，苏格拉底已经说明自己获罪的原因，就是因为自己没有按照民众的喜好讲话，"缺乏谄媚的演说术"，使人"困惑"并讲些"苦涩的言辞"。准确地说，在苏格拉底那里，言辞与思想一致，思想罪就是言论罪。当然，普通人经常思想与言辞分离，从二者分离的角度看，忽略思想的不义也自有其深刻的意义。因为这关系到法律或城邦与哲学各自立场的不同乃至冲突：法律或城邦天然以正义的化身和权威自居，虽然仅仅关注身体性的行为和言辞层面，但其权威性使它不可避免地试图凌驾思想的领域；然而，根据哲学的立场，一切言行的不义都根源于思想的错误，但哲学尽管承认有正确的思想或意见，乃至有真理，但不承认有理性辩驳以外的权威足以判定思想的不义，即使查出思想的不义，也非理性辩驳以外的方法有权或足以纠正；这样一来，哲学必然质疑乃至消解法律或城邦的权威。

苏格拉底并不盲目自信地以正义自居，他表示自己尽管尽力保护自己免于行不义，但不排除可能无意的犯错，因此，他愿意接受任何人（无论多数人、少数人或一个人）的反驳和纠正：

> ……那么，若是有人能驳倒我，［证明我］实际没有能力给自己或他人提供这种保护，［d5］我就会感到羞耻，无论在多数人面前或在少数人面前被驳倒，还是仅仅被一个人［驳倒］。我若是因为这种无能而被杀死，我就会感到愤怒。但我若是因为缺乏谄媚的演说术而命终，我很好地知道，你就能看见我轻松地承受［522e］死亡。（522d3-e1）

他说了三种可能。第一种是指因为无知而非自愿地犯下的小不义，若"被驳倒"，他会"感到羞耻"，然后竭力补救。第二种是指无论自愿或非自愿而犯下的大不义，应该"被杀死"，他会"感到愤怒"，即愤怒自己竟然犯下死罪（参《申辩》26a）。前两种都假定有罪，第三种则假定无罪："因为缺乏谄媚的演说术而命终"——出于对城邦正义的信心和尊重，他没说自己会因为未行不义而被杀，因为那将是城邦的耻辱和罪过。苏格拉底相信，根本不需要（或恰恰因为不用）谄媚的演说术，就足以驳倒城邦施加给他的一切指控。但即使这样，雅典审判者愿意公正地审判吗？不义的审判者可能恰恰因为被告的无辜（会被视为傲慢）而敌视被告，从而罔顾法律，宣判无辜者有罪。苏格拉底即使愿意为了维护城邦法律而谄媚城邦，也不会向不义的审判者妥协。因为审判者应该依据城邦法律进行审判，不该受法律以外的因素影响，若苏格拉底谄媚不义的审判者，就会树立坏典型，败坏法律。

苏格拉底完全预见自己会"因为缺乏谄媚的演说术而命终"，但他会"轻松地承受死亡"：

> ……因为无人害怕被杀死本身，只要他不是完完全全没有理性且没有勇气，而是害怕行不义：因为灵魂在充满很多不义行为时抵达冥府，是所有诸恶的极端。（522e1-4）

理智且勇敢的人不怕死亡，是因为相信死亡不是终点，仍有死后的生活。不怕受不义而害怕行不义，是因为相信死后的正义审判。

第七章 | 收场戏 苏格拉底的独白

　　在《高尔吉亚》结尾，苏格拉底讲了一套长篇独白，向卡利克勒斯转述并解释了一则关于死后审判的故事。这则故事源于荷马：一条古老的神法规定，正义且虔敬之人死后上福岛，不义且不敬之人死后下地狱。在克洛诺斯时代，审判者和受审者都是活着的时候审判和受审。地狱和福岛的主管反映，经常发生判决错误。宙斯就找原因，之所以误判，是因为双方都活着，受审者就可以掩盖自己的灵魂，并找人作假证，迷惑审判者。于是，宙斯命令：首先，使人停止预知死亡；其次，审判者和受审者都在死后审判和受审；最后，委派自己的三个儿子米诺斯、剌达曼堤斯和埃阿科斯主持死后的灵魂审判（522e5–524a7）。

　　转述荷马的故事之后，苏格拉底做了详细的解释：死亡是灵魂与身体的分离，一旦分离，二者各自仍然保持各自生前的

状态，因此，死后灵魂就会显露真实状态，审判者就不会误判
（524a8–525a7）。因此，灵魂法庭的最终审判符合正义：善有
善报恶有恶报，惩罚的目的，要么是使被惩罚者变得更好，要么
是警示他人；前者针对可以救治的人，后者针对不可救治的人
（525b1–c8）。随后，苏格拉底依据荷马的权威，举例评判历史
人物：珀洛斯崇拜的阿克劳斯之类的僭主和卡利克勒斯崇拜的大
多数能人政客，都成了不可救治的警示样板，只有极少数能人正
义地度过一生，大多数能人都下了地狱；只有终生践行己事而清
静无为的哲人上了福岛（525d1–526d3）。

　　最后，苏格拉底回到演说术：他本人信服死后的审判，因而
尽力做个好人，也尽力号召所有人尤其卡利克勒斯信服并践行。
但卡利克勒斯可能认为，死后的审判只是老太婆的神话，不值一
哂。但苏格拉底坚持，关于行不义与受不义哪个更坏，关于怎样
使用演说术，卡利克勒斯及其同伴都没能驳倒苏格拉底的观点，
因此，就只能信服。于是，苏格拉底号召：只要实际既美且好，
修炼德行，无论活着或命终就都能幸福，即使被鄙视、被作践和
被殴打，都不可怕；不应该过早转向政治事务，除非已经修炼德
行并校正自己的言行；作为我们的领路人，死后审判的故事向我
们指明了最好的生活之道，即修炼正义和其他德行，无论生前与
死后（526d4–527e7）。

1　从逻各斯回到秘索斯（523a1-3）

征得卡利克勒斯的同意之后，苏格拉底转述一套"说法"，完成自己的论证。

> 苏 ……［e5］但若是你愿意，我乐意给你讲一套说法，［说明］这事儿就像这样。
>
> 卡 得了，既然你已经完成其他东西，就请你也完成这个吧。
>
> 苏 ［523a］行！你来听，一套据说特别美的说法（λόγου），尽管我相信你会视之为神话/秘索斯（μῦθον），但我却［视之为］论证/逻各斯（λόγον）；因为我将把我打算讲的作为真实存在物（ὡς ἀληθῆ γὰρ ὄντα）讲给你。（523e5-a3）

这套"说法"被视为"神话"。其实，苏格拉底前面已经引过"某个智慧者"转述的"某个讲神话的精致男人"所说的灵魂—罐子比喻（493a-d），但并未强调神话的特殊性。但在这里，苏格拉底明确把神话与论证对举。①

苏格拉底为什么区分神话与论证？据说，这两个词语起初可以通用，都表示故事或叙述。但早在柏拉图之前，尤其是自然哲学出现之后，二者的用法就有了重大分离，关键的区别在于是否真实：如苏格拉底这里指出的，神话是不真实的叙述，论证是真实的叙述。但作为标准的真实，显然并非人人共享，即使有人掌握真实，也不易令人信服（参《法义》663d-e）。于是，同一套叙述，苏格拉底"信以为真"（524b1）并视为论证，但卡利克勒斯信以为假并视为神话。因此，要搞清苏格拉底最后的讲辞，就要搞清什么是神话，神话与论证的关系，确切地说，苏格拉底或柏拉图怎么理解和使用一般所谓的神话。

柏拉图从未明确界定什么是神话，但从柏拉图作品诸多明

---

①　"神话"一词在这篇对话中共出现五次：前两次（493a5，493d3）都是动词形式，强调讲话的方式，所指内容都是灵魂—罐子喻，但前一次是某个精妙男人讲的，后一次是苏格拉底讲的；第三次（505c10"中途丢下神话据说都不合天理呀"）是复数名词，只是引用谚语，并无所指内容，但已经把神话与论证并举，并暗暗贬低前者；后两次（523a2，527a5）都是单数名词，强调所说的内容，都是指灵魂审判故事，但都是卡利克勒斯视之为神话。在词源上，μῦθος与动词μύω同根，μύω意为"闭嘴"；μύω的另一个派生词是μυέω，意为"入秘仪"，参493a关于"未入门者"注释。

μῦθος一般采用通行译法，即"神话"，但在本章，为了强调，也偶尔用音译"秘索斯"，以与"逻各斯"对照。λόγος，含义甚广，不同语境侧重不同，因而不可统一，一般译为"言辞""说法""讨论""论证""道理"等等，视情况而定；在本章，为了强调，也偶尔用音译"逻各斯"，以与"秘索斯"对照。关于秘索斯与逻各斯的一般研究，参陈中梅：《柏拉图诗学和艺术思想研究》附录四"论秘索思"，商务印书馆2016年；包利民：《生命与逻各斯》，东方出版社1996年。

确称为神话的地方，大致可以看出一些端倪。在《法义》第一卷
（636c-d、644d-645b），神话几乎作为法律的反义词，法律确
定可知，而神话则表示无法知晓或难以知晓的东西，比如非常古
老的东西，若无记载就很难了解，即使文献俱在，也不易确定。
因此，在《法义》第三卷，雅典异乡人叙述多里斯人的历史之前
和之后都反复称之为神话（682a、682e、699d），因为这套历史
叙述看似依据历史事实，但有不少想象的成分。除了所谓的历史
故事，在柏拉图笔下，天空、大地、神和人的诞生等等，都可以
成为神话的主题，因为这些都是难以知晓的领域：例如《治邦
者》（268d-274e）和《法义》第四卷（713b-714b）关于克洛诺
斯时代的神话（《高尔吉亚》和《克里提阿》都提及），《普罗
塔戈拉》关于人类诞生的神话（320c6），《王制》第三卷关于
大地之子的神话（424d-415c），《会饮》关于爱若斯诞生的神
话（202e-203c），《斐德若》关于蝉的神话（259b-d），关于
文字起源的忒伍特神话（274c-275b），乃至整个《蒂迈欧》就
是关于宇宙的神话（20d）。可见，宇宙论是神话的要素之一，
例如《斐多》和《王制》第八卷及第十卷。关于自然哲学的《蒂
迈欧》整个被称为"逼真的神话"（29d2），尽管貌似真实，但
仍然属于神话。在众多神话中，最重要的大概是关于灵魂及其生
前死后的命运，这是《苏格拉底的申辩》《高尔吉亚》《王制》
（614b-621d）和《斐多》（107c-115d）等结尾神话的主题。灵
魂的重要部分是爱欲，因此，就有《会饮》和《斐德若》的爱欲

神话。①

　　柏拉图为什么使用神话？显然是因为论证不够用，理性的言辞不充分。理性言辞的局限，首先在于人类认知和表达的局限：人们很难认识真理（《书简七》343bc、《王制》517b4-6、506c-e）；即便获得真理，也很难传达真理（《克拉底鲁》408d、《蒂迈欧》29b-c）；即便能够传达真理，也很难让人相信或正确地理解，以致会造成危险（《法义》663e，《斐德若》275d-e、277e，《书简七》341e–342a、343a）。②于是，神话就可以补充论证，二者可以结合："因此，爱神话的人在某种意义上就是爱智慧的人，即哲人"（亚里士多德《形而上学》982b18-20）。于是，我们看到，《普罗塔戈拉》关于普罗米修斯盗火的故事就结合了论证与神话（320c、323a5）。这似乎是柏拉图笔下唯一一个神话与论证相结合的例子。不过，这种结合不能简单地归于柏拉图，更非源于苏格拉底，而是完全属于普罗塔戈拉的编造（参色诺芬《回忆苏格拉底》ii.i.21-34，智术师普罗狄科编造关于赫拉克勒斯的故事）。

---

① 关于柏拉图笔下的神话，参施特劳斯：《修辞、政治与哲学》，前揭，第480—483页；《经典与解释4：荷尔德林的新神话》所刊两篇解读柏拉图神话的论文，华夏出版社2004年；《经典与解释7：赫尔墨斯的计谋》所收一篇解读《斐德若》神话的论文，华夏出版社2005年，第85—105页；张文涛选编：《神话诗人柏拉图》，董赟、胥瑾等译，华夏出版社2010年。

② 参高尔吉亚的名言：无物存在；即便有某物存在，我们也无法认识它；即便可以认识，也无法告诉别人。

同样，《高尔吉亚》结尾的神话不是苏格拉底的编造，而是源于荷马："如荷马所言"（523a4）。苏格拉底只是听说，然后根据自己的理解进行分析推论（参524b1）。因此，这个神话在某种程度上又是苏格拉底理性分析的结果，并非简单复述荷马。同样，《苏格拉底的申辩》和《斐多》的神话也是苏格拉底基于民间传说理性分析的结果（《申辩》40d-41b，"如果传说无误"，"如果传闻属实"；《斐多》110b-113c，"据说"，"据诗人说"）。相比之下，《治邦者》的神话有些特别，因为转述者不是苏格拉底，而是"埃利亚异方人"（268e-274e）。但这个神话仍然是始于"从前有人讲，现在还人有讲"的古老故事，埃利亚异方人只是解释这些故事包含的道理。《王制》结尾的神话，叙述者虽然是苏格拉底，但苏格拉底却归之于俄尔。《会饮》的爱欲神话被苏格拉底归之于第俄提玛；《克利提亚》的神话被归之于埃及老祭司。《斐德若》的神话被归之于诗人斯忒西科（243a以下）。因此可以说，柏拉图笔下的苏格拉底从来没有以自己的名义讲述神话，即从来没有像智术师普罗塔戈拉一样编造神话。苏格拉底总是把自己转述的神话归之于他人，这意味着，神话不能编造，只能转述。神话总是"早已为人接受和相信的故事"，基于既有的同意，从某个有名或无名的人或群体流传而来，从可敬的古人或其他可靠之人流传而来，比如埃及祭司，因而会让人信以为真。总之，神话背后总有某个"古老的传统"作为支撑。

不过，尽管有古老的传统支撑，但没人会相信苏格拉底忠实地重述了狄奥提玛的原话，反而会有人认为苏格拉底编造了自己转述的神话（参《斐德若》275b4）。因此，神话背后的传统支撑就颇成问题，比如，这里所谓的"如荷马所言"。如果某个古代权威不足以支撑神话，那么，神话的真正基础是什么？苏格拉底会说，重要的既不是神话的来源，也不是神话的转述者，而是神话的内容是否"真实"（参《斐德若》275b5-c4）。那么，问题就变成，为什么必须用神话的外衣包裹"真实"的内容？确切地说，神话凭什么能使人愿意倾听"真实"？通常，神话是讲给孩子或孩子般的成年人的故事，只有孩子或孩子般的人会信以为真（参《治邦者》268e、《王制》377a）。[①]较之孩子或孩子般的人，真正的成年人更少相信神话，因为成年人一般会更成熟，因而更有理性。因此，神话的效力主要是基于某种灵魂的真实，基于灵魂的非理性部分，欲望或血气部分。作为一面镜子，神话像梦境一样可以鉴照听者或讲者的灵魂，尤其是灵魂深处的隐秘愿望。

　　《高尔吉亚》结尾的神话既然是苏格拉底讲给卡利克勒斯听的，因而更多地是为了映照并救治卡利克勒斯的灵魂。这个神话的主题是死后审判，类似主题的神话同样出现于《斐多》结尾和《王制》结尾。但《王制》和《斐多》关于死后审判的叙述包含了某种宇宙论，试图借此使人认识整全，获得某种知识。相比之下，《高

---

① 参施特劳斯：《论僭政》，前揭，第308—315页。

尔吉亚》的死后审判神话不包含宇宙论的因素，没有"设置任何准科学的陷阱"（见Dodds相关注释）。尽管这篇对话前面曾经简短地触及宇宙论（507e4-508a5），但这套宇宙论与这里的神话没有直接联系，换言之，论证与神话完全分离了。而且，前面关于宇宙论的教诲非常简短，这里的神话叙述却篇幅很长。因此可以说，苏格拉底教给卡利克勒斯更少论证，更多神话。

那么，卡利克勒斯为什么更愿意接受神话而非宇宙论传达的教诲？宇宙论传达的是宇宙正义或自然正义学说，而死后审判的神话则传达的是惩罚学说。前文已经表明，卡利克勒斯追求"拥有更多"而非拥有平等份额的生活；而宇宙正义却要求拥有平等份额（几何平等），显然不符合卡利克勒斯的愿望。不过，卡利克勒斯尽管追求"拥有更多"，但他毕竟自视为真正的男子汉，崇尚勇敢美德。这种性情使卡利克勒斯怀有某种正义感，具有行正义的惩罚冲动，即道德义愤。卡利克勒斯希望，正义的人一方面能够使自己避免遭受不义，一方面即便遭受了不义，也能够予以反击，惩罚行不义者。这种基于自我保存的行正义冲动，大概就是卡利克勒斯更愿意接受苏格拉底关于死后审判神话的深层原因。①

———————

① 参施特劳斯：《修辞、政治与哲学》，前揭，第483—485页对卡利克勒斯的分析：他自己都搞不清自己从政的动机是什么，"是对不义者的权力产生的高尚义愤，还是对僭主式自我放纵的热衷"？从自保到放纵的联系，被施特劳斯称为"自我辩护的辩证术"，亦参第489—492页。

2　苏格拉底转述秘索斯（523a4–524a7）

苏格拉底转述的神话发生在从克洛诺斯到宙斯的统治更替之时：宙斯、波塞冬和普路托从父亲克洛诺斯手里接管统治权之后，就瓜分了宇宙，分别掌管天界、海洋和冥界，但宙斯仍居主导地位。这次政权更替随后带来政制变革和司法改革。

苏格拉底的转述在形式上分两部分，先是间接陈述（523a4-c1），后是直接引述（523c2–524a7）。

先看间接陈述：

> ……因为如荷马所言，宙斯、波塞冬和普路托瓜分了统治权，［a5］自从他们从父亲那儿接管之后。① 而在克洛诺斯时代，曾有这条关于凡人们的法则［礼法］，它永远且直到现在仍然存在于神们那儿：凡人之中，凡正义且虔敬地度过［523b］人生的，一旦命终，就离开，去往幸福岛，居住在完全的幸福之中，远离诸恶；但凡不正义且不信神地［度过人生］的，则进入报应和审判的牢狱，他们称之为塔尔塔罗斯。
> （523a4-b3）

---

① 据《伊利亚特》15.187-193，宙斯命令波塞冬离开特洛伊战争，波塞冬大为愤怒，就提出这次分权行动，强调自己与宙斯平起平坐。

从克洛诺斯时代直到现在，神们那里一直有一条关于凡人的法则：凡正义且虔敬地生活的人，死后上福岛；凡不义且不敬地生活的人，死后下地狱。

但在克洛诺斯时代，甚至直到新近拥有统治权的宙斯时代，[b5] 都是一些活着的审判者［审判］活着的他们，在他们将要命终的那一天审判。于是，那些审判就判决得坏。于是，普路托和那些来自幸福岛的主管就前去对宙斯讲：他们两个地方各自［523c］经常出入一些不应该［去］的凡人。（523b4-c1）

在克洛诺斯时代和宙斯时代初期，审判者和被审判者都是活着审判和受审。于是，地狱之主普路托和福岛主管向宙斯反映，常有判决错误的情况。

为了审判得正义，宙斯就决定调查误判的原因并做出相应的改革。叙述转为直接引语：

于是，宙斯就说："不行，"他说，"我将使这个停止发生，因为现在那些审判被审判得坏，"他说，"因为那些被判决者裹着［外衣］被判决，因为他们活着被判决。于是，"他说，[c5]"很多拥有低劣灵魂的人，却罩着美丽的身体、家世和财富；而一旦判决到了，又有很多见证人

走向他们，见证他们生活得［523d］正义；于是，那些审
判者就被这些［装饰和证人］震慑住了，而且同时，他们
也裹着［外衣］审判，用眼睛、耳朵和整个身体在他们自
己的灵魂前面遮起一道屏障。所有这些东西就挡在他们面
前，既有［d5］他们自己的，也有那些被判决者的罩衣。”
（523c2-d5）

按照宙斯的说法，造成误判的原因只有一个：以前都是活着
审判，所以受审者可以用美丽的身体、家世和财富遮覆灵魂并找
很多人作伪证，审判者就会被这些装饰和证人震慑并被自己的身
体遮蔽，从而误判。

但宙斯采取的改革措施有两个：首先，使他们停止预知死
亡；其次，审判者和受审者都在死后、赤裸地审判和受审。

“于是，首先，”他说，“必须使他们停止预知死
亡，因为现在他们预知。于是，它就被说给普罗米修斯，
［523e］以便他使他们停止这个［预知］。其次，应该使他
们［脱去］所有这些东西赤裸地被判决，因为他们必须在已
死之后被判决；判决者也必须是赤裸的、已死的，用灵魂本
身突然之间观照每个死者——他已然失去［e5］所有亲属并
丢下整个那套装饰，留在地上——的灵魂本身，以便判决能
是正义的。”

"于是，既然我已经比你们更先认识到这些，我就让我自己的儿子们做了审判官，两个来自亚细亚，即米诺斯和剌达曼堤斯，[524a]而一个来自欧罗巴，即埃阿科斯。于是，一旦他们命终，就将在那草地上审判，在那三岔路口，从那儿延伸出两条道路，一条通往幸福岛，一条通往塔尔塔罗斯。剌达曼堤斯将判决那些来自亚细亚的人，而[a5]埃阿科斯[将判决]那些来自欧罗巴的人。至于米诺斯，我将赋予长者特权，使他再审判决——如果另两位有什么困惑——以便凡人们能有关于其旅程的、尽量最正义的判决。"（523d6–524a7）

最具决定性的第一项改革由普罗米修斯完成；为了完成第二项改革，宙斯亲自任命三个已死的儿子为审判官：来自亚细亚的米诺斯和剌达曼堤斯，来自欧罗巴的埃阿科斯。他们三个在通往福岛和地狱的三岔路口进行审判：剌达曼堤斯审判亚细亚的亡灵，埃阿科斯审判欧罗巴的亡灵，他们两个有困惑，则提交米诺斯最终裁定，以便最正义地判决凡人死后的旅程。

这样转述之后，苏格拉底说"这些就是我已经听到且信服为真实的"（524a8）。但我们是否能轻易信服苏格拉底转述的真实？或者，是否符合传统的说法？其叙述有什么疑点？

第一个疑点，苏格拉底一开始就更改或隐瞒了关于政权更迭的传统说法。[①]按照苏格拉底的转述，宙斯等人从父亲克洛诺斯那里"接管"了统治权（523a5），好像是以和平的方式继承权力。但根据荷马等人的传统说法，宙斯是通过暴力手段推翻克洛诺斯的统治，从而获得统治权（《伊利亚特》14.203-204，参赫西俄德《神谱》453–506）。苏格拉底的叙述不仅掩盖了克洛诺斯与儿子们两代神之间的冲突，而且掩盖了宙斯与其兄弟们以及其他神之间的冲突（参《伊利亚特》15.187-193）。他甚至特意提到，宙斯的兄弟们主动协助宙斯统治，因为正是"普路托和来自幸福岛的主管们"向宙斯反映了判决错误的情况（523b7-c1），才引起宙斯的重视并改革。"那些来自幸福岛的主管"具体是谁？并不清楚。[②] 但既然岛屿通常被视为海神波塞冬的管辖范围，那么，苏格拉底在目前的语境下提到这些主管，似乎试图将其作为波塞冬支持宙斯统治的证明。

最耐心寻味的，是关于宙斯与普罗米修斯的叙述——出自苏格拉底之口的宙斯之口："'首先，'他［宙斯］说，'必须使他们停止预知死亡，因为他们现在预知。于是，它就被说给普罗米修斯，以便他使他们停止预知。'"（523d6-e1）乍一听，好像是宙斯命令普罗米修斯去实施这项改革，但仔细一读，就非常

---

① 　参伯纳德特：《道德与哲学的修辞术》，前揭，第121页以下。

② 　赫西俄德《劳作与时日》170首次提到幸福岛：第四代即英雄种族的一部分人死后被宙斯送到这里，作为奖赏。据柏拉图，幸福岛是哲人死后的居所（526c，《王制》540）。

含混："它就被说给普罗米修斯"[①] 是个消极被动的说法，可能是出自宙斯的命令或默许，也可能是消息泄露。不过有一点毫不含糊，这项改革是出自宙斯的决定，仅仅假手普罗米修斯完成。然而，按照柏拉图时代最著名和最通行的讲法，普罗米修斯恰恰是未经宙斯批准，擅自给人类盗火并"使人类不再预知死亡"，因而遭到宙斯的惩罚（埃斯库罗斯《被缚的普罗米修斯》243–246）。苏格拉底不是没听过这类讲法，也并非不喜欢（《普罗塔戈拉》321c-e、361d），尽管他自己从未讲过。[②]

那么，苏格拉底为什么掩盖这类所谓的真相？毕竟，宙斯暴力推翻父亲统治、波塞冬反抗宙斯统治、普罗米修斯擅自盗火等等都是丑事。苏格拉底可能认为，不应该给年轻人，尤其像卡利克勒斯这样的年轻人讲述诸神的丑事："应该尽一切努力使年轻人首先听到的是他们所能听到的在德行方面讲得最美的神话"，"总之，不应该讲述诸神与诸神之间怎么战争、阴谋和战斗"，（《王制》377e–378e、《游叙弗伦》5e-6b）。因此，苏格拉底虽然更改了传统的讲法，却真正继承了传统的告诫：应该倾听正义，完全远离暴力（参赫西俄德《劳作与时日》169a-b、212–

---

① 从整个语境来看，应该是宙斯的话，即直接引语。但也可视为苏格拉底的插入语。

② 鉴于这里的普罗米修斯出自宙斯之口，宙斯的说法又出自苏格拉底之口，同时"它就被说给普罗米修斯"又是个事实性的描述，再结合通行的讲法，笔者猜想：苏格拉底暗示，宙斯事后追认普罗米修斯的功劳，予以平反。关于普罗米修斯与宙斯的关系，柏拉图甚至视之为智慧与强权之关系的例子之一（《书简二》311b）。

215、275–285）。

当然，隐瞒真相不等于否认真相，恰恰是以看见真相为前提。是否看见真相是个认识问题，是否说出真相是个道德问题；因为会影响他人当下和未来的实践。苏格拉底当然知道，暴力是宙斯时代新秩序诞生之日必需之物，只讲道理或说服不足以开创新秩序（参《法义》722c），但他并不公开谈论。"即使是真实的，也不应该那么轻易地讲给一些糊涂而年轻的人，而是最好保持沉默；倘若必然要讲，也尽量是极少数人听，作为不可说的事，他们要祭献的不是一头小猪而是某种庞大而罕有的祭品，这样的结果，就只有最少数人听到。"（《王制》378a）无论褒贬，公开谈论都是宣扬，公共话语的伦理要求扶阳抑阴，隐恶扬善，除非谈论者有强大的消毒能力，否则难免反噬。

较之暴力的强制，言辞的说服更高尚。因而，苏格拉底贬抑暴力，就相应地抬高了言辞的地位，从某种意义上提高了演说术的地位。然而，演说术发挥极大作用的时代不恰恰是克洛诺斯时代吗（各种装饰和证人）？苏格拉底是要回到克洛诺斯时代吗？当然不。因为克洛诺斯时代虽然重视言辞，但同样暴力，因为克洛诺斯不仅阉割父亲，而且吞食儿子（《游叙弗伦》6a、《理想国》378a，参《治邦者》271c–274e、《法义》713b-e）。相比之下，宙斯不仅团结自己的兄弟和其他诸神，而且亲自委派三个儿子做审判官，以保证正义的审判。为了消除新秩序造成的分离，苏格拉底不是通过复古从而被古代吞食，而是通过友爱和正义

（参《会饮》195c、《法义》627e–628a），从而有效贯彻那条贯
穿于克洛诺斯与宙斯时代的永恒法则：善有善报、恶有恶报的因
果法则。

因此，通过这个神话，苏格拉底仍然向卡利克勒斯传达了他
之前的教诲："智慧者们说，共同体、友爱、秩序化、节制和正
义化使天、地、神们和人们合为一体，他们也因为这些而称这个
整体为'秩序［宇宙］'而非无序或放纵"（507e7–508a3）。
只不过，之前是"几何平等说"，采取的是宇宙论形式，侧重友
爱；现在是"因果报应说"，采取的是神义论形式，侧重正义。
曰仁曰义，本是一体。

第二个疑点，按照苏格拉底的叙述，宙斯时代的审判改革是
否达到了完美的正义？这就需要依次探讨这场改革的原因、过程
和结果。

首先是改革的原因，宙斯通过一系列简短的分析句不断逆
溯：因为"现在那些审判被审判得坏"，之所以审判得坏，是因
为受审者"裹着外衣"，之所以裹着外衣，是因为他们"活着"
受审（523c2-4）。随后，宙斯没再继续逆溯，转而顺推：因为
活着审判，所以很多灵魂低劣的受审者就罩着美丽的装饰并招来
很多证人，审判官就被这些证人震慑并被自己和受审者的外衣遮
蔽，所以审判得坏（523c5-d5）。无论逆溯或顺推，因果关系只
有一个：因为活着审判，所以审判得坏。

那么，若要审判得好，只需改为死后审判，不就功德圆满了

吗？然而，宙斯随后拿出的改革措施却有两项：首先，让他们停止预知死亡；其次，死后并赤裸地审判。前者取消凡人预知死亡的能力，后者取消凡人的身体及其附属物，从而取消关于正义的虚假意见。第二项关于死后审判的改革顺理成章，第一项却疑点重重：预知死亡跟活着审判有何关系？跟审判得坏有何关系？跟克洛诺斯时代有何关系？预知死亡是怎么发生的？它本身是什么意思？

　　粗略一看，预知死亡与活着审判似乎同时存在并同时废除，但细看则不然。按照苏格拉底的叙述，活着审判的方式从克洛诺斯时代一直持续到"新近拥有统治权的宙斯时代"（523b4）；但至于在克洛诺斯时代是否必然审判得坏，苏格拉底本人未置一词。清楚的只是，审判得坏是"普路托和福岛的主管们"最先发现并汇报宙斯（523b7），因而，这个情况很可能发生在宙斯统治初期①——宙斯自己随后的说法也可以印证这个可能，"因为现在那些审判被审判得坏"（523c3）。并非偶然的是，关于预知死亡，宙斯同样提到"因为现在他们预知死亡"。因此，审判得坏与预知死亡都发生在"现在"，即宙斯统治初期。于是，我们就终于明白，宙斯为什么追查一个原因，却实施两项改革：活着审判与预知死亡两者结合，才导致审判得坏；活着审判是克洛诺斯

---

① 之所以说"很可能"，不排除克洛诺斯时代一直审判得坏，但并不被认为坏；或者说，好坏的标准发生了变化。

时代的旧政，但预知死亡却在宙斯时代有了新的内涵。

　　那么，预知死亡是什么意思？有两层：字面的意思是预知死期，隐含的意思是关于死亡的知识。死亡与关于死亡的认识是两回事。死亡本身是个自然事件，无论克洛诺斯时代或宙斯时代，凡人都会死亡。所不同的只是两个时代的凡人对死亡的认识和态度：克洛诺斯时代的死亡并不影响审判，也不影响凡人生前死后的生活，因为即使他们预知"将要命终的那一天"，也视之为正常事件，从而否定了死亡的意义（参492e10苏格拉底所引欧里庇得斯诗句"生就是死，死就是生"）；但宙斯时代初期的凡人则贪恋生前并恐惧死亡，再加上预知死期，就可以在临死审判时找证人，以图自欺欺人。之所以产生这样的不同，根本原因似乎是宙斯时代初期的人有了关于死亡的知识：死亡是今生与来世的分离，相应地导致肉体与灵魂的分离。克洛诺斯时代，混沌未分，没有时间造成的分离，没有过去现在未来之分，所以无有恐怖，远离颠倒梦想（参《治邦者》272a2，《克拉底鲁》396b"克洛诺斯"与"时间"和"清扫"发音相同，被苏格拉底解释为"本心的洁净和纯粹状态"）。宙斯时代初期，关于死亡的知识伴随着关于肉体与灵魂分离的知识，这种知识其实是一把双刃剑：一方面可以使凡人生前利用肉体及其附属物遮蔽灵魂的真实，并在审判时利用演说术，自欺欺人；另一方面也可以使宙斯改为死后审判，使肉身及其附属物失去保护功能和意义，审判变成"用灵魂本身突然之间观照每个死者的灵魂本身"（523e6）。但这样是否就实现了完美的正义呢？似乎没有，至少两位审判者仍然会有"困惑"（524a7），"即使是判决者米诺斯也不是总能解决他们的困惑"。①

不仅如此，普罗米修斯的形象可以更好地说明，宙斯改革没有实现完美的正义。宙斯仅仅提到（不等于命令）普罗米修斯使人停止预知，却没有交代普罗米修斯应该用或实际用了什么办法。按照柏拉图熟悉的埃斯库罗斯版本，普罗米修斯是用"盲目的希望"这个药物治疗"不再预知死亡"这个疾病；同时带给人类的另一个礼物，即火（埃斯库罗斯《被缚的普罗米修斯》243–246，参《斐勒布》16c、《治邦者》274c、《普罗塔戈拉》321c-e）。因此，普罗米修斯其实带给人类两个相反的礼物：火能带来光明，盲目则导致黑暗。然而，苏格拉底的宙斯丝毫没提普罗米修斯带来的火，仅仅提到"盲目的希望"的结果，即不再预知死亡。火象征着技术或知识，宙斯真正反对的，是普罗米修斯给凡人带去火以及相应的知识。② 并非偶然的是，宙斯在整个叙述中只有一次提到知识，但仅限于"我比你们更先认识到"（523e7，正是这种知识使他获得某种特权）。但按照苏格拉底的说法，完满的幸福在于正义和教育（470e6），换言之，完美的正义乃是教育，而最高的教育乃是哲学，而哲学在某种意义上就是学习死

---

① 伯纳德特：《道德与哲学的修辞术》，前揭，第121页。
② 当然也包含关于死亡的知识。这里我们可以猜想，宙斯时代初期关于死亡的知识也正是普罗米修斯带来的。

亡，即探究关于灵魂和死亡的知识。因此，宙斯改革之所以没有带来完美的正义，乃是因为他引入普遍的"盲目的希望"和少量的"困惑"，却忽视了教育或哲学。

宙斯的死后审判制度以灵魂不死为前提。在克洛诺斯时代，每个人都完全知道灵魂不死，冥府和神法都有效，并在这种情况下准备受审。但宙斯不让凡人知道这类知识，却引入怀疑。怀疑不仅使审判者产生"困惑"，也使受审者的虔敬成了问题：他们会怀疑诸神的存在，从而丧失关于法律的知识。"在克洛诺斯时代，知识和欺骗同时存在；而在宙斯的统治下，只有无知，很少或根本没有欺骗。"可以说，宙斯时代是个既没有诸神、又没有理性的时代。一旦理性被排除，"意志或血气就变得能够掌控一切"；"意志成了全能，但意志并不接受评判"。①因此，从克洛诺斯时代到宙斯时代的转换，就是从高尔吉亚的理想世界到卡利克勒斯理想世界的下降。然而，恰恰是没有诸神和理性的时代，尤其需要哲学——这恐怕是苏格拉底通过转述并解释这个神话向卡利克勒斯传达的关键教诲。

3 苏格拉底解释秘索斯（524a8–526d2）

苏格拉底讲完自己信以为真的神话之后，推出这样一条结

---

① 伯纳德特：《道德与哲学的修辞术》，前揭，第122页。

论：死亡是灵魂与肉体的分离，分离之后，各自会在一段时间内
保持生前的状态。

> ……卡利克勒斯噢，这些就是我已经听到且信服
> [524b] 为真实的。从这些讲法，我也合计推出这样一条结
> 论：死亡碰巧就是，在我看来，无非就是两种事物——即灵
> 魂与身体——的彼此分离；因此，一旦它们两个彼此分离
> [b5] 之后，它们各自拥有的状态并不比它自身在凡人活着
> 的时候 [拥有的状态] 更弱很多。（524a8-b7）

首先，苏格拉底举列说明了从可见的死后身体的情况。

> 至于身体方面，它自身的天性、所受的种种照料和遭
> 遇，一切都 [524c] 显而易见。比如，若某人活着的时候，
> 或凭自然，或凭养育，或两者兼有，身体高大，一旦死了，
> 这人的尸体也高大；若肥胖，死后也肥胖；其他 [性质] 也
> 这样。再者，若他过去习惯留长发，这人的尸体也有 [c5]
> 长发。再者，若某人活着的时候是个坏蛋，且身体带有殴打
> 的痕迹，一些伤疤，要么出自鞭打，要么出自其他创伤，可
> 以看到，他死后身体也带有这些 [伤疤]。或者，若某人活
> 着的时候四肢被打烂或被扭曲，这些 [524d] 相同的东西在
> 他死后也显而易见。一言以蔽之：他活着的时候怎样在身体

方面为自己做了预备，这些东西或所有或多数在他命终之后一段时间内也显而易见。（524b8-d3）

然后，苏格拉底根据身体的情况，直接类比推出死后灵魂的相同情况。

> 那么，关于灵魂方面，在我看来也同样如此，卡利克勒斯噢。灵魂里［d5］的所有东西都显而易见，一旦它［脱去］身体变得赤裸，无论是天生的东西，还是凡人因为从事每项事务而在灵魂里拥有的种种遭遇。（524d4-7）

苏格拉底关于死后灵魂状态的推论，看起来符合他前面关于宙斯改革的叙述，因为宙斯要求已死的审判者用灵魂审判死者的灵魂，以便判决公正。但这个解释又给宙斯的司法改革提出了一些疑难。

首先，怎么区分"天生的东西"与"凡人因为从事每项事务而在灵魂里拥有的种种遭遇"，或天性与人为因素？在说明身体情况的时候，苏格拉底举了五个例子：高大、肥壮、留长发、殴打的痕迹、四肢被打烂或被扭曲。五个例子看似遵循从"天性"到"所受的种种照料和遭遇"（524b7）的顺序，但每个例子又"或凭天性，或凭养育，或两者兼有"而形成（524c2）。换言之，天性与人为之间呈现交叉。中间的例子最能说明这种含混：

留长发，既可能是出于自然，也可能是出于社会习俗或个人习惯，也可能二者兼有。① 既然在可见的身体方面，自然与人为之间都那么难以区分，在不可见的灵魂方面就更不容易区分了。

其次，假设审判者能够看出天性与习惯之别，但能否根据天性审判或惩罚灵魂？若能，会导致什么结论？天性恶？苏格拉底区分天性与人为的意义何在？似乎只是为了呼应卡利克勒斯最先提出的关于自然与礼法之别的话头（参482e以下），但仅仅作为方便施设，并不做理论探讨，更不下性善性恶的定论（参子曰"性相近，习相远"，"人之生也直"，又曰"少成若天性，习惯成自然"）。

最后，苏格拉底以刺达曼堤斯的审判为例（524d8–526d3）来详细说明，死后灵魂审判怎么公正地贯彻因果报应法则。

　　……于是，一旦他们来到审判者面前，那些来自亚细亚的人［来到］［524e］刺达曼堤斯面前，刺达曼堤斯就使他们站住，然后观照每个人的灵魂。尽管不知道是什么人的

---

① 若按照身体与灵魂之分，前两个例子看起来无关灵魂品质，后两个例子则明显是因为灵魂恶劣而遭到惩罚，在身体上留下的痕迹，因为他"活着的时候是个坏蛋"；而中间的留长发，在某些特定社会，可以被视为某个方面灵魂没有罪过的标志（所谓"身体发肤受之父母不敢毁伤"，髡刑）。这些含混也表明，身体与灵魂的二元论并不能充分说明问题，因为人毕竟是个整体，身心一体且互相影响。前两个偏重身体的例子看起来更正面，后两个偏重灵魂的例子看起来更负面。

［灵魂］，但他多次捉拿［波斯］大王或其他任何王者或能人，看透其灵魂毫无健康［e5］的东西，而是受过严重鞭打并充满因［525a］假誓和不正义而来的种种伤疤，即每个行为涂抹到灵魂里的东西，而所有东西都因为撒谎和吹嘘而弯曲，且毫无直接的东西，因为脱离真实地被养育；他也看到其灵魂因为行为的特权、骄奢、狂妄和［a5］失控而充满无度和丑陋。一看到这种［灵魂］，他就毫无尊严地直接送往看守所，它到了那里注定承受种种适宜的经历。（524d8-525a7）

刺达曼堤斯实际审判的时候，似乎仅仅根据后天为人的习气——"每个行动涂抹到灵魂里的东西"，即言行习惯造成的心理影响。负面的例子是波斯大王等能人，提到的恶习有"假誓和不正义""撒谎和吹嘘""行为的特权、骄奢、狂妄和失控"；正面的例子是最后提到的哲人，相应的业习模式是"虔敬地并伴随真理度过一生""从事自己的事而清静无为"（526c1-5）。

整个过程虽然没有提到自然，但正反两方面的例子揭示了苏格拉底理解的自然的含义：种种恶习的根源是"脱离真实地被养育"，结果的是导致灵魂"弯曲且毫无直接的东西"。换言之，灵魂的天然本性是正直或真实；相应地，哲人的基本特征是保持天然的真实（参526c3、526d6，《王制》485c）。虚假与真实取代了前面的习惯与自然。似乎只有在自然的真实之镜面前，才能正确评估种种业习的善恶。

　　一个人的个人业习固然决定其死后的命运，但其生前环境是否影响其死后的审判？根据宙斯的要求，为了灵魂的完全透明，应该剥除"身体、家世和财富"以及所有附属物（参523c5、e5）。这是否可能？如何可能？即使灵魂死后能完全脱离肉体，但是否能完全脱离这个人的家世等社会背景？倘若最终的命运与现世的社会生活无关，岂不导致现世生活失去意义？[①]

　　根据苏格拉底的解释，剌达曼堤斯用自己的灵魂观照亚细亚人的灵魂时，比如波斯大王等能人，"尽管不知道是什么人的［灵魂］"，却能"看透其灵魂毫无健康的东西"（524e3-5），尽管"毫不知道关于他的任何事，既不［知道他是］什么人，也不［知道他］生于什么人，而只［知道他是］某个低劣者"（526b5-7）。初看之下，这个解释大体符合宙斯的要求：审判者仅仅需要根据每个灵魂的状态（即生前言行留下的种种痕迹）推定其生前的种种业习，然后判断每个灵魂的优劣等级；这个优劣等级完全独立于家世等社会背景。但既然如此，他怎么能知道它是某个波斯大王或王者和能人的灵魂？这些灵魂类型完全无关于生前的社会身份吗？更明显的反证，是宙斯自己的决定：欧罗巴的埃阿科斯审判欧罗巴的灵魂，亚细亚的阿德曼堤斯审判亚细亚的灵魂（524a1-5）。

---

① D. Stauffer, *The Unity of Plato's Gorgias*, Cambridge University Press, 2006, p. 172.

因此，灵魂无论多么赤裸透明，都仍然保持某些非自然的特征，因为不同的亡灵和不同的审判者都基于他们各自的不同出生地，而使亚细亚与欧罗巴区别开来的，不仅仅是自然地理的因素，更有社会习俗的因素。因此，社会习俗和文化背景在审判之中起到重要作用，不可能像身体和衣服一样轻易剥除。既然这些装饰无法剔除，灵魂的真相又怎么能显而易见？按照苏格拉底的解释，审判者仅凭心灵之眼就足以"看透"每个人的灵魂。这意味着某种神性正义。然而，作为审判者，剌达曼堤斯兄弟尽管算是宙斯的儿子，但并非神，而是有死的凡人，既不全能，也不全知，甚至会"困惑"。剌达曼堤斯之所以能够凭心灵之眼看出灵魂的状态，似乎仅仅是因为，他曾经经历亚细亚的风俗并已经走出这种风俗。

尽管剥除身体及其所有附属物的灵魂审判颇成问题，苏格拉底仍然承认了惩罚的价值：

……［525b］但适宜的是：让所有该遭报应的存在者被别人正确地报复，［使之］要么变得更好并有助于己，要么变成其他人的样板，以便其他人瞧见他遭受他所遭受的东西，就会感到害怕并变得更好。

但那些［b5］受益并在神们和人们之下接受审判的人，他们是那些犯了可以救治的过错的人；尽管这样，益处都是通过疼痛和悲痛为他们产生，无论在这里或在冥府里，因为无法以其他方式摆脱不正义。［525c］但另一些人则行了极端不义并因为这些不义行为而变得不可救治，其中就产生那些样板，他们尽管丝毫不再有助于他们自己，因为他们是不可救治者，却有助于其他人，［因为］瞧见［c5］他们因为种种过错而在永恒的时间里遭受最巨大、最悲痛、最可怕的经历，单单作为样板悬挂在那里，在冥府里的牢狱里，给当下到来的不义者作为景观和警告。（525b1-c7）

苏格拉底区分了惩罚的双重作用，相应于两种罪人：犯了可以救治的错误的人，接受神们和人们的惩罚，可以通过痛苦而摆脱不义，从而使自己受益；行了极端不义而不可救治的人，接受惩罚尽管无助于自己，却有助于他人，可以使他人通过观看惩罚而受益。这些解释看似合理，但细究起来同样颇成问题。

关键的问题在于，惩罚的目的是什么？按照宙斯的说法，审判改革的目的只是为了贯彻永恒的因果报应法则，实现正义（523e6、524a8）。至于正义是否等于善（《王制》的原初问题），惩罚是否为了改善，宙斯似乎并不关心，颇有天地不仁的意味，所谓"以牙还牙，以眼还眼"。

然而，苏格拉底却给惩罚补充了正义之外或超出正义的目的，即改善。这个补充固然使惩罚有了凡人可以理解的根据，变得仁慈而富于教育意义，但同时又使它变得充满疑难，乃至自相矛盾。第一，惩罚能否达到改善的目的，无人担保（详细讨论参

第四章第三节）。[1]第二，惩罚遵循双重原则，一个是改善被惩罚者，一个是警告并改善旁观者，前者着眼于个人利益，后者着眼于城邦利益，但二者在实践上往往并不一致，任一原则推到极端都会否定另一原则。第三，惩罚之所以有双重目的，是因为有两种罪人；但关于两种罪人的认定，是在惩罚之前，还是惩罚之后？若在惩罚之前，根据罪行的大小来认定，就削弱乃至否定了惩罚的改善意义；若在惩罚之后，根据罪人是否悔改来认定，虽然强化了惩罚的改善作用，但导致不可能在惩罚之前准确认定一个人是否可以救治——谁能保证作为样板"在冥府里的牢狱里"接受神们永恒惩罚的灵魂不会在哪一天突然悔改呢？[2]第四，观看惩罚是否可以改善观看者的灵魂？[3]能否使之"感到害怕并变得更好"（525b4）？即使可以使观看者因为恐惧而避免不义，但若

---

[1]　就在这里而言，困难在于灵魂与身体之分及其相互影响，参伯纳德特：《道德与哲学的修辞术》，前揭，第123页。

[2]　苏格拉底这里的解释有些含混：一方面说"他们是那些犯了一些可以救治的过错的人"（525b6），即根据罪行来认定，一方面又说"有些人……变得不可救治"（525c1）、"他们是不可救治者"（525c3），即根据罪人的状况来认定。但按照苏格拉底后文的解释，是否可以救治是审判者在惩罚之前根据罪行大小做出的判断（参526b7-8）。可以救治者接受"神们和人们"的惩罚，但不可救治者"在冥府里的牢狱里"接受永恒的惩罚，即仅仅接受神们的惩罚。

[3]　关于观看惩罚的道德两难，成为现代文学思想家们热衷的议题，参本克逊，〈观看的伦理：屠格涅夫的《处决特洛普曼》与陀思妥耶夫斯基的观点〉和〈陀思妥耶夫斯基在契诃夫的伊甸园〉，黄汉林译，载刘小枫编，《古典诗文译读·西学卷》（现代编），华夏出版社2009年。

对不义的恐惧只是源于对惩罚的恐惧，那么，正义本身的价值就微乎其微：感情不是德行，毋宁说是德行的障碍，恐惧不能带来正义，因为一旦有比惩罚更大的恐惧，人们就会抛弃正义。更何况，观看惩罚是否会使观看者感到害怕？也未必。甚至有人会幸灾乐祸，以观看惩罚或惩罚别人为乐——苏格拉底随后所举的一个例子恰恰就是这样：忒耳西忒斯遭到惩罚的时候，旁观者都哈哈大笑（《伊利亚特》2.211-277）。[1]

最后，苏格拉底以自己的口吻做出判决，重点对比了政治人与哲人死后的不同命运（525d1–526d2）。在这一节，苏格拉底用了两次"我肯定"（525d1、526c3）和三次"我相信"（525d3、525e4、526a6）；仅仅一次出现剌达曼堤斯的名字，也是在"像我讲过的"（526b4）笼罩之下。因此，可以说，苏格拉底从此取代了审判官阿德曼堤斯的位置。

> ……［525d］我肯定，阿克劳斯也将是其中之一，若珀洛斯讲得真实；其他凡是这类僭主的人也［将是］。我也相信，这些样板多数产生于僭主们、王者们、能人们和那些从事［d5］城邦事务的人，因为这些人凭特权犯下一些最巨大且最不虔敬的过错。

---

[1]　参伯纳德特：《道德与哲学的修辞术》，前揭，第124—125页，分析了这个例子的积极教育意义。

荷马也为这些［说法］作证，因为他已经使一些王者和能人成了［525e］在冥府里、在永恒的时间里遭报应的人：坦塔罗斯、西绪福斯和提堤俄斯。但至于忒耳西忒斯①或某个其他作为低劣者的私人，无人曾经使［他］成为被种种巨大报应包围的、仿佛不可救治的人，因为我相信，他没有特权，也因而比［e5］那些有特权者更幸福。（525d1-e5）

根据苏格拉底的判断，大多数不可救治的样板都出自以阿克劳斯为代表的僭主、王者和政治能人，因为他们容易凭权力犯下"最巨大和最不虔敬的过错"。为了否定政治权力，苏格拉底举出臭名昭著的忒耳西忒斯作为对比：他尽管是个品质低劣的小人，但因为没有掌握政治权力，潜在的恶就没有因缘成熟，就不至于成为遭到极大报应的不可救治之人，因而比那些掌握政治权力的人更幸福。

问题是，掌握政治权力是否一定会行不义？在什么意义上行不义？前文已经揭示，卡利克勒斯要求的正义是基于自我保存，然后导向"要求更多"，即通过更多的权力避免受不义。这暗示，自我保存与拥有更多之间有某种联系。"先是谋求不受他人侵害，继而便是侵害他人"，这似乎是一条"必然之理"（马基雅维利《论李维》1.26、1.46）。然而，苏格拉底没有证明这条必

---

① 参《伊利亚特》2.211-277，《王制》10.620c。

然之理，而是仅仅援引荷马的权威证明，很多王者和能人死后都下了地狱，比如坦塔罗斯、西绪福斯和提堤俄斯（参《奥德赛》11.576-600）。苏格拉底否定权力的正面价值，是基于他这样的信念或选择：宁愿受不义，不愿行不义。因为不愿受不义，就会谋求某种权力，如果权力必然导致行不义，那么，否定权力就在情理之中。苏格拉底从来没有选择行正义，首先是因为"什么是正义"是个永远有争议的问题，没有人可以以正义自居：谁可以先拿石头打人呢（参《新约》约8: 1-11）？基于道德义愤的行正义冲动是一种危险的激情，甚至可以演变成通过先拿石头打人来证明自己的无罪或正义。这正是卡利克勒斯灵魂深处的僭主激情，也是苏格拉底试图驯服的灵魂之狮。

讲完政治能人的恶果之后，苏格拉底不忘公正地补充一句：

……不过，卡利克勒斯噢，尽管那些［526a］变得极度低劣的常人也出自于那些能人，也没有什么东西障碍甚至在那些人里产生一些好男人，而那些产生出来的［好男人］也极度值得钦佩。因为这既困难，卡利克勒斯噢，也值得很多的赞扬：即一个已经变得有巨大特权［a5］行不义的人，却正义地度过一生。但这类人只是少数。但既然在这里［雅典］和其他地方都已经产生了，我相信，他们也将是既美且好的人——在正义地掌管［526b］某人转托的东西这种德行方面。也已经产生了一个完全值得称道的人，并传到其他希腊人那里，即吕西玛科斯之子阿里斯底德斯。①

　　但那些能人，最好的人噢，多数都变坏啦。于是，就像我讲过的，一旦那个剌达曼堤斯抓住某个［b5］这样的人，毫不知道关于他的任何事，既不［知道他是］什么人，也不［知道他］生于什么人，而只［知道他是］某个低劣之徒。而看透这个之后，他就送往塔尔塔罗斯，打上印记，［标明］他看起来是可以救治，还是不可救治。而那人到了那里，［526c］就遭受那些适宜之事。（525e6–526c1）

　　在政治能人之中，也不乏少数"既美且好的人"。政治权力固然是恶劣品质的催化剂和放大器，但也是优良品质的试金石和炼金炉——虽然客观上如此，但主观上不可以接受锻炼为由来追求政治权力（参色诺芬《回忆苏格拉底》4.2.5："我完全不懂医术，但我仍然要求这个职位，因为我尝试拿你们冒险来学习。"）较之没有能力作恶或行善的普通人（参《克力同》44d、《王制》491e），有能力行不义却坚持正义的政治能人更困难，也更值得赞扬。

　　苏格拉底赞扬的例子是享有"义人"美誉的阿里斯底德斯。但这里的赞扬并非没有保留。首先，阿里斯底德斯仅仅"正义地

_____

① 生于公元前6世纪末，雅典将军，有"义人"之称，提洛同盟的创始人之一。但他像苏格拉底前文谴责的四大政客一样，最后遭到放逐。

掌管某人转托的东西”，只有消极的作为，并未改善邦民，不算真正的治邦者，因为他像卡利克勒斯推崇的四大政治家一样，最后遭到放逐。其次，至于阿里斯底德斯死后是否上了福岛，苏格拉底保持沉默，因为他尽管拥有正义，至少未必拥有虔敬（参523b1，上福岛的前提是"正义且虔敬"）。阿里斯底德斯生前所能达到的程度只是"正义"和"既美且好"①；死后所能得到的奖赏，只是在"希腊人那里""值得称道"。较之神们的奖赏，凡人的奖赏终究低廉而有限。总之，苏格拉底认为，政治生活充满败坏灵魂的危险，即使少数人能够抵挡权力的腐蚀，也顶多只能通过消极的作为，获得有限且虚幻的世俗荣誉，未必获得真正的幸福。②

苏格拉底对政治能人有贬有褒，总体上是贬斥，对哲人则是毫无保留的褒奖。

……但有时候，他向里看见另一种已经虔敬地并伴随真

---

① 参施特劳斯：《回归古典政治哲学》，朱雁冰、何鸿藻译，华夏出版社，第291页："kalokagaqia［既美且好］在苏格拉底圈子里是个贬义词，犹如19世纪的'市侩'或者'资产者'。"刘小枫编：《苏格拉底问题与现代性》，彭磊、丁耘等译，华夏出版社2008年，第274页："跟一个像阿尔基比亚德那样道德上不可靠的人相比，正人君子，纯粹的正人君子，即通常意义上所谓的kaloskagathos并不更靠近哲人。"
② 反过来说，要想从政，并做个真正的治邦者，有积极的作为，必须首先准备承担众人之恶，有我不下地狱谁下地狱的大悲大愿，包羞忍耻无怨无悔的大仁大勇，虎狼从里舒长袖的大智大行。参第六章第四节相关论述。

理度过一生的［灵魂］——属于一个属己的男人或其他某个人，我肯定，卡利克勒斯噢，最大程度上属于一个终生践行己事而清静无为的哲人①，［c5］他就钦佩，送往幸福岛。

　　而埃阿科斯也［做］相同的事。他们两个各自都拥有一束权棒〈进行审判〉。而米诺斯坐下来监察，唯独他拥有一根金质的［526d］权杖，如荷马的奥德修斯所言，他曾看到他"手持金质的权杖，向众亡灵宣天理"②。（526c2-d2）

　　剌达曼堤斯只能看出这种灵魂的状态，而认不出这种灵魂属于什么人，但这并不妨碍剌达曼堤斯做出正确的判决："他就钦佩并送往幸福岛。"

　　不过，上福岛的条件已经从起初荷马所谓的"正义且虔敬"，悄悄变成了剌达曼堤斯所谓的"虔敬并伴随真理"：除了一以贯之的"虔敬"，"正义"被"伴随真理"所取代。真正的正义并不是阿里斯底德斯式的正义，而是伴随真理。但什么是真理？剌达曼堤斯尽管是宙斯之子，却不认识哲人，又怎么会认识真理？毕竟有真人然后有真知。当然，这不妨碍他赞扬他并不认

---

① 　"清静无为（οὐ πολυπραγμονέω）"，直译多事、忙碌。参《理想国》433a，正义即做自己的事而不多事。

② 　"宣天理（θεμιστεύω）"，即颁布神法，做出审判，见《奥德赛》11.569。

识的真理。①

　　究竟而言，唯圣知圣，唯哲识哲，只有哲人苏格拉底能
够认出并"肯定"，这种灵魂"属于一个属己的男人或其他某
个人"，"最大程度上属于一个终生践行己事而清静无为的哲
人"。②在苏格拉底或哲人这里，"正义和虔敬"才有了究竟义和
真实义。真正的正义即"伴随真理"，即"属己"，即"践行己
事"；真正的虔敬即"清静无为"（参《王制》433a-b）。正义
是对人而言，为己即是为人；虔敬是对神而言，无为即是敬神。
在哲人那里，二者相通，原是一事。通过转回自身的本位，哲人
摆脱了政治生活弥漫的道德义愤，从而使自己灵魂的欲望得到升
华、血气得到净化（参《申辩》31c–32a，《王制》493d-e）。通
过引入哲人的灵魂，苏格拉底为宙斯的世界引入哲学，从而引入

──────────

①　在希腊文中，ἀλήθεια即"祛除遮蔽"；在中文中，"眞"是道家概念，多见于老
子和庄子，而不见于六经和《论语》（儒家接近眞的概念大概是"直"和"诚"）；
希中之间或可相通。在柏拉图那里，虔诚常被视为一个似是而非的德性，但从柏拉
图九卷集第一篇《游叙弗伦》（论虔敬）到最后一篇《厄庇诺米斯》（989b，990a，
992d）都关注的是虔敬，固然有为苏格拉底辩护之意，但说明虔敬之重要，只是哲人
与普通人的虔敬方式不同而已，对前者而言，智慧与虔诚相通，犹《中庸》所谓"自
明诚"与"自明诚"。

②　"哲人"一词仅此一见，尽管前文出现过"哲学"或"搞哲学的人"。另外，苏
格拉底为什么仅仅叙述了剌达曼堤斯的审判和亚细亚人死后的命运，却没有叙述埃阿
科斯的审判和欧罗巴人死后的命运，我们并不清楚。但有一点很明确：作为欧罗巴的
哲人，苏格拉底认出了亚细亚的哲人。正所谓"东海有圣人出焉，此心同也，此理同
也。西海有圣人出焉，此心同也，此理同也"（陆九渊语）。有真人而后有真知，有
哲人然后有哲学。苏格拉底理解的哲学不完全等于后人所谓的哲学。

真正的正义和虔敬。哲学成为通向死后幸福的唯一道路。

4 苏格拉底的信念与号召（526d3–527e7）

死后的幸福，终究有点虚无缥缈，但也可以换成一个更实在、更通俗的近似说法，即今生的善终。在某种意义上，善终是生活幸福的结果和证明（参《厄庇诺米斯》973c）。从善终的视角理解今生的幸福，既是中西文明的传统视角之一——比如，古希腊七贤之一梭伦有言，"未死之前无人堪称幸福"（希罗多德《历史》1.30-33，亚里士多德《尼各马可伦理学》1100a–1101a）；中国自古讲究"五福"（《尚书·洪范》），最后一项即是"考终命"——也是哲学的特有视角，正如苏格拉底所说，"哲学就是练习死亡"。

……于是，我嘛，卡利克勒斯噢，我已经被这些说法说服了，并考虑将怎样向那位判决者显示尽量最健康［d5］的灵魂。于是，我让自己告别多数常人［崇尚］的那些荣誉，修炼真理，我将试着尽我所能实际做个最好的人，［这样］活着，一旦死了，也［这样］［526e］死去。但我也号召其他所有世人，只要我有那么大能力，也尤其反过来号召你朝向这种生活和这场竞赛，我肯定，它抵得上这里的所有竞赛。（526d3-e3）

　　苏格拉底信服死后审判，因此，为了保持灵魂的健康，求得善终，他决定："告别多数常人［崇尚］的那些荣誉，修炼真理，试着尽我所能实际做个最好的人，这样活着，一旦死了，也这样死去。"这个说法符合苏格拉底自己的精灵的告诫（《申辩》31d–32a），也符合苏格拉底的一生行迹。

　　但在目前的语境下，苏格拉底讲述死后的审判，不仅仅是为了说服自己，更多地是为了回应卡利克勒斯起初对苏格拉底的责备和告诫——沉迷哲学会使他丧失自保能力（参486a-d）。通过讲述死后的审判，苏格拉底表明，沉迷政治的能人多数都变坏了，因而不得善终，只有哲人，尽其天年并死后升天。因此，苏格拉底愿意号召包括卡利克勒斯在内的所有人走向这种生活和竞赛。换言之，在苏格拉底看来，哲学不仅适合自己一生，也适合所有人。

　　……我也责备你，因为你将不能够［e5］保护你自己，一旦你面临我刚才所讲的那种审判和判决；相反，你走到那位审判者——［527a］埃吉纳之子［埃阿科斯］——面前时，一旦他捉拿你，带到［法庭］，你就将张口结舌并头晕目眩①，你在那里毫不弱于我在这里，也许，也有某个人〈也〉将向你毫无尊严地打耳光，并完全作践。（526e4–527a4）

――――――――――

①　参486b。

卡利克勒斯曾经责备苏格拉底今生不能自保，现在苏格拉底责备卡利克勒斯死后不能自保，卡利克勒斯在彼世的表现丝毫不亚于苏格拉底在此世的表现。因此，真正面临危险的是卡利克勒斯。

然而，即使死后的审判比生前的审判更正义，但卡利克勒斯若不相信有所谓的死后审判呢？即使相信有，凭什么相信死后的审判一定比现世的审判更正义？即使相信死后的审判更正义，若今生亲眼所见的惩罚都不害怕，会因为害怕死后的惩罚而有所收敛或改邪归正吗？① 联想到苏格拉底的自我预言和实际遭遇，苏格拉底关于死后正义审判的说法不是一种幼稚的精神胜利和自欺欺人吗？不就只是为了映照和补偿自己生前遭到的不义审判吗？

苏格拉底并非没有想到这样的质疑，而是坦然承认，自己的说法很快会被卡利克勒斯视为吓唬小孩子的"老太婆所讲的神话"。

> ……［a5］于是，这些很快被讲成一个神话，在你看来就像老太婆［讲的神话］，你也［很快就］鄙视它们。而若是

---

① 参《法义》870d-871a提到，关于因果报应的神话是关于谋杀罪的法律的序曲；880e-881b提到，罪大恶极的人既不怕天上诸神的愤怒，也不怕地下的复仇者，因而需要极端的威慑力，死刑还不够，要在活着的时候施加与冥府惩罚相近的惩罚。当然，卡利克勒斯尚未达到这么不可救药的程度，因为他关于苏格拉底无法自保的警告已经暗示，他害怕惩罚。若不怕惩罚，苏格拉底也就没必要讲这个神话了。

我们能够以某种方式探究并找到比它们更好和更真实的［说法］，鄙视它们就毫不令人惊奇。但现在，你可以瞧见，你们三个——你、珀洛斯和高尔吉亚——尽管是现今希腊人之中［527b］最智慧的，却都没有能够证明，必须过另一种而非这一种甚至到那里都显然有利的生活。（527a5-b2）

确实，关于死后的审判和灵魂的命运之类问题，苏格拉底临终之时也承认："要在今生清楚地认识，要么，没有可能；要么，极其困难。然而，若没有尽一切办法反驳关于它们的说法而在做过全面调查之前就停止，就完全缺乏勇敢。关于这些，至少应该做到以下之一：要么，学习或发现它情况怎样；要么，若这些都不可能，就接受最好且最难以反驳的属人的说法，乘着它就像乘着筏子一样航过生活的危险，除非一个人能够乘着一个更稳固的航船——即某个属神的说法——更安全且更少危险地前行。"（《斐多》85c-d）

苏格拉底那里明确给出两个可能的选项（两次"要么……要么"），但相应于三条生活之道：第一个选项相应于第一条道路，第二个选项相应于第二条和第三条道路。第一条道路可以称之为修证之路，人迹罕至，道阻且长，歧途百出，乃至根本无路；第二条即"属人的说法"，犹哲学之路，属于少数爱智或好学之士；第三条即"属神的说法"，犹宗教之路，属于少数虔信之人。第一条且不论；后两条虽然起点不同，但结果似乎并无二致，都能达到一生幸福的目的，且在真正的哲人那里可以互通。①

　　苏格拉底刚刚所讲的审判神话是属神的说法，之前的所有论证都是属人的说法。卡利克勒斯可以自由选择，若不相信属神的说法，可以继续反驳属人的说法。然而，既然卡利克勒斯及其同伴都没能驳倒属人的说法，并证明另一种而非苏格拉底指明的、不仅生前而且死后都有益的生活，就只能接受并作为最好的生活之道。

　　苏格拉底随后再次回顾总结之前没被驳倒的论点：

　　……相反，在那么多说法中，其他的被反驳之后，唯独这个说法稳固：即应该当心行不义甚于［b5］受不义；且甚于一切的是，一个男人应该关心并非看似而是实际好，无论私下或公开；但如果某人在某方面变坏了，他就应该被惩罚，而在保持正义之后，其次的善就是变得［正义］并［527c］通过被惩罚而接受审判；且应该逃避一切谄媚，无论对自己或对他人，无论对少数人或对多数人；且应该这样使用演说术和其他一切行动，即永远朝向正义之事。

　　（527b3-c4）

_____

① 　关于两条道路，《法义》（716a-d）分别称之为"追随神"与"被神所爱/跟神相似"，分别相应于正义和节制，而节制的极致即虔敬。

这个属人的说法包含五个"应该"：应该当心行不义，应该关心实际做个好人，应该保持正义或接受惩罚，应该避免一切谄媚，应该为了正义而使用演说术。首尾两项和中间一项都着眼于正义这一德行，第二项着眼于善，倒数第二项着眼于快乐或美，合起来就是随后所说的"实际既美且好，修炼德行"（527d2，参e4）。

较之属神的说法（参526d3-7），属人的说法尽管同样教导做个实际的好人，但好人的内涵各有偏重——且不论高低：属神的说法侧重"告别荣誉""修炼真理"（526d6），以出世而兼入世；属人的说法侧重"既美且好，修炼德行"（527d2），以入世而兼出世。若根据往生福岛的两条指标，前者相应于"虔敬"，后者相应于"正义"。若容许做一些比附，前者相应于"道"，后者相应于"德"；前者犹"自诚明"，后者犹"自明诚"。二者难易，也许因人而异。但在苏格拉底看来，属神的说法更容易，也是他自己主要信服的（参526d4"我已经被这些说法说服了"）；属人的说法更难，也是主要用来说服卡利克勒斯的（参527c5"你既被我说服"）。

……［c5］所以，既被我说服，就请你跟随到这里，这个你来到之后无论活着或命终都将感到幸福的地方，就像论证指明的。也请你让任何人鄙视你不理智并作践［你］，只要他愿意；呃是的，凭宙斯起誓，也请你鼓起勇气，任人挥

来〔527d〕那种毫无尊严的殴打，因为你丝毫不会遭受任何可怕之事，只要你实际既美且好，修炼德行。（527c5-d2）

遵循属人的说法，修炼德行，可以保证卡利克勒斯"无论活着或命终都将感到幸福"。但这是一种怎样的幸福呢？主要基于卡利克勒斯最推崇的勇敢：它无法保证你不会被"鄙视"、被"作践"乃至被"殴打"（打耳光），但能够保证"你丝毫不会遭受任何可怕之事"。

一方面，好人不是不会遭遇穷困苦厄，而是即使遭遇，也不怕，也无伤。另一方面，没有明言的是，每个想要做好人的人，都首先要做好准备接受一系列穷困苦厄屈辱的检验，所谓"蹇以反身，困以遂志"，"不容然后见君子"，"岁寒然后知后凋"。

最后，苏格拉底仍然回到卡利克勒斯提出的两条生活道路的选择。

……然后，我们这样共同修炼之后，直到那时，如果看起来应当，我们就将转向政治事务；或者举凡在我们看来〔应当审议〕的无论何事，我们那时就将审议，因为我们〔那时〕〔d5〕比现在更善于审议。因为这确实丑陋：处在像我们现在明显所处的状态——在我们看来，从来没有关于相同之物的相同之理，甚至关于最伟大之物的相同之理

［527e］——然后却仿佛是什么大人物一样慷慨激昂，我们竟到了这么没教养的地步！（527d3-e2）

只有"共同修炼之后"，才能转向政治；即使转向政治，也是迫不得已；倘若从未进行自我训练，就慷慨激昂地救国为民，除了少数慈悲心切，大多恐怕是大言不惭和自欺欺人。自救不暇，如何救人？没有解脱，何来解救？根本而言，洞穴之内没有拯救；一切拯救若非朝向洞穴之外，终非究竟。因此，苏格拉底不是自私，而是仁慈，不是鄙视政治，恰恰是重视政治。政治是"我们"众人之事，责任重大，后果深远；况且关系众生的共业和时代的大势，即使极度负责，个人所能发挥的正面作用也非常有限，越是在民主制下越是如此。

因此，卡利克勒斯应该听从苏格拉底的号召，跟随哲学而非政治的领导：

……那么，让我们用这个现在已经显明的说法作为领路人，他向我们指明，这个才是最好的生活方式：即修炼正义和其他德行，无论生前与［e5］死后。那么，让我们跟随这一位，并号召其他人；而不要［跟随］你所信服并号召我［跟随］的那一个，因为它实在毫无价值，卡利克勒斯噢！（527e3-7）

苏格拉底讲完之后，殷切召唤卡利克勒斯的名字。卡利克勒斯陷入默然……

5　回音

虽然卡利克勒斯默然，但后世不断有人回应。

据柏拉图的学生亚里士多德说，有个柯林斯农民，耕作之余，一次偶然读到柏拉图的《高尔吉亚》，深受苏格拉底的感召，毅然丢下锄头，到雅典的柏拉图学园，把灵魂托付给哲学。[①]

重启柏拉图式政治哲学的施特劳斯同样与《高尔吉亚》有不解之缘：他从孩童时期就开始阅读，一生读过N遍，讲过近三次，逝世之前仍在开展第三次《高尔吉亚》研讨课，并开始撰写一篇相关论文，打算收入最后一部自编文集《柏拉图式的政治哲学》。[②]

让我们跟随柏拉图的苏格拉底，一起走在向上的路上。

[①]　参E. R. Dodds：《〈高尔吉亚〉校注》，前揭，第30页。

[②]　施特劳斯：《修辞、政治与哲学》，前揭，"英文编者前言"以及第424页。

　　还记得十五年前，在中山大学哲学系的回廊上，第一次向刘小枫老师课后当面请益的情景。

　　"读过什么书？"老师问。

　　我率然而答："读了三年康德书。"不料迎来的是当头棒喝：

　　"康德不行，要读柏拉图！"

　　"别的不说，康德难啊，至少可以锻炼思维，提高理解力。"

　　老师淡淡地说："读柏拉图也能提高理解力。"

　　我一听，即无对，因为当时我于柏拉图，除了从哲学史上了解一些所谓"辩证法"和"理念论"，粗略读过一些短篇对话，所见的也无非是一些显而易见的常识和似是而非的诡辩，因而并无多少理解。

于是，回去一口气通读了屡次开卷却未能读完的《理想国》（今译《王制》），顿觉酣畅淋漓，算是老师一喝之下，开始上路。然后，一路跟随老师习读《会饮》《斐德若》《普罗塔戈拉》等柏拉图作品，以至于今。

但这一路走得并不顺利。等到博士论文选题的时候，刘老师问起，我表示喜欢斯宾诺莎。这回不再是因为书难，而是因为人好。老师没再棒喝，而是提醒我最好先从古代做起，我又默然……老师便让我回去再想一想。过了一阵子，老师见我仍没动静，不堪点化，干脆直接拿来一份打印的达魏译《高尔吉亚》中译本，说：你拿去看看，就做这个吧。

也亏得我当时算是听话，虽然从未读过这篇对话，却出于信任，平静地接受了这桩"包办婚姻"。于是，一边跟着老师从头孜孜矻矻地学习古希腊语，一边开始磕磕绊绊地翻译《高尔吉亚》。三年下来，做了篇论文，得了个学位，算是有个交代。但人贵有自知之明，我心底有个念头，当时隐约，后来越来越明确：所谓的柏拉图主义或学说，自己固然能人云亦云，说个一二，却越来越不敢自信和肯定；至于《高尔吉亚》的情节和大义，纵然如数家珍，也毕竟是他人之宝；至于苏格拉底的真意和微言，自己则几乎全无会心，以致虽然耳鬓厮磨三年，亦不能算是知言知味。

机缘巧合，天遂人愿。2009年博士毕业，诸事纷至沓来，仿佛一下子卷入多车道高速路，一时有点应接不暇，一波波剧情

跌宕起伏，一重重身份混合交错，一路跌跌撞撞，栖栖惶惶。境
界现前，方知学问不得力，智浅而德薄。于是，被迫发愤，接着
继续译注一部更加困难的柏拉图对话《斐勒布》，借着经典与生
活的相互碰撞和机缘触发，才死磕出一道缝隙，略窥苏格拉底之
境，得着一点消息和受用，始悟雷霆雨露无非天恩，一切障碍即
究竟觉。若没有生活的磨炼和启示，我相信，以后再怎么研读柏
拉图文本，我对柏拉图的理解也恐怕不会有太多实质性的突破和
提高。现在回想起来，实在要感恩经典的陪伴和生活的磨砺，也
要特别感谢老师一路的循循善诱、点拨授业和奖掖知遇之恩。

　　也正是通过业师刘小枫先生，我先后有幸亲近张志扬先生、
甘阳先生和张文江先生等多位学高德厚的前辈学人，亲睹他们的
风采，都曾或长或短在课堂上聆听他们的法言教诲，也曾席间侍
坐幸闻他们的咳唾之音，或一举一动令我肃然起敬，或耳提面命
令我不忘初心，或一言一笑令我豁然开朗，无不感铭于心，受益
终生。

　　施特劳斯晚年回忆自己16岁时，"在学校念到《拉克斯》，
就萌生了一个念头，或者说许下宏愿，要终生钻研柏拉图，一边
养养兔子，一边当个乡村邮政局长维持生计"（"剖白"，见刘
小枫编：《施特劳斯与古典政治哲学》，张新樟等译，上海三联
书店2002年，第725页）。当时读到这里，我不禁怦然心动，无限
神往。严格来说，施特劳斯未能完全实现自己的宏愿，不过，他
并没有表示遗憾，因为发愿的人有福了。所谓"善教者使人继其

志"，福厚的伯纳德特秉承了施特劳斯的志愿，有幸遍解柏拉图的几乎所有主要作品，尽管不能说可以代替施特劳斯的经解，但足以令人称羡。也正是在施特劳斯和伯纳德特的指引下，我也开始比较有章法地而非仅仅依着性情研读了一些西方经典。当然，很多书仍是读罢便休，不求甚解，但有一句话，应该是施特劳斯在什么地方说的，当初读到，犹如一道闪电映入脑海，至今回荡不绝："永远不惮于待在问题之中。"后来明白，这不正是苏格拉底式的aporia［无路/无解/困境］经验吗？

　　对我来说，目前尚未完全解决的aporia当是论文写作发表。原因很多，有可言者，有难言者，究其根源，当然仍是思想认识上的固执：往大说，是鉴于写作之蔽；往小说，是因为自己的心量和能力而产生抵触。关于写作之弊，柏拉图论之备矣，这里不必引述。前贤有云：人心世道，皆因学术思想而转移；文字是表达学术思想的利器，可以利人，亦可以害人；聪明的思想，配合动人的文辞，足以鼓舞视听，成名一时；但世上斗诤坚固，思想紊乱，推原祸始，多由学术话语而起。诚哉斯言！

　　越读柏拉图，越是深有同感，对公开写作也越加戒惧。每念及修辞立其诚的古训，便自忖并无真知灼见，又何敢信口开河，以盲导盲；况且世间好语书说尽，再写尽是多余，于人于世究竟无益，故于写作发表，渐渐兴味索然；乃至后悔少作，以及以往种种孟浪妄言，所以对博士论文的修订出版，也意兴阑珊，一延再延。朋友不解，或者以为搪塞之词，或者以为过于较真，以致未免自视过重而视读者太轻，毕竟网络时代，众声喧哗，信息爆炸，哪里还有什么一言兴丧之事，不过是混口饭吃。古人亦云，"秀才文选半饥驱"，"著书都为稻粱谋"，是其然乎！岂其然乎？信经典而不行，可乎？然而形势逼人，此身亦不免饥驱，有言不信，也只有致命遂志，深自惭愧，有负经典教导之恩，以谢朋友箴规之德。

人之好我，示我周行。本书之成，也是仰仗单位的理解与宽容，师长们的爱护与鞭策，朋友们的鼓励与督促，古典班师生同仁们的切磋琢磨。可以说，没有他们，笔者几无可能完成目前的修订出版，故借机历叙前因后果如下：

2009年秋，笔者进入人大文学院和古典班，迄今开过四次《高尔吉亚》研讨课（2009年秋、2012年秋、2015年秋、2018年秋），在文学院和古典班同学们的激发下，每次讲读都有新的思考和认识，并根据同学们的反馈意见，不断推敲校订译文。然而，教过三轮古希腊语之后，笔者才发现，很多理解偏差乃至翻译错误都是限于以前的古典语文水平所致，局部的校来改去都只是炒夹生饭，于是决定推倒重来。

恰逢柏拉图全集结集出版在即，全集统一要求以Burnet编本为底本，而笔者原先依据的底本则是Dodds编本，两者的差异不少。于是，笔者趁机在2018年秋季教学之余，依据Burnet编本重新翻译，集中清理了旧译的许多疑难和错误，才算比较放心地收入全集出版；当然，一定还有很多尚未发现的错误，诚望识者指

正。本书收录的译文则是在重译本的基础上，比照了Burnet本与
Dodds本的一些关系义理的不同释读，并根据个人的理解做了取
舍，并略加注释，以配合义疏的解读。

　　早在2014年春，刘师便命整理博士论文出版。但因为之前刚
刚博士后出站，稍事喘息，就转入紧张的教学工作，也就没有时
间和精力顾及其他。三年之后，渐渐适应教学节奏，稍微能腾出
手来干点教学之外的正事，又先后忙于校订《高尔吉亚》和《斐
勒布》译文、审读相关译稿、翻译施特劳斯《高尔吉亚讲稿》、
统校《高尔吉亚解读文集》和《柏拉图全集》部分译稿等等当务
之急，以及其他无甚名堂的公私杂务。所以，直到2018年才得暇
正式动笔，利用2018年和2019年的寒暑假修订完成。不知算不算
好事多磨，之前所有这些教学和研究工作，毕竟都在不同方面和
不同程度上加深和拓宽了笔者对《高尔吉亚》和柏拉图的理解，
也使笔者在一定程度上重拾修订出版博士论文的信心和勇气。

　　受义疏体的体例所限，整体框架和章节名称大体没变，内容
方面则依照原文从头至尾做了通盘的修改：重点删除种种虚语浮
词和装点门面的文献、一些大而无当的概括和想当然的臆断，增
补一些新的理解、相关的互文佐证和图示；一些章节段落几乎重
写，比如第二章第四节，以及整个最后一章等。当然，经典的魅
力在于常读常新，意蕴无穷，所有的修改都只能是基于并且限于
目前的修习和理解程度，但尽其心而存其真而已。

　　义疏仅仅是复述原文，依文作解，疏通大义，原本只是锻炼

自己在施特劳斯等前贤指引之下跟随经典思想的能力，非敢奢谈创见，即使偶有发覆，于初学者起到一点他山之石的启发作用，也是经典和先贤的功德，读者和笔者的幸运。一些个人心得和零散感想，有些已经融入正文，有些似不相关的发挥，尽管无法融入正文，也不嫌芜杂枝蔓，敝帚自珍，放入脚注或文中附注，权作离题话，但博有心的读者一笑足矣。

义疏既然是解释柏拉图经文，自当从属于后，以免喧宾夺主，所以，原来的设计是，全书分为两个部分，译文在前，拙述在后。书稿交付之后，刘师又提了一些具体的修改建议，并为了方便读者阅读，特别建议调整为经文与义疏合参的形式。于是，笔者又通盘修改一遍，进一步删繁就简，并拿掉原本作为序言的《自由教育的向上阶梯》一文和作为附录的《柏拉图的文武之首》一文，以省篇幅，最终就成了目前的样子。

总之，本书的译述，只能算是一得之见，不敢说是完全符合原著意旨，但以为抛砖引玉，倘有好学深思之士，进而沿波讨源，上溯柏拉图原文原意，尚友苏格拉底其人，因而有更完善的译本和更透彻的解说，以阐扬柏拉图哲学之精蕴，以启发我们热爱智慧和德行，诚是笔者所衷心祝祷引领企望的。

博士论文的部分章节曾发表于《求是学刊》《西北师大学报》《古典研究》《兰州大学学报》《现代哲学》等刊物，并得到一些同行的批评反馈，给了笔者试误的机会，感谢他们的错爱。

　　感谢中国人民大学文学院给予的宽松环境，使笔者入职以来能够按照自己的所长与节奏来开展教学和研究。

　　又忆及在中山大学哲学系攻读博士期间，笔者曾得到香港道风山和台湾法鼓山人文社会奖助学术基金会和恩福奖学金的无条件资助，至今不能忘怀，在此一并致谢。

2020年2月16日成稿

2021年3月15日改定

于中国人民大学静园

图书在版编目（ＣＩＰ）数据

修辞与正义：柏拉图《高尔吉亚》译述 / 李致远著.
-- 成都：四川人民出版社，2021.9
ISBN 978-7-220-10847-1

Ⅰ.①修… Ⅱ.①李… Ⅲ.①柏拉图(Platon 前
427-前347)—哲学思想—研究 Ⅳ.①B502.232

中国版本图书馆CIP数据核字(2021)第058485号

XIUCHI YU ZHENGYI —— BOLATU GAOERJIYA YISHU

修辞与正义——柏拉图《高尔吉亚》译述

李致远　著

出 版 人	黄立新
策划统筹	封　龙
责任编辑	赵　静
封面设计	张　科
版式设计	戴雨虹
责任印制	周　奇

出版发行	四川人民出版社（成都槐树街2号）
网　　址	http://www.scpph.com
E—mail	scrmcbs@sina.com
新浪微博	@四川人民出版社
微信公众号	四川人民出版社
发行部业务电话	（028）86259624　86259453
防盗版举报电话	（028）86259624
照　　排	四川胜翔数码印务设计有限公司
印　　刷	成都东江印务有限公司
成品尺寸	145mm×210mm
印　　张	18.875
字　　数	370千
版　　次	2021年9月第1版
印　　次	2021年9月第1次印刷
书　　号	ISBN 978-7-220-10847-1
定　　价	92.00元